NOUVELLE ÉDITION

AVEC LES
**PASTILLES
DE GOÛT**
DE LA SAQ

La bible des
ACCORDS
mets & vins

FRANCE DE PALMA

NOUVELLE ÉDITION AVEC LES **PASTILLES DE GOÛT** DE LA SAQ

La bible des
ACCORDS
mets & vins

Répertoire de plus de
1600 plats et leurs accords

En collaboration avec

PRENEZ GOÛT
À NOS **CONSEILS**

Design et mise en pages : Geneviève Laforest
Conception de la couverture : Geneviève Laforest
Photos de la couverture : Shutterstock
Révision : Anik Charbonneau
Correction d'épreuves : François Morin, Sabine Cerboni et Richard Bélanger

Imprimé au Canada

ISBN : 978-2-89642-801-4

Dépôt légal – Bibliothèque et Archives nationales du Québec, 2013

© 2013 Éditions Caractère

Gouvernement du Québec – Programme de crédit d'impôt pour l'édition de livres – Gestion SODEC

Nous reconnaissons l'aide financière du gouvernement du Canada par l'entremise du Programme d'aide
au développement de l'industrie de l'édition (PADIÉ) pour nos activités d'édition.

Visitez le site des Éditions Caractère
editionscaractere.com

Depuis plusieurs années, je travaille à démystifier le monde des vins afin que nous puissions tous apprécier justement ce produit unique et pourtant si simple. Nous aimons tous bien manger et jouir des plaisirs de la vie. Par ailleurs, le vin et la gastronomie vont naturellement de pair. Qui n'a pas éprouvé le plaisir de marier harmonieusement un plat succulent à un vin savoureux. Ce livre vous aidera à réussir vos accords. Vous apprendrez à mieux connaître les nombreuses variétés d'arômes et de goûts qu'exhibe le vin. Et comme la gastronomie offre également des parfums, des odeurs, des saveurs et d'innombrables textures, vous découvrirez les heureux mariages qu'il est possible de réaliser !

L'agencement harmonieux des vins et des mets ajoute une note agréable à notre qualité de vie. Imaginez un instant que vous découvrez de nouveaux parfums et de nouvelles textures chaque fois que vous le souhaitez. Imaginez que vous pouvez reproduire à volonté des saveurs, des goûts et des atmosphères que vous avez appréciés. Vous devenez attentif à ce que vous consommez et vous en profitez encore plus à chaque occasion. Et tout cela ne vous coûte pas très cher, bien au contraire. Il s'agit simplement d'épanouir vos sens et de respecter ce que vous aimez. Vous le faites pour vous, c'est très bien, et parfois, vous le faites pour les autres. Quoi de mieux ! C'est un peu cela que d'avoir une belle qualité de vie. Le bon vin avec le bon plat, dégusté avec les bonnes personnes, au bon moment et au bon endroit !

Dans cette nouvelle édition, revue et augmentée, des nouveaux accords pour 100 plats classiques du terroir français ont été ajoutés, pour le seul plaisir de vos papilles. *La Bible des accords mets et vins* est un ouvrage de référence dans lequel vous pourrez puiser des renseignements pratiques et inspirants pour réussir tous vos accords.

À votre santé !

André Caron
Directeur, Développement des clientèles externes Mise en marché et
développement Division de la commercialisation
Société des alcools du Québec

Ce livre s'adresse à tous ceux qui désirent savoir comment harmoniser les mets avec les vins.

La première partie de l'ouvrage présente une description détaillée des principaux cépages ainsi que les appellations les plus populaires que l'on trouve dans les plus importantes régions viticoles du monde.

La deuxième partie comprend des conseils pour bien harmoniser les mets avec les vins, ainsi qu'un répertoire alphabétique de plus de 1 600 plats accompagnés des vins recommandés pour chacun d'eux.

Vous trouverez dans la dernière partie un petit lexique des termes vinicoles les plus fréquemment utilisés, ainsi que divers tableaux de référence sur les vins. Nous vous offrons aussi un exemple de fiche de dégustation qui vous permettra de tenir un registre des vins que vous dégustez et des plats qui les accompagnent le mieux.

Il existe de nombreuses « règles » à observer pour assurer un accord harmonieux entre un plat et un vin, mais il est important d'apprendre à reconnaître les combinaisons de saveurs que VOUS appréciez. Faites diverses expériences avec les mets et les vins et notez les accords que vous préférez. Amusez-vous et ne vous laissez pas intimider par les règles parfois austères de la dégustation.

Nous avons réservé quelques pages à la fin du livre pour que vous puissiez noter vos accords réussis et vos découvertes.

Enfin, j'espère que vous prendrez autant de plaisir à consulter ce livre que j'en ai eu à l'écrire !

France de Palma

Les CÉPAGES et les appellations

Les cépages

Les raisins utilisés pour produire les vins proviennent de la vigne. Ce petit arbrisseau grimpant, muni de vrilles, est au cœur de la production vinicole. Le pied de la vigne se nomme le cep, d'où le mot cépage. Un cépage est une variété de vigne qui produit soit du raisin de table, soit du raisin de cuve. Il existe plus de 6 000 cépages dans le monde, mais les plus connus et les plus utilisés sont au nombre d'une soixantaine. Leurs raisins diffèrent par :

leur couleur : La pellicule, de même que la pulpe, peuvent présenter une gamme de couleurs.

leur grosseur : En général, les baies de raisins de table sont plus grosses et plus charnues que les baies de raisins de cuve, destinées à l'élaboration du vin.

leurs arômes : En dégustation, il sera possible de déceler diverses familles d'arômes qui pourront être associées à un cépage en particulier. Les fleurs, les fruits et les épices n'en sont que quelques exemples.

leur goût : Les raisins auront des saveurs plus ou moins acides, plus ou moins sucrées ou encore plus ou moins amères. Ces saveurs se coupleront avec les arômes pour personnaliser leur goût.

Il s'agit surtout de variétés de raisins de l'espèce *Vitis vinifera*, dont certaines sont devenues internationales, car elles sont maintenant cultivées dans de nombreux pays. Vous remarquerez que l'on retrouve de plus en plus le nom des cépages sur les étiquettes des vins. Pour ceux qui ont de la difficulté à comprendre et à lire une étiquette de bouteille de vin, voici une description des principaux éléments qui la composent :

L'étiquetage des vins est défini par un règlement communautaire qui établit les règles générales de leur désignation et de leur présentation. Cette réglementation est différente selon la catégorie du vin et prévoit, pour chacun, des mentions obligatoires et facultatives.

Voici les mentions qui figurent sur les étiquettes des vins français :

- Origine : vin de table, vins de pays ou AOC
  (Appellation d'origine contrôlée)
- Millésime (sauf pour les vins de table)
- Nom du Château, du Clos, du Domaine ou simplement
  un nom commercial
- Cépage (mentionné selon les cas)
- Cru (facultatif)
- Classement (facultatif)
- Nom et adresse du producteur
- Le degré d'alcool (%)
- Le volume (ml)
- Produit de France

Des lettres peuvent indiquer la catégorie et le numéro de registre de l'exploitant. Un code indique aussi le nom et l'adresse de l'embouteilleur si le vin n'est pas mis en bouteille par le producteur.

Tout comme pour les autres fruits, chaque variété de raisins possède une acidité, un degré de sucre, une épaisseur de peau et une texture qui lui sont propres et qui la rendent unique.

Il est important, et surtout intéressant, d'appendre à reconnaître les caractéristiques des principaux cépages, ce qui permet d'acquérir une meilleure connaissance des vins et de découvrir ceux que vous préférez.

Chaque cépage engendre certains arômes caractéristiques, mais le sol, le climat, les méthodes de culture, de vinification et d'élevage influencent la personnalité des vins, tout comme les conditions de conservation et le temps de garde, qui contribuent à préciser le caractère, le style d'un vin donné. C'est pourquoi on ne retrouvera pas nécessairement les arômes typiques d'un certain cépage, comme les effluves de cassis et de poivron vert du cabernet-sauvignon, dans tous les vins qui sont produits à partir de ce même cépage.

Voici une liste des cépages rouges et blancs les plus populaires, ainsi que les principales régions ou pays où ils sont cultivés et les principaux arômes qui se dégagent des vins qui en proviennent.

CÉPAGES **BLANCS**

| **Légende** | ARÔMES CARACTÉRISTIQUES | 🌍 PAYS D'ORIGINE |

ALIGOTÉ

Cépage bourguignon pour vin blanc avec un haut taux d'acidité. Produit des vins frais aux acides équilibrés qui peuvent avoir un caractère léger et fruité.

🌍 France (Bourgogne, Jura et Savoie), Canada, Bulgarie, Russie

👄 Acacia, noisette, citron, pêche

CHARDONNAY

Cépage à haut rendement que l'on trouve dans presque chaque région viticole du monde. Le chardonnay est généralement mûri ou fermenté en fûts de chêne, ce qui lui donne un goût légèrement boisé.

🌍 France (Bourgogne), Afrique du Sud, Australie, Canada, Chili, Espagne, États-Unis, Italie, Nouvelle-Zélande

👄 Pomme, poire, ananas, noisette, beurre, pain grillé, agrumes, miel

CHENIN BLANC

Donne d'excellents résultats dans la vallée de la Loire, où l'on produit le vouvray. Vins au fort taux d'acidité et à la texture huileuse. Cépage le plus planté en Afrique du Sud.

🌍 France (Loire), Afrique du Sud, États-Unis

👄 Abricot, amande, camomille, citron, miel, poire, tilleul, fleurs blanches, minéraux

GEWURZTRAMINER

Un des cépages aromatiques et épicés les plus populaires d'Alsace. Produit de grands vins blancs très aromatiques et très intenses, forts en alcool, mais pas trop secs.

🌍 France (Alsace), Allemagne, Autriche, Espagne, États-Unis, Canada

👄 Rose, muscade, ananas, peau d'agrumes, litchi

MARSANNE

Grand cépage blanc de la vallée du Rhône. Produit des vins puissants aux arômes fins.

🌍 France (Rhône), Australie, Italie, États-Unis

👄 Fleurs blanches, pâte d'amandes, poire

CÉPAGES **BLANCS**

MUSCADET

Cépage blanc typique de la région de la Loire. Produit des vins à la robe pâle aux reflets verts, au goût neutre et aux arômes minéraux et iodés, qui sont meilleurs consommés jeunes.

🌐 France (Loire)

🍷 Fleurs, agrumes, musc, noisette, pomme, minéraux

MUSCAT BLANC

Fait partie d'une vaste famille caractérisée par sa puissance aromatique. Produit des vins à l'arôme fleuri et fruité, ainsi que des vins doux et intenses, comme les vins doux naturels du sud de la France et de l'Italie.

🌐 France (Languedoc-Roussillon, Alsace), États-Unis, Afrique du Sud, Australie, Argentine, Espagne, Italie

🍷 Raisin, fleurs (jacinthe, rose), agrumes, fruits exotiques, miel, musc

PETIT MANSENG

Cépage blanc aux baies épaisses, sur lequel se développe souvent une pourriture noble dans les vignobles du Jurançon. Produit des vins liquoreux au degré d'alcool élevé.

🌐 France (Sud-Ouest), Uruguay

🍷 Abricot, fruits confits, fruits exotiques, fleurs, miel, cannelle

RIESLING

Cépage le plus noble d'Allemagne et d'Alsace. Donne des vins riches et acides très différents selon les terroirs, parfois très parfumés, avec des arômes de minéraux, de fleurs, de citron et de miel.

🌐 France (Alsace), Allemagne, Australie, Canada, Chili, Espagne, États-Unis, Italie, Nouvelle-Zélande

🍷 Épinette, citron, minéraux, pamplemousse, tilleul, cannelle

ROUSSANNE

Cépage élégant principalement utilisé dans la région du Rhône et dans le sud de la France. Donne des vins fins aux arômes fruités et parfois herbacés qui vieillissent bien.

🌐 France (Rhône, Savoie), Australie, États-Unis

🍷 Amande, fleurs blanches, foin coupé, herbe, miel, abricot, figue

CÉPAGES **BLANCS**

SAUVIGNON BLANC

Cépage blanc le plus important du Bordelais et de la vallée de la Loire. Souvent assemblé avec du sémillon, il sert à produire le bordeaux blanc et entre également dans les assemblages de sauternes et de barsac. On le retrouve dans deux des blancs les plus réputés de la Loire, soit le sancerre et le pouilly-fumé. Donne des vins généralement très acides et secs, aux arômes souvent herbacés.

 France (Bordeaux, Loire), Italie, Afrique du Sud, Nouvelle-Zélande, États-Unis

 Herbe, citron vert, minéraux, végétaux, menthe, pomme

SÉMILLON

Cépage aux arômes plus discrets que ceux du sauvignon, avec peu d'acidité. Donne des vins doux exceptionnels, particulièrement à Sauternes et à Barsac, où il est généralement mélangé à du sauvignon blanc et à un soupçon de muscadelle.

 France (Bordeaux), Australie, Afrique du Sud, États-Unis

 Lanoline, abricot, miel, pain grillé, pêche, vanille, fleurs blanches, figue, agrumes

SYLVANER

Cépage à l'acidité relativement haute. On trouve deux types de sylvaner qui produisent l'un, un vin peu alcoolique, simple et désaltérant, et l'autre, un vin délicatement floral, ponctué de notes citronnées.

 France (Alsace), Allemagne, Autriche, Australie

 Agrumes, fleurs, pomme

VIOGNIER

Cépage originaire de Condrieu, dans la vallée du Rhône, que l'on trouve maintenant dans presque tous les coins du monde. Produit des vins blancs peu acides de grande qualité, aux arômes d'abricot, de pêche, de fleurs blanches, d'épices et de miel.

 France (Rhône, Languedoc), États-Unis, Chili, Portugal

 Abricot, amande, coing, pêche, tilleul, épices, miel

CÉPAGES **ROUGES**

CABERNET FRANC

Cépage accessible, épicé, avec un nez de poivron vert, souvent comparé au cabernet-sauvignon. Contient lui aussi beaucoup de tannin, mais ses arômes et son goût sont moins prononcés. Donne des vins rouge clair, frais et fruités.

🌐 France (Bordeaux, Loire), Nouvelle-Zélande, États-Unis, Italie (Frioul), Argentine, Australie, Espagne

👅 Feuilles, fruits rouges, réglisse, poivron vert, fraise, framboise, violette

CABERNET-SAUVIGNON

Cépage par excellence du Médoc, il donne tout leur caractère aux grands crus de la rive gauche de la Gironde. Très répandu dans les vignobles du Nouveau Monde. Les vins mûrs exhibent des couleurs, arômes et tannins remarquables. Souvent assemblé avec du merlot et du cabernet franc.

🌐 France (Bordeaux, Languedoc), États-Unis, Chili, Argentine, Australie, Afrique du Sud, Espagne, Canada

👅 Cassis, cèdre, chocolat, poivron, menthe

GAMAY

Cépage à maturation rapide. Produit des vins frais et fruités, peu tanniques, de couleur pâle, souvent teintée de bleu.

🌐 France (Beaujolais, Bourgogne), Suisse

👅 Banane mûre, cacao, cerise mûre, petits fruits rouges, confiture de fraise, iris, jasmin, myrtille, mûre, minéraux, poivre, pivoine

GRENACHE

Un des grands cépages de la Méditerranée et le plus utilisé en Espagne. Donne un vin très alcoolisé, corsé, très capiteux, d'un beau rouge cuivré.

🌐 France (Rhône, Roussillon, Corse), Espagne, États-Unis, Australie

👅 Fruits rouges, épices, café, cacao, mûre, poivre, prune, sucre brûlé, réglisse noire

MALBEC (AUXERROIS, CÔT)

Cépage légèrement rustique et corsé. Connu principalement dans le Cahors où il est appelé auxerrois ou côt, et cépage roi en Argentine. Produit des vins riches en tannins, concentrés et veloutés, avec une forte teneur en alcool.

🌐 France (Bordeaux, Sud-Ouest), Argentine, Chili

👅 Épices, violette, fruits séchés, groseille noire, prune, gibier

MERLOT

Cépage bleu foncé, à haut rendement, de maturation précoce. Très utilisé dans la région du Bordelais, il donne des vins rouges assez corsés, souples, d'évolution rapide, plus ronds et plus tendres en bouche que le cabernet-sauvignon. Les plus grands bordeaux sont souvent élaborés par assemblage de merlot, de cabernet-sauvignon et de cabernet franc.

 France (Bordeaux, Languedoc), Australie, Italie, États-Unis, Canada, Argentine, Chili

 Cerise, baies, pruneau, cuir, épices, truffe, violette

MOURVÈDRE (MONASTRELL)

Cépage dont les vins sont très tanniques. Principale variété utilisée dans l'élaboration des vins rouges de Bandol, dans le Sud de la France. Aussi employé dans certains vins du Rhône, au goût et aux arômes de mûre sauvage, d'épices, de poivre et de cuir.

 France (Rhône, Languedoc-Roussillon, Sud-Ouest), États-Unis, Australie, Espagne

 Mûre, cuir, cannelle, fruits noirs, poivre, anis, tabac, truffe

NEBBIOLO

Cépage italien à maturation tardive, utilisé dans l'élaboration des vins rouges plutôt costauds. Lorsque mûr, il est très riche en tannins, en acide et en pigments. Produit des vins au goût et au bouquet complexes.

 Italie (Piémont)

 Goudron, rose, violette, fruits noirs, cacao, confiture de fruits rouges, champignon

PINOT NOIR

Cépage noir de Bourgogne qui mûrit relativement tôt et permet de produire de grands vins avec un excellent potentiel de vieillissement. Ce cépage exprime toutes les subtilités du terroir dont il provient.

 France (Bourgogne), Argentine, Australie, Canada, Chili, Espagne, Italie, États-Unis

 Framboise, fraise, cerise, violette, cuir, girofle et pruneau

SANGIOVESE

Cépage le plus abondamment cultivé en Italie. Utilisé pour les grands vins italiens, comme le brunello di montalcino, et pour des appellations très connues comme le chianti et le vino nobile de montepulciano. Produit des vins d'une acidité moyenne à forte avec des tannins modérés.

 Italie (Toscane)

Prune, cerise, violette, épices, venaison

CÉPAGES **ROUGES**

SYRAH (SHIRAZ)

Un des principaux cépages utilisés dans l'élaboration du vin rouge. Nommé shiraz. Produit des vins qui sont tanniques sans être rugueux, dont les notes finales sont très savoureuses.

🌍 France (Rhône), Italie, Australie, Canada, États-Unis, Afrique du Sud

👅 Violette, cerise, chocolat noir, cuir, poivre, framboise, pruneau, mûre, réglisse, sous-bois, tabac blond

TANNAT

Cépage qui produit des vins rouges forts, colorés, assez tanniques, aux arômes de fruits rouges, avec une bonne structure. Ce cépage est souvent élevé en fût de chêne pendant longtemps.

🌍 France (Sud-Ouest), Uruguay

👅 Fruits rouges, épices, cassis, mûre, cuir, sous-bois, framboise, prune

TEMPRANILLO

Cépage des grands vins espagnols. Produit des vins rouges vivants, très aromatiques, à la couleur sombre, à faible acidité et au degré d'alcool modéré.

🌍 Argentine, Espagne, Portugal

👅 Fraise, mûre, feuille de tabac, épices, bois, cuir, réglisse

ZINFANDEL

Produit des vins riches, assez tanniques et très colorés, avec un degré d'alcool assez élevé. Possède des arômes et des saveurs de mûre et de framboise, des notes épicées et des effluves de confiture. À consommer jeunes, quoique certains sont conçus pour vieillir.

🌍 États-Unis

👅 Baies, mûre, framboise, épices, confiture de fruits

Les appellations d'origine contrôlée

De nombreux pays classent leurs vins dans deux grandes catégories, subdivisées différemment selon le pays, en respectant les classifications instituées par l'Union européenne (UE) et adoptées par les pays chefs de file, comme la France et l'Italie.

La première catégorie, les vins de consommation courante (VCC), comprend les vins de table et les vins de pays. Le vin de table est désigné sur l'étiquette par les mentions suivantes: vin de table de France, *vino da tavola* d'Italie, *vino de mesa* d'Espagne et *vinho de mesa* du Portugal. Ils sont souvent le produit d'un mélange de vins d'origines différentes. Comme chaque composante du mélange modifie les caractéristiques des autres composantes, le vin ne peut pas revendiquer d'origine précise.

Les vins de pays sont des vins de table dont la zone de production géographique et le pays d'origine sont indiqués sur l'étiquette par les mentions vins de *pays* en France, *indicazioni* en Italie, *vino de la tierra* en Espagne et *vinho regional* au Portugal. Ces vins sont soumis à certaines réglementations supplémentaires, mais ne subissent pas de restrictions comme celles des vins classés VQPRD.

La deuxième catégorie comprend les vins de qualité produits dans une région déterminée (VQPRD). Ces vins sont signalés par une appellation d'origine qui varie selon le pays producteur. Le système des AOC (appellation d'origine contrôlée) est le système officiel de classement des vins français d'appellation d'origine contrôlée, réglementé par l'Institut national de l'origine et de la qualité (INAO) de France. D'autres pays ont établi leurs propres réglementations et appellations, et le terme « appellation » y est utilisé pour dénommer les vins qui sont réglementés officiellement. En Italie, on trouve des vins classés DOC *(Denominazione di origine controlla)* ou DOCG *(Denominazione di origine controlla e garantita)*, tandis qu'en Espagne, ils sont classés DO *(Denominación de origen)* ou DOC *(Denominación de origen calificada)*.

Quel que soit le pays auquel elle appartient, l'appellation d'origine sert à attester l'authenticité, la typicité et l'origine géographique d'un vin. Il ne s'agit donc pas d'une marque commerciale. Elle représente les qualités et les caractéristiques d'un vin, les particularités de son terroir d'origine ainsi que le savoir-faire du producteur. Les vins d'appellation d'origine contrôlée contiennent souvent plus d'un cépage, et sont élaborés en version rouge, blanc ou rosé.

Les gens confondent souvent cépages et appellations lorsqu'il s'agit de vins. Bien que certaines appellations portent le nom du cépage qu'elles contiennent, ce n'est pas toujours le cas.

ACCORDER
les **mets** et les **vins**

L'accord parfait n'existe pas...

L'art de marier les mets et les vins est un processus complexe, imprécis et très subjectif. La saveur d'un vin varie énormément en fonction de son origine, de son terroir et de sa maturité. Les plats, quant à eux, offrent toute une nuance de goûts selon les aliments avec lesquels ils sont préparés et leur mode de cuisson. Il faut aussi tenir compte de l'occasion et de la saison. Généralement, les blancs fruités sont plus populaires en été et les rouges, plus puissants en hiver.

Les anciennes règles selon lesquelles il faut marier les viandes rouges avec les vins rouges et les poissons et volailles avec les vins blancs ne s'appliquent plus, car elles ne tiennent pas compte de la complexité des mets multiethniques d'aujourd'hui et de la vaste variété des vins maintenant disponibles sur le marché, qui comprend les vins du Nouveau Monde. Mais le bon sens indique tout de même qu'il est préférable d'accompagner un met délicat d'un vin aux arômes subtils, et un plat corsé d'un vin robuste. C'est pourquoi on aura tendance à marier un poisson à un vin blanc et le gibier au vin rouge.

Essayer de trouver le vin idéal qui rehaussera le plat préparé, voilà le défi gastronomique que doivent relever bon nombre d'amateurs. Certains experts prétendent que tout vin convient à tout plat dans la mesure où il est apprécié du palais. D'autres préfèrent recourir à des listes où l'accord parfait apparaît comme en claquant des doigts.

Mais il n'y a pas de solution magique dans ce domaine. Il faut commencer par connaître les vins, découvrir ceux que l'on préfère, comprendre leur interaction en bouche avec les aliments et faire des essais. Puis, il faut décider quel vin rehaussera le mieux les aliments d'un plat, et vice-versa, le tout basé sur vos préférences personnelles. Vous devez trouver le juste équilibre, celui qui vous permettra de servir un plat qui n'enterrera pas le vin et de servir un vin qui rehaussera le plat. Rien ne vaut une bonne réflexion sur la nature du plat et celle du vin pour faire un choix éclairé.

Pour commencer

Le mariage des mets et des vins est un art qui s'apprend avec le temps et qui peut être intimidant pour le novice. Familiarisez-vous tout d'abord avec les types de variétés de vins (acides, fruités, légers, corsés, boisés, tanniques) et les composantes de leurs saveurs. Vous comprendrez mieux les vins européens issus des vieux cépages si vous vous renseignez sur les différentes régions productrices de ces vins et sur les caractéristiques de ces derniers. Pour les vins du Nouveau Monde, vous constaterez que l'étiquette des bouteilles offre une mine de renseignements sur les cépages utilisés, donc sur le goût du vin.

Ensuite, envisagez les divers accords qui sont créés entre un mets et un vin :

ACCORD DE CORPS

Un des aspects les plus importants de l'accord mets et vins est le mariage du degré de corps avec l'intensité générale ou la « puissance » du vin. Idéalement, le degré de corps du vin est jumelé à l'intensité des saveurs d'un plat. Par exemple, la subtilité d'un pinot noir sera probablement perdue avec un plat de viande rouge nappé d'une sauce riche. Et la puissance d'un cabernet-sauvignon peut submerger les nuances subtiles d'un plat plus léger.

ACCORD ÉPICÉ

Si un plat est très parfumé ou épicé (ne pas confondre avec savoureux), il est préférable de choisir un vin qui contient des éléments épicés. De la même façon, un vin très épicé sera à éviter avec un plat à l'assaisonnement délicat.

ACCORD FRUITÉ

Plusieurs vins contiennent une composante fruitée prononcée, que ce soit en arôme (nez) ou au goût. L'élément fruité d'un vin peut souvent améliorer l'accord en rehaussant ou en réduisant les saveurs fruitées du plat avec lequel il est servi ; même si le plat ne contient pas de fruits, la composante fruitée d'un vin peut se marier naturellement à un mets. Il peut être utile de se poser la question suivante pour trouver un accord : « Quel type de fruit pourrais-je servir avec ce plat ? »

Après avoir répondu à la question, essayez de jumeler le plat avec un vin d'une région dont les conditions climatiques correspondent à la composante fruitée que vous désirez souligner. Par exemple, si vous voulez rehausser la saveur de pomme d'un plat, vous pourriez choisir un vin d'une région tempérée, comme l'Alsace ou l'Allemagne. Par contre, un plat avec une sauce à la mangue s'accommodera mieux d'un vin provenant d'une région plus chaude.

La plupart des vins blancs possèdent des composantes fruitées communes :

- Les fruits acidulés (poires, pommes) qui poussent dans les régions froides
- Les agrumes (citrons, oranges) qui poussent dans les régions tempérées
- Les fruits succulents (melon, mangue) qui poussent dans les régions tropicales

Les composantes fruitées des vins rouges sont habituellement les cerises, les mûres et le cassis, des saveurs qui nous sont parfois moins familières, ce qui rend l'accord un peu plus difficile. Mais si vous souhaitez rehausser le « fruité » d'un plat, un vin rouge avec des arômes fruités prononcés est tout indiqué.

AUTRES COMPOSANTES

Vous pourrez raffiner vos accords en considérant d'autres éléments qui entrent dans la composition du vin :

Certains vins, comme ceux issus du sauvignon blanc, sont classés comme étant « herbacés » avec des arômes prononcés de gazon ou d'herbe, souvent l'estragon. Cette caractéristique peut rehausser l'accord avec un mets contenant des herbes aromatiques.

Le beurre, souvent associé au chardonnay, est utilisé pour décrire une certaine onctuosité laissée sur le palais, tout comme la sensation que l'on éprouve à boire un produit laitier. Cette caractéristique peut aussi être exploitée pour rehausser la richesse d'un plat.

Le chêne fait référence aux saveurs boisées qui émanent d'un vin, souvent à la suite d'un vieillissement en fûts de chêne. L'expression de boisé d'un vin peut varier considérablement d'un producteur à l'autre, et d'un terroir à l'autre, et parfois il s'agit d'un élément que vous ne voudrez pas souligner. Le boisé tend à être plus prononcé dans les vins du Nouveau Monde.

Voici quelques conseils qui vous aideront à choisir le meilleur vin pour accompagner vos repas.

UN VIN SIMPLE POUR UN PLAT SIMPLE

Si le plat est insipide ou s'il ne comporte qu'une ou deux saveurs de base, inutile de le servir avec un vin complexe qui en écraserait le goût. Il est préférable de le servir avec un vin simple, plutôt léger et facile à boire, afin que le vin et le plat soient sur la même tonalité.

UN VIN SUCRÉ POUR UN PLAT TRÈS ÉPICÉ

Si un plat est très épicé, le sucre que contient le vin va se dissoudre derrière les épices et, en retour, les épices vont se fondre derrière le sucre. Il ne restera donc que le côté épicé et non piquant du plat et le fruité du vin, ce qui constitue souvent un très bon accord.

UN VIN ÉLÉGANT POUR UN PLAT ÉLÉGANT, UN VIN RUSTIQUE POUR UN PLAT RUSTIQUE

Pour assurer un accord plus réussi, il est préférable de servir un grand bourgogne ou un grand côtes-du-Rhône avec un plat très élégant, et un madiran ou un cahors avec un plat plus rustique.

LE MODE DE CUISSON

Prenez en considération le mode de cuisson des aliments – sont-ils grillés, rôtis, frits, accompagnés de sauces ou d'épices ? Un plat légèrement grillé avantagera un vin léger tandis que le plat nappé de sauce tomate appréciera un vin plus capiteux.

L'INTERACTION DES SAVEURS

Il est important de ne pas oublier l'interaction entre les aliments et le vin. Bu seul, le vin n'a pas le même goût que lorsqu'il est dégusté avec de la nourriture, auquel cas diverses réactions peuvent se produire : les plats sucrés peuvent donner un goût plus sec au vin, les plats acides, comme les salades avec vinaigrette et les sauces au citron, se servent mieux avec des vins au contenu acide plus élevé, et les plats aux saveurs aigres et astringentes se marient bien aux vins plus fruités.

MARIER LES SAVEURS

Il est tout aussi important de jumeler les saveurs – un vin rouge boisé accompagnera bien un plat nappé de sauce aux champignons tandis qu'un vin blanc au goût d'agrumes rehaussera un poisson grillé relevé d'un trait de jus de citron.

Quelques petits principes de gastronomie à retenir :

- une sauce tomate requiert un vin rouge léger, comme le rosso di Montalcino et le valpolicella ;
- une sauce brune se marie mieux à un vin rouge savoureux, comme les vins issus du cabernet-sauvignon ;
- une sauce avec jus de citron s'accorde mieux à un vin blanc sec et acidulé, comme le sancerre ;
- une sauce à la crème requiert un vin gras et onctueux, comme le meursault ;
- une sauce aux champignons se marie bien aux vins boisés, comme les chardonnays du Nouveau Monde ;
- une sauce très épicée requiert un vin modeste, vif et rafraîchissant, comme un rosé de Provence ;
- les viandes rouges appellent les vins rouges, comme le merlot, la syrah ou le sangiovese ;
- la viande rouge saignante s'accompagne bien d'un vin rouge corsé, comme le cahors, le madiran ou le médoc ;
- les mets salés augmentent l'amertume des vins rouges tanniques ;
- les viandes blanches rôties s'accompagnent très bien d'un vin rouge léger, comme le pinot noir, le cabernet franc et le gamay ;
- les coquillages requièrent un vin blanc, comme le muscadet.

Les exceptions culinaires

Certains mets et plats sont réfractaires au vin, souvent à juste raison. Il existe néanmoins dans la plupart des cas une ou deux possibilités d'accord. Voyons de quels aliments et plats il s'agit et avec quels vins il est possible d'obtenir une harmonie acceptable.

LES VINAIGRETTES

La vinaigrette est probablement la seule préparation qu'il est impossible d'accorder avec un vin. Si le goût de la vinaigrette domine dans un plat, il est préférable de s'en tenir à l'eau ou à la bière. Cependant, si la vinaigrette est très légère et peu prononcée, un vin blanc ou rosé léger fera l'affaire.

LES CRUDITÉS

Lorsque les crudités sont servies avec une vinaigrette, il est préférable de s'abstenir. Par contre, si elles sont nature ou accompagnées d'une mayonnaise, il sera possible de les servir avec un vin vif tel que ceux qui accompagnent les crustacés, comme le muscadet, l'entre-deux-mers, le soave, et d'autres vins relativement acides, blancs et secs.

LES ŒUFS

La situation est quelque peu particulière pour les œufs. Si le blanc d'œuf se marie sans problème à énormément de vins, le jaune par contre pose un problème. Mais il est possible d'obtenir des accords très convenables avec des vins rosés du sud de la France un peu plus intenses, comme le bandol ou le rosé de Provence, servis bien frais.

L'AIL

Lorsqu'il est employé en très grande quantité, l'ail brûle, mais il peut s'accorder avec des vins vifs et très moelleux, comme le coteaux du Layon, le coteaux de l'Aubance, le quart de Chaume ou le bonnezaux.

LES AGRUMES

Pour marier les mets sucrés qui ont une forte saveur de citron, de pamplemousse et d'orange, le vin de paille, qu'il soit du Jura, d'Alsace, des Côtes du Rhône ou d'une autre région, y arrive très bien.

LES ANCHOIS

Le problème de l'anchois semble être un mythe, car certains grands vins du Sud, qui ne sont ni très acides ni riches, comme le bandol blanc, le coteaux d'Aix blanc, le côtes de Provence blanc, s'accordent très bien avec l'anchois frais ou mariné.

L'ASPERGE

Un autre mythe! Depuis toujours, on clame que l'asperge ne supporte aucun vin, ce qui est faux. L'asperge supporte très bien les vins acides, peu élevés en alcool, avec un léger sucre résiduel, comme le riesling allemand auslese ou le pinot blanc d'Alsace.

LES PLATS ÉPICÉS

Lorsque les plats sont très épicés et qu'on y retrouve les saveurs de diverses épices, comme c'est le cas dans la cuisine szechuanaise, il est préférable de les accorder avec des vins blancs secs et très riches, comme certains rieslings ou pouilly-fumé, ou avec des champagnes un peu vineux, comme ceux de Bollinger et de Krug. Si les plats ne sont pas vraiment épicés, mais plutôt relevés, alors il faut préférer les vins plus moelleux sans être lourds, comme le gewurztraminer ou le pinot gris pourvu d'un léger sucre résiduel.

LES POTAGES

Comme les soupes et les potages sont déjà très liquides, ils ne sont généralement pas accompagnés de vin. Cependant, s'il s'agit d'une soupe-repas avec plusieurs morceaux de viande, il est possible de servir un vin blanc s'il s'agit de poisson ou de volaille aromatisés, ou un vin rouge léger lorsqu'il s'agit de viandes blanches préparées dans un bouillon plus relevé ou de viandes rouges.

Note importante au sujet des salades

Les saveurs amères et astringentes de certains condiments et de certains plats, comme les salades, sont très difficiles à harmoniser avec les vins. Certains aliments peuvent détruire les vins rouges les plus corsés, c'est le cas de l'ail cru, des épices très fortes, des œufs, des artichauts, des asperges, de certaines soupes, des vinaigrettes et des sauces aigres-douces.

Comme la plupart des salades sont assaisonnées de vinaigrette ou de mayonnaise, elles peuvent nuire au vin. Afin d'éviter la confrontation entre le vin et la vinaigrette, il peut être intéressant de simplement rehausser la salade d'un filet de jus de citron ou d'un trait d'huile d'olive.

De nos jours, les salades constituent souvent un repas en elles-mêmes, surtout durant l'été, et c'est pourquoi si l'on tient à servir un vin avec une salade, il vaut mieux choisir un vin simple, léger et doté d'une bonne acidité, qui ne surchargera pas les papilles.

Pour l'ensemble des salades du répertoire des mets et des vins, nous vous proposons donc des vins blancs, rosés ou rouges légers et désaltérants, ou mi-corsés et plus soutenus, selon la complexité du plat, et qui possèdent une bonne acidité. Il s'agira de vins d'accompagnement simples et faciles d'accès.

TROIS QUESTIONS IMPORTANTES

Lorsque vous tentez de faire un accord entre un mets et un vin, posez-vous les questions suivantes :

- Quelle est l'intensité des saveurs du mets ?
- Quelle saveur domine, incluant celle de la sauce ?
- Quelle est la texture du plat ? S'agit-il d'un mets léger, sec ou gras ?

EXEMPLES

Les saveurs d'un poisson grillé arrosé d'un peu de jus de citron et assaisonné de fines herbes se marieront parfaitement à celles d'un sauvignon à l'acidité vive et aux notes citronnées et herbacées. Par contre, un poisson poché ou en papillote, nappé d'une sauce à la crème aux morilles, s'harmonisera bien mieux avec le chardonnay, dont la texture plus grasse et les saveurs plus boisées et plus vanillées se marieront mieux à ce type de sauce.

Une viande blanche grillée (volaille, veau ou porc) ira fort bien avec un vin rouge à la texture souple et aux saveurs fruitées, comme ceux qui sont issus des cépages gamay, pinot noir, merlot et sangiovese.

Les saveurs plus relevées d'un bœuf grillé nappé d'une sauce au poivre, d'un agneau rôti ou d'un gibier au goût corsé pourraient effacer le goût plus délicat des vins mentionnés pour la viande blanche. Il est donc préférable de choisir des vins à la texture plus étoffée et aux saveurs plus épicées ou plus poivrées, comme ceux qui sont issus des cépages syrah, grenache et cabernet-sauvignon.

Règles de base

De nombreux plats s'accordent autant avec le vin rouge qu'avec le vin blanc. La volaille, par exemple, se marie autant avec le chardonnay et le pinot blanc qu'avec des vins rouges comme le pinot noir, le merlot et les bordeaux. On pourrait dire la même chose du veau, du porc, du jambon, du lapin et de nombreux plats végétariens. Souvent, la richesse d'une sauce et les ingrédients qu'elle contient vont dicter nos préférences en matière de vin blanc ou rouge, mais souvent les deux peuvent très bien s'y prêter.

LES FRUITS DE MER ET POISSONS

Les fruits de mer semblent être la catégorie sur laquelle les gens s'entendent en général quant au choix des vins, mais il y a encore un peu de controverse. Habituellement, le poisson blanc a une meilleure saveur lorsqu'il est servi avec un vin blanc, à moins qu'il ne soit nappé d'une sauce tomate très relevée. Les vins rouges tanniques perdent leur intensité et prennent un goût métallique lorsqu'ils sont servis avec du poisson blanc, même le saumon, et rehaussent peu la saveur du plat. C'est pourquoi il est préférable d'éviter de servir des vins rouges intenses avec des fruits de mer, comme ceux qui sont issus du cabernet, les chiantis ou les vins corsés à base de merlot ou de syrah. Cependant, le thon, le saumon et les poissons au goût plus relevé seront très bien accompagnés d'un vin rouge léger comme le pinot noir. Occasionnellement, un vin puissant – comme le côtes-du-rhône ou le châteauneuf-du-pape – peut être approprié avec un steak de thon grillé.

LE BŒUF, L'AGNEAU ET LE GIBIER

En raison de la nature de leurs saveurs riches et intenses, le bœuf, l'agneau et le gibier s'accompagnent fort bien de vins rouges, ne serait-ce que parce que leurs tannins peuvent percer le goût du gras et du muscle de la viande et libérer des saveurs additionnelles. De plus, le corps et la saveur de la plupart des vins rouges mi-corsés et corsés peuvent s'accorder à ceux d'une viande, ce que peu de vins blancs peuvent faire. De plus, si l'on en croit le vieil adage, plus la viande est tendre, meilleur est le vin.

LA PIZZA, LES PÂTES, LES FROMAGES ET LES LÉGUMES

La pizza, les pâtes, les fromages et les légumes sont des mets qui trouvent des alliés parmi tous les types de vins. La préférence pour le rouge ou le blanc est souvent dictée par la sauce, le style et la garniture du plat. De plus en plus de gens préfèrent tout autant le vin blanc que le vin rouge avec les fromages, surtout pour les fromages à pâte molle comme le brie et le camembert. Le vin rouge tend à être plus populaire avec les fromages au lait cru doux, alors que le chèvre, selon son affinage, se déguste aussi bien avec le rouge qu'avec le blanc.

LES FRUITS ET LES DESSERTS

Rien ne termine plus merveilleusement un bon repas qu'un plat de fruits exotiques ou un dessert savoureux servis en compagnie d'un bon vin. Le chocolat a certainement ses adeptes, qui ne jurent que par des vins de cabernet-sauvignon, de syrah ou de zinfandel bien mûrs pour l'accompagner. Mais pour la majorité des desserts, il est préférable de choisir des vins qui ont des notes fruitées et sucrées. Choisissez des vins rouges sucrés lorsque les fruits sont rouges ou que le dessert contient du chocolat, et des blancs doux pour les desserts dans lesquels la crème pâtissière, le fromage ou les fruits blancs interviennent.

RÉPERTOIRE
des **mets** et des **vins**

DESCRIPTION DES **PASTILLES DE GOÛT**

FRUITÉ ET LÉGER
Ces vins légers se reconnaissent à leurs arômes simples de fruits, leur sensation de fraîcheur et leur structure peu imposante. Ils doivent être consommés dans leur jeunesse.
Catégories de produits : vin rouge, vin rosé.

FRUITÉ ET GÉNÉREUX
Ces vins mi-corsés offrent une couleur intense, un nez riche dominé par des arômes de fruits. Ce sont des vins savoureux et accessibles.
Catégories de produits : vin rouge, vin rosé

AROMATIQUE ET SOUPLE
Ces vins mi-corsés se distinguent par des tannins souples apportant habituellement une certaine rondeur. Ils sont souvent dominés par des parfums de fruits mûrs ou des notes boisées (pain grillé, café ou vanille).
Catégorie de produits : vin rouge.

AROMATIQUE ET CHARNU
Ces vins corsés à la couleur intense expriment des arômes puissants et complexes de fruits d'épices, parfois accompagnés de notes boisées. Ils présentent une bonne structure tannique et une sensation veloutée en bouche.
Catégorie de produits : vin rouge.

DÉLICAT ET LÉGER
Ces vins secs plutôt délicats se distinguent par leur couleur pâle, leurs arômes simples de fruits ainsi que par la sensation de fraîcheur qui naît de leur acidité.
Catégorie de produits : vin blanc.

FRUITÉ ET VIF
Ces vins ou cidres secs possèdent un nez aux arômes de fruits et de fleurs tout en offrant une certaine richesse en bouche. Leur acidité leur procure une agréable vivacité.
Catégories de produits : vin blanc, champagne et mousseux, cidre.

AROMATIQUE ET ROND
Ces vins secs se caractérisent par l'intensité de leurs arômes d'épices, de pain grillé ou de fruits exotiques. En bouche, ils ont une texture grasse et sont bien équilibrés.
Catégories de produits : vin blanc, champagne et mousseux.

FRUITÉ ET DOUX
Ces vins ou cidres se distinguent par la présence de sucre. Généralement demi-secs ou demi-doux, ils s'affirment par des notes de fruits mûrs.
Catégories de produits : vin blanc, champagne et mousseux, cidre.

FRUITÉ ET EXTRA-DOUX
Ces cidres ou vins liquoreux présentent un taux de sucre particulièrement élevé et des arômes éclatants évoquant les fruits tropicaux et le miel.
Catégories de produits : vin blanc, cidre.

RÉPERTOIRE DES **METS ET DES VINS**

Dans cette section du livre, nous vous proposons plus de 1600 plats faisant partie de toutes les catégories alimentaires, du plus simple au plus sophistiqué, ainsi que les vins recommandés par les experts de la SAQ pour les accompagner. Parmi les vins suggérés pour chaque plat, les conseillers vous offrent aussi leur sélection « notre choix », qui représente le vin dont les caractéristiques s'harmoniseront le mieux avec les ingrédients de chaque plat.

Vous constaterez que pour chaque plat, il y a de deux à quatre recommandations de vins, ainsi que la pastille de goût associée aux vins, comme dans les succursales de la SAQ, et que la sélection « notre choix » est en gras. De plus, pour les vins dont les cépages sont cultivés dans plusieurs pays et qui peuvent donc avoir des goûts fort différents, comme le chardonnay ou le pinot noir par exemple, le pays recommandé est entre parenthèses.

Alors, goûtez, savourez, expérimentez et faites **VOTRE** choix !

Bon appétit !

Afrique du Sud (AS)	France (FR)
Alsace (AL)	Grèce (GR)
Allemagne (ALL)	Hongrie (HO)
Argentine (AR)	Italie (IT)
Australie (AU)	Nouvelle-Zélande (NZ)
Bulgarie (BUL)	Oregon (OR)
Californie (CAL)	Portugal (PO)
Canada (CAN)	Québec (QC)
Chili (CH)	Roumanie (RO)
Espagne (ES)	Suisse (SU)
États-Unis (ÉU)	Uruguay (UR)

Légende

 SUGGESTIONS DES CONNAISSEURS

NOTRE CHOIX : DESCRIPTION DU CHOIX DES CONNAISSEURS

ACHIGAN FARCI AUX HERBES

 Fruité et vif

🍾 Blanc mi-corsé : graves, **sauvignon (CAL)**, sancerre

🍴 Les notes aromatiques végétales et de fruits blancs de ce vin californien formeront une alliance parfaite avec ce plat de poisson et ses aromates.

ACRAS DE MORUE

Délicat et léger

🍾 Blanc léger : trebbiano (IT), gaillac sec et **picpoul-de-pinet**

🍴 Pour accompagner le côté épicé de ces boulettes de morue, le picpoul de pinet du Languedoc désaltère et réduit l'aspect salé du plat.

AGNEAU, BLANQUETTE D', AU CARI

 Aromatique et souple

🍾 Rouge mi-corsé : cabernet-sauvignon (CH), pessac-léognan, **saint-chinian**

🍴 Pour accompagner les saveurs intenses de ce plat, recherchez un vin savoureux aux tannins présents mais tendres, assez fruité et au caractère épicé.

AGNEAU BRAISÉ AU BEURRE DE FENOUIL

Aromatique et souple

🍾 Rouge mi-corsé : **chinon**, merlot (FR), cabernet franc (CAL)

🍴 Ce plat se mariera avec un vin d'une certaine puissance mais aux notes fruitées et végétales pour accompagner le fenouil.

AGNEAU BRAISÉ AUX FINES HERBES, SAUCE AU PORTO ET VIN ROUGE

Aromatique et souple

🍾 Rouge mi-corsé : rioja-crianza, cabernet-sauvignon (ES), **shiraz (AU)**

🍴 Cette sauce viendra arrondir les tannins du vin qui rehaussera ainsi le goût de l'agneau. Les arômes fruités du vin complèteront ceux de la sauce.

AGNEAU, BROCHETTES D', AU MIEL

 Aromatique et rond

🍾 Blanc corsé : **chardonnay (AU)** (CAL) (FR)

🍴 Ce vin, avec sa dominante fruitée et sa texture grasse, se fond à merveille aux saveurs du miel et de l'agneau.

AGNEAU, BROCHETTES D', AUX POIVRONS DOUX

 Aromatique et souple

🍾 Rouge mi-corsé : merlot (CAL), **anjou**, montepulciano-d'abbruzzo

🍴 Ce vin fruité aux notes végétales se mariera bien avec les poivrons.

AGNEAU, BROCHETTES D', MARINÉ

 Aromatique et souple

Rouge mi-corsé : **cahors**, cabernet-sauvignon (CAL), shiraz (AU)

Ce vin du Sud-Ouest aux accents boisés bien dosés et à la matière bien présente se mariera agréablement à l'intensité savoureuse de la viande d'agneau mariné.

AGNEAU, CARI D', AUX NOIX

 Aromatique et charnu

Rouge corsé : **malbec (AR)**, médoc, corbières

Ce vin à la bouche imposante et enveloppante saura accompagner le goût du cari tout en rehaussant celui de l'agneau.

AGNEAU, CARRÉ D', AUX HERBES DE PROVENCE

 Aromatique et charnu

Rouge corsé : cabernet-sauvignon (CAL), cornas, **ribera-del-duero**

Ce vin manifestant une agréable fraîcheur, pourvu de notes épicées et de tannins étoffés, s'harmonisera bien avec l'intensité savoureuse de l'agneau et les arômes légués par les herbes aromatiques.

AGNEAU, CARRÉ D', AVEC GREMOLATA AU CITRON

 Aromatique et rond

Blanc mi-corsé : **sauvignon (CAL)** (NZ), pessac-leognan

Ce vin gourmand aux saveurs rappelant les agrumes est tout indiqué pour accompagner ce plat.

AGNEAU, CARRÉ D', AVEC PISTOU À LA MENTHE

 Aromatique et charnu

Rouge corsé : **cabernet-sauvignon (CAL)** (AU), shiraz (AU)

Ce vin aux arômes d'eucalyptus s'allie bien avec le pistou et sa puissance est tout indiquée pour l'agneau.

AGNEAU, CARRÉ D', AVEC THYM ET ÉCHALOTES CARAMÉLISÉES

 Aromatique et charnu

Rouge corsé : **châteauneuf-du-pape**, merlot (AU), (CAL)

Ce vin riche et très fruité soutiendra la puissance aromatique de l'agneau et ajoutera au goût des échalotes caramélisées.

AGNEAU, CARRÉ D', AVEC TOMATES ET OLIVES

Aromatique et charnu

Rouge corsé : brunello-di-montalcino, côte-rôtie, **haut-médoc**

Ce vin à la structure imposante saura tenir tête à la puissance du carré d'agneau tout en apportant des arômes complémentaires aux tomates et aux olives de la recette.

AGNEAU, CARRÉ D', DIJONNAISE

 Aromatique et souple

Rouge mi-corsé : chianti-classico riserva, **côtes-du-rhône-villages**, saint-chinian

Un vin à la texture ample et généreuse qui ira à merveille avec le goût de l'agneau. Aussi, ses notes fruitées iront de pair avec les parfums de la moutarde.

AGNEAU, CARRÉ D', LAQUÉ AU MIEL

 Aromatique et charnu

Rouge corsé : ribera-del-duero, rioja reserva, **corbières**

Ce vin puissant et généreux se marie bien à l'agneau et au goût sucré de la laque.

AGNEAU, CARRÉ D', SAUCE AU MIEL

 Aromatique et charnu

Rouge corsé : ribera-del-duero, **cabernet-sauvignon (CAL)**, cornas

La générosité et la souplesse de ce vin s'accordent parfaitement avec l'intensité savoureuse de cette partie de l'agneau et la douceur de la sauce au miel qui rehausse le plat.

AGNEAU, CÔTELETTES D', À LA ROUENNAISE

 Aromatique et souple

Rouge mi-corsé : **cahors**, barbera-d'alba, baco noir canadien

Pour un plat avec des notes rustiques et animales, il faut un vin soutenu avec des caractères campagnards et épicé à souhait. Le cahors est tout indiqué pour son côté animal et ses notes herbacées typiques.

AGNEAU, CÔTELETTES D', LAQUÉES AU MIEL, À L'AIL ET AU VIN ROUGE

 Aromatique et souple

Rouge mi-corsé : coteaux-du-languedoc, rioja-crianza, **côtes-du-rhône**

Un vin aromatique et parfumé qui saura soutenir la puissance du plat tout en se fondant avec le goût sucré légué par la préparation.

AGNEAU, CÔTELETTES D', SAUCE BÉARNAISE

 Aromatique et souple

Rouge mi-corsé : cahors, fitou, **shiraz (Au)**

La richesse et la souplesse de la shiraz d'Australie viennent agrémenter le goût soutenu et unique de cette viande de même que la texture onctueuse de la sauce.

AGNEAU, CÔTES D', SAUCE À L'OSEILLE

 Aromatique et rond

Blanc corsé : condrieu, **meursault**, chablis premier cru

La sauce à base de crème de ce plat à la viande goûteuse requiert un vin blanc gras et puissant, comme le meursault.

AGNEAU, CÔTES D', SAUCE AUX FRAMBOISES

 Aromatique et souple

Rouge mi-corsé : chianti-classico, **shiraz (AU)**, cabernet-sauvignon (CH)

Les notes épicées et la souplesse de la shiraz d'Australie agrémentent parfaitement l'agneau et la sauce aux framboises.

AGNEAU, COURONNE D', AVEC ROMARIN ET ORIGAN

 Fruité et généreux

Rouge mi-corsé : **saint-chinian**, nero-d'avola (Sicile), cahors

Ce vin aromatique d'une certaine puissance accompagnera les épices prononcées et le goût particulier de l'agneau.

AGNEAU, COUSCOUS À L'

 Aromatique et souple

Rouge mi-corsé : **cabernet-sauvignon (AU)**, côtes-du-roussillon, bordeaux

Un cabernet-sauvignon australien aux accents d'épices, de fruits mûrs et de bois est tout indiqué pour accompagner les arômes pénétrants du couscous à l'agneau.

AGNEAU, DAUBE D'

 Aromatique et souple

Rouge mi-corsé : cabernet-sauvignon (CH), **corbières**, montepulciano-d'abruzzo

Fruité et épicé, le corbières accompagnera parfaitement la simplicité de la daube d'agneau.

AGNEAU, ÉPAULE D', AU CARI

Aromatique et souple

Rouge mi-corsé : chinon, costières-de-nîmes, **saint-chinian**

Ce vin du Languedoc-Roussillon, ample et fruité, saura tenir tête au cari tout en se fondant à merveille aux arômes de l'agneau.

AGNEAU, ÉPAULE D', AUX CHAMPIGNONS ET AUX OLIVES

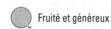 Aromatique et souple

🍷 Rouge mi-corsé : cabernet-sauvignon (CAL), **médoc**, rioja

🥄 L'intensité du médoc et ses notes boisées escortent parfaitement les arômes légués par les champignons et les olives qui rehaussent ce plat d'agneau.

AGNEAU, ÉPAULE D', SAUCE À LA CORIANDRE ET CITRON

 Fruité et généreux

🍷 Rouge mi-corsé : côtes-du-rhône-villages, cahors, **syrah (CAL)**

🥄 La structure de cette syrah, toute en souplesse, rehausse la viande d'agneau et ses notes épicées accompagnent bien la coriandre.

AGNEAU, FILETS D', ÉPICÉS SUR LIT DE COUSCOUS AUX OIGNONS

 Fruité et généreux

🍷 Rouge mi-corsé : chinon, sangiovese, **corbières**

🥄 Ce vin fruité et épicé est assez soutenu pour tenir tête aux saveurs de la viande d'agneau et possède une texture qui se marie bien à l'ensemble du plat.

AGNEAU, FRICASSÉE D'

 Aromatique et souple

🍷 Rouge mi-corsé : minervois, **rioja**, zinfandel (CAL)

🥄 Les effluves de vanille, de fruits rouges et de chocolat de ce vin espagnol aux notes boisées iront à merveille avec ceux que l'on retrouvera dans cette fricassée.

AGNEAU, GIGOT D', AU ROMARIN

Aromatique et souple

🍷 Rouge mi-corsé : **cahors**, shiraz (AU), cabernet-sauvignon (CH)

🥄 Le vin de Cahors avec ses arômes de garrigues et d'épices et ses tannins serrés forme une alliance parfaite avec l'agneau au romarin.

AGNEAU, GIGOT D', FARCI AUX FINES HERBES

Fruité et généreux

🍷 Rouge mi-corsé : syrah (FR), **crozes-hermitage**, valdepenas

🥄 Ce vin aromatique et souple, aux notes épicées, agrémentera le goût personnalisé de cette farce et rehaussera les saveurs de l'agneau.

AGNEAU, GIGOT D', RÔTI AVEC OLIVES ET ORANGES

 Aromatique et souple

🍷 Rouge mi-corsé : **côtes-du-rhône**, côtes-du-ventoux, zinfandel (CAL).

🥄 Ce vin au caractère fruité offre l'intensité voulue pour accompagner le goût des olives et des oranges et pour soutenir celui de l'agneau.

AGNEAU, GIGOT D', RÔTI AVEC PANCETTA ET FINES HERBES

 Aromatique et charnu

🍷 Rouge corsé : **cabernet-sauvignon (IT)**, malbec (AR), cahors

👄 Voici un vin épicé et fruité dont la prestance saura équilibrer les saveurs de l'agneau et celles des fines herbes.

AGNEAU, GIGOT D', SAUCE À LA MENTHE

 Aromatique et souple

🍷 Rouge mi-corsé : **coteaux-du-languedoc**, coteaux-varais, cabardès

👄 Ce vin souple avec une dominante fruitée et des notes de garrigue agrémentera le goût de la menthe et celui de l'agneau.

AGNEAU GRILLÉ

 Aromatique et charnu

🍷 Rouge corsé : médoc, cabernet-sauvignon (CAL), **chianti-classico riserva**

👄 Les saveurs riches et intenses ainsi que la petite touche boisée de ce vin de la Toscane révéleront celles de l'agneau grillé dans toute sa splendeur.

AGNEAU, JARRETS D', AVEC LENTILLES ROUGES

Aromatique et charnu

🍷 Rouge corsé : saint-estèphe, **chianti-classico riserva**, malbec (AR)

👄 Ce vin aux saveurs intenses et aux tannins présents mais sans agressivité agrémentera la texture de la viande et le goût des lentilles.

AGNEAU, JARRETS D', BRAISÉS AU VIN AVEC HERBES DE PROVENCE

 Aromatique et souple

🍷 Rouge mi-corsé : côtes-de-provence, coteaux-d'aix-en-provence, **bandol**

👄 Quoi de mieux qu'un vin de Provence pour accompagner un plat assaisonné aux herbes de cette région ? Le parfum légué par les herbes s'en trouvera magnifié.

AGNEAU, JARRETS D', BRAISÉS AVEC ÉCHALOTES ET OIGNONS CARAMÉLISÉS

Aromatique et charnu

🍷 Rouge corsé : barolo, **merlot (CAL)** (AU)

👄 Voici un vin riche, très fruité et à l'acidité discrète qui se marie bien aux petits légumes et au goût riche du caramel.

AGNEAU LAQUÉ AUX COINGS

 Aromatique et rond

🍷 Blanc mi-corsé : **pinot gris (AL)**, savigny-lès-beaune, condrieu

👄 Voici un vin rafraîchissant avec une puissante dominante fruitée pour accompagner le goût unique des coings sans se faire engloutir par la présence de l'agneau.

AGNEAU, NAVARIN D'

 Aromatique et souple

🍾 Rouge mi-corsé : cabernet-sauvignon (CH), **médoc**, saumur-champigny

👄 Ce navarin requiert un vin rouge ayant de l'étoffe comme les vins du Médoc. Parfait pour soutenir l'intensité savoureuse de l'agneau, ses arômes sont également complémentaires aux éléments qui interviennent dans le plat.

AGNEAU, NOISETTES D', AU PAIN D'ÉPICES

 Aromatique et souple

🍾 Rouge mi-corsé : **côtes-du-rhône**, merlot (CAL), teroldego

👄 Ce vin fruité et épicé s'harmonisera avec les assaisonnements et la tendreté de l'agneau.

AGNEAU, OSSO BUCCO D', AVEC AIL RÔTI ET PORCINIS

 Aromatique et souple

🍾 Rouge mi-corsé : merlot (CAL), **saint-émilion**, nebbiolo-d'alba

👄 Ce vin aux notes fruitées et boisées est également pourvu d'une acidité équilibrée et de tannins serrés. Il sera donc le complément idéal de ce plat aux saveurs relevées.

AGNEAU, PÂTÉ CHINOIS À L', BRAISÉ AVEC ÉPINARDS CRÉMEUX

Aromatique et souple

🍾 Rouge mi-corsé : **côtes-de-bourg**, chianti-classico, bordeaux

👄 Ce vin très savoureux, aux tannins charnus et au caractère végétal, est tout indiqué pour accompagner cette nouvelle version du pâté chinois.

AGNEAU, RAGOÛT D'

 Aromatique et souple

🍾 Rouge mi-corsé : **rioja**, côtes-du-rhône-villages, chianti-classico

👄 La richesse de ce vin espagnol saura souligner les saveurs intenses de ce ragoût.

AGNEAU, RAGOÛT D', AVEC POIVRONS DOUX RÔTIS

 Aromatique et souple

🍾 Rouge mi-corsé : côtes-du-rhône, malbec (AR), **barbera (IT)**

👄 Ce vin du Piémont, coloré, savoureux et puissant, aux notes de prune, de figue et de cerise, accompagnera à merveille ce ragoût aux saveurs relevées.

AGNEAU, RAGOÛT D', ET DE LÉGUMES

 Aromatique et charnu

 Rouge corsé : cairanne, **ribeira-del-duero**, cabernet-sauvignon (CH) (AUS)

 Ce vin espagnol avec du corps, mais doté d'une certaine tendresse, aux tannins charnus et au goût suffisamment fruité, est tout indiqué pour accompagner les saveurs relevées de ce ragoût.

AGNEAU, RAGOÛT D', ET D'ÉPINARDS

 Aromatique et souple

 Rouge mi-corsé : fitou, **rioja**, cabernet-sauvignon (CH)

Le caractère boisé, un peu sauvage, de ce vin espagnol et la nature de ses tannins enveloppants se marieront à merveille avec la viande d'agneau mijotée.

AGNEAU, RAGOÛT DE LENTILLES, DE TOMATES ET D', AU CARI

 Aromatique et souple

Rouge mi-corsé : **bordeaux supérieur**, morgon, chianti-ruffino

Ce vin ample et intensément fruité, mais pourvu d'une trame tannique souple, est tout indiqué pour accompagner ce mijoté de lentilles et d'agneau aux saveurs relevées.

AGNEAU, RAGOÛT ÉPICÉ D', ET D'ARACHIDES

 Aromatique et souple

Rouge mi-corsé : malbec argentin, **shiraz (AU)**, bordeaux supérieur

Ce vin savoureux et charpenté, mais sans agressivité, avec de l'ampleur en bouche et de la persistance en finale, accompagnera parfaitement les saveurs relevées de ce mijoté d'agneau.

AGNEAU RÔTI AUX BAIES DE GENIÈVRE

 Aromatique et charnu

 Rouge corsé : tempranillo, bordeaux, **malbec (AR)**, ribera-del-oubio

Ce vin intense et épicé saura rehausser la viande tout en s'harmonisant au goût des baies de genièvre.

AGNEAU RÔTI FARCI À LA MOUTARDE

 Aromatique et souple

Rouge mi-corsé : cahors, côtes-du-rhône, **zinfandel (CAL)**

Les notes épicées et fruitées de ce vin seront les compléments idéaux à l'intensité savoureuse du plat et aux parfums particuliers légués par la moutarde.

43

AGNEAU, SAUCE AU PORTO

 Aromatique et charnu

🍷 Rouge corsé : douro riserva, madiran, **amarone**

👄 Ce vin capiteux aux arômes de fruits noirs confits se marie bien à cette sauce au porto qui vient rehausser l'agneau.

AGNEAU, SAUCE AU VIN ROUGE

 Aromatique et charnu

🍷 Rouge corsé : médoc, **rioja reserva**, barolo

👄 L'intensité des saveurs et les notes évoluées de ce vin espagnol accompagnent bien le goût de la viande d'agneau.

AGNEAU, SAUTÉ D', À LA PROVENÇALE

Fruité et généreux

🍷 Rouge mi-corsé : **côtes-de-provence**, côtes-du-rhône-villages, fitou

👄 Les notes d'épices et de fines herbes de ce vin de Provence se marient bien aux saveurs intenses de ce plat d'agneau.

AGNEAU, TAJINE D', AVEC FRUITS SÉCHÉS, NOIX, OLIVES VERTES ET CORIANDRE

Aromatique et souple

🍷 Rouge mi-corsé : coteaux du tricastin, **primitivo (IT)**, malbec (AR)

👄 Pour accompagner ce plat aux saveurs intenses, choisissez un vin souple et simple de caractère, légèrement boisé et frais, comme le primitivo.

AGNEAU, TAJINE D', AVEC RAISINS, AMANDES ET MIEL

 Aromatique et rond

🍷 Blanc mi-corsé : pinot gris (AL), **chardonnay (AU)** (CAL)

👄 Ce vin australien, avec sa dominante fruitée et sa texture grasse, se fond à merveille aux saveurs du miel et d'amande que l'on retrouvera dans ce tajine, tout en tenant tête à la puissance de l'agneau

AIGLEFIN À LA GRECQUE

Fruité et vif

🍷 Blanc mi-corsé : saint-véran, **soave-classico**, chardonnay (CH)

👄 Ce vin de la Vénétie aux effluves de fleurs et de fruits frais formera un accord parfait avec ce plat de poisson à la grecque.

AIGUILLETTES DE CANARD AU WHISKY

 Aromatique et souple

🍷 Rouge mi-corsé : lirac, **rioja reserva**, chianti-classico

👄 Ce vin savoureux, avec son intensité aromatique, son boisé fondu et sa texture enveloppante, accompagnera à merveille le goût unique de ce plat de canard.

AIGUILLETTES DE CANARD AVEC COULIS DE POMMES

 Aromatique et rond

🍷 Blanc corsé : roussanne-marsanne, **chardonnay (IT)**, pinot gris (AL)

👄 La richesse aromatique de ce vin, sa texture presque grasse et la pureté de son fruité rafraîchissant en font le compagnon idéal de ce plat aux saveurs intenses avec son coulis de pommes.

AIGUILLETTES DE CANARD, SAUCE AU SAFRAN

 Aromatique et rond

🍷 Blanc mi-corsé : mercurey, chardonnay du Trentin-Haut-Adige, **pomino**

👄 Pour accompagner le goût raffiné de ce plat, choisissez un vin blanc fin et aromatique, comme le pomino, reconnu pour sa délicatesse, sa texture suave et sa fraîcheur.

AILES DE POULET À L'ÉRABLE

 Fruité et léger

🍷 Rouge léger : **pinot noir (AU)**, beaujolais, gamay

👄 Pour accompagner ces succulentes ailes de poulet, choisissez un vin aux saveurs pures, simples et fruitées, comme le pinot noir australien.

AILES DE POULET AU GINGEMBRE

 Fruité et vif

🍷 Blanc mi-corsé : gewurztraminer, sauvignon (NZ), **torrontes**

👄 Pour accompagner ce plat assaisonné de gingembre, choisissez un torrontes à la texture souple et aux flaveurs de fruits exotiques et d'épices.

AILES DE POULET AU PERSIL

 Fruité et généreux

🍷 Rouge léger : côtes-du-rhône, **merlot (IT)**, côtes-du-roussillon-villages

👄 Souple et frais, avec des arômes simples de fruits et d'épices, ce merlot italien s'agencera à merveille avec cette volaille aux herbes.

AILE DE RAIE AU BEURRE NOIR

 Fruité et vif

🍷 Blanc mi-corsé : **sauvignon (CH)**, languedoc, orvieto-classico

👄 Un sauvignon chilien sera un excellent compagnon pour ce plat. Son caractère herbacé et sa légère amertume sauront s'associer aux câpres et au bouquet garni.

ALOYAU, BIFTECK DE COQUILLE D', SAUCE BÉARNAISE AU HOMARD

 Fruité et généreux

Rouge mi-corsé : merlot (FR), pinot noir (CAL), **côtes-du-rhône**, côtes-de-bourg

Ce vin à la structure équilibrée et aux tannins souples saura agrémenter le goût de cette sauce savoureuse.

ANANAS CARAMÉLISÉS

 Fruité et extra doux

Vin ou cidre doux : **gewurztraminer**, cidre de glace (CAN), muscat-de-lunel

Ce dessert requiert un vin doux aux saveurs riches et exotiques qui s'harmonise au goût sucré des fruits.

ANCHOIS À LA CATALANE

 Aromatique et rond

Blanc mi-corsé : côtes-du-rhône, côtes-de-provence, collioure.

Un accord régional est toujours une bonne idée. Ce vin blanc du Roussillon a ce qu'il faut en fruité et en alcool pour supporter l'intensité des anchois et l'ail de ce mets.

ANDOUILLETTES À LA MOUTARDE

 Fruité et vif

Blanc mi-corsé : sauvignon (FR), **vin du Liban**, pinot gris (AR)

Les vins blancs du Liban ont ce qu'il faut de fruits et d'épices pour s'harmoniser aux arômes généreux et complexes de ce plat d'andouillettes.

ANGUILLES AU VERT

 Fruité et vif

Blanc mi-corsé : **graves**, sauvignon (CH) (NZ)

Le côté citronné et herbacé du sauvignon de l'appellation Graves s'associera à merveille avec les fines herbes et le jus d'agrumes de cette recette.

ANGUILLE GRILLÉE

 Aromatique et rond

Blanc mi-corsé : chardonnay (AU), **graves**, meursault

Les accents boisés et intenses de ce vin bordelais viennent souligner la saveur grillée léguée par la cuisson et la richesse de ce plat.

ARTICHAUTS À LA FLORENTINE

Délicat et léger

Blanc léger : **sauvignon de Loire**, orvieto, vinho verde

Les arômes fruités et végétaux de ce vin et son goût délicatement épicé accompagneront bien ce plat de légumes.

ARTICHAUTS AU GRATIN

Fruité et léger

Blanc léger : pinot noir vin de pays d'oc, saumur, **valpolicella**, bourgogne, aligoté, rueda

La fraîcheur du valpolicella fruité, à la texture ample et aux tannins souples, accompagnera parfaitement ce plat d'artichauts et les saveurs du fromage.

ARTICHAUTS, CŒURS D', VINAIGRETTE

Fruité et léger

Rosé léger : **rosé de Provence**, rosé-de-loire, coteaux-du-languedoc

Cette entrée de cœurs d'artichauts sera bien escortée par un rosé sec et fruité laissant percevoir une bonne acidité et qu'on prend plaisir à savourer.

ARTICHAUTS GRATINÉS AU CARI

Aromatique et rond

Blanc mi-corsé : chardonnay (CAL), viognier (FR), **riesling (AL)**

Le caractère fruité du riesling agrémentera bien le goût épicé du cari et rehaussera celui des artichauts.

ASPERGES GRATINÉES

Délicat et léger

Blanc léger : pinot blanc (FR), sauvignon blanc (FR), **muscat (AL)**

Le goût fruité de ce muscat alsacien saura amoindrir l'amertume des asperges et agrémentera le goût du fromage.

ASPERGES, SAUCE HOLLANDAISE

Délicat et léger

Blanc léger : bourgogne-aligoté, muscadet, **touraine**

Ce vin du Val-de-Loire à la bouche souple et soutenue et aux subtiles effluves de violette et de poire se mariera bien à la sauce de ce plat.

ASPERGES TIÈDES AVEC COPEAUX DE PARMESAN

Fruité et vif

Blanc mi-corsé : graves, **muscat (AL)**, sauvignon (NZ)

Ce vin aromatique aux arômes puissants de citrons confits et de parfums de rose saura agrémenter le goût des asperges et du parmesan.

ASPERGES VINAIGRETTE

 Délicat et léger

 Blanc léger : **pinot blanc (FR)**, muscat (FR), torrontes

Ce vin léger et fruité à l'acidité rafraîchissante et aux parfums de miel, de poire et de pomme verte est le complément idéal pour ce plat aux notes végétales. De plus, il ne sera pas trop dénaturé par la vinaigrette.

AUBERGINES À LA PARMIGIANA

 Fruité et léger

Rouge léger : merlot (IT), **valpolicella**, pinot noir (FR)

La fraîcheur de ce plat d'aubergines se mariera bien aux saveurs pures, fruitées et délicates de ce vin italien tout en souplesse.

AUBERGINES À LA PROVENÇALE

 Fruité et généreux

Rouge mi-corsé : chianti-classico, **côtes-de-provence**, coteaux-du-languedoc

Ce vin aux notes épicées, marqué par des arômes de fruits secs, de confiture de framboise et de cacao, et pourvu de tannins étoffés est le complément idéal de ce plat aux saveurs intenses.

AUBERGINES AUX POMMES ET AUX ÉPICES

 Fruité et léger

 Rouge léger : gamay (FR), merlot (IT), **dolcetto (IT)**

Les saveurs de fruits mûrs et la souplesse de ce vin italien sauront rehausser celles des pommes et des épices de ce plat de légumes.

AUBERGINES FARCIES AU VEAU

 Fruité et généreux

 Rouge mi-corsé : **valpolicella-classico**, bordeaux, merlot (CH)

Un vin italien aux saveurs intenses de fruits rouges mûrs qui se marie autant avec le goût de l'aubergine que celui du veau.

AUBERGINES FARCIES AUX TOMATES ET AUX CHAMPIGNONS

 Aromatique et souple

Rouge mi-corsé : bordeaux, chianti-classico, **merlot (CAL)**

Ce vin aux arômes de chêne, de petits fruits rouges et de poivre et à l'acidité rafraîchissante est idéal pour accompagner la combinaison de ces légumes.

AUBERGINES GRILLÉES AVEC SAUCE AU BASILIC

Fruité et vif

Blanc mi-corsé : **sauvignon (FR)** (CAL) (NZ)

Ce vin rafraîchissant aux arômes légèrement herbacés et au goût intense saura se marier à celui du basilic et soutenir celui des aubergines.

AVOCAT FARCI AUX CREVETTES

 Aromatique et rond

 Blanc mi-corsé : **pinot gris (AL)**, pouilly-fuissé, riesling (AL)

 Ce vin structuré aux arômes de fruits blancs et de fleurs, à l'acidité modérée et à la texture grasse, accompagnera parfaitement la texture de l'avocat et le goût des crevettes.

AVOCATS SAUTÉS ET GRATINÉS

 Aromatique et rond

 Blanc mi-corsé : chardonnay (CAL), **viognier (FR)**, soave-classico

Ce vin tout en fruits, savoureux et rafraîchissant saura rehausser la texture grasse et le goût de l'avocat.

BABA AU RHUM, CRÈME À LA VANILLE

 Fruité et extra doux

 Vin ou cidre doux : **vin de glace (CAN)**, maury, cidre de glace (CAN)

Ce dessert requiert un vin doux à la texture moelleuse avec une bonne intensité gustative comme celles qu'offrent les incomparables vins de glace canadiens.

BAGUETTE DE POULET À LA CORIANDRE

 Fruité et vif

 Blanc léger : gros manseng, **colombard (FR)**, soave-classico

Fin et parfumé, ce vin aux saveurs d'agrumes s'accordera parfaitement avec la saveur dominante de la coriandre qui relève ce plat.

BAR BRAISÉ AU VIN BLANC

 Aromatique et rond

 Blanc mi-corsé : graves, chardonnay (AU), **mercurey**

Ce vin au caractère persistant et à la texture onctueuse, doté d'une bonne acidité, saura rehausser le goût délicat de ce poisson.

BAR GRILLÉ AUX CHAMPIGNONS ET AU VIN ROUGE

Fruité et généreux

Rouge léger : **merlot (FR)**, pinot noir (FR), costière-de-nîmes

La souplesse des tannins et la touche légèrement sauvage du merlot agrémentera la saveur des champignons de ce plat tout en n'effaçant point celle du poisson.

49

BAR GRILLÉ AVEC SAUCE AUX FRUITS TROPICAUX Aromatique et rond

🍾 Blanc mi-corsé : **viognier (FR)**, champagne, chardonnay (AU)

👄 Pour accompagner la sauce de ce plat, il est préférable de choisir un vin aromatique au goût fruité dominant et à l'acidité modérée. Pour ces raisons, le viognier est le vin tout indiqué.

BAR GRILLÉ AVEC SAUTÉ DE LÉGUMES AU GINGEMBRE Fruité et vif

🍾 Blanc mi-corsé : chardonnay (CAL), **pinot gris (AL)**, coteaux-du-languedoc

👄 Ce vin aromatique à la texture et à la structure équilibrées s'harmonisera bien avec le goût des légumes et du gingembre.

BAR GRILLÉ AVEC TOMATES ET HARICOTS VERTS RÔTIS Fruité et léger

🍾 Rouge léger : bourgogne, **morgon**, costières-de-nîmes

👄 Ce vin à la dominante fruitée et aux tannins souples saura agrémenter le goût des tomates et des haricots sans submerger celui du poisson.

BAR GRILLÉ NATURE Aromatique et rond

🍾 Blanc mi-corsé : mercurey, **chardonnay (CH)** (IT)

👄 Le chardonnay du Chili, avec sa texture grasse et ses notes aromatiques de vanille, révélera la finesse du goût de ce poisson grillé.

BAR GRILLÉ, SAUCE AUX POIVRONS RÔTIS ÉPICÉS Fruité et généreux

🍾 Rouge léger : **bourgueil**, chinon, beaujolais

👄 Ce vin aux notes fruitées et végétales est idéal pour accompagner le goût de cette sauce aux poivrons rôtis sans compromettre celui du poisson.

BAR MARINÉ AU SAKÉ, SAUCE À LA NOIX DE COCO ET AU CARI VERT Fruité et vif

🍾 Blanc mi-corsé : pinot gris (AL), chardonnay non boisé (IT), **sauvignon (CAL)**

👄 La fraîcheur de ce vin et ses arômes riches et puissants se marieront à merveille avec le goût intense et épicé de cette sauce.

BAR SAUTÉ AVEC SAUCE AUX ÉCHALOTES, À L'AIL ET AU MARSALA Aromatique et rond

🍾 Blanc mi-corsé : chardonnay (CAL), pessac-léognan, **mercurey**

👄 Ce vin puissant aux notes fruitées et boisées et à la structure riche viendra agrémenter le goût et la texture de cette sauce savoureuse.

BÂTONNETS DE POISSON AU PIMENT FORT

Délicat et léger

Blanc léger : sauvignon (CAL), vin du Québec, **picpoul-de-pinet**

Un vin frais et rafraîchissant, aux arômes de fruits frais, parfait pour s'accommoder au goût des piments forts.

BAVAROIS AU CARAMEL

Fruité et extra doux

Vin ou cidre doux : cidre de glace (CAN), loupiac, **muscat de Samos (GR)**

Pour un parfait accord de texture et de complémentarité aromatique, ce dessert requiert un vin doux à la bouche onctueuse et au nez parfumé.

BAVETTE DE BŒUF AUX ÉCHALOTES

Aromatique et souple

Rouge mi-corsé : **bordeaux supérieur**, rioja reserva, bourgueil

Pour accompagner ce plat classique, choisissez un vin puissant et tannique, sans être agressif, avec des arômes de sous-bois et d'épices.

BAVETTE DE BŒUF AVEC CHAMPIGNONS PORTOBELLOS SAUTÉS

Aromatique et souple

Rouge mi-corsé : **rioja reserva**, ribera-del-duero, cabernet-sauvignon (ES)

Ce vin espagnol assez puissant et à dominante boisée se mariera parfaitement au goût des champignons sautés.

BAVETTE DE BŒUF DÉGLACÉE AU VINAIGRE BALSAMIQUE

Aromatique et souple

Rouge mi-corsé : **côtes-du-roussillon-villages**, malbec (AR), syrah (CAL)

Ce vin du Sud avec sa structure moyennement tannique et ses notes épicées sera le compagnon idéal de ce plat relevé.

BAVETTE DE BŒUF MARINÉE

Aromatique et souple

Rouge mi-corsé : **médoc**, rioja reserva, cabernet-sauvignon (CAL)

Ce plat requiert un vin aromatique avec de la profondeur et une bonne trame tannique comme le structuré vin du médoc.

BEIGNETS DE COURGETTES DE FANETTE

Fruité et doux

Blanc demi-sec et léger : anjou, eidelswicker (AL), **french colombard** (ÉU)

Le french colombard américain offre un sucre léger, des notes de fruits frais et une petite touche herbacée qui s'associera très bien avec le caractère plus rustique et herbacé de la courgette.

51

BIFTECK DE COQUILLE D'ALOYAU, SAUCE BÉARNAISE AU HOMARD

 Fruité et généreux

🍾 Rouge mi-corsé : merlot (FR), pinot noir (CAL), **côtes-du-rhône**

👄 Ce vin à la structure équilibrée et aux tannins souples saura agrémenter le goût et la texture de cette sauce savoureuse.

BIFTECK DE FAUX-FILET AVEC CHAMPIGNONS, BRANDY ET FROMAGE BLEU

 Aromatique et charnu

🍾 Rouge corsé : **cabernet-sauvignon (AU)** (CAL), haut-médoc

👄 Alors que le fruité imposant et la souplesse de ce vin se fondront à la légère amertume léguée par le fromage bleu, ce vin intense aux puissantes notes boisées sera en parfaite harmonie avec les saveurs du plat.

BISQUE DE HOMARD

 Fruité et vif

🍾 Blanc mi-corsé : riesling, **chablis**, chardonnay (CH)

👄 Pour accompagner cette bisque, choisissez un chablis blanc mi-corsé aux notes florales et minérales.

BLANQUETTE AUX ENDIVES

 Délicat et léger

🍾 Blanc léger : sauvignon blanc (CAL), **muscat (AL)**, pinot blanc (AL)

👄 Ce plat délicat requiert un vin léger, souple avec un caractère fruité important pour bien se marier à la délicate amertume des endives.

BLANQUETTE D'AGNEAU AU CARI

 Aromatique et souple

🍾 Rouge mi-corsé : cabernet-sauvignon (CH), pessac-léognan, **saint-chinian**

👄 Pour accompagner les saveurs intenses et particulières du cari, recherchez un vin savoureux aux tannins présents mais tendres, assez fruité et au caractère épicé.

BLANQUETTE DE COQUILLES SAINT-JACQUES

 Aromatique et rond

🍾 Blanc mi-corsé : **chardonnay (FR)**, mâcon-villages, bordeaux

👄 Ce vin rafraîchissant, doté d'une certaine délicatesse aromatique et d'une texture onctueuse, est idéal pour escorter le goût délicat des pétoncles.

BLANQUETTE DE LOTTE AU VIN BLANC

 Fruité et vif

🍾 Blanc mi-corsé : chablis, sauvignon blanc (CAL), **pinot gris (AL)**

👄 Pour rehausser le goût fin et délicat de ce plat de poisson, choisissez un vin d'une grande fraîcheur, comme le pinot gris, avec sa persistance et sa texture veloutée.

BLANQUETTE DE POIREAUX

 Délicat et léger

Blanc léger : sauvignon blanc (FR), muscat (AL), **pinot blanc (AL)**

Ce vin léger, simple et friand, au caractère végétal et acidulé, saura agrémenter le goût qu'apportera le poireau.

BLANQUETTE DE VEAU

 Aromatique et rond

Blanc mi-corsé : chardonnay (CH), **pouilly-fuissé**, graves

Un vin aux arômes de fruits blancs et de fleurs, à la délicate note boisée et à la bouche ample comme ce vin de chardonnay du Mâconnais, agrémentera parfaitement l'intensité savoureuse et la texture de ce plat.

BLANQUETTE DE VEAU À LA VANILLE

 Aromatique et rond

Blanc mi-corsé : chardonnay (CAL), **mercurey**, coteaux-du-languedoc

Ce vin de Bourgogne aux arômes de fruits blancs et de vanille rehaussera le goût savoureux de cette blanquette et se fondra dans la texture de la crème.

BLANQUETTE DE VEAU AU CITRON VERT

 Fruité et vif

Blanc mi-corsé : bourgogne, pomino, **savignon blanc (CAL)**

Ce vin frais et équilibré, aux arômes de fruits tropicaux, est tout indiqué pour accompagner le goût acidulé de cette blanquette de veau.

BLANQUETTE DE VEAU AUX CHÂTAIGNES

 Aromatique et rond

Blanc mi-corsé : chardonnay (CAL), **montagny**, chardonnay (CH)

Ce vin de Bourgogne, rafraîchissant, à la dominante boisée et légèrement vanillée, est tout indiqué pour accompagner les saveurs et les textures de cette blanquette de veau.

BLETTE, TIAN DE, À LA MODE DE CARPENTRAS

Fruité et vif

Blanc mi-corsé : **fumé blanc (CA)**, sauvignon blanc (NZ) (AU)

Pour escorter admirablement les saveurs végétales, la texture onctueuse et l'aspect salin de ce plat au gratin, choisissez un vin ample, aux notes de fruits exotiques et à la note légèrement herbacée, comme le fumé blanc californien.

BŒUF À L'AIL SUR LIT DE COUSCOUS ÉPICÉ Aromatique et charnu

Rouge corsé : **gigondas**, chianti, syrah (AU)

Ce vin fruité et épicé, avec une bonne présence en bouche, se mariera idéalement avec le goût des aromates de ce plat.

BŒUF À LA CANTONAISE Aromatique et souple

Rouge mi-corsé : **côtes-du-rhône-villages**, merlot (FR), touraine

Un vin de la vallée du Rhône possédant une bonne concentration et une délicieuse touche épicée agrémentera parfaitement le goût du bœuf à la cantonaise.

BŒUF À LA FICELLE Aromatique et souple

Rouge mi-corsé : **malbec (AR)**, gigondas, cabernet-sauvignon (CH)

Le malbec d'Argentine a assez de texture et de finesse, en plus de ses notes épicées, pour accompagner ce plat savoureux aux effluves herbacés et animaux.

BŒUF, BAVETTE DE, AUX ÉCHALOTES Aromatique et souple

Rouge mi-corsé : **bordeaux**, rioja reserva, bourgueil

Pour accompagner ce plat classique, choisissez un vin puissant et tannique, sans être agressif, avec des arômes de sous-bois et d'épices.

BŒUF, BAVETTE DE, AVEC CHAMPIGNONS PORTOBELLOS SAUTÉS Aromatique et souple

Rouge mi-corsé : **rioja reserva**, ribera-del-duero, cabernet-sauvignon (ES)

Ce vin espagnol assez puissant et à dominante boisée se mariera parfaitement au goût des champignons sautés.

BŒUF, BAVETTE DE, DÉGLACÉE AU VINAIGRE BALSAMIQUE Aromatique et souple

Rouge mi-corsé : **côtes-du-roussillon-villages**, malbec (AR), syrah (CAL)

Ce vin du Sud avec sa structure moyennement tannique et ses notes épicées sera le compagnon idéal de ce plat relevé.

BŒUF, BAVETTE DE, MARINÉE Aromatique et souple

Rouge mi-corsé : **médoc**, rioja reserva, cabernet-sauvignon (CAL)

Ce plat requiert un vin aromatique avec de la profondeur et une bonne trame tannique comme le médoc français.

BŒUF, BOULETTES DE, AU RIZ

 Fruité et généreux

 Rouge mi-corsé : **merlot (CH)**, coteaux-du-languedoc, chianti

Un vin simple et tendre au fruité bien présent sera l'idéal pour accompagner ce plat simple et savoureux.

BŒUF BOURGUIGNON

 Fruité et généreux

 Rouge mi-corsé : barbera-d'alba, **mercurey**, syrah (CAL)

Ce vin, élaboré avec du pinot noir, possède un côté fruité intense et une structure généreuse qui fera honneur à ce plat mijoté.

BŒUF BRAISÉ À LA FRANÇAISE

 Aromatique et souple

 Rouge mi-corsé : salice-salentino, **tempranillo (ES)**, zinfandel (CAL)

Avec sa richesse et sa profondeur, le tempranillo, ce cépage typique de l'Espagne, accompagne parfaitement ce plat de bœuf braisé.

BŒUF BRAISÉ AUX ANCHOIS

 Fruité et généreux

 Rouge mi-corsé : **pinot noir (RO)** (OR), vin du Liban

Ce bœuf d'épaule aux caractères simples demande un vin rouge moyennement corsé, légèrement épicé avec des notes de fruits rouges et d'herbes fraîches.

BŒUF BRAISÉ AUX OLIVES

 Aromatique et charnu

Rouge corsé : cahors, **zinfandel (CAL)**, syrah (AU)

Un vin au fruité généreux et pourvu d'une note boisée assez présente sera idéal pour accompagner la viande rouge braisée et se mariera parfaitement aux aromates qui rehaussent le plat.

BŒUF BRAISÉ AVEC BEURRE D'ÉCHALOTE ET DE GORGONZOLA

 Aromatique et souple

 Rouge mi-corsé : **merlot (CAL)** (AU), saint-émilion

Ce vin jeune et assez puissant, aux notes de fruits et de sous-bois, saura s'harmoniser avec le goût prononcé du fromage de ce plat de viande.

BŒUF BRAISÉ AVEC SAUCE AUX TOMATES ET À L'AIL

 Fruité et généreux

 Rouge mi-corsé : sangiovese, **chianti-classico**, merlot (FR)

Avec sa structure, son acidité équilibrée et ses notes de fruits rouges, ce vin se mariera savoureusement au goût de la sauce de ce plat de viande relevé.

BŒUF, BROCHETTES DE, MARINÉ

 Aromatique et souple

Rouge mi-corsé : **bordeaux**, cabernet-sauvignon (AU), malbec (AR)

Un bordeaux souple et fruité se marie toujours bien aux plats de bœuf mariné.

BŒUF, CARPACCIO DE

 Fruité et généreux

Rouge mi-corsé : sangiovese, **saint-émilion**, rioja

Pour accompagner ce plat italien, un superbe saint-émilion aux notes profondes de sous-bois et d'épices, de même qu'une trame tannique présente est tout indiqué.

BŒUF, CHOUX FARCIS AU

 Fruité et généreux

Rouge mi-corsé : **bourgueil**, merlot (CH), pinot noir (CAL)

Avec ses notes aromatiques de fruits rouges et une touche de verdure typique, ce généreux vin de la Loire est tout indiqué pour un accord réussi.

BŒUF, CONTREFILET DE, AU BEURRE D'ESTRAGON

 Aromatique et souple

Rouge mi-corsé : médoc, **cabernet-sauvignon (CAL)**, chianti-classico

Ce vin aromatique aux tannins étoffés et aux notes d'épices et de sous-bois viendra agrémenter la saveur de l'estragon et le goût du bœuf.

BŒUF, CONTREFILET DE, AUX ÉCHALOTES CONFITES

 Aromatique et souple

Rouge mi-corsé : corbières, rioja, **cabernet-sauvignon (AU)**

Ce vin très aromatique aux tannins enrobés et à la texture presque grasse agrémentera la douceur et la texture des échalotes confites.

BŒUF, CONTREFILET DE, SAUCE À L'OSEILLE ET AU MARSALA

 Aromatique et charnu

Rouge corsé : cabernet-sauvignon (AU), rioja reserva, **douro**

Un vin portugais aromatique à la structure charpentée et aux tannins étoffés est idéal pour accompagner le goût du bœuf et de la savoureuse sauce au marsala.

BŒUF, CONTREFILET DE, SAUCE AU PORTO

 Aromatique et charnu

Rouge corsé : ribera-del-duero, douro reserva, **zinfandel (CAL)**

Le zinfandel, avec ses arômes et ses saveurs de fruits mûrs et de bois relevées, sa structure équilibrée et ses tannins charnus, saura accompagner le goût de cette sauce relevée par la puissance et les notes fruitées du porto.

BŒUF, CÔTE DE, À LA MOELLE Aromatique et souple

🍶 Rouge mi-corsé : **bordeaux**, merlot (CAL), malbec (AR)

👄 Un bordeaux fruité et boisé saura rehausser la saveur de cette viande rouge.

BŒUF, CÔTE DE, AUX FINES HERBES Aromatique et souple

🍶 Rouge mi-corsé : merlot (CH), **premières-côtes-de-blaye**, penedès

👄 Ce vin aromatique et souple est tout indiqué pour s'harmoniser avec les saveurs du bœuf et des fines herbes de ce plat de viande juteuse.

BŒUF, CÔTES LEVÉES DE, SAUCE AIGRE-DOUCE Aromatique et souple

🍶 Rouge mi-corsé : merlot (CH), saint-chinian, **zinfandel (CAL)**

👄 Ce vin californien aux notes de fruits noirs mûrs, de bois et d'épices accompagnera savoureusement ces côtes levées et se fondra à merveille avec le caractère de la sauce.

BŒUF, CROQUETTES DE Fruité et généreux

🍶 Rouge mi-corsé : **côtes-du-ventoux**, coteaux-du-tricastin, valpolicella

👄 La simplicité aromatique de ce vin au fruité généreux et à la structure souple en font le complément idéal de ce plat simple mais savoureux.

BŒUF, DAUBE DE, À LA BORDELAISE Aromatique et souple

🍶 Rouge mi-corsé : malbec (AR), **chianti-classico**, levante

👄 Puisque la daube donne des parfums et des saveurs souples, il faut un vin qui offre les mêmes arômes sans délaisser la texture animale. Le chianti devient alors un choix judicieux pour son côté généreux et parfumé d'épices chaudes.

BŒUF, DAUBE DE, AUX RAISINS Aromatique et charnu

🍶 Rouge corsé : **cabernet-sauvignon (CAL)**, cahors, malbec (AR)

👄 Ce vin aux notes de fruits noirs mûrs, à la bouche légèrement boisée et aux tannins présents est tout indiqué pour accompagner le goût sucré et l'intensité savoureuse de ce plat de viande.

BŒUF, ÉMINCÉ DE, AVEC SAUCE AU MAÏS RÔTI ⬤ Fruité et généreux

🍶 Rouge mi-corsé : bordeaux supérieur, buzet, **minervois**

👄 Le minervois, un vin aux tannins souples et au goût fruité dominant, se mariera bien avec le goût du bœuf et du maïs rôti.

BŒUF, FILET DE, ARLÉSIENNE

 Fruité et généreux

🍾 Rouge mi-corsé : **chianti-classico**, barbera-d'asti, bordeaux supérieur

👄 Pour accompagner les saveurs des tomates qui entrent dans l'élaboration de cette recette, tout en soutenant celles de la viande de bœuf, ce vin toscan conviendra parfaitement grâce à sa stature, ses arômes de fruits rouges et son acidité marquée.

BŒUF, FILET DE, SAUCE AU FROMAGE BLEU

 Aromatique et souple

🍾 Rouge mi-corsé : cahors, malbec (AR), **saint-émilion grand cru**

👄 Ce vin classique du bordelais aux tannins étoffés et aux arômes de sous-bois et d'épices est idéal pour accompagner un bœuf rehaussé d'une sauce au fromage bleu.

BŒUF, FILET DE, SAUCE AU POIVRE

 Aromatique et charnu

🍾 Rouge corsé : **gigondas**, ribera-del-duero, shiraz (AU)

👄 Un vin du sud des Côtes-du-Rhône aux arômes épicés et fruités accompagne toujours bien une viande rouge assaisonnée de poivre.

BŒUF, FILET DE, SAUCE AUX CANNEBERGES, AU PORTO ET AU GORGONZOLA

 Aromatique et souple

🍾 Rouge mi-corsé : **merlot (AU)** (CAL), saint-émilion

👄 Ce vin jeune et assez puissant aux notes de fruits et de sous-bois siéra à merveille aux saveurs intenses de fruits que le porto léguera à cette sauce, tout en se fondant avec celles du fromage.

BŒUF, FILET DE, SAUCE AUX TRUFFES

 Aromatique et charnu

🍾 Rouge corsé : **pomerol**, rioja reserva, cabernet-sauvignon (IT)

👄 Ce vin intense et boisé saura accompagner la saveur des champignons et sa structure équilibrée de même que sa puissance aromatique escorteront sans problème le goût du bœuf et de ses aromates.

BŒUF, FILETS DE, AUX FINES HERBES, AVEC RELISH AUX POIVRONS ROUGES ET JAUNES

 Aromatique et souple

🍾 Rouge mi-corsé : graves, chinon, **montagne-saint-émilion**

👄 Ce vin relevé, dominé par les fruits, mais avec une légère note végétale, s'harmonisera bien aux herbes et aux poivrons et rehaussera le goût du bœuf.

58

BŒUF, FILETS DE, AVEC ÉCHALOTES RÔTIES, BACON ET SAUCE AU PORTO

 Aromatique et charnu

🍷 Rouge corsé : cahors, **douro**, barolo

👄 Pour accompagner le goût prédominant de cette sauce intense, le douro, un vin puissant aux notes de fruits bien mûrs et aux tannins juvéniles, est tout indiqué.

BŒUF, FILETS DE, ÉPICÉS AVEC SAUCE À LA MANGUE

 Fruité et généreux

🍷 Rouge mi-corsé : **corbières**, buzet, côtes-du-rhône-villages

👄 Ce vin à la structure équilibrée et aux arômes de fruits et d'épices se mariera à merveille avec la sauce et les assaisonnements de ce plat.

BŒUF, FILETS DE, FARCIS AUX MORILLES

 Aromatique et souple

🍷 Rouge mi-corsé : **lalande-de-pomerol**, saint-émilion, merlot (CAL)

👄 Ce plat aux saveurs fines se dégustera avec un vin légèrement fruité aux notes de sous-bois marquées qui s'agenceront aux parfums légués par les morilles.

BŒUF, FOIE DE, GRILLÉ

 Fruité et généreux

🍷 Rouge mi-corsé : bordeaux supérieur, chianti-classico, **pinot noir (FR)**

👄 Pour rehausser la saveur d'un foie de bœuf grillé, un pinot noir délicatement boisé, aux notes de petits fruits rouges et aux effluves de vanille, est tout indiqué.

BŒUF, HACHIS DE

Fruité et généreux

🍷 Rouge mi-corsé : chinon, **buzet**, coteaux-du-languedoc

👄 Le buzet, un vin de bonne intensité aux notes de petits fruits noirs, d'épices et de chêne, saura agrémenter un tel plat.

BŒUF, LANGUE DE, AUX ÉCHALOTES CONFITES

 Fruité et généreux

🍷 Rouge mi-corsé : **morgon**, sancerre, pinot noir (OR)

👄 Assez savoureux pour l'intensité de ce plat, le caractère fruité très marqué de ce cru du Beaujolais fera également le pont avec le goût un peu sucré des échalotes caramélisées.

BŒUF, LANGUE DE, AUX OIGNONS

 Fruité et généreux

🍷 Rouge mi-corsé : cabernet franc (CA), **bourgueil**, merlot vin de pays

🥘 Ce plat relevé requiert un vin mi-corsé, fruité et un tantinet végétal, aux tannins souples et de persistance moyenne, comme le bourgueil.

BŒUF MIRONTON

 Fruité et généreux

🍷 Rouge mi-corsé : chinon, **valpolicella classico**, cabernet franc (CA)

🥘 Le côté acidulé et fruité de ce vin italien s'associera très bien au vinaigre de vin sans nuire à la délicatesse du bœuf.

BŒUF, RAGOÛT DE, À L'AIL GRILLÉ

 Aromatique et souple

🍷 Rouge mi-corsé : cahors, shiraz (AU), **alentejo**

🥘 Ce vin espagnol tendre aux tannins modérés et aux arômes simples de fruit et d'épices rehaussera les saveurs de ce plat de bœuf mijoté.

BŒUF, RAGOÛT DE, AUX TOMATES

 Aromatique et souple

🍷 Rouge mi-corsé : **cahors**, fitou, cabernet-sauvignon (AU)

🥘 Riche en arômes de fruit, avec une texture substantielle et une trame tannique qui sera adoucie par la tendreté de la viande, le cahors accompagnera délicieusement ce ragoût de bœuf.

BŒUF, RAGOÛT DE, AVEC QUENELLES AUX HERBES

 Aromatique et souple

🍷 Rouge mi-corsé : fitou, **saumur-champigny**, vacqueyras

🥘 Ce vin ample et charnu avec une touche boisée et épicée est tout indiqué pour accompagner ce mijoté de bœuf aux saveurs herbacées.

BŒUF, RAGOÛT DE, ET DE CHAMPIGNONS

 Aromatique et souple

🍷 Rouge mi-corsé : merlot (CAL), **tempranillo**, carmenère (CH)

🥘 Ce vin espagnol légèrement boisé et moyennement corsé sera le complément idéal de ce bœuf mijoté aux saveurs de sous-bois.

BŒUF, RIZ FRIT AU, OU AU PORC

 Fruité et léger

🍷 Rouge léger : pinot noir (FR), morgon, **rosso-di-montalcino**

🥘 Pour accompagner ce riz à la viande, choisissez un vin avec beaucoup de tempérament, sans être corsé, comme ce rosso-di-montalcino, un vin toscan à la fois simple et fruité avec des tannins enrobés.

BŒUF, RÔTI DE, À L'AIL

 Fruité et généreux

Rouge mi-corsé : coteaux-du-languedoc, **malbec (AR)**, shiraz (AU)

Ce vin simple, d'une bonne densité et assez charpenté, accompagnera bien ce plat de bœuf.

BŒUF, RÔTI DE, AUX FINES HERBES ET À LA MOUTARDE

 Fruité et généreux

Rouge mi-corsé : bordeaux, breganze, **givry**

Pour accompagner cette viande rôtie, choisissez un vin rouge moyennement corsé aux arômes épicés et pourvu de notes fruitées qui se fondront avec la saveur de la moutarde, comme le givry.

BŒUF, RÔTI DE, AVEC COULIS DE PATATES DOUCES

 Aromatique et souple

Rouge mi-corsé : bordeaux, **malbec (AR)**, chianti-classico

Ce vin imposant et enveloppant saura soutenir le goût de la viande rôtie et agrémentera savoureusement celui des patates douces.

BŒUF, RÔTI DE, EN CROÛTE DE FINES HERBES ET D'AIL

 Aromatique et souple

Rouge mi-corsé : costières-de-nîmes, côtes-du-rhône, **coteaux-du-languedoc**

Ce vin aux arômes de fruits et d'épices et au goût soutenu rehaussera parfaitement l'assaisonnement de bœuf en croûte.

BŒUF, ROULEAUX DE, ET DE SÉSAME

 Fruité et généreux

Rouge mi-corsé : **merlot (CA)** (AR) (CH)

Vin savoureux, à la fois fruité et épicé, aux tannins charnus, le merlot californien rehaussera parfaitement les saveurs de ce bœuf au sésame.

BŒUF, SANDWICH DE, GRILLÉ AVEC BRIE, POIVRONS RÔTIS ET CRESSON

 Fruité et généreux

Rouge mi-corsé : chinon, **cabernet-franc (CAL)**, merlot (ÉU)

Ce vin charnu, aux tannins modérés et à la saveur légèrement végétale, est tout indiqué pour accompagner ce sandwich de bœuf.

BŒUF, SATAYS DE POULET, CREVETTES ET, SAUCE AUX ARACHIDES

Fruité et vif

Blanc léger : chardonnay/sauvignon (FR), **riesling (AL)**, torrontes

Ample et parfumé avec une bonne vivacité, le riesling d'Alsace est tout indiqué pour accompagner les saveurs asiatiques de ce plat de satays.

BŒUF, SAUTÉ DE, AVEC GINGEMBRE ET HARICOTS VERTS

 Fruité et généreux

🍾 Rouge mi-corsé : côtes-du-rhône, merlot (BUL), **malbec (AR)**

👄 Ce vin argentin, concentré en bouche, aux tannins charnus mais en souplesse et au nez de mûres confites, d'épices et de réglisse, accompagnera fort bien les saveurs relevées de ce sauté de bœuf.

BŒUF, SAUTÉ DE, ET DE BROCOLI

 Fruité et généreux

🍾 Rouge mi-corsé : merlot (CA), **cabernet franc (CAL)**, saint-nicolas-de-bourgueil

👄 Ce vin, aromatique aux notes de fruits rouges et à la finale légèrement végétale, saura s'harmoniser avec les saveurs de ce sauté de bœuf.

BŒUF, SAUTÉ DE, ET DE POIVRONS VERTS

 Fruité et généreux

🍾 Rouge mi-corsé : **côtes-de-francs**, cabernet franc (CAL), saint-nicolas-de-bourgueuil

👄 Ce vin aux tannins souples et à la finale légèrement végétale est tout indiqué pour accompagner ce sauté de bœuf.

BŒUF, STEAK DE, AU POIVRE, SAUCE À LA MANGUE

 Fruité et généreux

🍾 Rouge mi-corsé : cahors, côtes-du-roussillon, **shiraz (AU)**

👄 La shiraz australienne, au goût riche de fruits mûrs et d'épices, accompagnera parfaitement cette viande grillée, ses notes de poivre et la sauce exotique.

BŒUF, STEAK DE, LAQUÉ AU VINAIGRE BALSAMIQUE

 Aromatique et souple

🍾 Rouge mi-corsé : cahors, **zinfandel (CAL)**, chianti

👄 Ce vin charnu aux puissants arômes de fruits noirs mûrs saura agrémenter cette viande laquée.

BŒUF STROGANOFF

 Aromatique et souple

🍾 Rouge mi-corsé : merlot (CAL), **tempranillo**, zinfandel (CAL)

👄 Pour accompagner parfaitement un bœuf Stroganoff, choisissez un tempranillo riche et intense, aux notes de sous-bois et de fruits mûrs.

BŒUF, TAJINE DE

 Fruité et généreux

 Rouge mi-corsé : pinot noir (FR), **saumur-champigny**, merlot (BUL)

Pour accompagner ce tajine de boeuf, un vin de cabernet franc comme le saumur-champigny, avec son intensité gustative, ses tannins charnus et ses saveurs de fruits rouges et d'épices, est tout indiqué.

BŒUF, TARTARE DE, AUX ÉPICES

 Fruité et généreux

 Rouge corsé : **cornas**, ribera-del-duero, barolo

La syrah, avec sa structure équilibrée, ses tannins étoffés et son goût légèrement épicé, s'harmonisera à merveille avec ce plat de viande relevée.

BŒUF, TOURNEDOS DE, AUX POIRES
ET ROQUEFORT

 Aromatique et souple

Rouge mi-corsé : cahors, **côtes-du-roussillon-villages**, rioja reserva

Pour accompagner ce plat aux saveurs intenses, ce vin charpenté aux tannins étoffés et aux arômes d'épices et de fruits se fondra parfaitement avec tous les éléments de la recette.

BŒUF, TOURNEDOS DE, SAUCE AU VIN ROUGE

 Aromatique et souple

Rouge mi-corsé : cahors, **coteaux-du-languedoc**, merlot (CH)

Ce vin du Languedoc-Rousillon ample et généreux, aux arômes de fruits et d'épices, sera le complément de la sauce au vin rouge et s'unira agréablement aux saveurs de ce plat de bœuf.

BŒUF, TOURNEDOS DE, SAUCE BÉARNAISE

 Fruité et généreux

Rouge mi-corsé : costières-de-nîmes, **merlot (CAL)**, pinot noir (AU)

Le merlot de Californie est un vin souple à la texture ample, aux parfums de fruits et de sous-bois, qui s'accordera parfaitement aux saveurs du bœuf et à la texture de cette sauce riche et onctueuse.

BŒUF WELLINGTON

 Aromatique et charnu

 Rouge corsé : madiran, **médoc**, cabernet-sauvignon (CAL)

Ce plat doit être accompagné d'un vin rouge riche aux arômes de sous-bois et de fruits mûrs, et ayant de l'étoffe, comme les vins du Médoc.

BOMBE GLACÉE TROIS COULEURS

Fruité et extra doux

Vin ou cidre doux : cidre de glace (CAN), **vin de glace (CAN)**, muscat-de-rivesaltes

Ce dessert parfumé requiert un vin doux et aromatique offrant une acidité bien dosée.

BOUCHÉES AU FROMAGE ET AUX FIGUES

Fruité et extra doux

Blanc doux : rivesaltes ambré, loupiac, **coteaux-du-layon**

L'acidité et la douceur de ce vin aux arômes de miel et de fruits confits s'harmoniseront bien avec le goût des figues et du fromage.

BOUCHÉES AUX ESCARGOTS

Délicat et léger

Blanc léger : crémant-d'alsace, chenin blanc (FR), **cava**

Ce vin mousseux à la fraîcheur éblouissante et à la grande souplesse agrémentera parfaitement le goût délicat des escargots.

BOUDIN AU CHOU

Fruité et généreux

Rouge mi-corsé : côtes-de-provence, **corbières**, côtes-du-rhône-villages

Ce plat de boudin sera rehaussé par ce vin aux tannins tendres, avec de la substance en bouche, et aux notes caractéristiques d'épices.

BOUDIN BLANC AUX PRUNEAUX

Délicat et léger

Blanc léger : **pinot blanc (AL)**, pinot gris (AR), viognier (ÉU)

Ce plat légèrement herbacé et fruité sera en parfaite harmonie avec un pinot blanc d'Alsace. Les notes de fruits frais et sa texture souple en font le compagnon idéal.

BOUDIN CRÉOLE

Fruité et vif

Blanc mi-corsé : côtes-du-rhône, **sauvignon (CAL)** (NZ)

Ce plat épicé au clou de girofle et aux fines herbes réclame un vin généreux en fruits, en épices et qui possède une note herbacée comme un sauvignon de la Californie.

BOUDIN DE LAPIN À LA CHAMPENOISE

 Aromatique et rond

 Blanc mi-corsé ou mousseux : **champagne**, pessac-léognan, bourgogne.

 Un accord régional est toujours une bonne idée. Le champagne offre des arômes de mie de pain et de levures qui s'associent à la brioche et qui s'harmoniseront très bien avec la délicatesse du lapin et les effluves de mie de pain de sa préparation.

BOUDIN SAUTÉ AUX POMMES

 Fruité et généreux

 Rouge mi-corsé : **coteaux-du-languedoc**, crozes-hermitage, saint-émilion

 Pour s'harmoniser à merveille avec ce mets, choisissez un vin mi-corsé aux notes fruitées et aux tannins souples, comme ce vin du Languedoc.

BOUILLABAISSE

 Fruité et vif

 Blanc mi-corsé : **sauvignon blanc (FR)**, soave-classico, côtes-de-provence

Pour accompagner ce plat classique de la gastronomie provençale, un bon sauvignon blanc, frais et rafraîchissant, est tout indiqué.

BOUILLABAISSE DE LANGOUSTES

 Fruité et vif

 Blanc mi-corsé : languedoc, vin du Liban, **orvieto-classico**

La fraîcheur du vin et son côté herbacé accompagneront ce plat issu de la mer. Les épices et les herbes qui le composent s'associeront au côté végétal et désaltérant de ce vin italien.

BOUILLABAISSE DE MORUE AUX MOULES

 Fruité et vif

Blanc mi-corsé : riesling (AL), **chenin blanc (AR)**, sauvignon blanc (CAL)

Ce vin fruité à l'acidité équilibrée saura rafraîchir le palais au passage et s'accommodera à merveille de la saveur salée de ce plat.

BOUILLI DE LÉGUMES ET DE JAMBON

Aromatique et rond

Blanc mi-corsé : chardonnay (FR), **coteaux-du-languedoc**, sauvignon blanc (CH)

Ce plat relevé requiert un vin blanc frais aux notes végétales et fruitées subtiles pour équilibrer le goût salé du jambon.

BOUILLI DE PORC AUX LÉGUMES

 Aromatique et rond

Blanc mi-corsé : viognier (FR), riesling (AL), **chardonnay (IT)**

Le chardonnay de la Vénétie, rarement boisé, possède la souplesse et le fruité idéal pour accompagner le porc bouilli aux légumes.

BOULETTES DE BŒUF AU RIZ

 Fruité et généreux

Rouge mi-corsé : **merlot (CH)**, coteaux-du-languedoc, sangiovese

Un vin simple, fruité et tendre pour un plat simple et savoureux.

BOULETTES DE DINDE AVEC NOUILLES AUX ŒUFS

 Aromatique et rond

Blanc léger : **soave**, bourgogne, chardonnay (CH)

Ce vin italien simple, aromatique et pourvu d'une bonne fraîcheur, accompagnera agréablement ce plat simple mais savoureux.

BOULETTES DE RISOTTO AU PARMESAN

 Aromatique et rond

Blanc mi-corsé : **chardonnay (IT)**, mercurey, soave-classico

Le vin de chardonnay italien, aux habituelles notes de fruits blancs, d'amande fraîche et pourvu d'une agréable fraîcheur, saura se fondre avec le côté salin du parmesan et la texture du risotto.

BOULETTES DE RISOTTO AVEC CREVETTES ET CHORIZO

 Fruité et vif

Blanc léger : muscadet, **rueda**, sauvignon (NZ)

Ce vin fruité et rafraîchissant saura se marier à la délicatesse des crevettes tout en se fondant aux arômes plus marqués légués par le chorizo.

BOULETTES DE VEAU, SAUCE À LA CRÈME ET À L'ANETH

 Aromatique et rond

Blanc mi-corsé : **crozes-hermitage**, chardonnay (CAL), pessac-léognan

Ce vin à la texture dense et généreuse, pourvu à la fois d'une grande fraîcheur et de saveurs persistantes, saura accompagner parfaitement la texture onctueuse qu'apporte la crème, de même que la fine note herbacée de l'aneth dans ce plat de veau.

BOULETTES DE VIANDE BRAISÉES AVEC SAUCE AU VIN ROUGE

 Fruité et généreux

Rouge mi-corsé : merlot (FR), pinot noir (CAL), **buzet**

Un vin aux arômes dominants de fruits et aux tannins fondus se mariera bien aux saveurs de cette viande, tout en faisant le pont avec le vin rouge de la sauce.

BOULETTES DE VIANDE AVEC PERSIL ET PARMESAN

Fruité et généreux

🍾 Rosé mi-corsé : tavel, Languedoc, **côtes-du-rhône-villages**

👄 Un vin rosé ayant une certaine structure s'harmonisera très bien avec le goût de la viande, du persil et du fromage.

BRANDADE DE MORUE

 Délicat et léger

🍾 Blanc léger : pinot blanc (IT), **muscadet**, bordeaux

👄 Ce vin vif et fruité s'accordera parfaitement avec le côté iodé de ce plat de poisson.

BRANDADE NÎMOISE

Fruité et vif

🍾 Blanc mi-corsé : costières-de-nîmes, sauvignon (CH), **pouilly-fumé**

👄 Le sauvignon qui compose cette appellation a des notes minérales et végétales qui feront merveille pour accompagner la minéralité du poisson et de la muscade.

BROCHET GRILLÉ

Fruité et vif

🍾 Blanc mi-corsé : **chablis**, chardonnay (FR) (IT)

👄 Le chablis, doté d'une bonne constitution et d'une minéralité peu commune, s'exprime pleinement avec des poissons grillés à chair blanche.

BROCHETTES D'AGNEAU AU MIEL

 Aromatique et rond

🍾 Blanc corsé : **chardonnay (AU)** (CAL) (FR)

👄 Ce vin intense, avec sa dominante fruitée qui rappelle la poire et l'ananas bien mûrs, de même que sa texture grasse et sa touche boisée, se fond à merveille aux saveurs du miel et de l'agneau.

BROCHETTES D'AGNEAU AUX POIVRONS DOUX

 Fruité et généreux

🍾 Rouge mi-corsé : merlot (CAL), **anjou**, montepulciano-d'abbruzzo

👄 Un vin fruité aux notes végétales qui se mariera bien avec les poivrons tout en tenant tête aux saveurs de la viande d'agneau.

BROCHETTES D'AGNEAU MARINÉ

 Aromatique et souple

🍾 Rouge mi-corsé : **madiran**, cabernet-sauvignon (CAL), shiraz (AU)

👄 Ce vin du Sud-Ouest aux accents délicatement boisés et fruités se mariera bien à cette viande marinée.

BROCHETTES DE BŒUF MARINÉ

 Aromatique et souple

🍾 Rouge mi-corsé : **bordeaux**, cabernet-sauvignon (AU), malbec (AR)

👄 Un bordeaux souple et fruité se marie toujours bien aux plats de bœuf marinés.

BROCHETTES DE CAILLES À LA PROVENÇALE

 Fruité et généreux

🍾 Rouge mi-corsé : pinot noir (NZ), **morgon**, bourgogne

👄 Ce vin fin aux saveurs fruitées et offrant une belle souplesse se mariera bien avec la délicate saveur des cailles.

BROCHETTES DE CREVETTES ET DE MANGUE MARINÉES À LA LIME ET À LA GOYAVE

 Aromatique et rond

🍾 Blanc mi-corsé : côtes-du-rhône, chardonnay (NZ), **viognier (FR)**

👄 Ce vin ample et aromatique, aux notes de fruits exotiques, accompagnera parfaitement le goût fin de ce crustacé et des fruits qui l'accompagnent.

BROCHETTES DE CREVETTES MARINÉES

 Fruité et vif

🍾 Blanc mi-corsé : penedès, **soave-classico**, chardonnay (FR)

👄 Ce vin de la Vénétie aux effluves de fleurs et de fruits frais formera un accord parfait avec les fruits de mer grillés.

BROCHETTES DE DINDE À LA PAPAYE

 Aromatique et rond

🍾 Blanc mi-corsé : **viognier (FR)**, pinot gris (FR), chardonnay (AU)

👄 Un vin ample, au fruité intense et exotique, est tout indiqué pour accompagner cette volaille aux fruits.

BROCHETTES D'ESPADON ET DE CONCOMBRE

 Fruité et vif

🍾 Blanc mi-corsé : **sauvignon (FR)** (NZ) (CAL)

👄 Pour accompagner la chair goûteuse de l'espadon et escorter les saveurs du concombre, ce vin fruité, légèrement herbacé, est tout indiqué.

BROCHETTES DE FRUITS CARAMÉLISÉS

 Fruité et extra doux

🍾 Blanc doux : **jurançon doux**, muscat-de-rivesaltes, loupiac

👄 Les vins liquoreux aux notes de fruits confits, comme le jurançon, s'agencent à merveille aux fruits caramélisés.

BROCHETTES DE PÉTONCLES À LA LIME

 Fruité et vif

 Blanc léger : **picpoul-de-pinet**, pinot grigio, riesling (AL)

Pour accompagner le goût délicat de ce coquillage rehaussé de lime, un vin vif et fruité avec des notes d'agrumes est tout indiqué.

BROCHETTES DE PORC ET D'ANANAS, SAUCE AIGRE-DOUCE

 Fruité et léger

 Rosé léger : côtes-de-provence, **languedoc-roussillon**, vin du Québec

Un rosé du sud de la France, plutôt léger et aux arômes de fruits, saura s'harmoniser avec le goût des fruits et de la sauce.

BROCHETTES DE PORC MARINÉ

 Fruité et léger

 Rouge léger : **gamay (FR)**, saumur, costières-de-nîmes

Ce vin rafraîchissant à la structure délicate et aux arômes de fruits rouges sera délicieux avec les brochettes de porc.

BROCHETTES DE POULET MARINÉ

 Fruité et léger

 Rouge léger : **beaujolais-villages**, bourgogne-passetoutgrain, valpolicella

Pour accompagner une délicate brochette de poulet mariné, un vin souple et fruité comme le beaujolais-villages est tout indiqué.

BROCHETTES DE POULET TANDOORI

 Fruité et léger

Rouge léger : **gamay de Touraine**, merlot (IT), bourgogne-passetoutgrain

Ce vin souple à la dominante fruitée saura se fondre avec la richesse et la multitude d'épices qui entre dans la préparation Tandoori.

BROCHETTES DE SARDINES, COURGETTES ET POIVRONS

 Fruité et vif

 Blanc mi-corsé : soave-classico, côtes-de-provence, **sancerre**

Le sancerre, avec sa vivacité et ses notes florales, minérales et végétales, est idéal pour accompagner le goût des légumes et pour s'accommoder du goût salin du poisson.

BROCHETTES DE SAUMON MARINÉ

 Aromatique et rond

 Blanc corsé : chardonnay (CAL), **chablis premier cru**, pouilly-fuissé

Fin, fruité et souple, le chablis premier cru accompagnera cette brochette de saumon mariné à la perfection, surtout s'il est légèrement boisé et que les brochettes sont grillées.

BROCHETTES DE THON ET DE TOMATES

Fruité et léger

Rouge léger : **pinot noir (FR)**, bourgogne-passetoutgrain, gamay de Touraine

Un vin d'une grande délicatesse, frais en bouche et au goût fruité enjôleur, accompagnera idéalement le goût du thon et des tomates.

BROCHETTES DE VEAU À LA CANNELLE

Fruité et léger

Rouge léger : bourgogne, juliénas, **pinot noir (FR)**

Un vin aromatique où le fruit domine avec de légères notes épicées, comme le pinot noir, saura rehausser la saveur de cette viande assaisonnée à la cannelle.

BROCHETTES DE VEAU AU BACON ET FROMAGE

Fruité et généreux

Rouge mi-corsé : **minervois**, valpolicella-classico, pinot noir (CAL)

Le minervois, avec sa structure équilibrée et ses notes dominantes de fruits mûrs, saura s'agencer savoureusement au goût du veau et au côté salin du bacon.

BROCHETTES DE VEAU MARINÉ

Fruité et léger

Rouge léger : **beaujolais-villages**, merlot (FR), bardolino

Cette viande tendre et délicate requiert un vin souple et fruité qui n'empiètera pas sur ses saveurs, comme ce vin de Bourgogne.

BROWNIES AUX AMANDES

Fruité et extra doux

Vin doux : banyuls, tawny, **xérès oloroso**

Avec sa richesse, sa texture onctueuse et ses notes de noix, d'épices et de fruits confits, ce vin doux andalou saura se marier à merveille avec les saveurs du chocolat et des amandes de ce dessert.

BRUSCHETTA

Fruité et léger

Rosé léger : **côtes-de-provence**, bardolino-chiaretto, rosé (IT)

Un vin fruité et ensoleillé sera idéal pour un accord tout en fraîcheur avec ce mets aux tomates.

70

BRUSCHETTA À L'AVOCAT ÉPICÉ ET AU BASILIC

 Fruité et vif

🍾 Blanc léger : **sauvignon blanc (NZ)** (AU), sylvaner (AL)

🍷 Pour accompagner ce plat aux saveurs végétales, choisissez un vin fruité aux notes herbacées comme le sauvignon blanc néo-zélandais.

BRUSCHETTA À LA PROVENÇALE (OLIVES NOIRES, CÂPRES, ANCHOIS)

 Fruité et vif

🍾 Blanc léger : picpoul-de-pinet, **gavi**, sauvignon (CAL)

🍷 Un vin vif et fruité, le gavi, saura s'accorder harmonieusement aux saveurs intenses de ce mets, surtout si des notes vinaigrées sont induites par les câpres et les anchois.

BÛCHE DE NOËL AU CHOCOLAT

 Fruité et extra doux

🍾 Rouge doux : porto (PO), banyuls, **pineau-des-charentes ruby**

🍷 Ce vin au caractère suave et chaleureux et au fruité généreux accompagnera délicieusement ce dessert classique des Fêtes.

CABÉCOUS PASSÉS AU FOUR

 Fruité et vif

🍾 Blanc mi-corsé : jurançon sec, **greco-di-tufo**, arbois

🍷 Un vin italien d'une rare finesse. La finale d'amande se mariera très bien avec le caractère rustique du fromage grillé, et la texture du plat et celle du vin s'associeront pour ne faire qu'un.

CAILLES AU CHOU

 Fruité et léger

🍾 Rouge léger : pinot noir (AL) (NZ), morgon, **chénas**

🍷 Ce mets délicat sera rehaussé par les tannins soyeux et la richesse du parfum de fleurs et de fruits frais de ce vin.

CAILLES AUX CERISES

 Fruité et généreux

🍾 Rouge mi-corsé : morgon, **pinot noir (NZ)**, barbera

🍷 Pour obtenir un délicieux mariage d'arômes complémentaires, unissez ce plat aux saveurs de cerise au goût prononcé de fruits rouges du pinot noir de Nouvelle-Zélande.

CAILLES AUX PRUNEAUX ET AU FOIE GRAS Aromatique et souple

🍶 Rouge mi-corsé : rioja, **maremma i.g.t. (IT)**, terre-di-franciacorta

🥄 Ce vin à la trame tannique soutenue et aux arômes de fruits noirs cuits s'agencera parfaitement aux saveurs de pruneau qui accompagnent cette volaille.

CAILLES AUX RAISINS Aromatique et souple

🍶 Rouge mi-corsé : rioja reserva, **fitou**, bordeaux

🥄 La richesse des vins fruités du Languedoc-Roussillon s'accorde parfaitement avec le goût tendre de cette petite volaille et fait le pont avec le goût fruité légué par les raisins.

CAILLES, BROCHETTES DE, À LA PROVENÇALE Fruité et généreux

🍶 Rouge mi-corsé : pinot noir (NZ), **moulin-à-vent**, bourgogne

🥄 Ce vin fin aux saveurs fruitées et offrant une belle souplesse se mariera bien avec la délicate saveur des cailles.

CAILLES CONFITES AUX MANDARINES Aromatique et rond

🍶 Blanc mi-corsé : **pinot gris (AL)**, chardonnay (AU), müller-thurgau (ALL)

🥄 Ce vin aux saveurs fruitées et à l'acidité équilibrée est tout indiqué pour accompagner ce plat aux saveurs d'agrumes.

CAILLES, CUISSES DE, AU CARI ET AU LAIT DE COCO Aromatique et rond

🍶 Blanc mi-corsé : chardonnay (CH) (CAL), **bourgogne (FR)**

🥄 Pour accompagner la sauce de ce plat aux saveurs parfumées, ce bourgogne aux notes de fruits mûrs et à la finale légèrement boisée est idéal.

CAILLES EN PAPILLOTES, SAUCE AUX PÊCHES Fruité et doux

🍶 Blanc mi-corsé : auslese (ALL), **sainte-croix-du-mont**, vendanges tardives (CAN)

🥄 Ce vin doté d'une expression aromatique complexe aux notes de miel, de poire et de sirop de pêche est tout indiqué pour rehausser le goût de cette volaille en sauce.

CAILLES FARCIES, SAUCE AUX MORILLES

 Aromatique et souple

 Rouge mi-corsé : vosne-romanée, **gevrey-chambertin**, pinot noir (CAL)

 Ce vin modéré aux notes boisées et à la trame tannique raffinée est tout indiqué pour accompagner la délicate sauce de ce plat.

CAILLES GRILLÉES AVEC FENOUIL RÔTI, POIREAUX, CHAMPIGNONS ET COULIS DE GRENADE

 Aromatique et souple

Rouge corsé : nuits-saint-georges, **merlot (CAL)**, malbec (AR)

Pour accompagner le goût de la chair grillée des cailles, celui des champignons et celui du coulis, choisissez un vin à la bouche fruitée et légèrement boisée, comme ce merlot.

CAILLES GRILLÉES, MARINÉES AU GINGEMBRE ET AU PORTO

 Fruité et généreux

Rouge corsé : valpolicella ripasso, malbec (AR), **shiraz (AU)**

Ce vin au fruité généreux et à la bouche presque grasse s'unira à merveille à la marinade au porto de ce plat.

CAILLES RÔTIES AUX ÉCHALOTES

 Fruité et généreux

Rouge mi-corsé : **côtes-du-frontonnais**, vinho regional alentejo, merlot vin de pays d'oc

Ce vin fruité et souple, unissant charme et concentration, accompagnera savoureusement cette volaille rôtie.

CAILLES, SAUTÉ DE, AU SOYA

 Aromatique et rond

Blanc mi-corsé : **chardonnay (CAL)** (AR) (CH)

Ce chardonnay californien suave, ample, fruité à souhait et légèrement boisé s'harmonisera parfaitement avec les saveurs salines du soya de ce plat de cailles.

CAÏON, FRICASSÉE DE

 Fruité et généreux

Rouge mi-corsé : **costières-de-nîmes**, côtes-du-rhône, syrah vin de pays d'oc

La viande de porc marinée s'accompagnera fort bien d'un vin rouge moyennement soutenu, pourvu d'un fruité croquant et d'une touche épicée discrète, comme les vins des Costières-de-Nîmes.

CAKE À LA PATATE DOUCE

Fruité et extra doux

🍶 Blanc demi-doux : cidre demi-doux du Québec, **vendanges tardives** (AL) (CH)

🥂 Ce mets délicatement sucré doit être accompagné d'un blanc savoureux, fruité et sucré. Le cidre apporte, quant à lui, la finesse de la pomme fraîche. On aura alors une association faite de douceur et de finesse.

CALMARS AUX POIVRONS ROUGES

Fruité et vif

🍶 Blanc léger : **sauvignon (CH)** (FR) (CAL)

🥂 Le sauvignon, avec sa vivacité et ses subtiles notes végétales, est tout indiqué pour rehausser le goût des calmars, sans compter qu'il se mariera très bien à celui des poivrons.

CALMARS FARCIS À LA RICOTTA ET AUX POIVRONS ROUGES

Fruité et léger

🍶 Rosé fruité : rosé-de-loire, **rosé de Provence**, rosé (IT)

🥂 Avec son caractère méditerranéen, sa fraîcheur et l'intensité de son parfum, ce vin convient parfaitement aux saveurs des poivrons rouges et des calmars.

CALMARS FARCIS (PORC ET AMANDES)

Aromatique et rond

🍶 Blanc mi-corsé : soave-classico, **chardonnay du Trentin (IT)**, fumé blanc (CAL)

🥂 Pourvu d'une certaine stature, d'arômes de fruits blancs et de fleurs, le chardonnay du nord de l'Italie possède également la fraîcheur nécessaire pour bien s'agencer à la délicatesse des calmars. De plus, sa touche légèrement boisée s'harmonisera au goût des amandes.

CALMARS GRILLÉS

Fruité et vif

🍶 Blanc mi-corsé : **mâcon-villages**, sauvignon (CAL), côtes-de-provence

🥂 Ce vin blanc sec d'une agréable fraîcheur et à la texture ample sera un régal avec les délicates saveurs des calmars grillés.

CALZONE AU FROMAGE, AUX SAUCISSES ET AUX POIVRONS RÔTIS

Fruité et généreux

🍶 Rouge mi-corsé : sangiovese, **valpolicella-classico**, premières-côtes-de-blaye

🥂 Pour accompagner ce mets italien, quoi de mieux qu'un vin italien aux arômes de fruits et aux tannins souples qui met en valeur les saveurs du plat ?

CALZONE AU FROMAGE ET AUX ASPERGES

 Fruité et vif

 Blanc léger : graves, soave, **gavi (IT)**

Avec sa texture souple, ce vin d'une bonne ampleur et d'une grande fraîcheur accompagnera délicieusement le goût des asperges et du fromage dans ce calzone.

CALZONE AUX TROIS FROMAGES ET AUX ÉPINARDS

 Fruité et léger

 Rouge léger : **bardolino**, pinot noir (FR), valpolicella

Ce vin simple aux arômes de fruits avec une note végétale accompagnera très bien le goût des épinards et des fromages.

CAMEMBERT FARCI À LA CONFITURE DE CERISES

 Fruité et généreux

 Rouge mi-corsé : **pinot noir (NZ)**, côtes-de-brouilly, bourgogne

Avec sa souplesse, son goût fruité et sa note obsédante de cerise, ce vin est tout indiqué pour accompagner ce savoureux classique.

CANARD, AIGUILLETTES DE, AU WHISKY

 Aromatique et souple

 Rouge mi-corsé : lirac, **rioja reserva**, chianti-classico

Ce vin savoureux, avec son intensité aromatique, son boisé fondu et sa texture enveloppante, accompagnera à merveille le goût unique de ce canard.

CANARD, AIGUILLETTES DE, AVEC COULIS DE POMMES

 Aromatique et rond

Blanc mi-corsé : roussanne-marsanne, chardonnay (IT), **pinot gris (AL)**

La richesse aromatique de ce vin, sa texture presque grasse et la pureté de son fruité rafraîchissant en font le compagnon idéal de ce plat aux saveurs intenses.

CANARD, AIGUILLETTES DE, SAUCE AU SAFRAN

Aromatique et rond

Blanc mi-corsé : montmagny, coteaux-du-languedoc, **pomino**

Pour accompagner le goût délicat de ce plat, choisissez un vin blanc fin et aromatique, comme le pomino, reconnu pour sa délicatesse, sa texture suave et sa fraîcheur.

CANARD À L'ORANGE

 Aromatique et souple

Rouge mi-corsé : pomerol, **saint-émilion**, nebbiolo-d'alba

Les inconditionnels du vin rouge aimeront leur canard à l'orange avec un saint-émilion souple, aux tannins fins et mûrs et au goût délicat de fruits rouges.

CANARD AU CARI ROUGE

 Aromatique et souple

Rouge corsé : cahors, **merlot (CAL)**, chianti riserva

Ce vin fruité et épicé offre une bonne amplitude qui viendra équilibrer l'intensité des saveurs du canard au cari.

CANARD AUX POIVRONS, SAUCE À LA PAPAYE

 Aromatique et rond

Blanc corsé : **condrieu**, jurançon, chardonnay/viognier (CAL)

Avec ses arômes de fruits exotiques mûrs et son soupçon de sous-bois, ce vin est tout indiqué pour rehausser le goût des poivrons et de la papaye.

CANARD AVEC SAUCISSES ET LENTILLES

 Aromatique et charnu

Rouge corsé : côtes-du-roussillon, zinfandel (CAL), **cabernet (AU)**

Ce vin charpenté s'unira parfaitement aux viandes goûteuses et à la saveur des lentilles.

CANARD BRAISÉ AU VIN ROUGE

 Aromatique et souple

Rouge mi-corsé : **bordeaux supérieur**, cahors, cabernet-sauvignon (CAL)

Ce vin à la structure équilibrée, aux arômes de fruits rouges, de fines herbes et aux notes florales, est tout indiqué pour cette recette.

CANARD BRAISÉ AUX CHAMPIGNONS

 Aromatique et souple

Rouge mi-corsé : **saint-émilion**, pomerol, coteaux-du-languedoc.

Ce vin au caractère sauvage de sous-bois accompagnera parfaitement ce plat avec son intensité savoureuse et sa charpente modérée.

CANARD, CASSOULET DE

 Aromatique et souple

Rouge mi-corsé : bordeaux supérieur, **côtes-du-rhônes-villages**, côtes-de-provence

Les saveurs généreuses et intenses de ce plat commandent un vin du Sud comme le côtes-du-rhône aux arômes d'épices, de petits fruits rouges et de violette.

CANARDS, CŒURS DE, AU MARSALA

 Aromatique et rond

🍾 Blanc mi-corsé : **pessac-léognan**, saint-aubin, mercurey

😋 Ce vin vif et aromatique, avec une bonne persistance, saura soutenir la sauce au marsala qui rehausse ce plat.

CANARDS, CŒURS DE, AUX CHAMPIGNONS

 Aromatique et rond

🍾 Blanc corsé : **chardonnay (CAL)** (AR) (AU)

😋 Préférez un vin à la texture généreuse dont l'intensité boisée saura rehausser la saveur des champignons et accompagner la richesse du plat.

CANARD, CONFIT DE

 Aromatique et souple

🍾 Rouge mi-corsé : saint-émilion, cahors, **madiran**

😋 Ce vin du Sud-Ouest relevé de tannins riches et aux notes de fruits noirs à la touche subtilement boisée fera sensation avec le confit de canard.

CANARD, CUISSES DE, À L'ESTRAGON

 Aromatique et souple

🍾 Rouge mi-corsé : merlot (CAL), premières-côtes-de-blaye, **tempranillo**

😋 Un vin aromatique et rond comme ce cépage espagnol est idéal pour rehausser le goût plus prononcé des cuisses de canard tout en accompagnant subtilement l'estragon.

CANARD, CUISSES DE, AUX PRUNEAUX

 Aromatique et souple

🍾 Rouge corsé : cahors, **rioja reserva**, cabernet-sauvignon (CH)

😋 Ce vin passablement évolué aux saveurs de fruits cuits s'harmonisera très bien au goût et à la texture des pruneaux et du canard.

CANARD, CUISSES DE, SAUCE AU MIEL ET À LA CANNELLE

 Aromatique et souple

🍾 Rouge mi-corsé : côtes-de-castillon, sangiovese, **barbera-d'asti**

😋 Ce vin italien aux notes épicées mais dominées par les fruits est le complément parfait de cette sauce un peu sucrée et rehaussera le goût du canard.

CANARD, ÉMINCÉ DE, SAUCE À L'ORANGE ET À L'ARMAGNAC

Aromatique et rond

🍾 Blanc mi-corsé : côtes-du-rhône, viognier (CAL), **marsanne-roussanne (CAL)**

😋 Pour accompagner une telle sauce, un vin ample aux notes de fruits mûrs, assez soutenu comme cet assemblage de deux cépages, mettra en valeur les saveurs de ce plat.

CANARD, FRICASSÉE DE, AUX PÊCHES

 Aromatique et rond

🍾 Blanc mi-corsé : gros manseng, **viognier (CAL)**, chardonnay (AR)

👄 Ce vin frais aux arômes de fruits tropicaux est tout indiqué pour accompagner la texture de ce plat ainsi que les saveurs de pêche de la préparation.

CANARD GRILLÉ

 Aromatique et souple

🍾 Rouge mi-corsé : malbec (AR), **saumur-champigny**, navarre

👄 Le canard grillé requiert un vin ample au bouquet généreux de fruits rouges et à l'élégante touche épicée.

CANARD LAQUÉ

 Aromatique et rond

🍾 Blanc mi-corsé : gewurztraminer, **pinot gris (AL)**, chardonnay

👄 Pour une harmonie des plus réussies, un vin élaboré de pinot gris aux riches arômes de fruits blancs confits et de miel est le complément parfait de ce plat élégant.

CANARD, MAGRET DE, AU FOIE GRAS ET AU BROCOLI

 Aromatique et souple

🍾 Rouge mi-corsé : cahors, **medoc**, malbec (AR)

👄 Avec ses tannins étoffés, sa texture enveloppante et son caractère typique de sous-bois, ce vin est tout indiqué pour rehausser les riches saveurs de ce plat.

CANARD, MAGRET DE, AUX QUATRE ÉPICES

 Aromatique et souple

🍾 Rouge mi-corsé : côtes-du-rhône, **syrah (CAL)**, primitivo (IT)

👄 Avec sa richesse gustative, ses tannins charnus et sa nature épicée, la syrah californienne accompagne très bien ce plat de canard et se mariera parfaitement à son caractère épicé.

CANARD, MAGRET DE, AUX TRUFFES

 Aromatique et charnu

🍾 Rouge corsé : **cahors**, madiran, malbec (AR)

👄 Ce vin puissant où dominent les fruits soutenus par des tannins fermes saura rehausser autant le goût du canard que celui des truffes.

CANARD, MAGRET DE, COULIS DE POMMES

 Fruité et généreux

 Rouge mi-corsé : **pinot noir (NZ)**, mercurey, moulin-à-vent

Pour accompagner la fraîcheur du coulis de pommes, le pinot noir de Nouvelle-Zélande, à l'agréable vivacité, offre la pureté et le caractère juvénile du fruit frais ainsi que des tannins souples.

CANARD, MAGRET DE, FARCI AU FOIE GRAS ET AUX CHAMPIGNONS

 Aromatique et souple

 Rouge mi-corsé : lalande-de-pomerol, merlot (CAL), **morellino-di-scansano**

Ce plat à la texture riche et aux saveurs de sous-bois sera rehaussé par ce vin aux arômes de fruits aux notes boisées.

CANARD, MAGRET DE, RÔTI AU CASSIS

 Aromatique et souple

 Rouge mi-corsé : **bordeaux**, syrah (AU), merlot (CAL)

Le bordeaux générique, avec ses arômes et saveurs de fruits rouges et son intensité modérée, accompagne toujours bien les volailles rôties servies avec des fruits.

CANARD, MAGRET DE, RÔTI AU CHUTNEY DE MELON

 Fruité et généreux

 Rouge mi-corsé : côtes-du-ventoux, **barbera-d'asti**, merlot (IT)

Pour accompagner ce chutney, préférez un vin fruité et soutenu qui rehaussera aussi le goût du canard.

CANARD, MAGRET DE, SAUCE À L'ANANAS

 Fruité et généreux

Rouge mi-corsé : pinot noir (AU), **mercurey**, moulin-à-vent

Ce vin français à la dominante de fruits rouges frais accompagne bien ce plat. Son agréable vivacité et ses tannins souples se fondront avec la fraîcheur de la sauce à l'ananas tout en magnifiant le goût de la chair du canard.

CANARD, MAGRET DE, SAUCE AU VIN ROUGE

 Aromatique et charnu

Rouge corsé : **cabernet-sauvignon (AU)** (CAL) (CH)

Le cabernet-sauvignon australien exhibe une exubérance aromatique et un goût à la fois dense et tendre de fruits bien mûrs qui s'accorderont parfaitement avec les saveurs de ce plat.

CANARD, MAGRET DE, SAUCE AUX CANNEBERGES

 Aromatique et souple

🍾 Rouge mi-corsé : **chianti-classico**, sangiovese, cahors

🍽 La vivacité et les arômes de fruits mûrs de ce vin sont tout indiqués pour accompagner le goût sucré, mais légèrement acidulé, des canneberges.

CANARD, MAGRET DE, SAUCE AUX CERISES

 Aromatique et souple

🍾 Rouge mi-corsé : **cahors**, rosso-di-montalcino, crozes-hermitage

🍽 Pour un mariage réussi avec cette volaille aux cerises, choisissez un cahors aux notes de fruits rouges confits et d'épices.

CANARD, MAGRET DE, SAUCE AUX MORILLES

 Aromatique et souple

🍾 Rouge mi-corsé : merlot (CAL), **saint-émilion**, lalande-de-pomerol

🍽 Cette sauce requiert un vin avec une structure équilibrée, aux notes de sous-bois et de fruits, comme le saint-émilion qui s'agencera à merveille avec les saveurs fines des champignons.

CANARD, MAGRET DE, SAUCE AUX POMMES

 Fruité et léger

🍾 Rouge léger : **pinot noir (NZ)**, mercurey, moulin-à-vent.

🍽 Avec sa pureté, son caractère juvénile de fruits frais, son agréable vivacité et ses tannins charnus, ce vin saura rehausser les arômes fruités de ce plat.

CANARD, MAGRET DE, SAUCE AUX PRUNES

 Aromatique et charnu

🍾 Rouge corsé : cahors, **zinfandel (CAL)**, nero-d'avola

🍽 Ce vin aux notes de fruits noirs très mûrs et au goût riche et dense est l'idéal pour accompagner la richesse et la douceur de la sauce aux prunes.

CANARD, MAGRET DE, SAUCE GRENADE ET VIN

 Aromatique et souple

🍾 Rouge mi-corsé : **merlot (CAL)**, corbières, barbera-d'asti

🍽 La saveur particulière des grenades et du vin qui accompagnent ce canard requiert un vin chaleureux aux notes de fruits rougeset aux tannins souples.

CANARD, MAGRET DE, SAUCE AU POIVRE VERT

 Aromatique et charnu

🍾 Rouge corsé : **barolo**, rioja, tannat d'Uruguay.

🍽 Ce vin aux tannins imposants, mais d'une grande noblesse, rehaussera ce plat avec son caractère épicé et légèrement sauvage.

CANARD MARINÉ À L'ÉRABLE ET AU WHISKY Aromatique et rond

 Blanc mi-corsé : pinot gris (AL), mercurey, **saint-chinian**

La puissance aromatique, le caractère fruité et boisé et la texture enveloppante de ce vin en font le complément idéal de ce plat savoureux.

CANARD, MOUSSE DE CONFIT DE Aromatique et souple

 Rouge mi-corsé : malbec (AR), **cahors**, madiran

Ce vin du Sud-Ouest, aux tannins charnus et à la texture enveloppante, est tout indiqué pour accompagner cette mousse de confit de canard.

CANARD, PARMENTIER DE Aromatique et souple

Rouge mi-corsé : côtes-du-frontonnais, merlot (CH), **premières-côtes-de-blaye**

Pour accompagner ce plat de canard, choisissez un vin souple, avec du caractère et assez savoureux, comme ce bordeaux.

CANARD, POITRINES DE, AVEC POIRES CARAMÉLISÉES ET SAUCE À L'ORANGE Aromatique et rond

Blanc corsé : **gewurztraminer (FR)**, viognier (CAL), riesling (AL)

Ce vin aromatique, à la bouche ample et fruitée, offrant une longue finale, conviendra à merveille pour soutenir les riches saveurs de ce plat en sauce un peu sucré.

CANARD, QUICHE AU MAGRET DE, FUMÉ Fruité et léger

Rouge léger : **côtes-de-brouilly**, régnié, saint-amour

Avec sa grande fraîcheur, ses tannins discrets et son fruité généreux, ce beaujolais est tout indiqué pour accompagner les saveurs fumées de cette quiche au canard.

CANARD, RILLETTES DE Aromatique et charnu

Rouge corsé : **cahors**, médoc, saint-chinian

Avec sa structure charpentée, ses tannins étoffés, sa texture dense et sa palette aromatique généreuse, le cahors est tout indiqué pour accompagner cette préparation classique de volaille.

CANARD RÔTI AUX CERISES

 Fruité et généreux

 Rouge mi-corsé : côtes-de-nuits-villages, **morgon**, saumur-champigny

Ce cru du Beaujolais, aux flaveurs de fruits rouges et d'épices, offre un accord des plus savoureux et se mariera parfaitement au goût des cerises.

CANARD RÔTI AUX CLÉMENTINES

 Aromatique et rond

 Blanc mi-corsé : gewurztraminer (AL), **chardonnay (AU)**, chenin blanc (AU)

Le chardonnay australien est un vin savoureux et parfumé qui offre l'équilibre nécessaire pour accompagner ce plat aux agrumes.

CANARD RÔTI, FARCI AU FOIE GRAS

 Fruité et généreux

 Rouge mi-corsé : coteaux-du-languedoc, minervois, **barbera-d'asti**

Un vin aromatique et souple, aux notes fruitées, qui accompagnera à merveille le goût et la texture du canard et du foie gras.

CANARD RÔTI, SAUCE À L'AIL ET AU PORTO

 Aromatique et souple

 Rouge mi-corsé : **mercurey**, valpolicella-classico, pinot noir (CAL), zinfandel

Ce vin aromatique aux tannins souples et à la texture onctueuse, doté d'une bonne acidité, accompagnera parfaitement les riches saveurs de ce plat de volaille.

CANARD RÔTI, SAUCE AUX CHANTERELLES ET AUX FIGUES

 Aromatique et rond

 Blanc corsé : meursault, **chardonnay (CAL)** (IT)

Ce vin puissant, aux arômes de bois, de beurre et de fruits concentrés, est le complément idéal de cette sauce aux saveurs de sous-bois.

CANARD RÔTI, SAUCE AUX PRUNES ET AUX BAIES DE GENÉVRIER

 Aromatique et souple

Rouge mi-corsé : **rioja-crianza**, merlot (AU) (CAL)

La sauce de ce plat de canard sera très bien accompagnée par ce vin espagnol aux tannins présents et aux arômes de fruits mûrs.

CANARD, SAUCE À LA CRÈME

 Aromatique et rond

 Blanc corsé : **meursault**, châteauneuf-du-pape, chardonnay (CAL)

Ce grand bourgogne, issu de la célèbre Côte-de-Beaune, est le choix idéal pour sa texture grasse et ses flaveurs de beurre et de pain grillé.

CANARD, SAUTÉ DE, AU GINGEMBRE ET AU SOYA

 Aromatique et souple

🍷 Rouge mi-corsé : merlot (IT), cahors, **zinfandel (CAL)**

👄 Le zinfandel, avec ses arômes et ses saveurs fruitées et épicées, sa structure équilibrée et ses tannins charnus, saura accompagner les saveurs relevées de ce plat de canard tout en se fondant au côté salin du soya.

CANARD, SUPRÊME DE, AVEC CONFIT D'OIGNONS AUX CANNEBERGES

 Aromatique et souple

🍷 Rouge mi-corsé : merlot (CH), corbières, **douro**

👄 La tendresse des tannins et le fruité explosif de ce vin du Portugal en font le complément idéal pour rehausser les saveurs diverses de ce plat.

CANARD, SUPRÊME DE, SAUTÉ, SAUCE AU XÉRÈS

 Aromatique et souple

🍷 Rouge mi-corsé : syrah (CAL), bordeaux, **rioja**

👄 Reconnu pour son intensité savoureuse et sa structure tannique assouplie, ce vin espagnol accompagnera parfaitement cette volaille en sauce.

CANARD, TERRINE DE

 Aromatique et souple

🍷 Rouge mi-corsé : **collioure**, malbec (AR), bordeaux supérieur

👄 Ce vin mi-corsé aux tannins assouplis, fruité avec un caractère légèrement sauvage, est tout indiqué pour accompagner une terrine de canard.

CANNELLONIS À LA VIANDE

 Fruité et généreux

🍷 Rouge mi-corsé : chianti-classico, **valpolicella-superiore**, merlot (IT)

👄 Pour faire une alliance des plus réussies avec des pâtes à la viande, ce vin classique de la Vénétie, fruité et délicatement épicé, aux tannins souples, est tout indiqué.

CANNELLONIS AUX ÉPINARDS ET À LA RICOTTA

 Aromatique et rond

🍷 Blanc mi-corsé : **soave-classico**, chardonnay (IT), viognier (FR)

👄 Pour ce plat de pâtes, optez pour un vin blanc sec, frais et fruité du nord de l'Italie, aux notes suaves de fruits blancs et de fleurs blanches.

CARDONS À LA MOELLE

 Fruité et vif

🍷 Blanc mi-corsé : côtes-de-provence, sauvignon (CH), **lacryma-christi-del-vesuvio**

👄 Ce vin italien a l'amertume souhaitée pour s'associer aux cardons. Il enveloppera la muscade et le parmesan tout en offrant une texture souple qui correspond au plat.

CARI D'AGNEAU AUX NOIX

 Aromatique et charnu

🍷 Rouge corsé : **malbec (AR)**, médoc, coteaux-du-languedoc-saint-georges-d'orques

🍷 Un vin à la bouche imposante et enveloppante qui sait accompagner le goût du cari tout en rehaussant celui de l'agneau.

CARI DE DINDE À LA NOIX DE COCO

 Aromatique et rond

🍷 Blanc mi-corsé : **pinot gris (AL)**, viognier (FR) (CAL), bordeaux

🍷 La fraîcheur de ce vin ample d'Alsace aux arômes de sous-bois parfois fumés est tout indiquée pour accompagner les saveurs intenses de ce plat.

CARI DE POULET AVEC ABRICOTS SÉCHÉS

 Aromatique et rond

🍷 Blanc mi-corsé : viognier (FR), côtes-du-rhône, **pessac-léognan**

🍷 Ce plat requiert un vin aux arômes légèrement boisés, dominés par les fruits mûrs, comme ce grand vin du bordelais.

CARI DE POULET THAÏLANDAIS

 Fruité et vif

🍷 Blanc mi-corsé : **sauvignon (NZ)** (CAL), bordeaux

🍷 Le sauvignon de Nouvelle-Zélande est à la fois rafraîchissant et aromatique, ce qui en fait le complément idéal de ce plat savoureux aux épices piquantes.

CARPACCIO DE BŒUF

 Fruité et généreux

🍷 Rouge mi-corsé : sangiovese, **saint-émilion**, rioja

🍷 Pour accompagner ce plat italien, un superbe saint-émilion aux notes profondes de sous-bois et d'épices est tout indiqué.

CARPACCIO DE SAUMON

 Fruité et vif

🍷 Blanc mi-corsé : viognier (FR), **chablis**, pinot gris (AL)

🍷 Ce vin aux notes de fruits blancs et de beurre accompagnera très bien ce plat avec son côté minéral et son acidité rafraîchissante.

CARPACCIO DE THON AVEC VINAIGRETTE AUX CÂPRES

 Fruité et vif

🍷 Blanc mi-corsé : sauvignon (NZ), **sancerre**, soave-classico

🍷 Ce vin fruité possède une acidité équilibrée qui saura soutenir les saveurs salées de la vinaigrette.

CARPE FARCIE

 Aromatique et rond

Blanc mi-corsé : pinot gris (AR), **pessac-léognan**, soave-classico

Un choix facile à faire, car la texture du poisson et de sa laitance s'associera parfaitement à celle de ce vin de Bordeaux reconnu pour son velouté et ses caractéristiques en finesse. De plus, il a une touche minérale qui sied à merveille au poisson.

CARRÉ D'AGNEAU AUX HERBES DE PROVENCE

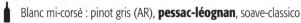 Aromatique et charnu

Rouge corsé : cabernet-sauvignon (CAL), cornas, **ribera-del-duero**

Un vin manifestant une agréable fraîcheur et pourvu de tannins étoffés s'harmonisera bien avec les saveurs herbacées de ce plat, tout en soutenant la puissance savoureuse de la viande d'agneau.

CARRÉ D'AGNEAU AVEC GREMOLATA AU CITRON

 Aromatique et souple

Rouge mi-corsé : pinot noir (CA), côtes-de-nuits, **rioja reserva**

Assez puissant pour soutenir l'agneau et assez souple pour se marier à l'acidité du citron, ce vin espagnol au caractère passablement évolué sera un choix sensé pour ce plat.

CARRÉ D'AGNEAU AVEC PISTOU À LA MENTHE

 Aromatique et charnu

Rouge corsé : **cabernet-sauvignon (CAL)** (AU), shiraz (AU)

Ce vin aux arômes d'eucalyptus s'allie bien avec la composition du pistou et sa puissance est tout indiquée pour l'agneau.

CARRÉ D'AGNEAU AVEC THYM ET ÉCHALOTES CARAMÉLISÉES

 Aromatique et charnu

Rouge corsé : **châteauneuf-du-pape**, merlot (AU) (CAL)

Ce vin riche, très fruité et à l'acidité discrète se mariera au goût un peu sucré des échalotes caramélisées, tout en escortant la puissance aromatique de l'agneau.

CARRÉ D'AGNEAU AVEC TOMATES ET OLIVES

 Aromatique et charnu

Rouge corsé : brunello-di-montalcino, côte-rôtie, **haut-médoc**

Ce vin à la structure imposante saura tenir tête à la puissance du carré d'agneau. Aussi, il manifeste une belle complémentarité aromatique avec les olives et les tomates.

CARRÉ D'AGNEAU DIJONNAISE

 Fruité et généreux

🍷 Rouge mi-corsé : chianti-classico riserva, **côtes-du-rhône-villages**, saint-chinian

🍽 Un vin à la texture ample et généreuse qui ira à merveille avec le goût de l'agneau. Également, son fruité bien présent se fondra à merveille avec les saveurs de la moutarde.

CARRÉ D'AGNEAU LAQUÉ AU MIEL

 Aromatique et charnu

🍷 Rouge corsé : ribera-del-duero, rioja reserva, **corbières**

🍽 Ce vin puissant et généreux se marie bien à l'agneau et au goût sucré de la laque.

CARRÉ D'AGNEAU, SAUCE AU MIEL

 Aromatique et charnu

🍷 Rouge corsé : ribera-del-duero, **cabernet-sauvignon (CAL)**, cornas

🍽 La générosité et la souplesse de ce vin s'accordent parfaitement avec la sauce au miel qui rehausse ce plat d'agneau, tout en tenant tête à sa puissance aromatique.

CARRÉ DE VEAU RÔTI, AVEC SAUCE AUX CHANTERELLES, PORCINIS ET SHIITAKES

 Aromatique et rond

🍷 Blanc mi-corsé : sauvignon (CAL), **chardonnay (CAL)** (AUS)

🍽 Ce vin californien à la texture généreuse dont l'intensité boisée saura rehausser la saveur des champignons est tout indiqué pour accompagner ce plat riche.

CASSEROLE DE BETTES À CARDE, DE TOMATES ET DE FROMAGE

 Fruité et léger

🍷 Rouge léger : mâcon supérieur, **gamay de Touraine**, saint-amour

🍽 Pour ce plat simple de légumes et de fromage, un vin léger, fruité et doté d'une bonne fraîcheur fera une belle alliance.

CASSEROLE DE NOUILLES AU THON AVEC CHAMPIGNONS ET HERBES FRAÎCHES

Délicat et léger

🍷 Blanc léger : vin du Québec, **pinot blanc (AL)** (CAL)

🍽 Le pinot blanc d'Alsace, léger, frais et aromatique, est tout indiqué pour accompagner les saveurs plus intenses de ce plat de thon.

CASSEROLE DE PATATES DOUCES ET DE SAUMON

 Aromatique et rond

Blanc mi-corsé : bourgogne, **cava brut**, chardonnay non boisé (CAL)

Ce vin mousseux possède une bonne structure où dominent les fruits et saura agrémenter la douceur des patates douces et rehausser celle du saumon.

CASSEROLE DE RIZ, FROMAGE ET LÉGUMES

 Fruité et vif

Blanc léger : sauvignon (NZ) (FR), **bordeaux**

Un bordeaux blanc, frais et aromatique, est toujours approprié pour accompagner un plat simple de riz et de légumes.

CASSOULET À LA SAUCISSE FUMÉE

 Aromatique et charnu

Rouge corsé : cahors, **malbec (AR)**, corbières

Le malbec, puissant et aromatique, aux notes parfois boisées, soutiendra bien les saveurs intenses de ce cassoulet tout en se mariant à merveille aux arômes des saucisses fumées.

CASSOULET DE CANARD

 Aromatique et souple

Rouge mi-corsé : bordeaux supérieur, **côtes-du-rhônes-villages**, côtes-de-provence

Les saveurs généreuses et intenses de ce plat commandent un vin du Sud comme le côtes-du-rhône aux arômes d'épices, de petits fruits rouges et de violette.

CAVIAR

 Aromatique et rond

Blanc mi-corsé : meursault, **graves**, pinot gris (FR)

Soulignez les saveurs et la richesse de ce mets avec un vin bordelais aux accents de bois noble et aux parfums intenses comme le graves.

CÈPES FARCIS

 Aromatique et rond

Blanc corsé : chardonnay (CAL) (AU), **meursault**

Les effluves de sous-bois et d'épices de ce mets s'associent très bien à la finesse du boisé de chêne que possède le meursault. Un grand vin pour une grande occasion.

CÈPES, HACHIS DE, AUX ŒUFS

Aromatique et rond

Blanc mi-corsé : **chardonnay (CH)** (AS), chardonnay du Jura

Pour bien escorter les saveurs de sous-bois des champignons, un vin blanc boisé, comme le sont souvent les chardonnay du Nouveau Monde, fera un excellent mariage aromatique, tout en s'agençant à la texture du plat.

CERVELLE DE VEAU AU BEURRE NOIR

Aromatique et rond

Blanc corsé : **côte-de-beaune**, puligny-montrachet, hermitage

Savourez ce plat raffiné avec un bourgogne côte-de-beaune aux notes boisées et vanillées, et à la texture ample presque grasse.

CERVELLE DE VEAU AUX LARDONS

Fruité et généreux

Rouge mi-corsé : **pinot noir (CAL)**, morgon, valpolicella

Pour ses grandes souplesse et délicatesse pourvues d'une bonne intensité savoureuse tout en fruits, ce vin est idéal pour s'agencer à la saveur des lardons et à la texture de la cervelle.

CEVICHE

Délicat et léger

Blanc léger : fendant-du-valais (SU), sylvaner (AL), **sauvignon (CH)**

Ce plat typique d'Amérique du Sud requiert un vin vif et désaltérant, légèrement végétal avec des notes d'agrumes, comme ce sauvignon du Chili.

CEVICHE DE CREVETTES AU BASILIC

Fruité et vif

Blanc mi-corsé : riesling, **sauvignon blanc (NZ)**, soave

L'incomparable fraîcheur du sauvignon blanc de Nouvelle-Zélande et ses arômes purs de paille et d'agrumes sont tout indiqués pour accompagner ce plat parfumé.

CEVICHE DE PÉTONCLES AVEC PAMPLEMOUSSE ET AVOCAT

Fruité et vif

Blanc léger : riesling (AL), **pinot grigio**, torrontes

Les notes d'agrumes de ce vin fruité et aromatique, à l'acidité équilibrée, agrémenteront les saveurs de ce plat rafraîchissant.

CHAMPIGNONS AU VINAIGRE BALSAMIQUE
AVEC NOIX DE PIN ET PARMESAN

 Aromatique et rond

🍾 Blanc mi-corsé : bordeaux, **chardonnay (AU)**, greco-di-tufo

🥂 Ce plat aux saveurs de sous-bois requiert un vin légèrement boisé, à l'acidité dosée avec une bouche savoureuse.

CHAMPIGNONS FARCIS
AU FROMAGE ET AUX HERBES

 Délicat et léger

🍾 Blanc léger : sauvignon (CAL), **bordeaux**, fendant-du-valais

🥂 Un bordeaux blanc aux notes herbacées, léger et rafraîchissant, viendra agrémenter le goût des herbes et du fromage.

CHAMPIGNONS, FRICASSÉE DE

 Aromatique et souple

🍾 Rouge mi-corsé : saint-émilion, **merlot (ÉU)**, rioja

🥂 Les saveurs relevées de cette fricassée s'harmoniseront avec ce merlot souple et riche aux arômes de sous-bois et de fruits.

CHAMPIGNONS PORTOBELLOS FARCIS
AU PROSCIUTTO ET AU PARMESAN

 Aromatique et rond

🍾 Blanc mi-corsé : **chardonnay (CAL)** (AU) (FR)

🥂 Ce plat aux saveurs intenses de fumée et de sous-bois requiert un vin puissant avec de la rondeur et une note boisée, comme ce chardonnay californien.

CHAMPIGNONS STROGANOFF

 Aromatique et rond

🍾 Blanc mi-corsé : **chardonnay (CH)** (CAL) (FR)

🥂 Pour accompagner ce plat savoureux, le chardonnay chilien, fruité et légèrement boisé, est tout indiqué. Il se fondra d'ailleurs à merveille avec les arômes des champignons.

CHAPON FARCI AUX CHAMPIGNONS
ET AUX NOIX

Aromatique et rond

🍾 Blanc corsé : **chardonnay (CAL)** (AU) (AR)

🥂 Un chardonnay californien à l'intensité aromatique, souvent marqué par des senteurs de noisette, et au caractère boisé bien affirmé s'accordera parfaitement aux saveurs de sous-bois de ce plat.

CHAPON RÔTI AUX FINES HERBES

Fruité et généreux

Rouge mi-corsé : médoc, **morgon**, côtes-du-rhône

Pour donner du relief à ce plat rehaussé de fines herbes, le savoureux gamay de ce beaujolais, aux notes suaves et fruitées, est tout indiqué.

CHAPON, SAUCE AU VIN BLANC

Fruité et vif

Blanc mi-corsé : pinot gris (AL), **bergerac**, saint-véran

Pour former une alliance parfaite avec ce plat servi avec une sauce au vin blanc, rien de tel qu'un Bergerac sec et fruité aux parfums d'amande grillée et aux subtiles notes minérales et florales.

CHARLOTTE AUX FRUITS ROUGES

Fruité et extra doux

Vin ou cidre doux fruité : cidre de glace (CAN), vin de glace (CAN), **mousseux rosé**

Pourquoi ne pas accompagner ce dessert aux fruits rouges d'un mousseux rosé demi-doux, souple et harmonieux, aux notes de petits fruits rouges.

CHAUDRÉE DE PALOURDES À LA NOUVELLE-ANGLETERRE

Aromatique et rond

Blanc mi-corsé : **chardonnay (CAL)** (IT), coteaux-du-languedoc,

La texture onctueuse de cette chaudrée se mariera admirablement bien à ce chardonnay à la texture presque grasse et aux notes délicatement épicées et boisées.

CHILI CON CARNE

Fruité et généreux

Rouge mi-corsé : coteaux-du-languedoc, **saint-chinian**, shiraz (CH)

Pour apprécier les saveurs intenses et profondes de ce chili con carne, servez-le avec un saint-chinian, vin riche aux notes fruitées et épicées, aux accents ensoleillés du sud de la France.

CHOUCROUTE

Délicat et léger

Blanc léger : sylvaner (AL), **riesling (AL)**, pinot blanc (AL)

Pour accompagner ce classique de la gastronomie alsacienne, ce riesling fruité à l'acidité bien dosée et à la minéralité exemplaire est tout indiqué.

CHOUÉE VENDÉENNE

 Fruité et vif

 Blanc mi-corsé et cidre sec : cidre sec du Québec, **menetou-salon**, orvieto-classico

 Le sauvignon de la Loire offre des arômes herbacés typiques et des saveurs qui s'associent aisément aux mets à base de choux. La texture et le caractère végétal ont la même intensité gustative.

CHOUX À LA CRÈME RECOUVERTS DE CARAMEL

 Fruité et extra doux

 Blanc doux : monbazillac, **muscat de Samos**, porto blanc lagrima

 Ce vin riche et moelleux, au goût fruité avec des notes vanillées, accompagnera merveilleusement bien ce dessert.

CHOUX À LA MOUTARDE

 Délicat et léger

 Blanc léger : **fendant-du-valais**, muscadet, orvieto

Ce vin suisse à la structure riche et moelleuse et à la fraîcheur dominante saura rehausser les saveurs de ce plat.

CHOUX FARCIS

 Fruité et vif

Blanc mi-corsé : orvieto-classico, **sauvignon (CH)**, vin du Québec

Herbacé, fruité et généreux, le sauvignon du Chili correspond tout à fait aux attentes. Le caractère végétal du plat réclame un vin qui offre ces odeurs de paille humide et de fruits mûrs. Un bel accord.

CHOUX FARCIS AU BŒUF

 Fruité et généreux

Rouge mi-corsé : **bourgueil**, merlot (CH), pinot noir (CAL)

Avec ses notes aromatiques de fruits rouges et un soupçon de fines herbes, ce généreux vin de la Loire est tout indiqué pour un accord réussi.

CHOUX GRATINÉS, SAUCE BÉCHAMEL

Aromatique et rond

 Blanc mi-corsé : graves, **chardonnay (CAL)**, soave

Ce vin frais aux notes onctueuses et à la texture enveloppante est le complément parfait de ce plat aux saveurs délicates.

Répertoire des mets et des vins (side)

La bible des accords mets & vins

CHOUX PARMENTIER

Délicat et léger

Blanc léger : sauvignon (CH), menetou-salon, **trebbiano**

Avec son côté légèrement végétal, ce vin italien, qui manifeste une excellente vivacité et une simplicité aromatique, saura rehausser ce plat de légumes.

CHRISTOPHINES FARCIES

Délicat et léger

Blanc léger : vin du Québec, soave-classico, **penedès**

Le caractère végétal et la texture de la courge demandent un vin fin et sans agressivité. Un vin coulant et souple comme le penedès d'Espagne s'associe tout à fait avec ce type de plat.

CIPAILLE

Aromatique et souple

Rouge mi-corsé : pinot noir (AU), **rioja**, coteaux-du-languedoc

Pour accompagner ce plat traditionnel québécois, un vin savoureux de la rioja aux notes d'épices et de fruits cuits, de même qu'aux tannins charnus est tout indiqué.

CIVET DE LAPIN À LA MÉLASSE

Aromatique et rond

Blanc corsé : **gewurztraminer (AL)**, chenin blanc (AU), viognier (CAL)

Ce vin aromatique à la bouche imposante et savoureuse s'harmonisera à merveille avec les saveurs intenses de ce plat et se fondra avec la douceur léguée par la mélasse.

CIVET DE LIÈVRE

Fruité et généreux

Rouge mi-corsé : côtes-du-rhône, côtes-du-ventoux, **chinon**

Un vin doté d'une trame tannique assouplie, comme le chinon, avec son fruité généreux et sa bonne ampleur, est tout indiqué pour rehausser le goût du lièvre.

CIVET DE PORC AUX OIGNONS

Fruité et généreux

Rouge mi-corsé : **côtes-du-rhône**, malbec (AR), merlot (CAL)

Ce vin aux arômes de petits fruits rouges, de vanille et d'épices, et aux saveurs de cassis et de mûre, accompagnera parfaitement le goût du porc en civet.

CIVET DE SANGLIER AUX CHÂTAIGNES

 Aromatique et charnu

Rouge corsé : taurasi, cahors, **barolo**

Le sanglier est une viande relativement relevée, et le vin doit suivre avec des arômes empyreumatiques, c'est-à-dire des notes de torréfaction. Corsés mais sans agressivité, les tannins de ce vin italien se fondront aux saveurs du ragoût.

CLAFOUTIS AUX CERISES

 Fruité et extra doux

Vin ou cidre doux : **cidre de glace rosé (CAN)**, pineau-des-charentes ruby, marsala ruby

Un cidre doux et fruité à la texture moelleuse et pourvu d'une note de fruits rouges accompagnera parfaitement ce dessert savoureux.

CLAFOUTIS AUX FRUITS

 Fruité et extra doux

Blanc doux : vin de glace (CAN), cidre de glace (QC), **asti spumante**

Ce vin fruité et explosif, à la mousse fraîche et délicate associée à une légère douceur, est tout indiqué pour accompagner ce dessert.

CLAFOUTIS AUX MANGUES

Fruité et extra doux

Vin blanc ou cidre doux : **sainte-croix-du-mont**, cidre de glace (CAN), vendanges tardives (ALL)

Pour accompagner ce dessert aux fruits tropicaux, choisissez un vin doux aux saveurs douces et aux parfums exotiques.

CLAFOUTIS AUX POIRES

 Fruité et extra doux

Vin blanc ou cidre doux : cidre de glace (CAN), **vendanges tardives (CAN)**, auslese riesling (ALL)

Un vin de vendanges tardives californien, à la texture onctueuse et aux arômes de fruits blancs, s'harmonisera très bien avec le goût léger de ce dessert.

COCHON, MUSEAU DE, AUX LENTILLES

 Aromatique et rond

Blanc mi-corsé : soave-classico, sauvignon blanc (AU), **coteaux-du-languedoc**

Pour accompagner ce plat, choisissez un vin blanc de bonne tenue, pas trop boisé, mais pourvu d'arômes de fruits et d'herbes aromatiques, comme ce vin du sud de la France.

COCOTTE DE LÉGUMES ET DE LARDONS

 Fruité et généreux

🍾 Rouge mi-corsé : coteaux-du-tricastin, **merlot (CAL)**, barbera-d'asti

🍷 Quoi de mieux qu'un vin de belle rondeur et au caractère fruité, comme le merlot californien, pour accompagner une cocotte de légumes ?

COCOTTE DE THON AUX LÉGUMES

 Fruité et léger

🍾 Rouge léger : **fleurie**, saint-amour, pinot noir (NZ), valdepenas (ES)

🍷 Avec ses arômes de framboise, de fraise et de cerise, ce vin souple et fruité saura rehausser le goût du thon et accompagner celui des légumes.

CŒURS D'ARTICHAUTS VINAIGRETTE

 Fruité et léger

🍾 Rosé léger : **rosé de Provence**, rosé-de-loire, coteaux-du-languedoc

🍷 Cette entrée de cœurs d'artichauts sera rehaussée par un rosé sec et fruité laissant percevoir une bonne acidité et qu'on prend plaisir à savourer.

CŒURS DE CANARD AU MARSALA

 Aromatique et rond

🍾 Blanc mi-corsé : **pessac-léognan**, orvieto-classico, mâcon-villages

🍷 Ce vin vif et aromatique, avec une bonne persistance, saura soutenir la sauce au marsala qui rehausse ce plat.

CŒURS DE CANARD AUX CHAMPIGNONS

 Aromatique et rond

🍾 Blanc mi-corsé : **chardonnay (CH)** (AR) (AU)

🍷 Préférez un vin à la texture généreuse dont l'intensité boisée saura rehausser la saveur des champignons et accompagner la richesse du plat.

COLOMBO DE VIVANEAU

 Aromatique et rond

🍾 Blanc mi-corsé : gros manseng (FR), viognier (ÉU), **sauvignon (CAL)**

🍷 La Californie nous offre des sauvignons puissants et aromatiques. Ils sauront se mêler aux épices qui composent ce mets béni des dieux.

CONFIT DE CANARD

Aromatique et souple

🍾 Rouge mi-corsé : saint-émilion, cahors, **madiran**

🍷 Ce vin du Sud-Ouest relevé de tannins riches et aux notes de fruits noirs à la touche subtilement boisée fera sensation avec le confit de canard.

CONFIT DE CANARD, MOUSSE DE

 Aromatique et souple

 Rouge mi-corsé : malbec (AR), **cahors**, madiran

Ce vin du Sud-Ouest, aux tannins charnus et à la texture enveloppante, est tout indiqué pour accompagner cette mousse de canard.

CONTREFILET DE BŒUF AU BEURRE D'ESTRAGON

 Aromatique et souple

 Rouge mi-corsé : médoc, **cabernet-sauvignon (CAL)**, chianti-classico

Ce vin aromatique aux tannins étoffés et aux notes d'épices et de sous-bois viendra agrémenter la saveur de l'estragon et le goût du bœuf.

CONTREFILET DE BŒUF AUX ÉCHALOTES CONFITES

 Aromatique et souple

 Rouge mi-corsé : corbières, rioja, **cabernet-sauvignon (AU)**

Ce vin très aromatique aux tannins enrobés et à la texture légèrement onctueuse agrémentera le goût et la texture des échalotes confites.

CONTREFILET DE BŒUF, SAUCE À L'OSEILLE ET AU MARSALA

 Aromatique et charnu

 Rouge corsé : cabernet-sauvignon (AU), rioja reserva, **douro**

Un vin portugais aromatique à la structure charpentée et aux tannins étoffés est idéal pour accompagner le goût savoureux de cette sauce fruitée.

CONTREFILET DE BŒUF, SAUCE AU PORTO

 Aromatique et charnu

 Rouge corsé : ribera-del-duero, douro reserva, **zinfandel (CAL)**

Le zinfandel, avec ses arômes et ses saveurs fruitées relevées, sa structure équilibrée et ses tannins charnus, saura accompagner le goût de cette sauce savoureuse.

COQ AU VIN – SERVIR LE MÊME VIN ROUGE QUE CELUI DE LA RECETTE

 Fruité et généreux

 Rouge mi-corsé : graves, buzet, **corbières**

Un vin rouge issu de la région des Corbières, avec ses notes de garrigues et d'épices, promet un accord impeccable avec ce plat.

COQUELET GRILLÉ AU CARI ET CITRON

 Aromatique et rond

Blanc mi-corsé : chardonnay (CAL), **sémillon/chardonnay (AU)**, pinot gris (FR)

Le mélange de ces deux cépages produit un vin aromatique à la bouche vive et aux arômes d'agrumes qui accompagnera à merveille le goût de ce plat.

COQUELET RÔTI AUX MIRABELLES

 Aromatique et rond

🍾 Blanc corsé : gewurztraminer (ALL), **viognier (CAL)**, riesling auslese

👄 Ce vin à la dominante fruitée rappelant les fruits tropicaux viendra rehausser le goût fruité de ce plat rôti.

COQUILLE FARCIE AUX ÉPINARDS ET AU FROMAGE

 Délicat et léger

🍾 Blanc léger : sancerre, chablis, **sauvignon (CAL)**

👄 Ce plat vert sera admirablement bien accompagné par ce vin frais et fruité, aux notes végétales et minérales.

COQUILLE SAINT-JACQUES

 Aromatique et rond

🍾 Blanc mi-corsé : viognier (FR), **chardonnay (CAL)**, saint-véran

👄 Pour apprécier toute la richesse et la texture onctueuse de ce plat de fruits de mer, servez-le avec un chardonnay californien aux notes délicatement boisées.

COQUILLE SAINT-JACQUES, BLANQUETTE DE

 Aromatique et rond

🍾 Blanc mi-corsé : **chardonnay (FR)**, mâcon-villages, bordeaux

👄 Ce vin rafraîchissant, doté d'une certaine délicatesse aromatique et d'une texture onctueuse, est idéal pour rehausser le goût délicat des pétoncles.

CÔTE DE BŒUF À LA MOELLE

 Aromatique et charnu

🍾 Rouge corsé : **bordeaux**, merlot (CAL), malbec (AR)

👄 Un bordeaux fruité et boisé saura rehausser la saveur de cette viande rouge.

CÔTE DE BŒUF AUX FINES HERBES

 Aromatique et souple

🍾 Rouge mi-corsé : merlot (CH), **premières-côtes-de-blaye**, penedès

👄 Ce vin aromatique et souple est tout indiqué pour s'harmoniser avec les fines herbes de cette viande juteuse.

CÔTELETTES D'AGNEAU LAQUÉES AU MIEL, AIL ET VIN ROUGE

 Fruité et généreux

🍾 Rouge mi-corsé : coteaux-du-languedoc, rioja crianza, **côtes-du-rhône-villages**

👄 Un vin aromatique et parfumé qui saura agrémenter le goût laqué de l'agneau, tout en tenant tête à son intensité aromatique.

CÔTELETTES D'AGNEAU, SAUCE BÉARNAISE

 Aromatique et souple

Rouge mi-corsé : cahors, fitou, **shiraz (AU)**

La richesse de cette shiraz aux tannins souples vient agrémenter le goût soutenu et unique de cette sauce et de cette viande, tout en s'accommodant à la sauce à la crème.

CÔTELETTES DE PORC À L'AIL ET AU BEURRE BLANC

 Aromatique et rond

Blanc mi-corsé : **chardonnay (AU)**, saint-véran, pinot grigio

Souple et rafraîchissant, pourvu de saveurs moyennement intenses, le côté fruité du chardonnay australien accompagnera à merveille cette recette de côtelettes de porc.

CÔTELETTES DE PORC À LA NOIX DE COCO

 Aromatique et rond

Blanc mi-corsé : **chardonnay (CAL)** (CH) (AU)

Subtilement boisé et vanillé, le chardonnay californien, ample et frais, est tout indiqué pour accompagner les saveurs relevées de ce plat de côtelettes, notamment celle de la noix de coco.

CÔTELETTES DE PORC AVEC COULIS DE CIDRE AIGRE-DOUX

 Fruité et doux

Blanc mi-corsé : vouvray, **riesling auslese (ALL)**, pinot gris (FR) (IT)

Fruité et vif avec une bonne ampleur, ce vin allemand convient parfaitement aux saveurs du coulis de cidre de ce plat de côtelettes de porc.

CÔTELETTES DE PORC AVEC POMMES ET PATATES DOUCES ÉPICÉES

 Fruité et doux

Blanc mi-corsé : **vouvray demi-sec**, anjou, jurançon

Pour accompagner les saveurs sucrées et épicées de ce plat, choisissez un vin simple et fruité, demi-sec avec une bonne fraîcheur et de la souplesse, comme le vouvray.

CÔTELETTES DE PORC GRATINÉES

 Aromatique et rond

Blanc mi-corsé : **chardonnay (CH)**, chardonnay vin de pays d'oc, corbières

Ample et savoureux sans être trop riche, avec une belle expression et doté d'un boisé assez fondu, ce vin chilien sera le complément idéal de ce plat de côtelettes de porc gratinées.

CÔTELETTES DE PORC GRILLÉES

 Fruité et généreux

🍷 Rouge léger : rioja, coteaux-du-languedoc, **merlot (CH)**

👄 Avec ses notes de fruits mûrs confits et d'épices, le merlot du Chili est tout indiqué pour accompagner ce plat de porc aux notes empyreumatiques léguées par le mode de cuisson.

CÔTELETTES DE PORC GRILLÉES
AVEC SAUCE À L'ANIS ET À LA MANGUE

 Aromatique et rond

🍷 Blanc mi-corsé : condrieu, **chardonnay/viognier (ÉU)**, vin de pays des côtes de Gascogne

👄 Ce vin fin et de bonne intensité, avec une touche de fruits exotiques, se mariera à merveille avec les saveurs fruitées de ce plat de côtelettes de porc.

CÔTELETTES DE PORC LAQUÉES
AU BOURBON ET À LA MOUTARDE

 Aromatique et rond

🍷 Blanc mi-corsé : **chardonnay d'Arbois**, pessac-léognan, chardonnay (CAL)

👄 Vif et très aromatique, avec une finale persistante, ce chardonnay accompagnera agréablement les saveurs relevées léguées par la laque et la moutarde de ce plat.

CÔTELETTES DE PORC LAQUÉES
AVEC MARMELADE D'OIGNONS ÉPICÉS

Délicat et léger

🍷 Blanc léger : bourgogne, pinot blanc (AL), **montlouis**

👄 Doté d'une texture ample, avec des arômes assez intenses et une bonne fraîcheur, ce vin de la Loire s'agencera parfaitement aux saveurs épicées de ce plat de côtelettes de porc, grâce notamment à son côté fruité.

CÔTELETTES DE PORC PANÉES

 Aromatique et rond

🍷 Blanc mi-corsé : **chardonnay (AR)** (CH) (IT)

👄 Simple mais avec un fruité savoureux et une bonne ampleur, le chardonnay argentin est idéal pour accompagner ces côtelettes de porc et se fondra avec la panure.

CÔTELETTES DE PORC PANÉES
AU SÉSAME AVEC PURÉE DE
PATATES DOUCES AU GINGEMBRE

 Aromatique et rond

🍷 Blanc mi-corsé : graves, pinot gris (AL), **viognier (CAL)**

👄 Ce vin au boisé bien intégré et pourvu de généreuses saveurs fruitées s'agencera agréablement aux saveurs parfumées de ce plat de côtelettes de porc.

CÔTELETTES DE PORC PANÉES
AVEC PARMESAN ET SAUGE

 Fruité et généreux

🍾 Rouge mi-corsé : costières-de-nîmes, chinon, **merlot du Trentin-Haut-Adige**

🍷 Ce vin italien souple et fruité sera le complément idéal pour accompagner les saveurs relevées de ce plat de côtelettes de porc. De plus, sa vivacité allégera l'effet de la panure en bouche.

CÔTELETTES DE PORC, SAUCE À
LA MANGUE ET AU BASILIC

 Aromatique et rond

🍾 Blanc mi-corsé : **pinot gris (AL)**, chardonnay/viognier (ÉU), côtes-de-saint-mont

🍷 Ce vin ample et désaltérant, au parfum exotique, est tout indiqué pour accompagner les saveurs herbacées et fruitées de ce plat de côtelettes de porc.

CÔTELETTES DE PORC, SAUCE AU
CARI DOUX ET AUX OIGNONS

 Fruité et vif

🍾 Blanc mi-corsé : **sauvignon (NZ)**, riesling (FR) (AU) (ALL), malvoisie (ÉU)

🍷 Vif et aromatique, le sauvignon blanc de Nouvelle-Zélande est un vin au fruité explosif, frais et souple, aux notes herbacées, qui accompagnera parfaitement les saveurs de ce plat de côtelettes de porc tout en apaisant l'effet piquant du cari.

CÔTELETTES DE PORC, SAUCE AU ROMARIN
ET AU VINAIGRE DE FRAMBOISE

 Fruité et généreux

🍾 Rouge mi-corsé : corbières, **cannonau-di-sardegna**, pinot noir (CA)

🍷 Ce vin italien frais et fruité, aux notes épicées et aux tannins souples, se mariera agréablement aux saveurs fruitées et herbacées de ce plat de côtelettes de porc.

CÔTELETTES DE PORC, SAUCE AUX FIGUES
ET AU VINAIGRE BALSAMIQUE

 Fruité et généreux

🍾 Rouge mi-corsé : primitivo, **zinfandel (CAL)**, douro

🍷 Ce vin tendre aux arômes de fruits noirs cuits sera le complément idéal de la sauce fruitée et légèrement acide de ce plat de côtelettes de porc.

CÔTELETTES DE PORC, SAUCE AUX POMMES
ET AUX OIGNONS AU CARI

Fruité et vif

🍾 Blanc mi-corsé : **pinot blanc (AL)**, chardonnay/sémillon (AU), vouvray

🍷 Vif, simple et fruité avec une finale assez persistante, le pinot blanc d'Alsace est tout indiqué pour accompagner la sauce fruitée et épicée de ce plat de côtelettes de porc.

CÔTELETTES DE PORC, SAUCE TOMATE

 Fruité et léger

Rouge léger : brouilly, bourgogne, **chianti**

Pour accompagner cette viande blanche nappée d'une sauce à caractère fruité, choisissez un chianti aux arômes de fruits rouges et d'épices.

CÔTELETTES DE PORC SAUTÉES AVEC CHOUCROUTE

Délicat et léger

Blanc léger : **gentil (AL)**, pinot bianco, penedès

Ce vin d'Alsace souple et rafraîchissant, simple de caractère, accompagnera très bien les saveurs de ce plat de côtelettes de porc.

CÔTELETTES DE SANGLIER AUX PRUNEAUX

Aromatique et charnu

Rouge corsé : saint-émilion grand cru, rioja reserva, **syrah (AU)**

La syrah d'Australie a du fruit, de l'intensité et une texture qui s'apparente à celle de ce plat aux effluves animaux et de pruneaux. Ici l'intensité et la générosité du fruit se marient à la perfection.

CÔTELETTES DE VEAU AU PARMESAN

 Fruité et généreux

Rouge mi-corsé : **sangiovese-di-toscana**, barbera-d'asti, merlot (CAL)

Ce vin toscan est assez savoureux pour être en accord avec la puissance du parmesan, sans être trop chargé en tannins.

CÔTELETTES DE VEAU AVEC FEUILLES DE VIGNE ET CITRON

 Délicat et léger

Blanc léger : **pinot blanc (AL)** (FR), soave

Frais et vif, sans être agressif, simple avec une subtile note végétale, ce vin d'Alsace conviendra parfaitement aux saveurs de ce plat de veau.

CÔTELETTES DE VEAU PANÉES AU PARMESAN AVEC COULIS DE TOMATES

 Fruité et généreux

Rosé mi-corsé : **rosé de Provence**, corbières, rosé de Toscane

Un rosé sec et fruité accompagnera très bien les saveurs ensoleillées de ce plat de veau. Sa vivacité s'agencera également à la présence de la panure.

CÔTELETTES DE VEAU SAUTÉES

 Fruité et généreux

Rouge mi-corsé : **côtes-du-rhône**, merlot (FR), moulin-à-vent

Ce vin de structure souple, mais doté de caractères bien affirmés, est tout indiqué pour accompagner les saveurs du veau sauté.

CÔTES D'AGNEAU, SAUCE À L'OSEILLE

 Aromatique et rond

 Blanc corsé : viognier (FR), **meursault**, chablis premier cru

La sauce à base de crème de ce plat à la viande goûteuse requiert un vin blanc gras et puissant, comme le meursault.

CÔTES D'AGNEAU, SAUCE AUX FRAMBOISES

 Fruité et généreux

Rouge mi-corsé : chianti-classico, **shiraz (AU)**, cabernet-sauvignon (CH)

Les notes épicées et la souplesse de la shiraz d'Australie agrémentent parfaitement l'agneau et la sauce aux framboises.

CÔTES DE VEAU RÔTIES, SAUCE AU PERSIL

 Fruité et généreux

Rouge mi-corsé : cabernet franc (CAL), bourgueil, **chinon**

Pour accompagner le veau rôti, un vin comme le cabernet franc, avec une intensité gustative, des tannins charnus, une légère note végétale et des saveurs de fruits rouges, est tout indiqué.

CÔTES DE VEAU, SAUCE À LA MANGUE ET AUX ANANAS

 Fruité et doux

Blanc mi-corsé : **vouvray demi-sec**, chardonnay/viognier (CAL), malvoisie (CAL)

Ce vin à la texture moelleuse, aux arômes intenses de fruits exotiques et doté d'une bonne fraîcheur, fera délicieusement le pont avec les saveurs fruitées de ce plat de veau.

CÔTES DE VEAU SAUTÉES AUX LÉGUMES

 Fruité et généreux

Rouge mi-corsé : coteaux-du-lyonnais, **côtes-du-vivarais**, torgiano rosso

Ce vin rouge souple, aux tannins discrets, doté de saveurs fruitées et d'une agréable fraîcheur, rehaussera les saveurs de ce plat de veau tout en s'agençant aux légumes sautés.

CÔTES LEVÉES BRAISÉES À L'ORANGE ET AU GINGEMBRE AVEC ABRICOTS SÉCHÉS

Fruité et généreux

Rouge mi-corsé : côtes-du-roussillon, **valpolicella ripasso**, zinfandel (CAL)

Pour accompagner ce mets aux saveurs fruitées intenses, choisissez ce vin italien riche et concentré, aux tannins souples, et dont le fruité saura rehausser celui du plat, comme ce type de vin vénitien.

CÔTES LEVÉES DE BŒUF, SAUCE AIGRE-DOUCE
Fruité et généreux

Rouge mi-corsé : merlot (CH), saint-chinian, **zinfandel (CAL)**

Ce vin californien aux notes de fruits noirs confits, de bois et d'épices accompagnera savoureusement ces côtes levées en se mariant parfaitement aux saveurs aigres-douces.

CÔTES LEVÉES DE PORC, SAUCE AIGRE-DOUCE
Fruité et généreux

Rouge mi-corsé : **merlot (CAL)**, zinfandel (CAL), shiraz (AU)

Ce vin généreux avec ses notes aromatiques de fruits mûrs offre un accord délicieux avec le porc en se mariant parfaitement aux saveurs aigres-douces sans écraser l'intensité aromatique du porc.

CÔTES LEVÉES LAQUÉES À L'ORANGE ET À LA SAUCE WORCESTERSHIRE
Fruité et généreux

Rouge mi-corsé : **cannonau-di-sardegna**, saint-chinian, merlot (CAL)

Ce vin de Sardaigne riche et soutenu, aux arômes de fruits mûrs, saura accompagner ce plat savoureux tout en se fondant à la laque sucrée.

CÔTES LEVÉES, SAUCE À LA CASSONADE ET AU BOURBON
Fruité et généreux

Rouge mi-corsé : **zinfandel (CAL)**, primitivo, nero-d'avola

Ce vin californien aux arômes de fruits en confiture est idéal pour accompagner les grillades rehaussées de notes sucrées. Ses notes boisées se marieront parfaitement aux arômes légués par la cuisson sur le feu.

COURGES FARCIES DE RIZ SAUVAGE, DE NOISETTES ET DE CANNEBERGES
Fruité et léger

Rouge léger : régnié, **gamay**, pinot noir (FR)

Le gamay, ce vin aux tannins souples et dominé par les fruits frais, accompagnera parfaitement le goût délicat de ce plat tout en s'agençant à celui des canneberges.

COURGETTES AU GRATIN
Délicat et léger

Blanc léger : orvieto, **fumé blanc (CH)**, chenin blanc (AS)

Avec sa fraîcheur, sa simplicité et son caractère gouleyant, ce vin aux notes herbacées est idéal pour accompagner ce plat de légumes.

COURGETTES, BEIGNETS DE, DE FANETTE

Fruité et doux

🍷 Blanc demi-sec et léger : anjou, eidelswicker (AL), **french colombard** (ÉU)

👄 Le french colombard américain offre un sucre léger, des notes de fruits frais et une petite touche herbacée qui s'associera très bien avec le caractère plus rustique et herbacé de la courgette.

COURGETTES FARCIES

Fruité et vif

🍷 Blanc mi-corsé : bordeaux, **gavi**, vino de la tierra

👄 Ce vin frais, ample en bouche et distingué, aux arômes de fruits et d'acacia, s'harmonisera parfaitement avec ce plat simple et savoureux.

COURONNE D'AGNEAU AVEC ROMARIN ET ORIGAN

Fruité et généreux

🍷 Rouge mi-corsé : **saint-chinian**, nero-d'avola (Sicile), cahors

👄 Gorgé de soleil, ce vin aromatique du sud de la France offre une prestance suffisante pour accompagner le goût particulier de l'agneau, tout en dévoilant des arômes complémentaires aux épices qui agrémentent le plat.

COUSCOUS À L'AGNEAU

Aromatique et souple

🍷 Rouge mi-corsé : **cabernet-sauvignon (AU)**, côtes-du-roussillon, bordeaux

👄 Un cabernet-sauvignon australien aux accents d'épices, de fruits mûrs et de bois est tout indiqué pour accompagner les saveurs généreuses du couscous à l'agneau.

COUSCOUS AU LAPIN

Fruité et léger

🍷 Rouge léger : côtes-de-brouilly, **dolcetto-d'alba**, cabernet franc (CAL), pinot noir vin de pays d'oc

👄 Ce vin italien souple et fruité, légèrement épicé, à l'agréable saveur d'amande, viendra escorter le goût du lapin.

COUSCOUS AU POULET

Fruité et léger

🍷 Rouge léger : **valpolicella**, côtes-du-ventoux, pinot noir (FR)

👄 Pour un couscous au poulet, choisissez un savoureux valpolicella, vin italien délicat avec ses notes de fruits frais et sa structure tannique souple.

COUSCOUS AU POULET, AU PERSIL ET AU CITRON

Fruité et vif

Blanc léger : bordeaux, **sauvignon (CH)**, soave

Pour accompagner le goût de persil et de citron de ce plat, un vin blanc rafraîchissant aux saveurs d'agrumes est tout indiqué.

COUSCOUS AUX LÉGUMES

Fruité et vif

Blanc mi-corsé : **soave-classico**, sauvignon blanc (CAL), viognier

Ce plat aux légumes de saison sera rehaussé par un authentique vin frais et fruité de Vénétie, aux notes suaves de fruits blancs et de fleurs blanches.

CRABE, CROQUETTES DE

Fruité et vif

Blanc mi-corsé : **entre-deux-mers**, rueda, sauvignon (NZ)

Ce vin fruité et rafraîchissant aux notes d'agrumes rehaussera le goût délicat du crabe servi en croquette.

CRABE, CROQUETTES DE, À LA MODE CAJUN

Fruité et vif

Blanc mi-corsé : **pinot gris (AL)**, riesling, chardonnay (FR)

Vin aromatique au fruité imposant, le pinot gris d'Alsace agrémentera ce plat relevé avec ses notes de miel, de fruits exotiques et d'amande fraîche.

CRABE, CROQUETTES DE, AVEC SAUCE TARTARE AU CONCOMBRE

Fruité et vif

Blanc mi-corsé : viognier (FR), chablis, **sancerre**

Ce vin distingué, à la grande fraîcheur et subtilement végétal, fera honneur à ce plat frais au goût herbacé.

CRABE DES NEIGES

Fruité et vif

Blanc mi-corsé : chablis, **sauvignon (CAL)**, bordeaux

Pour accompagner la saveur délicate du crabe des neiges, ce rafraîchissant sauvignon blanc aux arômes de fruits blancs est tout indiqué.

CRABE FARCI À LA NOUVELLE-ORLÉANS

 Aromatique et rond

Blanc mi-corsé : **chardonnay (CAL)**, côtes-du-rhône, viognier

Par sa texture, ce chardonnay californien s'harmonisera parfaitement à ce plat de crabe farci et sa sauce Nouvelle-Orléans.

CRABE, LASAGNE AU

 Aromatique et rond

Blanc mi-corsé : **viré-clessé**, viognier (CAL), chardonnay (AU)

Doté d'une grande finesse aromatique et savoureuse, ce vin à la texture ample et à la fraîcheur équilibrée agrémentera parfaitement ces pâtes au crabe.

CRABE, LINGUINE AU, AUX POIVRONS
ROUGES ET AUX PIGNONS, SAUCE À L'AIL

 Fruité et généreux

Rosé mi-corsé : rosé (AL), **côtes-de-provence**, saint-chinian

Vin sec doté d'une certaine finesse aromatique et d'une grande fraîcheur, le rosé de Provence s'harmonisera très bien avec les saveurs léguées par l'ail et les poivrons, sans écraser ce plat de pâtes au crabe.

CRABE, QUESADILLAS AU, ET AUX TOMATES

 Fruité et léger

Rosé léger : rosé de Toscane, de Sicile, **utiel-requena**

Ce rosé espagnol fin et délicat, vif et pourvu d'une texture souple, est tout indiqué pour accompagner les saveurs à la fois délicates et acidulées de ce plat mexicain adapté façon nord-américaine.

CRÈME AU CAFÉ

 Fruité et extra doux

Vin doux : recioto, marsala, **passito-di-pantelleria**

Avec son intensité aromatique, sa texture veloutée et sa fraîcheur persistante, ce muscat italien accompagnera parfaitement ce dessert aux saveurs torréfiées.

CRÈME AU PAMPLEMOUSSE

 Fruité et extra doux

Vin doux ou cidre : **moscato-d'asti**, cidre mousseux, vouvray mousseux

L'intensité moyenne et la bouche fruitée de ce vin doux italien sont idéales pour rehausser ce dessert aux agrumes.

CRÈME AUX AMANDES

Fruité et extra doux

Vin doux : **coteaux-du-layon (FR)**, tokay (HO), muscat de samos

Avec ses notes de fruits secs et confits, sa vivacité équilibrée et sa délicate douceur, ce vin s'harmonisera à merveille à ce dessert velouté.

CRÈME AUX PÊCHES ET AU CHOCOLAT

Fruité et extra doux

Vin doux ou cidre de glace : **vin de glace (QC)**, pineau-des-charentes, passito-di-pantelleria

Un vin de glace québécois au parfum puissant de fruits confits et au côté liquoreux s'accordera très bien avec les saveurs sucrées de ce dessert.

CRÈME BRÛLÉE

Fruité et extra doux

Vin doux : monbazillac, **recioto-di-soave**, sainte-croix-du-mont

Le goût de ce dessert sera rehaussé par ce vin doux italien, fruité et à la texture moelleuse.

CRÈME BRÛLÉE AU CAFÉ

Fruité et extra doux

Vin doux : **porto tawny 10-20 ans**, marsala

Pour accompagner ce dessert spectaculaire, choisissez un porto aux arômes de torréfaction et de caramel afin de créer une harmonie parfaite.

CRÈME BRÛLÉE AU CHOCOLAT NOIR

Fruité et extra doux

Rouge fortifié : **maury**, banyuls, porto l.b.v.

Ce vin fortifié aux arômes de cacao et de fruits noirs confits convient à merveille à ce dessert aux saveurs intenses.

CRÈME CARAMEL

Fruité et extra doux

Vin doux : champagne demi-doux, **porto blanc lagrima**, sauternes

Ce porto blanc, à l'acidité discrète et aux arômes de fruits tropicaux, accompagnera parfaitement le goût du caramel de ce dessert.

CRÈME DE LENTILLES AUX MOULES

Fruité et généreux

Rosé corsé : tavel, **cabernet-sauvignon (CH)**, costières-de-nîmes

Ce vin chilien, fruité et rafraîchissant, saura rehausser le goût de cette soupe-repas.

CRÈME RENVERSÉE AUX CLÉMENTINES

Fruité et extra doux

Vin doux : **muscat-de-beaumes-de-venise**, vino santo, beerenauslese

Ce vin doux et raffiné aux saveurs d'agrumes est idéal pour accompagner ce dessert.

CRÊPES À LA CANNELLE

Fruité et extra doux

Vin doux : moscato-di-pantelleria, **tokaji aszú (HO)**, xérès cream

Un vin doux fruité avec des notes épicées s'harmonisera très bien avec ce dessert.

CRÊPES AU BLEU D'AUVERGNE

Aromatique et rond

Blanc corsé et cidre plat : cidre demi-sec, **arbois**, hautes-côtes-de-beaune

Le vin d'Arbois a cette puissance aromatique pour soutenir le fromage bleu. Il faut allier l'intensité et le gras pour avoir une harmonie qui répond aux attentes des plus gourmands. On peut toutefois opposer la légèreté de la pomme fraîche à la puissance salée du bleu avec le cidre.

CRÊPES AU CHOCOLAT

Fruité et extra doux

Vin de dessert : vin de glace (CAN), **cidre de glace (CAN)**, vino santo

Ce cidre à la texture onctueuse, au caractère acidulé, et l'arôme puissant de pommes fraîches s'agenceront à merveille au goût du chocolat de cette recette.

CRÊPES AU JAMBON ET FROMAGE

Fruité et léger

Rouge léger : **beaujolais-villages**, bardolino, pinot noir (FR)

Pour s'accommoder du côté salin légué par le jambon et le fromage, choisissez un vin fruité et aux tannins discrets, comme le beaujolais-villages.

CRÊPES AU POULET

Aromatique et rond

Blanc mi-corsé : soave-classico, **chardonnay (FR)**, pinot blanc

Un chardonnay français à la texture ample, aux notes de fruits blancs et de noisettes est tout indiqué pour accompagner ce plat au poulet.

CRÊPES AUX ASPERGES

Délicat et léger

Blanc léger : **pinot blanc (AL)**, torrontes, muscat (AL)

Un vin rond laissant percevoir une acidité rafraîchissante, avec des arômes discrets de miel, de poire et de pomme verte, accommodera bien le côté végétal des asperges.

CRÊPES AUX CHAMPIGNONS

 Aromatique et rond

Blanc mi-corsé : mâcon-villages, chardonnay (CH), **jura**

Le vin frais du Jura aux arômes d'amande et de vanille et aux subtiles notes florales offre une bouche ample et saura rehausser le goût boisé des champignons.

CRÊPES AUX CHAMPIGNONS ET AU SAUMON FUMÉ

 Aromatique et rond

Blanc mi-corsé : **fumé blanc (CAL)** (CH), crozes-hermitage

Ce vin aux notes boisées rehaussera le goût des champignons et sa vivacité atténuera le caractère salin du saumon.

CRÊPES AUX CREVETTES

 Délicat et léger

Blanc léger : graves, côtes-de-saint-mont, **pinot blanc (AL)**

Ce vin frais à la texture ample respectera la finesse de la crevette tout en rehaussant son goût.

CRÊPES AUX FRUITS

 Fruité et extra doux

Blanc léger : vendanges tardives (QC) (CH), **muscat-de-lunel**

Ce vin légèrement sucré aux arômes de fruits tropicaux et de fleurs ajoutera une note d'exotisme à ce dessert gourmand.

CRÊPES AUX FRUITS DE MER

 Aromatique et rond

Blanc mi-corsé : bordeaux, **saint-véran**, sauvignon (CAL)

La finesse de ce plat de fruits de mer en sauce onctueuse sera agrémentée par ce vin à la texture grasse et aux notes de fruits blancs et de noisettes.

CRÊPES AUX OIGNONS VERTS FARCIES AU PORC SAUCE HOISIN

 Fruité et vif

Blanc mi-corsé : torrontes, **riesling (FR)**, viognier (CAL)

Ce vin aromatique et rafraîchissant saura équilibrer les saveurs intenses léguées par la sauce.

CRÊPES AUX POIRES CARAMÉLISÉES

 Fruité et extra doux

Blanc doux : **coteaux-du-layon**, vendanges tardives (CAN) (AL)

Ce vin liquoreux aux arômes de fruits, de miel et d'agrumes accompagnera parfaitement les saveurs fruitées et sucrées de ce plat.

CRÊPES FARCIES AUX CHAMPIGNONS ET AU BACON

 Aromatique et rond

Blanc mi-corsé : **chardonnay (CAL)** (AU), saint-véran

Pour accompagner ce plat aux saveurs de sous-bois et de fumée, le chardonnay californien, avec ses notes boisées, est tout indiqué.

CRÊPES FARCIES AUX CHAMPIGNONS ET AU JAMBON AVEC SAUCE BÉCHAMEL

 Aromatique et rond

Blanc mi-corsé : chardonnay (CAL), **graves**, pinot gris (FR)

Ce vin frais aux subtiles notes boisées rehaussera le goût de la farce tout en accompagnant agréablement la béchamel grâce à sa texture grasse.

CRÊPES SUZETTE

 Fruité et extra doux

Blanc doux : muscat-de-beaumes-de-venise, **monbazillac**, vendanges tardives (CAN)

Ce vin liquoreux du sud-ouest de la France, aux effluves de fruits blancs et aux notes de fleurs mellifères, est idéal pour accompagner ce dessert classique.

CREVETTES À L'AIL ET AU GINGEMBRE

 Fruité et vif

Blanc mi-corsé : gewurztraminer, **riesling**, sauvignon (CAL)

Ce vin au parfum exotique de fruits frais saura agrémenter les saveurs de ce plat avec une belle vivacité.

CREVETTES AU CARI

 Fruité et vif

Blanc mi-corsé : **pinot gris (AL)**, sauvignon (CH), orvieto-classico

Pour accompagner ce plat relevé de crustacés, le pinot gris d'Alsace est tout indiqué avec ses notes épicées, sa fraîcheur et sa texture ample.

CREVETTES AU CARI ET AUX PRUNES

Fruité et vif

Blanc mi-corsé : pinot blanc (CAL), pinot gris (FR), **viognier (CAL)**

Ce vin californien, fruité et savoureux, saura équilibrer le goût de ce mets épicé et fruité.

CREVETTES AU CHUTNEY D'ABRICOTS

Fruité et vif

Blanc mi-corsé : **vin de pays des côtes de Gascogne**, sémillon/chardonnay (AU), viognier (CAL)

Ce vin élaboré avec le cépage gros manseng, aux saveurs de fruits mûrs, est tout indiqué pour accompagner les saveurs du chutney tout en laissant les crevettes s'exprimer.

CREVETTES AU CURCUMA

Délicat et léger

Blanc léger : pinot gris (AL), orvieto-classico, **sauvignon (CH)**

Le caractère désaltérant, la délicatesse et les subtiles notes d'agrumes de ce sauvignon chilien sauront escorter ce plat savoureux.

CREVETTES AU FOUR AVEC FÉTA

Délicat et léger

Blanc léger : sauvignon (NZ) (CH), **gavi**

Un vin fruité et rafraîchissant comme ce vin italien est tout indiqué pour supporter les notes iodées de ce plat et en rehausser les saveurs.

CREVETTES, BROCHETTES DE, ET DE MANGUE MARINÉES À LA LIME ET À LA GOYAVE

Aromatique et rond

Blanc mi-corsé : côtes-du-rhône, chardonnay (NZ), **viognier (FR)**

Ce vin ample et aromatique, aux notes fruitées, accompagnera parfaitement le goût fin de ce crustacé et des fruits qui l'accompagnent.

CREVETTES, BROCHETTES DE, MARINÉES

Fruité et vif

Blanc mi-corsé : penedès, **soave**, chardonnay (FR)

Ce vin de la Vénétie aux effluves de fleurs et de fruits frais formera un accord parfait avec les fruits de mer grillés.

CREVETTES, CEVICHE DE, AU BASILIC

Fruité et vif

Blanc mi-corsé : riesling, **sauvignon blanc (NZ)**, soave-classico

L'incomparable fraîcheur du sauvignon blanc de Nouvelle-Zélande et ses arômes purs de paille et d'agrumes sont tout indiqués pour accompagner ce plat parfumé aux notes acidulées et végétales.

CREVETTES, COCKTAIL DE

Blanc léger : sylvaner (AL), **sauvignon blanc**, riesling

Les saveurs délicates des crevettes servies en cocktail s'uniront à merveille à un sauvignon frais et rafraîchissant.

CREVETTES, CRÊPES AUX

Délicat et léger

Blanc léger : graves, viognier (CAL), **pinot blanc (AL)**

Ce vin frais à la texture ample respectera la finesse de la crevette tout en rehaussant son goût.

CREVETTES, CROQUETTES DE, ET DE POIVRONS DOUX

Fruité et léger

Rosé léger : **rosé (FR)** (ES) (PO)

Pour accompagner ce plat, choisissez un rosé du sud de la France, fruité et rafraîchissant, dont les subtiles notes végétales viendront rehausser celles des poivrons doux.

CREVETTES ET PÉTONCLES SAUTÉS AU GINGEMBRE

Fruité et vif

Blanc mi-corsé : **riesling (FR)**, chardonnay (CAL) (AR)

Les saveurs et la texture de ce plat s'harmoniseront agréablement avec ce vin fruité et parfumé à souhait.

CREVETTES, FEUILLETÉ DE, ET DE PÉTONCLES

Fruité et vif

Blanc mi-corsé : sancerre, **menetou-salon**, soave-classico

Ce vin savoureux aux arômes d'agrumes, fin et élégant, accompagnera parfaitement ces fruits de mer au goût délicat et légèrement iodé, tout en faisant le pont grâce à sa touche minérale.

CREVETTES, FUSILLIS AU POULET ET AUX

Fruité et léger

Rosé léger : rosé de Provence, rosé-de-loire, **rosé (IT)**

Un rosé italien, simple et vif, accompagnera parfaitement ce plat aux saveurs de terre et de mer.

CREVETTES, GRATIN DE

Délicat et léger

Blanc léger : **picpoul-de-pinet**, riesling (AL), soave

Ce vin du Languedoc, assez aromatique et pourvu d'une belle fraîcheur, accompagnera ce plat de crevettes à merveille grâce à son côté désaltérant qui n'écrasera pas l'intensité du plat.

CREVETTES GRILLÉES AUX FINES HERBES

Fruité et vif

Blanc mi-corsé : penedès, **coteaux-du-languedoc**

Les notes de garrigues et le parfum de fruits mûrs de ce vin du Languedoc-Roussillon en font le complément idéal pour ce plat relevé de fines herbes.

CREVETTES GRILLÉES AVEC SALSA MEXICAINE

Délicat et léger

Blanc léger : picpoul-de-pinet, **trebbiano**, pinot blanc (CAL)

La vivacité de ce vin italien atténuera la chaleur de la salsa et sa légèreté respectera la chair délicate de la crevette.

CREVETTES GRILLÉES, SAUCE À L'ANANAS

Fruité et vif

Blanc mi-corsé : chardonnay (AU), **vin de pays des côtes de Gascogne**, viognier

Aromatique et exotique, ce vin fruité agrémentera savoureusement ce plat de crustacés grillés grâce à ses arômes complémentaires au plat.

CREVETTES GRILLÉES, SAUCE À LA CORIANDRE ET À LA LIME

Fruité et vif

Blanc mi-corsé : viognier, saint-véran, **soave-classico**

Ce vin ample au caractère acidulé d'agrumes saura s'harmoniser au goût de cette sauce tout en rehaussant celui des crevettes.

CREVETTES, LINGUINE AUX, ET ASPERGES

Délicat et léger

Blanc léger : **sauvignon vin de pays d'oc**, pouilly-sur-loire, gavi

Vin fin et distingué, avec une bonne acidité, souple et légèrement végétal, le sauvignon vin de pays d'oc rehaussera les saveurs délicates de ce plat.

CREVETTES, LINGUINES AUX, ET AUX POIREAUX, SAUCE AU VIN BLANC

Fruité et vif

Blanc mi-corsé : sauvignon (CH) (NZ), **pouilly-fumé**

Savoureux, acidulé, mais sans excès, avec une touche végétale, le pouilly-fumé accompagnera délicieusement bien ces pâtes aux crevettes.

CREVETTES, LINGUINES AUX, ET PÉTONCLES, SAUCE AU CARI VERT

Fruité et vif

Blanc mi-corsé : chablis/chablis premier cru, **chardonnay (IT)**, pinot gris (AL)

Un vin du Trentin-Haut-Adige, ample et aromatique, saura désaltérer pour tempérer l'ardeur du cari vert et accompagner les subtiles saveurs de la mer.

CREVETTES, PÂTES AUX, ET VINAIGRE BALSAMIQUE

 Délicat et léger

Blanc léger : **picpoul-de-pinet**, penedès, orvieto

Ce vin sec et rafraîchissant, moyennement aromatique et pourvu d'une belle ampleur, conviendra parfaitement aux saveurs aigrelettes de ce plat de pâtes grâce à son aspect fruité.

CREVETTES, RAGOÛT DE, AVEC AIL ET TOMATES

Fruité et léger

Rosé léger : **rosé d'Anjou**, vin gris, vin de pays d'oc

Un rosé d'Anjou, sec et fruité, servi bien frais se mariera très bien aux saveurs de l'ail et des tomates de ce mijoté de crevettes.

CREVETTES, RAGOÛT DE, ET DE POIVRONS ÉPICÉS AVEC CUMIN ET ORIGAN

 Fruité et généreux

Rosé corsé : **tavel**, bandol, costières-de-nîmes

Ce vin rosé avec du caractère, épicé et fruité, généreux avec une finale soutenue, sera le complément idéal des saveurs plus relevées de ce mijoté de crevettes et de poivrons.

CREVETTES, RAVIOLIS DE PÉTONCLES ET, AU PAPRIKA

Aromatique et rond

Blanc mi-corsé : langhe, pouilly-loché, **pouilly-fuissé**

Vin ample et frais, aux caractères fins, et assez persistant en finale, le pouilly-fuissé accompagnera délicieusement ces pâtes relevées aux fruits de mer.

CREVETTES, RISOTTO AUX

 Aromatique et rond

Blanc mi-corsé : chardonnay (IT), pomino, **saint-véran**

Pour accompagner ce risotto aux crevettes, choisissez un saint-véran dont l'acidité relèvera la texture tendre de la préparation et dont la finesse respectera la délicatesse des crevettes.

CREVETTES, RISOTTO AUX, ET AU CÉLERI

 Aromatique et rond

Blanc mi-corsé : chablis, **saint-véran**, soave-classico

Pour accompagner ce risotto aux crevettes, choisissez un saint-véran dont l'acidité relèvera la texture tendre de la préparation et dont la finesse respectera la délicatesse des crevettes.

CREVETTES, RIZ FRIT AUX

Fruité et vif

Blanc mi-corsé : orvieto-classico, **gewurztraminer**, vouvray

La texture tendre de ce vin ainsi que ses arômes exotiques de fleurs et de fruits apporteront un contraste savoureux et original aux saveurs de ce riz frit aux crevettes.

CREVETTES, SATAYS DE POULET, BŒUF ET, SAUCE AUX ARACHIDES

Délicat et léger

Blanc léger : chardonnay/sauvignon (FR), **riesling (AL)**, torrontes

Ample et parfumé avec une bonne vivacité, le riesling d'Alsace est tout indiqué pour accompagner les saveurs asiatiques de ce plat.

CREVETTES, SAUCE CRÉOLE ÉPICÉE

Fruité et vif

Blanc mi-corsé : pinot gris (AL), **gewurztraminer (AL)**, chardonnay (FR)

Un vin savoureux, fruité et épicé, avec une touche de fraîcheur qui saura équilibrer les saveurs intenses de ce plat.

CREVETTES, SAUTÉ DE, AU GINGEMBRE, AVEC POIS MANGE-TOUT ET MAÏS

Fruité et vif

Blanc mi-corsé : **gewurztraminer (AL)** (CAL) (UR)

Ce vin aromatique, à l'acidité plus discrète et au corps généreux, est tout indiqué pour accompagner ce plat de crevettes parfumées au gingembre.

CREVETTES, SAUTÉ DE, AUX LÉGUMES

Fruité et vif

Blanc mi-corsé : pinot grigio du Frioul, lacryma-christi-del-vesuvio, **pouilly-fumé**

Alliant acidité et finesse, avec une touche végétale, le pouilly-fumé accompagnera délicieusement bien ce sauté de crevettes.

CREVETTES SAUTÉES À L'HUILE D'OLIVE, AVEC LIME ET AIL

Délicat et léger

Blanc léger : **riesling**, gavi, sauvignon (NZ)

En parfaite harmonie aromatique avec le plat, un vin souple et frais aux arômes de citron vert comme le riesling est tout indiqué.

CREVETTES SAUTÉES AU BEURRE D'AIL ET BASILIC

Fruité et vif

▮ Blanc léger : pinot blanc, **sauvignon blanc (NZ)**, muscadet

⬭ Pour accompagner la texture et les saveurs herbacées de ce plat, choisissez un vin subtilement végétal avec une certaine ampleur en bouche, comme le sauvignon de la Nouvelle-Zélande.

CREVETTES SAUTÉES AU GINGEMBRE ET À LA CITRONNELLE

Fruité et vif

▮ Blanc mi-corsé : sancerre, **sauvignon blanc (NZ)**, torrontes

⬭ Le sauvignon blanc de la Nouvelle-Zélande, avec ses arômes d'agrumes exubérants et sa fraîcheur légendaire, sera en parfaite harmonie avec les saveurs de ce plat asiatique.

CREVETTES, SOUFFLÉ AUX

Fruité et généreux

▮ Rosé mi-corsé : côtes-du-rhône, **côtes-de-provence** (IT)

⬭ Pour accompagner ce plat de fruits de mer à la touche méditerranéenne, choisissez un rosé de Provence, frais et subtilement épicé.

CREVETTES, TABOULÉ AUX

Fruité et vif

▮ Blanc mi-corsé : chablis, sancerre, **fumé blanc (CAL)**

⬭ Ce vin aux notes végétales rehaussera les saveurs de ce plat aux crevettes et fera le pont avec le persil et la menthe de la préparation.

CREVETTES TEMPURA

Délicat et léger

▮ Blanc léger : picpoul-de-pinet, **sauvignon blanc (CAL)**, chenin blanc

⬭ Un sauvignon blanc californien, aux notes végétales et aux arômes fruités, est tout indiqué pour accompagner ce plat simple et savoureux.

CROQUE-MADAME

Aromatique et rond

▮ Blanc mi-corsé : **graves**, chardonnay (FR), soave-classico

⬭ Soulignez les saveurs de ce plat avec un vin bordelais sec et rafraîchissant, comme le graves, aux accents fruités d'agrumes et aux notes florales. Sa texture grasse se mariera d'ailleurs parfaitement à celle du fromage.

CROQUE-MONSIEUR

Fruité et léger

▮ Rouge léger : pinot noir (FR), **gamay**, merlot (FR)

⬭ Les notes de petits fruits rouges et la souplesse de ce vin s'allieront parfaitement avec le goût du fromage délicat et de la charcuterie.

CROQUE-MONSIEUR AU SAINTE-MAURE

 Fruité et léger

Rouge léger : valpolicella-classico, gamay de Touraine, **bourgueil**

Une harmonie régionale permet toujours de faire des accords réussis. Le bourgueil issu du cabernet franc propose des arômes fruités et des saveurs gouleyantes qui s'associent à la texture et à la richesse du sainte-maure.

CROQUETTES DE BŒUF

 Fruité et généreux

Rouge mi-corsé : **côtes-du-ventoux**, coteaux-du-tricastin, valpolicella

La simplicité aromatique de ce vin au fruité généreux et à la structure souple en fait le complément idéal de ce plat simple mais savoureux.

CROQUETTES DE CRABE

 Fruité et vif

Blanc mi-corsé : **entre-deux-mers**, rueda, sauvignon (NZ)

Ce vin fruité et rafraîchissant aux notes d'agrumes rehaussera le goût délicat du crabe, sans lui voler la vedette.

CROQUETTES DE CRABE À LA MODE CAJUN

 Aromatique et rond

Blanc mi-corsé : pinot gris (AL), riesling, **chardonnay (FR)**

Vin aromatique d'une grande finesse, le chardonnay français agrémentera ce plat relevé avec ses notes de miel et de noisettes. De plus, son côté fruité en fera un complément idéal au caractère relevé des épices cajun.

CROQUETTES DE CRABE AVEC SAUCE TARTARE AU CONCOMBRE

 Fruité et vif

Blanc mi-corsé : viognier (FR), chablis, **sancerre**

Ce vin distingué, à la grande fraîcheur et subtilement végétal, fera honneur à ce plat frais au goût herbacé.

CROQUETTES DE CREVETTES ET DE POIVRONS DOUX

 Fruité et généreux

Rosé mi-corsé : **rosé (CH)** (ES) (PO)

Pour accompagner ce plat, choisissez un rosé du Chili, fruité et rafraîchissant, dont les subtiles notes végétales viendront rehausser celles des poivrons doux.

CROQUETTES DE PALOURDES

Délicat et léger

- Blanc léger : sylvaner (AL), sauvignon, **entre-deux-mers**
- Ce plat délicat et peu relevé requiert un vin à l'acidité rafraîchissante qui saura accompagner la friture.

CROQUETTES DE POMMES DE TERRE

Fruité et vif

- Blanc mousseux léger : **cava**, blanquette-de-limoux, mousseux (CAL)
- Pour agrémenter ce plat simple, choisissez un vin mousseux, sec et fruité, comme le cava d'Espagne.

CROQUETTES DE POULET

Fruité et léger

- Rouge léger : beaujolais, merlot (HO), **bardolino**
- Un vin friand, souple et fruité, accompagnera bien ce plat simple. De plus, sa fraîcheur saura se fondre au gras de la friture.

CROQUETTES DE SAUMON AVEC MAYONNAISE AUX FINES HERBES ET AU CITRON

Aromatique et rond

- Rosé mi-corsé : **coteaux-du-languedoc**, saint-chinian, côtes-de-provence
- Simple, désaltérant et assez aromatique, ce vin du Languedoc saura mettre en valeur les saveurs herbacées et d'agrumes de ce plat.

CROQUETTES DE VIANDE ET DE LENTILLES

Fruité et généreux

- Rouge mi-corsé : bergerac, teroldego, **merlot (CAL)**
- Un vin savoureux aux tannins discrets, fruité et frais, est tout indiqué pour escorter les saveurs de ce plat simple.

CROUSTADE AU CHOCOLAT

Fruité et extra doux

- Vin de dessert : porto ruby, **pineau-des-charentes ruby**, marsala rouge
- Ce pineau-des-charentes, avec son caractère suave et sa subtile note de cognac qui se marie à merveille avec le chocolat, est le complément parfait de ce dessert.

CROUSTADE AUX FRAISES ET À LA RHUBARBE

Fruité et extra doux

- Vin ou cidre doux : mousseux rosé, cidre mousseux rosé (QC), **pineau-des-charentes ruby**
- Les saveurs de fruits rouges de ce vin doux accompagneront parfaitement cette délicieuse croustade.

CROUSTADE AUX NOISETTES

 Fruité et extra doux

Vin de dessert : **muscat de Samos**, muscat-de-rivesaltes, muscat (IT)

Ce muscat aux arômes grillés et aux notes de zeste d'agrumes confit rafraîchira agréablement le palais tout en se mariant parfaitement aux saveurs de ce dessert.

CROUSTADE AUX POMMES ET AUX FRAMBOISES

 Fruité et extra doux

Vin de dessert : **cidre de glace (QC)**, vin de glace (QC), mousseux rosé demi-doux

Ce cidre fruité, à la savoureuse douceur et à la nervosité rafraîchissante, est tout indiqué pour accompagner cette croustade et ainsi faire le pont avec les arômes de pomme.

CROUSTILLANT AUX ANANAS

 Fruité et extra doux

Vin blanc doux : barsac, **riesling vin de glace (CAN)**, moscato-d'asti

Ce vin de glace aux saveurs de fruits exotiques est idéal pour accompagner ce dessert copieux.

CUISSES DE CAILLES AU CARI ET AU LAIT DE COCO

 Aromatique et rond

Blanc mi-corsé : chardonnay (CH) (CAL), **bourgogne (FR)**

Pour accompagner la sauce de ce plat aux saveurs parfumées, ce bourgogne aux notes de fruits mûrs apaisera l'effet du cari et sa finale légèrement boisée se fondra avec les parfums du lait de coco.

CUISSES DE CANARD À L'ESTRAGON

 Aromatique et souple

Rouge mi-corsé : merlot (CAL), premières-côtes-de-blaye, **tempranillo**

Un vin aromatique et rond comme ce cépage espagnol est idéal pour rehausser le goût prononcé des cuisses de canard tout en accompagnant subtilement l'estragon.

CUISSES DE CANARD AUX PRUNEAUX

 Aromatique et souple

Rouge corsé : cahors, **tempranillo**, malbec (AR)

Ce vin passablement évolué aux saveurs de fruits cuits s'harmonisera très bien au goût et à la texture des pruneaux et du canard.

CUISSES DE CANARD, SAUCE AU MIEL ET À LA CANNELLE

Aromatique et souple

🍷 Rouge mi-corsé : côtes-de-roussillon, cahors, **malbec (AR)**

👄 Ce vin sud-américain aux notes épicées, mais dominées par les fruits, est le complément parfait de cette sauce un peu sucrée et rehaussera le goût du canard.

CUISSES DE DINDE À LA PROVENÇALE

Fruité et généreux

🍷 Rouge mi-corsé : **côtes-de-provence**, coteaux-du-languedoc, syrah (FR)

👄 Ce vin du Sud de la France, aux tannins assouplis et aux caractères subtilement épicés, convient parfaitement à ce plat de volaille relevé.

CUISSES DE DINDE FARCIES AU BOUDIN NOIR

Aromatique et souple

🍷 Rouge mi-corsé : **rioja**, malbec (AR), cabernet-sauvignon (AU)

👄 Pour accompagner les arômes soutenus et épicés du boudin, choisissez ce vin espagnol aux tannins soyeux et aux saveurs intenses teinté d'un agréable goût boisé.

CUISSES DE DINDE, SAUCE À LA MOUTARDE

 Fruité et vif

🍷 Blanc mi-corsé : **sauvignon de Touraine**, trebbiano-d'abruzzo, vin blanc (QC)

👄 La moutarde s'accommode bien aux arômes fruités d'un vin. Le sauvignon de Touraine possède cette qualité, en plus d'être très frais et pourvu d'une note légèrement herbacée. Tout indiqué pour escorter les saveurs de ce plat.

CUISSES DE DINDE, SAUCE AUX OIGNONS

 Fruité et vif

🍷 Blanc mi-corsé : **pinot gris (AL)**, sauvignon (NZ) (AUS)

👄 Avec son côté fruité aux notes exotiques et sa rondeur, le pinot gris est un cépage qui se mariera à merveille avec les saveurs de la sauce aux oignons tout en laissant la volaille s'exprimer.

CUISSES DE GRENOUILLES À LA PROVENÇALE

Délicat et léger

🍷 Blanc léger : sauvignon vin de pays d'oc, entre-deux-mers, **touraine**

👄 Accompagnez ce délicieux plat d'un vin du Val-de-Loire, à la structure ample et aux parfums de citron et de pomme mûre, complété par de subtiles notes minérales et florales. Les arômes fins des cuisses de grenouilles s'en verront magnifiés alors que le fruité du vin apaisera le goût de l'ail au besoin.

CUISSES DE GRENOUILLES AUX FINES HERBES

 Délicat et léger

🍾 Blanc léger : soave, graves, **pouilly-fumé**

🍷 Ce vin fin et délicat, aux arômes d'agrumes et de craie, sera tout à fait délicieux avec ce plat raffiné. Sa touche légèrement herbacée fera également un agréable lien avec les fines herbes qui rehaussent le plat.

CUISSES DE GRENOUILLES, SAUCE À LA CRÈME

 Aromatique et rond

🍾 Blanc mi-corsé : **mâcon-villages**, chardonnay (FR), sauvignon blanc (CAL)

🍷 Pour accompagner ce mets à la sauce crémeuse, un vin de Mâcon à la texture ample, presque grasse, et aux notes fruitées et délicatement boisées, est tout indiqué pour un mariage de textures.

CUISSES DE GRENOUILLES SAUTÉES À L'AIL

 Fruité et vif

🍾 Blanc mi-corsé : riesling, **sauvignon blanc (CAL)**, rueda

🍷 Ce vin à la fois fruité et ample, avec des parfums dominants de bourgeons de cassis et de pamplemousse, viendra équilibrer la saveur d'ail de ce plat.

CUISSES DE LAPIN CONFITES AVEC CRÈME DE CITROUILLE

 Aromatique et rond

🍾 Blanc mi-corsé : saint-aubin, beaune premier cru, **chardonnay (CH)**

🍷 Un vin fruité et savoureux, à la texture grasse, et surtout pourvu d'une bonne fraîcheur, comme le chardonnay du Chili, accompagnera à merveille les saveurs un peu salines du lapin confit tout en se fondant avec la crème à la citrouille.

CUISSES DE POULET À L'ESTRAGON

 Fruité et léger

🍾 Rouge léger : **dolcetto-d'alba**, merlot (CH), gamay de Touraine

🍷 Servi rafraîchi, ce vin aux tannins gouleyants et au fruité simple mais agréable, accompagnera harmonieusement ce plat de poulet à l'estragon.

CUISSES DE POULET À LA MOUTARDE

 Fruité et généreux

🍾 Rosé corsé : tavel (FR), **faugères rosé**, rioja rosé

🍷 Ce vin rosé à la forte personnalité, rafraîchissant et doté d'une bonne persistance en fin de bouche, est tout indiqué pour accompagner les saveurs de ces cuisses de poulet. Aussi, l'aspect fruité du vin escortera à merveille les saveurs particulières de la moutarde.

CUISSES DE POULET GRILLÉES AUX HERBES

Fruité et vif

- Blanc mi-corsé : sauvignon blanc (CAL), **graves**, riesling
- Un vin de Graves aux effluves de pamplemousse, de sésame et de fleurs blanches accompagnera délicieusement ce plat de poulet grillé aux herbes.

CUISSES DE POULET GRILLÉES AVEC MOUTARDE À L'ORANGE

Délicat et léger

- Blanc léger : muscadet, pinot blanc (CA), **fendant-du-valais**
- Ce vin suisse à la structure riche et moelleuse et à la fraîcheur dominante saura rehausser les saveurs épicées et fruitées de ce plat.

CUISSES DE POULET, SAUCE AU MIEL ET AU SOYA

Fruité et vif

- Blanc mi-corsé : viognier vin de pays, **malvoisie (ÉU)** (ES), torrontes
- Ce vin riche et savoureux, au parfum exotique et ample, est tout indiqué pour rehausser les saveurs aigres-douces de ce plat de poulet.

CUISSES DE POULET, SAUCE AUX NOIX DE CAJOU ET AUX POIVRONS

Fruité et généreux

- Rouge mi-corsé : moulin-à-vent, **bordeaux supérieur**, rioja
- Avec ses notes de fruits noirs, de sous-bois et de poivron, ce vin de Bordeaux classique saura mettre en valeur les aromates de ce plat de poulet.

DARNES DE SAUMON À L'AVOCAT

Aromatique et rond

- Blanc corsé : **pessac-léognan**, pinot gris (AL), chablis premier cru
- Ce grand vin racé, doté d'une texture généreuse et d'une finesse aromatique, est tout indiqué pour accompagner ce saumon à l'avocat, avec son fruité généreux. De plus, sa texture presque grasse s'agencera à merveille avec celle de la chair du saumon.

DARNES DE SAUMON GRILLÉES

Fruité et généreux

- Rosé mi-corsé : côte-de-provence, **tavel**, rosé espagnol
- Ce vin sec et assez charpenté pour un rosé saura être à la hauteur de l'intensité savoureuse du saumon grillé tout en le mettant en valeur grâce à son caractère fruité.

121

DAUBE D'AGNEAU

 Fruité et généreux

 Rouge mi-corsé : cabernet sauvignon (CH), **corbières**, montepulciano-d'abruzzo

 Vin ensoleillé du sud de la France, le corbières accompagnera parfaitement ce plat d'agneau grâce à ses parfums prononcés de fruits noirs mûrs, mais aussi d'épices et d'herbes aromatiques.

DAUBE DE BŒUF À LA BORDELAISE

 Fruité et généreux

 Rouge mi-corsé : malbec (AR), **chianti classico**, levante

 Puisque la daube donne des parfums et des saveurs souples, il faut un vin qui offre les mêmes arômes sans délaisser la texture animale. Le chianti devient alors un choix judicieux pour son côté généreux et parfumé d'épices chaudes.

DAUBE DE BŒUF AUX RAISINS

 Aromatique et souple

 Rouge mi-corsé : **cabernet sauvignon (CH)**, cahors, cabernet/sangiovese (IT)

 Ce vin aux notes intenses de moka, de cassis et de poivron est tout indiqué pour accompagner l'intensité savoureuse du bœuf tout en se mariant au goût un peu sucré des raisins.

DAUBE DE GASCOGNE

 Fruité et généreux

 Rouge mi-corsé à corsé : **vacqueyras**, rioja, languedoc

 Cette daube fait ressortir un côté rustique qui permet de penser à un vin avec des arômes épicés et des effluves animaux. Ce vin des Côtes-du-Rhône s'y marie agréablement par son intensité et ses épices délicates.

DINDE ARROSÉE AU CIDRE
AVEC SAUCE DE POMMES RÔTIES

 Fruité et léger

 Rouge léger : **beaujolais**, valpolicella, montepulciano-d'abruzzo

 Pour accompagner cette volaille aux fruits acidulés, choisissez un beaujolais aux tannins discrets et au fruité généreux.

DINDE AUX MARRONS

 Aromatique et souple

 Rouge mi-corsé : bordeaux, **pinot noir (CAL)**, mercurey

 Le pinot noir californien, avec ses tannins étoffés mais tout en souplesse, son parfum fruité de cerise et sa subtile note finale boisée, saura rehausser les saveurs de cette volaille et des marrons.

DINDE, BOULETTES DE, AVEC NOUILLES AUX ŒUFS

 Fruité et vif

 Blanc léger : **soave**, pinot blanc (CAL), bordeaux

 Ce vin italien, simple et aromatique avec une bonne fraîcheur, accompagnera agréablement ce plat simple aux saveurs délicates.

DINDE, BROCHETTES DE, À LA PAPAYE

 Aromatique et rond

 Blanc mi-corsé : **viognier (FR)**, pinot gris (FR), chardonnay (AU)

Un vin ample et à l'acidité discrète, au fruité intense et exotique, est tout indiqué pour accompagner cette brochette de volaille et faire le pont avec les saveurs de la papaye.

DINDE, CARI DE, À LA NOIX DE COCO

 Fruité et vif

Blanc mi-corsé : **pinot gris (AL)**, viognier (FR) (CAL), bordeaux

La fraîcheur de ce vin ample d'Alsace aux arômes fruités et parfois d'amande fraîche est tout indiquée pour accompagner à la fois le côté intense du cari et le goût un peu sucré de la noix de coco.

DINDE, CUISSES DE, À LA PROVENÇALE

 Fruité et généreux

Rouge mi-corsé : **côtes-de-provence**, coteaux-du-languedoc, syrah (FR)

Ce vin du sud de la France, aux tannins assouplis et aux caractères subtilement épicés, convient parfaitement à ce plat de volaille. Aussi, son fruité bien mûr se fondra avec les saveurs piquantes de l'ail.

DINDE, CUISSES DE, FARCIES AU BOUDIN NOIR

 Aromatique et souple

Rouge mi-corsé : **rioja**, malbec (AR), cabernet-sauvignon (AU)

Pour accompagner les arômes soutenus et épicés du boudin, choisissez ce vin espagnol aux tannins soyeux et aux saveurs intenses teinté d'un agréable goût boisé.

DINDE, CUISSES DE, SAUCE À LA MOUTARDE

Fruité et vif

Blanc mi-corsé : **sauvignon de Touraine**, trebbiano-d'abruzzo, vin blanc du Québec

La moutarde s'accommode bien aux arômes fruités d'un vin. Le sauvignon de Touraine possède cette qualité, en plus d'être très frais et pourvu d'une note légèrement herbacée. Tout indiqué pour escorter les saveurs de ce plat.

DINDE, CUISSES DE, SAUCE AUX OIGNONS

Fruité et vif

Blanc mi-corsé : **pinot gris (AL)**, sauvignon (NZ) (AUS)

Avec son côté fruité aux notes exotiques et sa rondeur, le pinot gris est un cépage qui se mariera à merveille avec les saveurs de la sauce aux oignons tout en laissant la volaille s'exprimer.

DINDE, ÉMINCÉ DE, À LA SAUGE

Fruité et généreux

Rouge mi-corsé : **bourgueil**, malbec (AR), merlot (CAL)

Pour accompagner les saveurs herbacées de ce plat de volaille, choisissez un bourgueil, ce vin ample, épicé et pourvu de tannins tendres.

DINDE EN COCOTTE AU CHOU

Fruité et généreux

Rouge mi-corsé : bordeaux, **pinot noir (AL)** (CAL)

Doté de tannins souples, ce vin au fruité expressif est tout indiqué pour accompagner cette cocotte de volaille.

DINDE, ESCALOPES DE, AU FROMAGE BLEU

Aromatique et rond

Blanc corsé : chardonnay (AU) (CAL), **meursault**

Avec la richesse de ses saveurs, ce vin à la texture grasse et caressante s'harmonisera parfaitement au goût du fromage bleu de cette recette de volaille.

DINDE, ESCALOPES DE, AU YOGOURT

Aromatique et rond

Blanc mi-corsé : **chardonnay (CAN)**, rioja, viognier

Le chardonnay canadien, avec sa texture grasse et ses notes légèrement boisées, est tout indiqué pour rehausser les saveurs subtiles de ce plat tout en se fondant à la sauce au yogourt.

DINDE, ESCALOPES DE, AUX POIVRONS

Fruité et léger

Rouge léger : beaujolais, côtes-du-ventoux, **valpolicella**

Avec ses tannins discrets, son fruité agréable et sa note parfois un peu végétale, ce vin italien viendra agrémenter le goût des poivrons de cette recette.

DINDE, ESCALOPES DE, AUX POMMES

 Fruité et vif

🍾 Blanc mi-corsé : bourgogne, **pinot grigio (IT)**, pinot gris (AL)

👄 Ce vin aux saveurs suaves et à l'acidité rafraîchissante s'accordera agréablement avec cette volaille aux pommes.

DINDE, ESCALOPES DE, AVEC CÂPRES ET CITRON

 Délicat et léger

🍾 Blanc léger : sauvignon vin de pays d'oc, bourgogne-aligoté, **muscadet**

👄 Le côté frais et fruité du muscadet saura se marier aux notes de citron et à la légère amertume des câpres, tout en limitant le choc avec leur caractère vinaigré.

DINDE, ESCALOPES DE, FLORENTINE

 Fruité et vif

🍾 Blanc mi-corsé : pouilly-fumé, chardonnay (AS), **fumé blanc (CH)**

👄 Le fumé blanc du Chili, dont l'intensité aromatique et la vivacité s'accorderont aux saveurs de ce plat, possède un caractère subtilement végétal qui viendra rehausser le goût des épinards.

DINDE, ESCALOPES DE, SAUCE À LA CRÈME ET AUX ÉPINARDS

 Aromatique et rond

🍾 Blanc mi-corsé : vin de pays de gascogne, **chardonnay vin de pays d'oc**, chardonnay (IT)

👄 Ce vin à la bouche généreuse et aromatique, aux arômes de fruits blancs, de pêches, de pommes et de noisettes, est tout indiqué pour accompagner la sauce de ce plat de volaille.

DINDE, ESCALOPES DE, SAUCE TOMATE

 Fruité et léger

🍾 Rouge léger : côtes-du-lubéron, valpolicella, **merlot (HO)**

👄 Simple, frais, de structure légère et très fruité, ce vin agrémentera le goût de la volaille ainsi que celui de la tomate.

DINDE FARCIE AU BOUDIN BLANC

Aromatique et rond

🍾 Blanc corsé : savennières, **chardonnay (CH)** (AU)

👄 Fruité, ample et savoureux, le chardonnay du Chili s'harmonisera agréablement aux saveurs de ce plat de volaille sans empiéter sur le goût plus fin du boudin blanc.

125

DINDE FARCIE AU FOIE GRAS ET AU MAÏS

 Aromatique et rond

🍾 Blanc corsé : chardonnay (CAL) (AU), **meursault**

👄 Ce vin gras, aux notes de beurre et d'amande grillée, accompagnera savoureusement la farce très goûteuse de ce plat de volaille.

DINDE FARCIE AU PAIN D'ÉPICES

 Fruité et léger

🍾 Rouge léger : gamay de Touraine, barbera-d'alba, **valdepenas**

👄 Ce vin espagnol fruité et épicé, aux arômes de réglisse, accompagnera parfaitement ce savoureux plat de volaille et fera le pont avec sa farce.

DINDE FARCIE AU PAIN ET AUX HERBES

 Fruité et généreux

🍾 Rouge mi-corsé : **bordeaux**, merlot (CAL), chianti-classico

👄 Ce plat de viande blanche rôtie relevée d'herbes requiert un vin aux notes de sous-bois et d'épices.

DINDE FARCIE AUX AMANDES

 Aromatique et rond

🍾 Blanc mi-corsé : **chardonnay (CAL)**, fiano-di-avelino, mâcon-villages

👄 Ce vin à la texture ample, à l'intensité gustative assez persistante et aux notes de fruits blancs bien mûrs s'harmonisera savoureusement avec cette volaille farcie. De plus, sa touche boisée rejoindra le goût des amandes pour une meilleure harmonie.

DINDE FARCIE AUX CHANTERELLES ET AUX NOIX

 Fruité et léger

🍾 Rouge léger : **pinot noir (CAL)**, moulin-à-vent, mercurey

👄 La touche boisée, la délicatesse de ses tannins et la richesse de ses saveurs et de ses arômes font du pinot noir de Californie le vin idéal pour accompagner cette volaille au goût de sous-bois.

DINDE FARCIE AUX PORCINIS, SAUCE AU MADÈRE ET AUX SHIITAKES

 Aromatique et souple

🍾 Rouge mi-corsé : cabernet-sauvignon (CAL), **médoc**, merlot (CAL)

👄 Ce vin savoureux, aux tannins étoffés et au boisé fondu, accompagnera parfaitement les saveurs de sous-bois de cette volaille.

DINDE, FILETS DE, AUX COURGETTES

 Délicat et léger

Blanc léger : cortese-di-gavi, **verdicchio-dei-castelli-di-jesi**, pinot blanc (AL)

Ce vin italien délicat, au bouquet frais et fruité et aux saveurs persistantes, est le complément idéal de ce plat de dinde et accompagnera également la délicatesse aromatique des courgettes.

DINDE, FILETS DE, SAUCE À L'ÉRABLE

 Délicat et léger

Blanc léger : sylvaner (ALL), gentil d'Alsace, **vouvray**

Ce vin légèrement doux et très frais agrémentera parfaitement le goût un peu sucré de la sauce à l'érable qui rehausse ce plat de volaille.

DINDE, FRICASSÉE DE

 Aromatique et rond

Blanc mi-corsé : pinot gris (AL), **saint-joseph**, saint-chinian

Ce vin riche et ample, aux arômes exotiques, saura accompagner les saveurs relevées de cette fricassée de volaille.

DINDE GRILLÉE, LAQUÉE À LA MOUTARDE À L'ÉRABLE

 Aromatique et souple

Rouge mi-corsé : minervois, **tempranillo (ES)**, chianti-classico

Pour accompagner ce plat, choisissez un vin espagnol avec du caractère, des tannins charnus, légèrement boisé et épicé. Son fruité bien mûr s'agencera également au caractère sucré de la laque à l'érable.

DINDE, HAMBURGER DE, FARCI AU FROMAGE DE CHÈVRE AVEC RELISH DE POIVRONS ROUGES

Fruité et généreux

Rosé mi-corsé : **rosé de cabernet franc**, rosé du Québec, rosé de Sicile

Caractérisé par une grande fraîcheur et un fruité généreux, le rosé issu de ce cépage s'harmonise parfaitement avec la saveur caprine du chèvre et la note végétale des poivrons.

DINDE, JARDINIÈRE DE, AUX AUBERGINES

Fruité et généreux

Rosé mi-corsé : tavel, lirac, **côtes-du-rhône**

Ce vin rosé rafraîchissant, qui a du caractère et est soutenu en finale, accompagnera bien ce plat de volaille aux aubergines.

DINDE, LASAGNE À LA, ET AUX ÉPINARDS, SAUCE TOMATE ÉPICÉE

 Fruité et généreux

Rouge mi-corsé : côtes-du-rhône, **morellino-di-scansano**, alentejo

Ce vin italien, aux tannins discrets, mais pourvu d'une bonne intensité aromatique, possède la fraîcheur requise pour calmer l'ardeur de cette sauce relevée.

DINDE, OSSO BUCCO DE, SAUCE MOUTARDE

 Fruité et vif

Blanc mi-corsé : saint-joseph, minervois, **fumé blanc (CAL)**

Généreux et frais, avec une bonne ampleur en bouche, ce fumé blanc américain viendra rehausser les saveurs de ce plat de volaille. Aussi, son caractère fruité se fondra avec la sauce à la moutarde.

DINDE, PAIN DE

 Fruité et léger

Rouge léger : gamay de Touraine, bardolino, **brouilly**

Ce beaujolais friand, aux arômes simples de fruits, et doté de tannins soyeux et discrets sera le complément idéal de ce plat simple mais savoureux.

DINDE, PAUPIETTES DE, SAUCE AU GORGONZOLA

 Aromatique et rond

Blanc corsé : **chardonnay (AU)** (IT) (CAL)

Le chardonnay australien, aux saveurs pénétrantes et à la texture généreuse, est tout indiqué pour accompagner la sauce relevée par le gorgonzola.

DINDE RÔTIE À LA SAUGE AVEC OIGNONS CARAMÉLISÉS ET SAUCE À LA SAUGE

 Aromatique et souple

Rouge mi-corsé : cahors, **merlot (CAL)** (FR)

Avec ses saveurs de sous-bois et d'épices, ce vin californien aux arômes de fruits rouges et de pain grillé accompagnera parfaitement cette volaille assaisonnée à la sauge. Aussi, son côté très mûr fera une alliance parfaite avec l'aspect sucré des oignons caramélisés.

DINDE RÔTIE AU CARI

 Fruité et généreux

Rouge mi-corsé : côtes-de-provence, **saint-nicolas-de-bourgueil**, barbera-d'asti

Ce vin souple, avec des tannins soyeux et des arômes de fruits rouges, se mariera parfaitement au goût du cari et à celui de la volaille.

DINDE RÔTIE AU PORTO

 Fruité et généreux

 Rouge mi-corsé : corbières, merlot (AU), **douro (PO)**

Le porto et la volaille rôtie requièrent un vin riche, à la texture fondue et aux tannins enrobés, comme ce vin portugais. Les arômes similaires entre le vin choisi et celles de la préparation feront une harmonie des plus intéressante.

DINDE RÔTIE AUX FINES HERBES, SAUCE AUX CHAMPIGNONS

 Aromatique et souple

 Rouge mi-corsé : côtes-du-rhône-villages, côtes-du-roussillon-villages, **saint-émilion**

Ce vin aux tannins tendres et aux saveurs de sous-bois et d'herbes aromatiques est le complément parfait de ce savoureux plat de volaille. La sauce et le vin se mettront mutuellement en valeur.

DINDE RÔTIE AUX FINES HERBES, SAUCE AUX OIGNONS CARAMÉLISÉS

 Fruité et généreux

 Rouge mi-corsé : **corbières**, coteaux-du-languedoc, malbec (AR)

Ce vin moyennement puissant, doté d'une certaine finesse et subtilement épicé, fera sensation avec cette dinde rôtie. De plus, ses arômes de fruits bien mûrs se marieront parfaitement au goût sucré des oignons caramélisés.

DINDE RÔTIE AVEC BEURRE AUX FINES HERBES ET À L'ÉRABLE

 Aromatique et souple

 Rouge mi-corsé : cahors, malbec (AR), **merlot (CAL)**

Avec ses arômes de fruits rouges et noirs en confiture, le merlot californien, aux tannins veloutés, rehaussera les saveurs de ce plat de volaille tout en se mariant au goût sucré de l'érable.

DINDE RÔTIE FARCIE À LA PANCETTA ET AUX HERBES

 Fruité et léger

 Rouge léger : **valpolicella**, brouilly, pinot noir (HO)

Pour agrémenter le goût salin de la pancetta et des herbes, un vin souple au fruité dominant comme ce vin italien sera idéal.

DINDE RÔTIE, FARCIE AUX NOISETTES

 Fruité et généreux

 Rouge mi-corsé : saint-chinian, **chianti-classico**, merlot (CAL)

Ce vin italien rafraîchissant, avec des tannins d'une grande noblesse, accompagnera fort savoureusement ce plat de volaille. De plus, son boisé bien fondu fera le pont avec les noisettes de la farce.

DINDE RÔTIE, SAUCE AU CIDRE ET À LA SAUGE

Fruité et généreux

Rouge mi-corsé : côte-de-beaune, merlot (CH), **chinon**

Ce vin français pourvu d'une acidité rafraîchissante, aux tannins souples et au bouquet de framboise et de violette, sera le complément idéal de cette volaille rôtie. Sa finale un peu végétale s'accommodera à merveille avec la sauge.

DINDE, ROULADE DE, AUX FINES HERBES

Délicat et léger

Blanc léger : **sauvignon (FR)** (CH), gavi

Ce vin frais et fruité, aux notes herbacées, agrémentera parfaitement cette roulade de volaille aux fines herbes.

DINDE, ROULEAUX DE, AUX CHAMPIGNONS

Fruité et généreux

Rouge mi-corsé : cabernet-sauvignon (CH), minervois, **côtes-du-roussillon-villages**

Ce vin assez charpenté, aux tannins charnus et aux notes épicées, rehaussera agréablement les saveurs de cette volaille et sera en harmonie avec celles des champignons, grâce à son boisé bien intégré.

DINDE, SAUTÉ DE, AU CURCUMA

Fruité et généreux

Rouge mi-corsé : pinot noir (NZ), **mâcon-villages**, cru du beaujolais

Ce vin de bourgogne, aux arômes expressifs de fruits rouges, saura agrémenter le goût de ce sauté de volaille tout en respectant le goût particulier du curcuma.

DINDE, SPAGHETTIS AVEC BOULETTES DE, AU PISTOU

Fruité et vif

Blanc mi-corsé : soave-classico, bordeaux, **torgiano bianco**

Ce vin d'Ombrie, ample et d'une grande simplicité avec beaucoup de vivacité, est tout indiqué pour accompagner les saveurs du pistou qui agrémentent ces spaghettis.

DINDE TETRAZZINI

Fruité et généreux

Rouge mi-corsé : **chianti-classico**, merlot (CAL), cabernet-sauvignon (CH)

Frais et de nature plutôt souple, ce vin toscan possède l'intensité aromatique voulue pour accompagner savoureusement ce plat classique.

DORADE AUX CITRONS CONFITS

 Fruité et vif

 Blanc mi-corsé : pouilly-fuissé, **soave-classico**, sauvignon (NZ)

Ce vin italien, fruité et rafraîchissant, aux notes d'agrumes, est tout indiqué pour accompagner ce poisson délicat et fera une harmonie parfaite avec les arômes des citrons confits.

DORADE GRILLÉE AVEC NOIX DE MACADAMIA

 Aromatique et rond

Blanc mi-corsé : **meursault**, mercurey, chardonnay (CAL)

Pour accompagner ce poisson fin, choisissez un vin français de chardonnay ayant vieilli en barrique de chêne, comme le meursault. Ses notes boisées se marieront à merveille avec les noix de la préparation, de même qu'avec la touche empyreumatique léguée par le type de cuisson.

DORADE PANÉE AUX GRAINES DE SÉSAME, COULIS DE TOMATES

 Fruité et généreux

Vin rosé mi-corsé : rosé (ES) (CH), **côtes-de-provence**

Un rosé français, fruité et rafraîchissant, rehaussera le goût fin de ce poisson et agrémentera celui de son coulis.

DORADE, SAUCE TOMATE

 Fruité et léger

Rosé léger : **rosé (FR)** (IT), vin gris

À cause de l'acidité et des saveurs de la tomate, ce plat saura profiter du fruité, de la délicatesse et de l'harmonie que procurent les rosés français plus légers, comme ceux de la Loire ou les vins gris.

DORÉ, FILETS DE, GRILLÉS

 Fruité et vif

Blanc mi-corsé : **bergerac**, chardonnay (AU), soave-classico

Ce vin de la Dordogne aux notes subtiles de fumée et de fruits blancs accompagne parfaitement le poisson à chair blanche grillé.

ÉMINCÉ DE BŒUF AVEC SAUCE AU MAÏS RÔTI

 Fruité et généreux

Rouge mi-corsé : bordeaux supérieur, buzet, **minervois**

Le minervois, un vin aux tannins souples et au goût fruité dominant, se mariera bien avec le goût du bœuf et du maïs rôti.

ÉMINCÉ DE CANARD, SAUCE À L'ORANGE ET À L'ARMAGNAC

 Aromatique et rond

🍾 Blanc mi-corsé : côtes-du-rhône, viognier (FR), **chardonnay-viognier (CAL)**

👄 Pour accompagner une telle sauce, un vin ample aux notes de fruits mûrs, comme cet assemblage de deux cépages, mettra en valeur les saveurs de ce plat.

ÉMINCÉ DE DINDE À LA SAUGE

 Aromatique et souple

🍾 Rouge mi-corsé : **cahors**, malbec (AR), merlot (CAL)

👄 Pour parfaire les saveurs herbacées de ce plat de volaille, choisissez un cahors, ce vin ample, aux tannins tendres et à la finale épicée rappelant parfois les herbes aromatiques.

ÉMINCÉ DE POULET AU CARI ET AUX FRUITS

 Fruité et doux

🍾 Blanc mi-corsé : riesling (ALL), pinot gris (ALL), **vouvray demi-sec**

👄 Avec ses arômes de fruits confits et son sucre résiduel peu prononcé, ce vin s'harmonisera parfaitement avec les saveurs épicées et fruitées de ce plat de poulet.

ÉMINCÉ DE POULET AU SOYA ET À L'ANIS

 Aromatique et rond

🍾 Blanc mi-corsé : **côtes-du-rhône**, chardonnay (CH) (AU)

👄 Ce vin bien structuré, parfumé et légèrement épicé à la bouche ample conviendra parfaitement à la saveur anisée de ce plat de poulet. De plus, ses notes de fruits accompagneront fort bien la note saline du soya.

ÉMINCÉS DE PORC GRILLÉS AU MIEL ET À LA MOUTARDE

 Fruité et vif

🍾 Blanc mi-corsé : **riesling (ALL)**, chardonnay/viognier (CAL), pinot gris (AL)

👄 Vin ample avec des arômes et des saveurs exotiques de fleurs et d'épices, le riesling allemand est tout indiqué pour accompagner la saveur sucrée du miel et celle de la moutarde.

ENCHAUD PÉRIGOURDIN

 Fruité et généreux

🍾 Rouge mi-corsé : bordeaux supérieur, **teroldego (IT)**, carmenère (CH)

👄 Ce confit de porc demande un vin fruité et souple. Les tannins ne doivent pas assécher, et l'intensité doit respecter la délicatesse du mets. Le teroldego du nord de l'Italie répond parfaitement à cette définition.

ENCHILADAS AU POULET

 Fruité et généreux

 Rouge mi-corsé : **côtes-du-frontonnais (FR)**, morgon, valpolicella-classico

 Ce vin soutenu, gorgé de fruits, aux tannins soyeux et à la finale persistante, est tout indiqué pour accompagner ce plat mexicain relevé.

ENDIVES À LA FLAMANDE

 Délicat et léger

Blanc léger : **vin blanc du Québec**, languedoc, sauvignon (CH)

Ce plat aux parfums herbacés et à l'amertume attendue doit être soutenu par un vin qui propose le même gabarit. Le vin issu du cépage seyval offre des notes herbacées et fruitées qui peuvent s'associer à merveille avec les endives.

ENDIVES AU JAMBON

 Délicat et léger

Blanc léger : **trebbiano (IT)**, orvieto, pinot blanc (AL)

Ce vin simple, légèrement végétal, avec une bonne acidité, saura appuyer le caractère salé du jambon et ne sera pas dénaturé par la saveur un peu amère de l'endive.

ENDIVES AU MADÈRE

 Délicat et léger

Blanc léger : vin du Québec, orvieto, **penedès**

Ce vin savoureux accompagnera agréablement la sauce de ce plat et son fruité saura équilibrer l'amertume de l'endive.

ENDIVES AUX NOIX DE GRENOBLE ET CHÈVRE CHAUD

 Aromatique et rond

Blanc mi-corsé : pinot gris (FR), vouvray, **côtes-du-jura**

Vin aux arômes d'amande et de vanille, le vin du Jura viendra rehausser la saveur des noix et son acidité se fondra au fromage de chèvre pour une meilleure harmonie.

ENDIVES GRATINÉES À L'ITALIENNE

 Délicat et léger

Blanc léger : **orvieto**, colombard, sylvaner (ALL)

Fruité et rafraîchissant, ce vin italien est tout indiqué pour accompagner le côté salin du gratin.

ENDIVES SAUTÉES AU MIEL

 Délicat et léger

Blanc léger : muscadet, pinot blanc (CAL), **chenin blanc (AU)**

Avec son côté fruité dominant qui se marie au goût légèrement amer de l'endive, ce vin aux notes typiques de fleurs mellifères saura agrémenter ce plat sauté.

ENTRECÔTE À LA BORDELAISE

 Aromatique et souple

Rouge mi-corsé : **canon-fronsac**, cabernet-sauvignon (CH), (AR)

Ce vin de Bordeaux, aux arômes de fruits noirs, de chocolat et d'épices, est assez charpenté sans être trop tannique. Le complément idéal pour escorter cette recette classique.

ENTRECÔTE BORDELAISE

 Aromatique et souple

Rouge mi-corsé : côtes-du-roussillon-villages, **canon-fronsac**

Vin bien structuré, aux notes de cuir, d'épices et de fruits noirs, le canon-fronsac s'accorde parfaitement avec cette recette classique.

ÉPAULE D'AGNEAU AU CARI

 Fruité et généreux

Rouge mi-corsé : chinon, costières-de-nîmes, **saint-chinian**

Ce vin du Languedoc-Roussillon, ample et fruité, saura tenir tête au cari tout en s'agençant parfaitement au caractère plus animal de la viande d'agneau.

ÉPAULE D'AGNEAU AUX CHAMPIGNONS ET AUX OLIVES

 Aromatique et souple

Rouge mi-corsé : cabernet-sauvignon (CAL), **médoc**, rioja

L'intensité du médoc et ses notes boisées rehaussent à merveille les champignons et les olives qui accompagnent ce plat d'agneau.

ÉPAULE D'AGNEAU, SAUCE À LA CORIANDRE ET AU CITRON

Aromatique et souple

Rouge mi-corsé : côtes-du-rhône-villages, cahors, **syrah (CAL)**

La structure de cette syrah, toute en souplesse mais assez relevée, rehausse la viande d'agneau et ses notes épicées accompagnent bien la coriandre.

ÉPAULE DE VEAU ROULÉE AUX CERISES

Fruité et généreux

Rouge mi-corsé : beaujolais-villages, anjou-villages, **pinot noir (FR)**

Pour rehausser la saveur de ce plat de veau, un pinot noir délicatement boisé, aux notes de petits fruits rouges et aux effluves de vanille, est tout indiqué et fera le pont avec les cerises de la préparation.

ÉPERLANS AU GRATIN

Fruité et vif

Blanc mi-corsé : pinot gris (FR), **saumur**, chardonnay (CH)

Ce vin sec, moyennement corsé et fruité, aux notes aromatiques de fruits blancs avec une touche minérale, s'agencera bien avec les saveurs salines du gratin tout en laissant le poisson s'exprimer.

ÉPERLANS FRITS

Délicat et léger

Blanc léger : **entre-deux-mers**, sauvignon blanc, muscadet

Le goût fin de l'éperlan sera rehaussé par ce vin à l'acidité rafraîchissante et aux arômes de bourgeons de cassis et de fruits blancs.

ESCALIVADE

Fruité et léger

Rouge léger : valpolicella, **saumur**, bardolino

Élaboré majoritairement à partir de cabernet franc, ce vin souple, frais, pourvu d'arômes de fruits rouges et parfois de poivron, saura s'agencer à merveille avec les arômes des fruits qui composent ce plat catalan.

ESCALOPES DE DINDE AU FROMAGE BLEU

Aromatique et rond

Blanc corsé : chardonnay (AU) (CAL), **meursault**

Avec la richesse de ses saveurs, ce vin à la texture grasse et caressante s'harmonisera parfaitement au goût du bleu de cette recette.

ESCALOPES DE DINDE AU YOGOURT

Aromatique et rond

Blanc mi-corsé : **chardonnay (CAN)**, rioja, viognier

Le chardonnay canadien, avec sa texture grasse et ses notes légèrement boisées, est tout indiqué pour rehausser les saveurs subtiles de ce plat tout en se fondant à la sauce au yogourt.

ESCALOPES DE DINDE AUX POIVRONS

Fruité et léger

🍾 Rouge léger : beaujolais, côtes-du-ventoux, **valpolicella**

👄 Avec ses tannins discrets, son fruité agréable et sa note parfois un peu végétale, ce vin italien viendra agrémenter le goût des poivrons de cette volaille.

ESCALOPES DE DINDE AUX POMMES

Fruité et vif

🍾 Blanc mi-corsé : bourgogne, **pinot grigio (IT)**, pinot gris (AL)

👄 Ce vin aux saveurs suaves et à l'acidité rafraîchissante s'accordera agréablement avec cette volaille aux pommes.

ESCALOPES DE DINDE AVEC CÂPRES ET CITRON

Délicat et léger

🍾 Blanc léger : sauvignon vin de pays d'oc, bourgogne-aligoté, **muscadet**

👄 Le côté frais et fruité du muscadet saura se marier aux notes de citron et à la légère amertume des câpres, tout en limitant le choc avec leur caractère vinaigré.

ESCALOPES DE DINDE FLORENTINE

Fruité et vif

🍾 Blanc mi-corsé : pouilly-fumé, chardonnay (AU), **fumé blanc (CH)**

👄 Le fumé blanc du Chili, dont l'intensité aromatique et la vivacité s'accorderont aux saveurs de ce plat, possède un caractère subtilement végétal qui viendra rehausser le goût des épinards.

ESCALOPES DE DINDE, SAUCE À LA CRÈME ET AUX ÉPINARDS

Aromatique et rond

🍾 Blanc mi-corsé : chardonnay/sauvignon, vin de pays de gascogne, **chardonnay vin de pays d'oc**, chardonnay (IT)

👄 Ce vin à la bouche généreuse et aromatique, aux arômes de fruits blancs, de pêches, de pommes et de noisettes, est tout indiqué pour accompagner la sauce de ce plat de volaille.

ESCALOPES DE DINDE SAUCE TOMATE

Fruité et léger

🍾 Rouge léger : côtes-du-lubéron, valpolicella, **merlot (HO)**

👄 Simple, frais, de structure légère et très fruité, ce vin agrémentera le goût de la volaille ainsi que celui de la tomate.

ESCALOPES DE POULET AU CARI ET NOIX DE COCO

 Fruité et vif

🍾 Blanc mi-corsé : gewurztraminer (FR), **pinot grigio (IT)**, vin blanc de Grèce

🍷 Ce vin italien au parfum exotique et aux notes épicées est tout indiqué pour accompagner les saveurs asiatiques et parfumées de ce plat de poulet.

ESCALOPES DE POULET AUX NOISETTES

 Aromatique et rond

🍾 Blanc mi-corsé : **arbois**, chardonnay (FR) (CAL)

🍷 Raffiné et pourvu d'une texture généreuse aux arômes subtilement boisés, et de bonne persistance, ce vin du Jura se mariera savoureusement au goût des noisettes qui accompagnent ces escalopes de poulet.

ESCALOPES DE POULET FARCIES AUX HERBES

 Fruité et vif

🍾 Blanc léger : **sauvignon blanc (CH)** (AR) (FR)

🍷 Ce plat de poulet farci aux herbes requiert un vin vif et désaltérant, légèrement végétal avec des notes d'agrumes, comme le sauvignon blanc du Chili.

ESCALOPES DE POULET, SAUCE AU XÉRÈS ET À LA MOUTARDE DE DIJON

 Aromatique et rond

🍾 Blanc corsé : **chardonnay d'Arbois**, pinot gris (AL), xérès fino

🍷 Ce vin relevé, généreux et vif, pourvu d'une finale intense et persistante, s'harmonisera à merveille avec les saveurs sucrées et épicées de ce plat de poulet.

ESCALOPES DE POULET, SAUCE CRÉMEUSE AUX TOMATES SÉCHÉES

 Fruité et généreux

🍾 Rouge mi-corsé : la mancha, **jumilla**, merlot (ÉU) (AU)

🍷 Ce vin généreux de la région de Jumilla, en Espagne, aux tannins veloutés, frais et simplement fruité est tout indiqué pour accompagner les saveurs ensoleillées de ce plat de poulet.

ESCALOPES DE VEAU AU POIVRE ROSE

Fruité et vif

🍾 Blanc mi-corsé : **soave-classico**, pouilly-loché, roussette-de-savoie

🍷 Ce vin fin avec de la souplesse, de la vivacité et des saveurs simples, mais assez persistantes, s'harmonisera à merveille avec ce plat de veau et sa touche poivrée.

ESCALOPES DE VEAU AUX CHAMPIGNONS

 Aromatique et souple

🍷 Rouge mi-corsé : syrah (FR), malbec (AR), **merlot (CAL)**

🥂 Pour accompagner délicieusement cette recette de veau, choisissez un vin à la bouche fruitée comme ce merlot californien. Aussi, sa touche boisée se mariera parfaitement au goût des champignons.

ESCALOPES DE VEAU AUX CHÂTAIGNES ET CHANTERELLES

 Aromatique et souple

🍷 Rouge mi-corsé : cabernet franc (CAL), cahors, **tempranillo (ES)**

🥂 Ce vin espagnol aux arômes légèrement boisés accompagnera fort bien ce plat de veau aux saveurs de sous-bois.

ESCALOPES DE VEAU AVEC CITRON ET ARTICHAUTS

 Délicat et léger

🍷 Blanc léger : chenin blanc (FR) (AS), **riesling (AL)**

🥂 Afin de créer un mariage réussi en lien avec le citron et les artichauts, ce vin friand, vif et assez simple, aux saveurs insistantes d'agrumes et de fleurs, est tout indiqué pour accompagner ce plat de veau.

ESCALOPES DE VEAU CORDON-BLEU

 Fruité et généreux

🍷 Rouge mi-corsé : givry, mercurey, **saumur-champigny**

🥂 Pour escorter les saveurs salines du jambon et du fromage de ce plat classique, ce vin savoureux mi-corsé pourvu d'une grande fraîcheur, ample et doté de notes de fruits rouges, est tout indiqué.

ESCALOPES DE VEAU PANÉES OU SAUTÉES AU CITRON

 Délicat et léger

🍷 Blanc léger : sylvaner (AL), **vinho verde**, muscadet

🥂 Ce vin simple, acidulé et léger de corps, aux caractères rappelant les agrumes, est tout indiqué pour accompagner ce plat citronné aux saveurs délicates.

ESCALOPES DE VEAU, SAUCE À LA CRÈME

Aromatique et rond

🍷 Blanc mi-corsé : soave-classico, **mâcon-villages**, vin de pays d'oc

🥂 Ce vin délicat, assez parfumé et doté d'arômes floraux et fruités, saura s'agencer à la texture crémeuse de la préparation grâce à sa rondeur.

ESCALOPES DE VEAU, SAUCE AU CITRON ET AUX CÂPRES

 Fruité et vif

Blanc mi-corsé : bergerac sec, pessac-léognan, **fumé blanc (CAL)**

Avec sa fraîcheur, sa texture généreuse et ses arômes d'agrumes, ce fumé blanc américain est tout indiqué pour rehausser les saveurs de ce plat de veau. Son fruité généreux s'accommodera à la saveur des câpres.

ESCALOPES DE VEAU, SAUCE AU GORGONZOLA

 Fruité et généreux

Rouge mi-corsé : **teroldego du Trentin-Haut-Adige**, côtes-du-frontennais, barbera d'Asti

Ce vin aux éclatantes saveurs de fruits rouges et aux tannins mûrs et enveloppés accompagnera parfaitement ce veau au goût relevé par le gorgonzola.

ESCALOPES DE VEAU, SAUCE CRÉMEUSE AUX CHANTERELLES

 Aromatique et rond

Blanc mi-corsé : **pouilly-fuissé**, chardonnay du Trentin-Haut-Adige, chardonnay (AU) (CA)

Ce vin à la texture souple, à l'acidité équilibrée et aux arômes légèrement boisés conviendra parfaitement à la texture et aux saveurs de sous-bois de ce plat de veau.

ESCALOPES DE VEAU, SAUCE TOMATE

 Fruité et léger

Rouge léger : barbera-d'asti, **valpolicella**, pinot noir

Vin gouleyant, mais avec du caractère, frais et dominé par les arômes de fruits rouges et d'épices, le valpolicella est idéal pour accompagner ce plat de veau aux tomates.

ESCARGOTS AU GRATIN

 Aromatique et rond

Blanc mi-corsé : **mâcon-villages**, chardonnay (FR) (IT)

Ce plat fromagé à la texture onctueuse requiert un vin à la structure ample, presque grasse, et aux notes dominantes de fruits pour s'accommoder au côté salin du gratin.

ESCARGOTS, BOUCHÉES AUX

Fruité et vif

Blanc léger : crémant-d'alsace, chenin blanc (FR), **cava**

Ce vin mousseux à la fraîcheur éblouissante et à la grande souplesse agrémentera parfaitement le goût délicat des escargots sans les dominer.

ESCARGOTS BOURGUIGNONNE

Fruité et vif

Blanc mi-corsé : **chablis**, chardonnay (FR) (CH)

Ce chablis riche, aux notes de silex, de noix et de pomme mûre, accompagnera délicieusement bien ce plat classique d'escargots.

ESCARGOTS, LASAGNE D', AU PERSIL

Fruité et vif

Blanc mi-corsé : bourgogne, **fumé blanc (CAL)**, chardonnay (IT)

Rafraîchissant et pourvu de notes d'agrumes avec une touche légèrement herbacée, le fumé blanc de Californie saura rehausser les saveurs typiques de ce plat tout en s'agençant au goût du persil.

ESPADON AU CARI ROUGE

Fruité et généreux

Rosé mi-corsé : tavel, cabernet-sauvignon (CH), **costières-de-nîmes**

Fruité et savoureux, ce vin aux notes épicées s'harmonisera agréablement au goût du cari tout en laissant l'espadon s'exprimer.

ESPADON, BROCHETTES D', ET DE CONCOMBRES

Fruité et vif

Blanc mi-corsé : **sauvignon blanc (FR)** (NZ) (CA)

Pour accompagner la chair de l'espadon et la touche végétale que légueront les concombres, ce vin fruité, légèrement herbacé, est tout indiqué.

ESPADON GRILLÉ

Fruité et vif

Blanc mi-corsé : **graves**, gavi, rueda

Ce vin à la texture ample enveloppera celle de l'espadon et ses notes délicatement boisées rehausseront le goût légué par le mode de cuisson.

ESPADON GRILLÉ AVEC RELISH D'OLIVES VERTES

Aromatique et rond

Blanc corsé : hermitage, **châteauneuf-du-pape**, chablis premier cru

Ce grand vin à la structure substantielle et aux saveurs persistantes est tout indiqué pour accompagner les saveurs intenses que confère la relish aux olives.

ESPADON GRILLÉ, SAUCE AU BEURRE BRUN ET AU VINAIGRE BALSAMIQUE

Fruité et léger

Rouge léger : **pinot noir (FR)**, beaujolais, bardolino

Ce plat de poisson s'harmonisera avec ce vin frais et doté de tannins discrets, aux arômes fruités et subtilement épicés.

ESPADON LAQUÉ À LA LIME ET AU GINGEMBRE

 Fruité et vif

 Blanc mi-corsé : **gewurztraminer (FR)**, sauvignon blanc (CAL), pinot gris (AL)

Pour accompagner les saveurs de la lime et du gingembre, choisissez un vin à la texture ample et aux saveurs intenses de fruits frais et d'épices, comme ce gewurztraminer. Ce cépage alsacien réussit particulièrement bien avec le gingembre.

ESTOUFFADE DE PERDRIX AUX LENTILLES

 Fruité et généreux

 Rouge mi-corsé : **corbières**, buzet, merlot (CAL)

Avec ses parfums de fruits bien mûrs, ses notes d'épices et sa texture toute en souplesse, le vin des Corbières se mariera parfaitement au côté salin du bouillon de volaille tout en laissant les saveurs de la perdrix s'exprimer.

FAISAN AU CHOU ET AUX CAROTTES

 Délicat et léger

 Blanc léger : **pinot blanc (AL)**, trebbiano, sauvignon (CH)

Grâce à sa texture souple et à ses arômes de fruits blancs et d'amande, le pinot blanc s'agencera à merveille à ce plat de volaille mais aussi au caractère végétal des aliments qui l'accompagnent.

FAISAN AU PORTO ET AUX CHANTERELLES

 Aromatique et souple

Rouge mi-corsé : **douro**, rioja, pomerol

Ce vin savoureux aux tannins enrobés, doté d'un boisé bien intégré, est tout indiqué pour rehausser les saveurs de sous-bois que confèrent les chanterelles et le fruité intense que lègue le porto.

FAISAN AUX POMMES

 Fruité et généreux

Rouge mi-corsé : chinon, **vacqueyras**, côte-de-beaune

Cette viande sauvage et savoureuse, personnalisée par les saveurs fines et acidulées des pommes, requiert un vin racé, comme le vacqueyras, tout en finesse, aux arômes de fruits rouges et d'épices.

FAISAN AUX RAISINS

 Fruité et doux

  Blanc mi-corsé : **vouvray demi-sec**, pinot gris (AL), vin de pays des côtes de Gascogne

Ce vin souple aux arômes de fruits mûrs, muni d'une trace de sucre résiduel, sera idéal pour accompagner le goût fruité et sucré de ce plat de gibier.

FAISAN EN COCOTTE AUX CHAMPIGNONS

 Aromatique et souple

 Rouge mi-corsé : **rioja**, côtes-du-rhône-villages, merlot (CAL)

Ce vin espagnol aux tannins charnus et à la texture tendre s'harmonisera agréablement avec ce faisan aux champignons grâce à ses notes boisées.

FAISAN EN COCOTTE AUX POIRES

 Aromatique et rond

Blanc mi-corsé : chardonnay (CAL), **meursault**, rioja

Pour accompagner ce gibier aux fruits, choisissez un vin aux notes de fruits blancs, au boisé bien intégré, savoureux et pourvu d'une texture enveloppante, comme le meursault.

FAISAN FARCI AUX MARRONS

 Fruité et généreux

Rouge mi-corsé : **buzet**, corbières, merlot (CAL)

Ce vin tout en fruits et en rondeur saura mettre en valeur l'ensemble des saveurs du plat tout en laissant la viande du faisan s'exprimer.

FAISAN FARCI AUX POIRES ET AUX NOISETTES

 Aromatique et rond

 Blanc corsé : **pessac-léognan**, chardonnay (CAL), savennières

Pour accompagner les saveurs fruitées de ce plat, un vin comme le pessac-léognan, fruité et ample, est tout indiqué. Aussi, sa touche délicatement boisée fera un mariage exquis avec les noisettes.

FAISAN FARCI AUX TRUFFES

 Aromatique et rond

Blanc mi-corsé : meursault, **chardonnay (IT)**, vougeot (FR)

Le chardonnay italien, complexe, possède une palette aromatique qui révèle des notes boisées et grillées, et est un vin idéal pour accompagner ce gibier aux truffes.

FAISAN, FILETS DE, SAUCE AUX POIRES

 Fruité et vif

Blanc mi-corsé : pinot gris (AL), **catarratto/chardonnay**, pinot blanc (CAL)

Populaire dans le sud de l'Italie, le mélange de ces deux cépages produit un vin blanc aux arômes de fruits blancs, dont la poire, ce qui convient parfaitement pour agrémenter ce plat.

FAUX-FILET, BIFTECK DE, AVEC CHAMPIGNONS, BRANDY ET BLEU

 Aromatique et charnu

 Rouge corsé : **cabernet-sauvignon (AU)** (CAL), haut-médoc

 Les saveurs intenses de ce plat se marieront bien à ce vin jeune et puissant aux notes fruitées et boisées comme le sont les cabernet-sauvignon de l'Australie.

FAUX-FILET EN CROÛTE AUX CHANTERELLES

 Aromatique et charnu

 Rouge corsé : rioja, cabernet-sauvignon (CH), **saint-émilion-grand-cru**

 Vin chaleureux, fruité et boisé, au parfum de truffe, le saint-émilion-grand-cru est tout indiqué pour accompagner les saveurs des chanterelles et l'intensité générale de ce plat savoureux.

FÉROCE DE MORUE À L'AVOCAT

 Fruité et vif

 Blanc mi-corsé : **sauvignon blanc (NZ)** (CAL), chablis

 Grâce à ses parfums pénétrants de fruits exotiques et de lime et à sa touche herbacée, le sauvignon blanc de la Nouvelle-Zélande saura épouser les arômes de l'avocat tout en se fondant à la saveur iodée de la morue.

FETTUCCINIS AU PISTOU ET AUX HARICOTS VERTS

 Fruité et vif

 Blanc mi-corsé : sauvignon blanc (CAL), **soave-classico**, graves

 Ce vin italien, ample en bouche avec une touche végétale, saura s'harmoniser avec les saveurs herbacées de ce plat de pâtes.

FETTUCCINIS AVEC PANCETTA, ÉPINARDS ET NOIX DE PIN

 Fruité et vif

 Blanc mi-corsé : **pinot grigio**, rueda, côtes-du-rhône

 Fruité et aromatique, ce vin italien savoureux et peu acide agrémentera le goût des épinards et des noix de pin. Le côté salin de la pancetta s'en trouvera également bien enrobé.

FETTUCCINIS CARBONARA AU FOUR

Aromatique et rond

Blanc mi-corsé : orvieto classico, **chardonnay (CH)** (AR)

Le chardonnay chilien, fruité et savoureux, saura équilibrer les saveurs intenses de ce plat de pâtes. Également, sa texture grasse accompagnera merveilleusement celle que la crème lègue au plat.

FETTUCCINIS, SAUCE À LA CRÈME, AVEC PROSCIUTTO, ASPERGES ET CHAMPIGNONS

 Aromatique et rond

🍷 Blanc mi-corsé : **chardonnay (AU)**, coteaux-du-languedoc, pessac-léognan

🍽 Muni d'une certaine vivacité et surtout de saveurs intenses avec une texture toute en rondeur, ce vin australien est tout indiqué. Grâce à son fruité imposant et à sa touche boisée, tant le côté salin du prosciutto, la touche végétale des asperges et les notes de sous-bois des champignons seront en harmonie.

FETTUCCINIS, SAUCE À LA CRÈME DE TOMATES ET AUX SAUCISSES

 Fruité et léger

🍷 Rouge léger : valpolicella, **montepulciano-d'abruzzo**, gamay

🍽 Ce vin italien aux tannins soyeux, ample et doté d'un fruité intense, s'harmonisera parfaitement à la sauce relevée de ce plat de pâtes.

FETTUCCINIS, SAUCE ALFREDO

 Aromatique et rond

🍷 Blanc mi-corsé : soave-classico, **chardonnay (IT)**, mâcon-villages

🍽 Avec sa générosité, sa souplesse et ses notes délicatement boisées, le chardonnay italien accompagnera agréablement la texture et la saveur de la sauce au fromage.

FEUILLES DE VIGNE FARCIES AU RIZ AVEC COULIS DE POULET ET DE CITRON

Délicat et léger

🍷 Blanc léger : **bourgogne-aligoté**, orvieto, sauvignon (CH)

🍽 Fruité et rafraîchissant, avec des notes d'agrumes, ce bourgogne rehaussera le goût de ce plat savoureux en se mariant parfaitement à la note citronnée du coulis.

FEUILLETÉ AU FROMAGE

Fruité et vif

🍷 Blanc mi-corsé : pinot gris (FR), **chardonnay (FR)**, premières-côtes-de-blaye

🍽 Choisissez un chardonnay blanc non boisé au fruité généreux pour s'harmoniser à la finesse et à la délicatesse du feuilleté.

FEUILLETÉ AU TOFU, LÉGUMES GRILLÉS ET TOMATES SÉCHÉES AVEC COULIS DE POIVRONS ROUGES

 Fruité et léger

🍷 Rouge léger : pinot noir (FR), sancerre, **valpolicella**

🍽 Ce vin fruité aux arômes de fruits rouges et de cerise, aux tannins assouplis, accompagnera tout en douceur ce plat de légumes savoureux. Une belle harmonie de complémentarité avec les tomates séchées en ressortira.

FEUILLETÉ AUX ASPERGES

Fruité et vif

🍾 Blanc mi-corsé : **pinot blanc (AL)**, sauvignon (NZ), soave-classico

👄 Vin fruité et rafraîchissant, avec de légères notes végétales, ce pinot blanc alsacien accompagnera parfaitement le goût délicat de ce feuilleté, tout en s'accommodant à la nature difficile à marier des asperges.

FEUILLETÉ AUX CHAMPIGNONS

Aromatique et rond

🍾 Blanc mi-corsé : **chardonnay (CAL)** (CH) Jura

👄 Pour accompagner la texture du feuilleté tout en se mariant aux notes de sous-bois léguées par les champignons, un chardonnay californien avec une touche boisée et une texture assez ample est tout indiqué.

FEUILLETÉ AUX FRUITS DE MER

Fruité et vif

🍾 Blanc mi-corsé : chablis, chardonnay (CH), **riesling**

👄 Pour un mariage réussi, choisissez la fraîcheur du riesling, avec ses notes florales et ses notes d'agrumes et de poire. De plus, son côté minéral fera le pont avec le côté iodé des fruits de mer.

FEUILLETÉ AUX NOISETTES ET AU CHOCOLAT

Fruité et extra doux

🍾 Vin doux : tawny porto, maury, **banyuls**

👄 Ce vin français doux, à la bouche imposante et aux arômes de fruits secs, rehaussera le goût exquis des noisettes et du chocolat.

FEUILLETÉ AUX PATATES DOUCES ET AU CARI

Fruité et vif

🍾 Blanc mi-corsé : **chenin blanc (AS)**, penedès, saumur

👄 Ce vin sud-africain fruité, à la texture presque grasse et à la bouche savoureuse, s'harmonisera parfaitement au goût des patates douces tout en amenuisant l'effet piquant du cari.

FEUILLETÉ AUX POIRES, AUX POIREAUX ET AU GRUYÈRE

Délicat et léger

🍾 Blanc léger : pomino, **gros manseng (FR)** (AS)

👄 Doté d'une fraîcheur soutenue, ce vin à la texture ample et aux arômes de fruits blancs et de miel accompagnera parfaitement les saveurs des poireaux tout en se fondant avec le côté salin du fromage.

FEUILLETÉ AUX TROIS FROMAGES

Délicat et léger

Blanc léger : graves, **pinot blanc (AL)**, chardonnay (AR)

La légèreté, la fraîcheur et la délicatesse des arômes et des saveurs de ce vin à la texture souple en font le choix idéal pour accompagner ce plat. Son fruité se fondra avec le côté salin des fromages.

FEUILLETÉ D'ÉPINARDS ET DE RICOTTA

Délicat et léger

Blanc léger : **pinot blanc (AL)**, rueda, orvieto

Savoureux, rafraîchissant et légèrement herbacé, ce vin d'Alsace est tout indiqué pour accompagner le côté végétal des épinards tout en évitant d'écraser la délicatesse de la ricotta.

FEUILLETÉ DE CREVETTES ET DE PÉTONCLES

Fruité et vif

Blanc mi-corsé : sancerre, **menetou-salon**, soave-classico

Grâce à sa note minérale, ce vin savoureux aux arômes de fruits exotiques, tout en finesse et en fraîcheur, accompagnera parfaitement le côté iodé de ces fruits de mer en feuilleté.

FEUILLETÉ DE PÉTONCLES AUX TOPINAMBOURS

Aromatique et rond

Blanc corsé : **chablis premier cru**, chardonnay (CAL) (CH)

Un vin fin au boisé noble et à la minéralité vivifiante, comme ce chablis, saura rehausser le goût délicat des pétoncles et des topinambours.

FEUILLETÉ DE SAUMON ET DE RIZ, SAUCE À L'ANETH

Fruité et vif

Blanc mi-corsé : graves, sauvignon blanc (CAL), **crémant-de-bourgogne**

Pour accompagner ce plat de saumon aux saveurs herbacées, un vin effervescent très aromatique et assez intense, comme ce crémant-de-bourgogne, saura rafraîchir la bouche tout en mettant le saumon en valeur.

FIADONE

Fruité et extra doux

Blanc doux : muscat-de-rivesaltes, **riesling en vendanges tardives**, coteaux-du-layon

Avec son sucre résiduel décent et ses arômes d'agrumes, de miel et de fruits confits, le riesling issu de vendanges tardives se mariera parfaitement à ce fin dessert corse aux notes citronnées.

146

FIGUES AUX SARDINES FRAÎCHES
SUR LA BRAISE

 Fruité et extra doux

 Blanc doux : vendanges tardives (AL), **côteaux-du-layon**, jurançon

 Pourvu d'intenses arômes de fruits blancs confits, de miel et de fleurs, ce vin sucré du sud-ouest de la France accompagnera admirablement le contraste des saveurs entre la figue et la sardine.

FILET DE BŒUF ARLÉSIENNE

 Aromatique et souple

 Rouge mi-corsé : **chianti-classico**, barbera d'Asti, bordeaux supérieur

 Pour accompagner les saveurs des tomates qui entrent dans l'élaboration de cette recette, tout en soutenant celles de la viande de bœuf, ce vin toscan conviendra parfaitement grâce à stature, ses arômes de fruits rouges et son acidité marquée.

FILET DE BŒUF, SAUCE AU FROMAGE BLEU

 Aromatique et souple

 Rouge mi-corsé : chinon, malbec (AR), **saint-émilion**

 Ce vin classique du Bordelais aux tannins étoffés et aux arômes
de sous-bois et d'épices est idéal pour accompagner les saveurs particulières du fromage bleu.

FILET DE BŒUF, SAUCE AU POIVRE

Aromatique et charnu

Rouge corsé : **gigondas**, ribera-del-duero, shiraz (AU)

Un vin du sud des Côtes-du-Rhône aux arômes épicés et fruités accompagne toujours bien une viande rouge assaisonnée de poivre.

FILET DE BŒUF, SAUCE AUX CANNEBERGES,
PORTO ET GORGONZOLA

Aromatique et souple

Rouge mi-corsé : **merlot (AU)** (CAL), saint-émilion

 Ce vin jeune et assez puissant aux notes de fruits et de sous-bois siéra à merveille aux saveurs intenses que confèrent à cette sauce le porto et le gorgonzola.

FILET DE BŒUF, SAUCE AUX TRUFFES

Aromatique et charnu

 Rouge corsé : **pomerol**, rioja, cabernet-sauvignon (IT)

Comme on lui associe souvent des arômes de sous-bois, ce vin intense et de bonne stature saura accompagner la saveur des champignons et sa structure équilibrée rehaussera le goût du bœuf.

FILET DE PORC À LA CORIANDRE, SAUCE AUX CAROTTES ET AU GINGEMBRE

 Fruité et léger

🍷 Rouge léger : fleurie, **gamay de Touraine**, beaujolais

👄 Délicat, frais, fruité et légèrement végétal, le gamay de Touraine est idéal pour accompagner des mets aux saveurs relevées comme ce plat de filet de porc.

FILET DE PORC AU POIVRE, SAUCE AUX CERISES

 Fruité et généreux

🍷 Rouge mi-corsé : **pinot noir (NZ)** (ÉU), volnay

👄 Grâce à ses arômes complémentaires de cerise bien caractéristique, le pinot noir néo-zélandais, également doté de tannins souples et d'une belle présence aromatique, est tout indiqué pour accompagner les saveurs fruitées de ce plat, tout en laissant le filet de porc s'exprimer.

FILET DE PORC AUX CHAMPIGNONS

 Aromatique et souple

🍷 Rouge mi-corsé : saint-émilion, tempranillo, **merlot (CAL)**

👄 Un vin rouge de merlot à la fois généreux et souple aux parfums de fruits rouges et de sous-bois s'accordera parfaitement avec le goût des champignons tout en évitant d'écraser les saveurs du porc.

FILET DE PORC AUX PATATES DOUCES

 Fruité et léger

🍷 Rosé léger : côtes-de-provence, rosé (AU) **(ÉU)**

👄 Simple et fruité avec une légère pointe de sucre, mais demeurant frais, le rosé américain est le vin idéal pour accompagner les saveurs des patates douces de ce plat de filet de porc.

FILET DE PORC AUX PRUNEAUX

 Aromatique et souple

🍷 Rouge mi-corsé : merlot (CAL), bordeaux supérieur, **saint-chinian**

👄 Avec son nez de fruits noirs bien mûrs, d'épices et ses tannins charnus, le saint-chinian créera un bel équilibre avec la saveur des pruneaux de ce plat de porc.

FILET DE PORC AVEC CHUTNEY DE RHUBARBE ÉPICÉE

 Fruité et doux

🍷 Blanc mi-corsé : **riesling (ALL)**, chenin blanc (AS), vouvray demi-sec

👄 Ce vin frais et intensément fruité, aux arômes d'agrumes et pourvu d'une pointe de sucre, sera l'idéal en accompagnement de ce plat. Il se fondra avec les saveurs fruitées et épicées de la recette pour créer une harmonie parfaite.

FILET DE PORC AVEC OIGNONS SAUTÉS
ET CRÈME DE FENOUIL

 Aromatique et rond

 Blanc corsé : fumé blanc (ÉU), **pessac-léognan**, minervois

 Ce vin sec, assez généreux, ample et rafraîchissant avec une touche boisée, sera le complément idéal de ce plat de porc aux saveurs herbacées. Sa texture presque grasse ne fera qu'un avec la crème de fenouil.

FILET DE PORC FARCI AUX ABRICOTS
ET ENVELOPPÉ DE PROSCIUTTO

 Fruité et vif

Blanc mi-corsé : viognier (FR), sémillon/chardonnay (AU), **gros manseng**

Ce vin intensément savoureux et ample, aux arômes de fruits tropicaux et doté d'une grande fraîcheur, s'harmonisera parfaitement avec les saveurs fruitées de ce plat de porc. Le côté salin du prosciutto y trouvera également son compte.

FILET DE PORC FARCI AUX MARRONS

 Fruité et généreux

Rouge mi-corsé : **côtes-du-ventoux**, sancerre, salento

Ce vin suffisamment fruité, aux tannins assouplis et moyennement persistants en finale, accompagnera très bien les saveurs et la texture de cette farce aux marrons.

FILET DE PORC RÔTI AVEC BASILIC
ET NOISETTES DE LÉGUMES

 Fruité et léger

 Rouge léger : **coteaux-du-tricastin**, bourgogne-passetoutgrain, merlot (IT)

Avec son caractère subtilement herbacé et ses tannins soyeux, ce vin de la vallée du Rhône s'accordera à merveille avec les saveurs végétales de ce plat de porc.

FILET DE PORC, SAUCE AU MIEL
ET GINGEMBRE

 Fruité et vif

Blanc mi-corsé : **pinot gris (AL)**, riesling auslese, malvoisie (CAL)

Grâce à ses arômes qui rappellent parfois le miel, ce vin à la texture grasse, aromatique et exotique à la fois, est tout indiqué pour accompagner les saveurs sucrées de ce plat de porc.

FILET DE PORC, SAUCE AUX CERISES,
PORTO ET CARVI

 Fruité et généreux

Rouge mi-corsé : **douro**, pinot noir (OR), barbera-d'alba

Ce vin portugais intensément savoureux, avec des tannins enveloppés et une texture tendre, accompagnera fort bien la sauce relevée de ce plat de porc.

FILET DE PORC, SAUCE AUX TOMATES ET AUX POIVRONS

 Fruité et léger

Rouge léger : **côtes-du-roussillon-villages**, valpolicella-classico, corbières

Très fruité, frais sans être trop acide, aux tannins charnus et à la saveur subtilement épicée, ce vin s'harmonisera parfaitement aux saveurs fruitées de la sauce.

FILET DE PORC, TANDOORI

 Fruité et vif

Blanc mi-corsé : sémillon/sauvignon (AU), gros manseng, **pinot gris (ALL)**

Ce vin très désaltérant, simple et aromatique est tout indiqué pour accompagner les saveurs de la préparation tandoori.

FILET DE VEAU GRILLÉ, SAUCE AUX FRAMBOISES

 Fruité et léger

Rouge léger : côtes-du-rhône, pinot noir (NZ), **juliénas**

Ce vin rouge aux saveurs intenses de fruits frais et à la structure souple rehaussera le goût fruité de la sauce de ce plat de veau.

FILET MIGNON BRAISÉ, SAUCE AU CABERNET

 Aromatique et charnu

Rouge corsé : **haut-médoc**, cabernet-sauvignon (CH) (CAL)

Fait majoritairement de cabernet-sauvignon, ce vin assez puissant, doté de tannins étoffés et de saveurs persistantes, est le complément idéal de ce plat de viande braisée.

FILET MIGNON LAQUÉ AU PORTO

 Aromatique et charnu

Rouge corsé : **douro**, malbec (AR), tannat (UR)

Un vin charpenté aux arômes et aux saveurs intenses, comme ce vin portugais, est tout indiqué pour accompagner ce filet mignon. Ses arômes de fruits noirs bien mûrs feront le pont avec la laque.

FILETS D'AGNEAU ÉPICÉS SUR LIT DE COUSCOUS AUX OIGNONS

 Fruité et généreux

Rouge mi-corsé : chinon, sangiovese, **corbières**

Ce vin fruité et épicé, parfait pour accompagner les aromates de cette recette, offre une stature assez imposante pour escorter la viande d'agneau.

FILETS DE BŒUF AUX FINES HERBES, AVEC RELISH AUX POIVRONS ROUGES ET JAUNES

Aromatique et souple

Rouge mi-corsé : graves, chinon, **montagne-saint-émilion**

Ce vin relevé, dominé par les fruits, mais avec une légère note végétale, s'harmonisera bien aux herbes et aux poivrons et rehaussera le goût du bœuf.

FILETS DE BŒUF AVEC ÉCHALOTES RÔTIES, BACON ET SAUCE AU PORTO

Aromatique et charnu

Rouge corsé : cahors, **douro**, barolo

Pour accompagner le goût prédominant de cette sauce intense, le douro, un vin puissant aux arômes de fruits noirs bien mûrs et aux tannins juvéniles, est tout indiqué.

FILETS DE BŒUF ÉPICÉS AVEC SAUCE À LA MANGUE

 Fruité et généreux

Rouge mi-corsé : **corbières**, buzet, côtes-du-rhône-villages

Ce vin à la structure équilibrée et aux arômes de fruits et d'épices se mariera à merveille avec la sauce et les assaisonnements de ce plat.

FILETS DE BŒUF FARCIS AUX MORILLES

Aromatique et souple

Rouge mi-corsé : **lalande-de-pomerol**, saint-émilion, merlot (CAL)

Ce plat aux saveurs boisées se dégustera avec un vin légèrement fruité aux notes de sous-bois, comme ce vin de la rive droite de Bordeaux.

FILETS DE DINDE AUX COURGETTES

Délicat et léger

Blanc léger : cortese-di-gavi, **verdicchio-dei-castelli-di-jesi**, pinot blanc (AL)

Ce vin italien délicat, au bouquet frais et fruité et aux saveurs persistantes, est le complément idéal de ce plat de dinde tout simple.

FILETS DE DINDE, SAUCE À L'ÉRABLE

 Fruité et doux

Blanc léger : sylvaner (ALL), gentil d'Alsace, **vouvray**

Ce vin légèrement doux et très frais agrémentera parfaitement la sauce à l'érable de ce plat de volaille.

FILETS DE DORÉ GRILLÉS

Fruité et vif

Blanc mi-corsé : **bergerac**, chardonnay (AU), soave-classico

Ce vin de la Dordogne aux notes subtiles de fumée et de fruits blancs accompagne parfaitement le parfum empyreumatique du poisson grillé.

FILETS DE FAISAN, SAUCE AUX POIRES

Fruité et vif

Blanc mi-corsé : pinot gris (AL), **catarratto/chardonnay**, pinot blanc (CAL)

Le mélange de ces deux cépages produit un vin blanc aux arômes de fruits blancs, dont la poire, ce qui convient parfaitement pour agrémenter ce plat.

FILETS DE FLÉTAN AUX AMANDES

Fruité et vif

Blanc mi-corsé : sauvignon (CH), bianco-di-torgiano, **mâcon-villages**

Le mâcon-villages, avec sa fraîcheur, sa délicatesse et son arôme typique d'amande, est tout indiqué pour s'accorder avec ce plat de poisson.

FILETS DE FLÉTAN GRILLÉS AVEC GRATIN DE POMMES DE TERRE,OLIVES ET TOMATES

Fruité et généreux

Rosé corsé : **tavel**, cabernet sauvignon (CH), costières-de-nîmes

Ce vin structuré et agréable, aux arômes de fruits rouges, est parfait pour accompagner ce plat aux saveurs méditerranéennes.

FILETS DE MORUE AVEC RAGOÛT DE LÉGUMES GRILLÉS

Fruité et vif

Blanc mi-corsé : sauvignon (CH) (CAL), **graves**

Charnu et frais, légèrement végétal, avec des caractères simples de fruits frais, ce vin s'accordera très bien avec ce plat tout en s'agençant au goût des légumes grillés.

FILETS DE MORUE POCHÉS AVEC TOMATES ET BASILIC

Fruité et léger

Rosé léger : **côtes-de-provence**, côtes-du-frontonnais, bardolino

Un vin de Provence aux saveurs de fruits rouges et légèrement épicé rehaussera agréablement les saveurs de ce plat de poisson, tout en faisant le pont avec les saveurs de la tomate.

FILETS DE MORUE RÔTIS AVEC PURÉE DE ROQUETTE ET DE FENOUIL

Fruité et vif

Blanc mi-corsé : sauvignon (NZ), **saumur**, minervois

Ce vin simple et frais, aux arômes d'agrumes subtilement herbacés, est tout indiqué pour accompagner les saveurs de ce plat aux notes végétales.

FILETS DE POISSON GRILLÉS

 Fruité et vif

 Blanc mi-corsé : **chablis**, graves, pouilly-fumé

 Pour accompagner un poisson grillé, un blanc mi-corsé, comme le chablis, avec ses notes florales et minérales, est tout indiqué.

FILETS DE PORC, SAUTÉ DE, SAUCE AUX POIRES ET À LA MOUTARDE

 Aromatique et rond

 Blanc mi-corsé : viognier, **chardonnay de Sicile**, coteaux-du-languedoc

 Vin à la fois consistant et volumineux, aux notes de fruits blancs bien mûrs ainsi qu'à la finale persistante, le chardonnay de Sicile est tout indiqué pour accompagner les saveurs fruitées et épicées de ce plat de porc.

FILETS DE SAUMON, SAUCE AU CITRON ET AU THYM

 Fruité et vif

 Blanc mi-corsé : **pouilly-fumé**, crozes-hermitage, sauvignon (CA)

 Ce vin modéré, au corps souple, à l'acidité tendre et aux saveurs pénétrantes d'agrumes, accompagnera parfaitement ce plat de saumon en faisant le pont avec ses saveurs citronnées et herbacées.

FILETS DE SAUMON, SAUCE AU MIEL ET SOYA

 Fruité et généreux

 Rosé mi-corsé : rosé de Provence, **tavel**, rosé d'Italie

 Ce rosé fin et savoureux, tout en fruits, accompagnera délicieusement ce plat de saumon. Sa richesse aromatique s'accommodera à merveille avec la douceur du miel, ainsi que le côté salin du soya.

FILETS DE SAUMON SUR PURÉE D'ÉPINARDS À LA NOIX DE COCO

 Aromatique et rond

 Blanc mi-corsé : **chardonnay (AR)** (CH), pouilly-fuissé

 Assez soutenu pour escorter les saveurs du saumon, le chardonnay argentin, avec ses arômes de fruits blancs et de bois, fera un excellent mariage avec les parfums légués par la noix de coco.

FILETS DE SOLE AUX ÉPINARDS ET AU FROMAGE

 Fruité et vif

Blanc léger : gaillac, **sauvignon blanc (CH)** (FR)

Ce vin léger, assez aromatique, aux notes d'agrumes acidulées et légèrement végétales, est tout indiqué pour accompagner ces filets de sole aux arômes herbacés.

FILETS DE SOLE AVEC BEURRE AUX FINES HERBES

 Délicat et léger

Blanc léger : **quincy**, gavi, sancerre

Ce vin de la Loire, avec une bonne nervosité, simple avec une belle présence fruitée, saura accompagner les saveurs délicates de ce plat de sole sans prendre le dessus.

FILETS DE SOLE GRILLÉS, SAUCE À LA LIME

 Délicat et léger

Blanc léger : **sauvignon (CH)**, sylvaner (AL), pinot grigio de Vénitie

Le sauvignon chilien, aux notes d'agrumes et pourvu d'une subtile touche végétale, est tout indiqué pour rehausser le goût de la sole et se mariera très bien à celui de sa sauce à la lime.

FILETS DE TRUITE, SAUCE AUX ÉCHALOTES

 Délicat et léger

Blanc léger : trebbiano, **vin de pays des jardins de la Loire**, sauvignon (CAL)

Ce vin blanc fin et léger, avec des notes végétales, rehaussera les saveurs délicates de ce plat de truite.

FLAN À LA NOIX DE COCO

Fruité et doux

Blanc mousseux : **asti spumante**, prosecco, cava demi-sec

Ce mousseux doux aux arômes intenses de fruits et de fleurs saura accompagner les saveurs de la noix de coco qui parfument ce dessert délicat.

FLAN AU FROMAGE BLANC

Fruité et extra doux

Blanc doux : **tokaji aszú 3 puttonyos**, coteaux-du-layon, muscat-de-rivesaltes ambré

Sucré sans être trop riche, ce vin liquoreux hongrois, aux arômes de fruits blancs confits, de raisins secs et d'épices, saura rehausser le goût de ce dessert léger.

FLAN AUX CHAMPIGNONS

 Aromatique et rond

Blanc mi-corsé : saint-joseph, chardonnay (AU), **meursault**

Grâce à sa texture onctueuse et à ses notes de beurre et de bois bien dosé, le meursault sera le complément idéal de cette recette aux arômes de sous-bois.

FLAN AUX MARRONS

Fruité et extra doux

Vin doux : **porto tawny 10 ou 20 ans**, banyuls, xérès oloroso

Ce porto aux arômes de fruits cuits et de torréfaction s'agencera délicieusement avec ce dessert.

FLAN AUX POIVRONS ROUGES

Fruité et léger

Rosé léger : **chinon**, rosé (IT) (PO)

Le chinon rosé, vin fruité aux notes végétales, s'harmonisera agréablement avec les saveurs des poivrons doux qui personnalisent cette recette de flan.

FLÉTAN AU CARI

Délicat et léger

Blanc léger : **pinot blanc (AL)**, riesling (ALL), sauvignon (CAL)

Vin à l'acidité rafraîchissante et aux notes aromatiques de pomme et de poire, il accompagne parfaitement ce poisson en atténuant l'effet piquant du cari.

FLÉTAN EN CROÛTE AVEC BOUILLON DE VOLAILLE

Délicat et léger

Blanc léger : vin du Québec, **pinot blanc (CAN)**, sauvignon vin de pays

Ce vin d'une agréable fraîcheur aux notes simples de fruit blanc saura équilibrer le goût salin du bouillon de volaille et rehausser celui du poisson.

FLÉTAN, FILETS DE, AUX AMANDES

Fruité et vif

Blanc mi-corsé : sauvignon (CH), bianco-di-torgiano, **mâcon-villages**

Le mâcon-villages, avec sa fraîcheur, sa délicatesse et son arôme typique d'amande, est tout indiqué pour s'accorder avec ce plat de poisson.

FLÉTAN, FILETS DE, GRILLÉS AVEC GRATIN DE POMMES DE TERRE, OLIVES ET TOMATES

Fruité et généreux

Rosé corsé : **tavel**, cabernet sauvignon (CH), costières-de-nîmes

Ce vin structuré et agréable, aux arômes de fruits rouges, est parfait pour accompagner ce plat aux saveurs méditerranéennes.

FLÉTAN GRILLÉ, SAUCE AU CITRON ET SOYA

Fruité et vif

Blanc mi-corsé : penedès, **cortese-di-gavi**, pinot grigio

Ce vin souple et friand, à la vivacité et aux saveurs assez persistantes, est tout indiqué pour accompagner ce plat de poisson. Son caractère fruité s'agencera à merveille avec le côté salin du soya.

FLÉTAN GRILLÉ, SAUCE AUX TOMATES ET À L'OSEILLE

 Fruité et léger

🍶 Rouge léger : gamay de Touraine, dôle-du-valais, **valpolicella**

👄 Grâce à son caractère fruité et à sa délicate amertume, le valpolicella s'agencera parfaitement aux arômes des tomates tout en ayant la délicatesse souhaitée pour laisser le poisson s'exprimer.

FLÉTAN, SAUCE À L'ORANGE ET À LA MENTHE

 Fruité et vif

🍶 Blanc mi-corsé : **sauvignon (NZ)**, sancerre, picpoul-de-pinet

👄 Ce vin aux arômes d'agrumes, de fruits exotiques et parfois herbacés sera le compagnon idéal pour s'harmoniser délicieusement avec les saveurs de la sauce sans écraser celle du poisson.

FOIE DE BŒUF GRILLÉ

 Fruité et généreux

🍶 Rouge mi-corsé : bordeaux supérieur, chianti-classico, **mercurey**

👄 Pour rehausser la saveur d'un foie de bœuf grillé, un pinot noir délicatement boisé, aux notes de petits fruits rouges et aux effluves de vanille, est tout indiqué.

FOIE DE VEAU AU COGNAC

 Fruité et généreux

🍶 Rouge mi-corsé : merlot (CH), merlot vin de pays d'oc, **chianti-classico**

👄 Pourvu d'arômes fruités, ce vin rouge à l'acidité bien dosée sera le complément idéal de ce savoureux classique. De plus, il s'agencera parfaitement au parfum légué par le cognac grâce à ses notes boisées bien équilibrées.

FOIE DE VEAU AUX CAROTTES

 Fruité et léger

🍶 Rosé léger : rosé (AS), **rosé de Vénétie**, côtes-du-frontonnais

👄 Ce vin rosé et désaltérant aux saveurs simples de fruits accompagnera fort agréablement ce foie de veau apprêté simplement.

FOIE DE VEAU AUX PAMPLEMOUSSES POIVRÉS

 Fruité et léger

🍶 Rouge léger : **gamay de Touraine**, beaujolais-villages, valpolicella

👄 Vin rouge léger et friand avec une grande fraîcheur, le gamay de Touraine dévoile également une légère touche épicée, parfaite pour accompagner les notes de poivre de ce foie de veau aux agrumes.

FOIE DE VEAU AUX POIRES

  Fruité et léger

Rouge léger : **saint-amour**, gamay de Touraine, dôle-du-valais (Suisse)

 Vin rouge léger et friand, aux arômes de fruits frais, pourvu d'une structure tannique quasi inexistante, le saint-amour conviendra tout à fait à ce plat de veau tout en s'agençant parfaitement au goût fruité des poires.

FOIE DE VEAU GRILLÉ

 Fruité et généreux

Rouge mi-corsé : bordeaux supérieur, chianti-classico, **pinot noir (NZ)**

 Pour s'unir de façon admirable au foie de veau grillé, un pinot noir aux notes de petits fruits rouges et aux effluves de vanille comme l'est le pinot noir néo-zélandais est tout indiqué.

FOIE GRAS AU TORCHON

 Fruité et extra doux

Blanc doux : sauternes, **Tokaji aszu**, Vin de Paille

 Pour ses notes de fruits confits, sa très grande palette de flaveurs et sa fraîcheur, le tokaji est un choix judicieux.

157

FOIE GRAS DE CANARD AU TORCHON

 Fruité et extra doux

Blanc doux : sauternes, **coteaux-du-layon**, vin de glace (CAN)

Un vin doux, velouté et onctueux, aux tonalités de miel et de fruits confits, comme ce coteaux-du-layon, est toujours de mise pour accompagner le foie gras au torchon.

FOIE GRAS DE CANARD POÊLÉ, COULIS AUX FRUITS ROUGES

 Fruité et extra doux

Blanc doux : **pineau-des-charentes ruby**, vin de glace de cabernet franc, banyuls rimage

Ce vin doux à la texture enveloppante et aux saveurs suaves de fruits des champs en confiture est tout indiqué pour accompagner la riche texture et les saveurs fruitées de ce plat de foie gras.

FOIE GRAS EN BRIOCHE

 Fruité et doux

Blanc doux : Alsace Grand cru Pinot Gris, **Pessac-Léognan Blc**, Meursault

Le vin de la région des graves a ce qu'il faut en finesse, en fruité et en texture pour accompagner un foie gras en brioche.

FOIE GRAS POÊLÉ À LA POIRE
Fruité et extra doux

Bonnezeaux, **Recioto di Soave**, Monbazillac

Issu de raisin passerillé, ce soave offre une suite logique au foie gras. Sa douceur et sa suavité se multiplient par deux.

FOIE GRAS POÊLÉ AUX POMMES
Fruité et extra doux

Cidre de glace, Vin Santo, Jurançon

Le cidre de glace du Québec est le compagnon idéal par son côté fruité de pomme mûre, l'onctuosité de sa texture et sa surprenante fraîcheur.

FOIE GRAS SAISI AVEC ROQUETTE ET COULIS DE POIRES
Fruité et extra doux

Blanc doux : **bonnezeaux**, vendanges tardives (ALL) (CAN)

Ce vin doux de la Loire, aux arômes de fruits blancs, de fleurs blanches et de miel est tout indiqué pour accompagner les saveurs de ce foie gras et de son coulis de poires.

FOIE GRAS SERVI CHAUD
Fruité et extra doux

Blanc doux : tokaji aszú, meursault, **jurançon**

Servi en entrée, le foie gras chaud fera sensation avec le jurançon, un vin moelleux au nez d'épices, de zeste d'orange confit et de fruits exotiques au goût fin et léger.

FOIE GRAS SERVI FROID
Fruité et extra doux

Blanc doux : vendanges tardives (QC), pinot gris (AL), **sauternes**

Les vins de Sauternes, aux parfums d'abricot séché, d'amande grillée et de fruits confits, se marient parfaitement au foie gras en plus de créer une harmonie de texture sans pareil.

FOIE GRAS, SAUCE AUX FIGUES
Fruité et extra doux

Blanc doux : coteaux-du-layon, loupiac, **tokay (HO)**

Avec son onctuosité, son acidité incisive et sa note obsédante de fruits confits, ce vin rehaussera le goût du foie gras et s'agencera à celui des figues.

FOIES DE POULET, SAUCE AU PORTO

Fruité et généreux

🍷 Rouge mi-corsé : pinot noir (CAL), **douro**, merlot (CH)

👄 Pour accompagner les saveurs pénétrantes des foies de poulet au porto, recherchez toute la richesse des vins du Douro, aux notes de prune et d'épices.

FOIES DE VOLAILLE AU CARI

Fruité et vif

🍷 Blanc mi-corsé : chardonnay (CH), **sauvignon (CAL)**, pinot gris (AL)

👄 La fraîcheur désaltérante mais très aromatique et étoffée du sauvignon californien est idéale pour accompagner cette recette de foies de volaille. Son fruité évident permettra également de calmer l'effet piquant du cari.

FOIES DE VOLAILLE AUX ŒUFS

Fruité et léger

🍷 Rouge léger : vin du Roussillon, bourgogne-passetoutgrain, **saint-amour**

👄 Pour ne pas altérer le goût de cette recette, un vin d'une grande délicatesse, avec une trame tannique discrète et un fruité savoureux, comme le saint-amour, sera de mise.

FONDUE AU CHOCOLAT NOIR

Fruité et extra doux

🍷 Vin doux fruité : porto ruby, **banyuls rimage**, pineau-des-charentes ruby

👄 Un classique avec le chocolat. Ce vin d'une grande douceur, aux arômes de fruits noirs en confiture et à la texture fondante, fera très bon ménage avec cette fondue.

FONDUE AU FROMAGE

Délicat et léger

🍷 Blanc léger : pinot blanc (AL), **fendant-du-valais**, roussette-de-savoie

👄 Incontournable accord régional, le vin du Valais, léger et fruité et pourvu d'une agréable acidité, est tout indiqué pour accompagner ce plat de fromage.

FONDUE AU GRUYÈRE AVEC ÉCHALOTES CARAMÉLISÉES

Délicat et léger

🍷 Blanc léger : fendant-du-valais, chablis, **pouilly-sur-loire**

👄 Fruité, fin et délicat, ce vin léger de la Loire s'harmonisera très bien au gras du fromage et à l'aspect sucré des échalotes caramélisées.

FONDUE BOURGUIGNONNE

Fruité et léger

Rouge léger : **brouilly**, beaujolais-villages, pinot noir

Idéalement, ce plat de fondue s'accompagnera d'un vin sec et fruité aux tannins gouleyants comme ce cru du Beaujolais.

FONDUE CHINOISE

Fruité et généreux

Rouge mi-corsé : shiraz, **coteaux-du-languedoc**, côtes-du-rhône

Pour s'harmoniser à une fondue chinoise et à ses multiples sauces, un vin des coteaux-du-languedoc, aux effluves de garrigue et de fruits en confiture est tout indiqué.

FONDUE DE FRUITS DE MER

Délicat et léger

Blanc léger : **muscadet**, pinot blanc (CA) (AL)

Avec sa polyvalence et sa grande fraîcheur, ainsi que son caractère légèrement iodé, ce muscadet s'accordera parfaitement avec cette fondue au goût de la mer.

FONDUE DE MAGRET DE CANARD

 Fruité et généreux

Rouge mi-corsé : chianti, **cabernet franc (CAL)**, bordeaux

Pour accompagner la viande de canard, un vin comme le cabernet franc, qui possède une bonne intensité gustative, des tannins charnus et des saveurs de fruits rouges et d'épices, est tout indiqué.

FRAISES CHANTILLY

 Fruité et doux

Mousseux doux : rosé (AU), **asti spumante**, rosé du Québec

La fraîcheur et l'exotisme de ce mousseux italien, avec ses notes de muscat et sa charmante douceur, conviennent parfaitement à ce dessert délicat.

FRICASSÉE D'AGNEAU

 Aromatique et souple

Rouge mi-corsé : minervois, **rioja**, zinfandel (CAL)

Tout en étant assez savoureux pour soutenir la viande d'agneau, les effluves de vanille, de fruits rouges et de chocolat de ce vin espagnol aux notes boisées iront à merveille avec les aliments qui composent ce plat.

FRICASSÉE DE CAÏON

  Fruité et généreux

Rouge mi-corsé : **costières-de-nîmes**, côtes-du-rhône, syrah vin-de-pays-d'Oc

La viande de porc marinée s'accompagnera fort bien d'un vin rouge moyennement soutenu, pourvu d'un fruité croquant et d'une touche épicée discrète, comme les vins des Costières-de-Nîmes.

FRICASSÉE DE CANARD AUX PÊCHES

  Aromatique et rond

Blanc mi-corsé : gros manseng, **viognier (CAL)**, chardonnay (AR)

Afin de créer une harmonie parfaite d'arômes similaires, ce vin frais aux arômes de fruits de pêche, d'abricot et de fleurs est tout indiqué pour accompagner la texture de ce plat ainsi que les saveurs des aromates.

FRICASSÉE DE CHAMPIGNONS

  Aromatique et souple

Rouge mi-corsé : saint-émilion, **merlot (ÉU)**, rioja

Les saveurs de sous-bois de cette fricassée s'harmoniseront avec ce merlot souple et riche aux arômes boisés et de fruits en confiture.

FRICASSÉE DE DINDE À L'ORIENTALE

  Aromatique et rond

Blanc mi-corsé : tokay-pinot-gris (AL), **saint-joseph**, saint-chinian

Ce vin riche, ample et à l'acidité discrète, aux arômes exotiques, saura accompagner les saveurs orientales de cette fricassée de volaille.

FRICASSÉE DE POULET

  Fruité et vif

Blanc mi-corsé : chardonnay (AU), **soave-classico**, mâcon-villages

Ce plat de poulet à la texture onctueuse s'agencera à merveille avec celle de ce vin de Vénétie aux accents aromatiques de jasmin, de fleurs mellifères et de fruits blancs mûrs.

FRICASSÉE DE POULET À LA SAUGE

  Fruité et léger

Rouge léger : bourgueil, **barbera-d'alba**, merlot (IT)

Ce vin italien, fruité et souple, aux notes de prune, de figue et de cerise, agrémentera parfaitement les saveurs de cette volaille relevée de sauge.

FRICASSÉE DE THON AUX OIGNONS

 Délicat et léger

Blanc léger : **muscadet**, sauvignon (CH), soave

Vif et fruité, le muscadet est un vin frais et agréable, avec une touche minérale, qui accompagnera parfaitement ce plat de thon tout en se fondant aux oignons.

FRICASSÉE DE VEAU À LA CRÈME

Aromatique et rond

Blanc mi-corsé : saint-véran, rioja, **chardonnay (CAL)**

Un chardonnay californien, aux riches parfums de poire caramélisée, d'ananas et de vanille, s'agencera parfaitement avec la texture de ce plat crémeux tout en laissant le veau s'exprimer.

FRICASSÉE DE VOLAILLE AU FROMAGE

Fruité et vif

Blanc mi-corsé : **pinot gris (AL)**, chardonnay (CAL) (CH)

Aromatique, doté d'une belle fraîcheur et d'une bouche savoureuse, ce pinot gris est tout indiqué pour accompagner cette recette. Son caractère fruité s'agencera parfaitement au côté salin du fromage.

FRITURE DE LANÇONS

Délicat et léger

Blanc léger : **sauvignon (CH)**, bordeaux, muscadet

À cause du gras que confère la cuisson en friture, le poisson frit nécessitera un vin blanc léger et vif aux arômes d'agrumes, comme ce sauvignon du Chili aux notes de citron vert et d'herbes aromatiques.

FROMAGES À PÂTE FERME CUITE

Fruité et vif

Blanc mi-corsé : pouilly-fumé, **fiano-di-avellino**, sauvignon (CAL)

Pour ces fromages à pâte pressée, un vin aux parfums de noisettes grillées et de poire ayant une bonne acidité comme ce vin du sud de l'Italie sera l'idéal.

FROMAGES À PÂTE FERME NON CUITE

Aromatique et rond

Blanc mi-corsé : **saint-véran**, chardonnay (CH), coteaux-du-languedoc

Pour ces fromages, un saint-véran à la texture grasse, aux notes de fruits blancs et de noisettes est tout indiqué.

FROMAGES À PÂTE MOLLE

Fruité et léger

Rouge léger : bourgogne, **gamay**, pinot noir (FR)

Pour accompagner ces fromages au goût délicat, un vin de gamay fruité et léger sera souhaitable afin de ne pas surpasser le goût du fromage.

FROMAGES BLEUS

Aromatique et charnu

Rouge corsé : châteauneuf-du-pape, **gigondas**, zinfandel (CAL)

Les saveurs puissantes des bleus s'accordent mieux d'un rouge corsé comme le gigondas, aux notes aromatiques d'épices et de fruits rouges.

FROMAGES DE CHÈVRE

Fruité et vif

🍾 Blanc mi-corsé : sancerre, **pouilly-fumé**, riesling

🍷 Les fromages de chèvre requièrent des vins qui ont un certain corps mais aussi une bonne acidité. Un pouilly-fumé moyennement corsé, aux subtils parfums de pamplemousse rose et de noisettes grillées, sera parfait.

FRUITS DE MER, CRÊPES AUX

Aromatique et rond

🍾 Blanc mi-corsé : bordeaux, **saint-véran**, sauvignon (CAL)

🍷 La finesse et la texture de ce plat de fruits de mer en sauce onctueuse seront agrémentées par ce vin à la texture grasse et aux notes de fruits blancs et de fleurs.

FRUITS DE MER, FEUILLETÉ DE

Fruité et vif

🍾 Blanc mi-corsé : chablis, chardonnay (CH), **riesling**

🍷 Pour un mariage réussi avec les fruits de mer, choisissez la fraîcheur du riesling, avec ses notes d'agrumes, de fleurs et sa touche minérale parfaite pour faire le pont avec le côté iodé des produits de la mer.

FRUITS DE MER, FONDUE DE

Délicat et léger

🍾 Blanc léger : **muscadet**, pinot blanc (CA) (AL)

🍷 Avec sa polyvalence et sa grande fraîcheur, ainsi que son caractère légèrement iodé, ce muscadet s'accordera parfaitement avec cette fondue au goût de la mer.

FRUITS DE MER, PAELLA AUX, SAUCISSES ET POIVRONS ROUGES

Fruité et généreux

🍾 Rouge mi-corsé : côtes-du-roussillon-villages, costers-del-segre, **cannonau-di-sardegna**

🍷 Ce vin de Sardaigne, assez aromatique, subtilement épicé et aux tannins charnus, est tout indiqué pour accompagner ce plat de fruits de mer.

FRUITS DE MER, PÂTES AUX

 Aromatique et rond

🍾 Blanc mi-corsé : chardonnay (CAL), **graves**, soave-classico

🍷 Pour accompagner la sauce onctueuse de ce plat aux fruits de mer, choisissez un vin de graves aux effluves de pamplemousse, de fleurs blanches, et aux subtils parfums de vanille et de buis. Sa rondeur se mariera parfaitement à celle du plat.

FRUITS DE MER, PÂTES AUX, CAJUNS

 Fruité et généreux

Rosé mi-corsé : **coteaux-d'aix-en-provence**, rosé de Sicile, rioja

Ce rosé frais et épicé est tout indiqué pour accompagner les saveurs relevées de ce plat cajun. Ses notes fruitées calmeront l'effet piquant des épices cajuns.

FRUITS DE MER, PÂTES AUX, SAUCE AU SAFRAN ET AU CITRON

 Fruité et vif

Blanc mi-corsé : menetou-salon, fumé blanc (ÉU), **sancerre**

Ce vin fin, aromatique et fruité, avec une agréable fraîcheur, saura accompagner les saveurs d'agrumes au safran de ce plat de fruits de mer.

FRUITS DE MER, QUICHE AUX

 Délicat et léger

Blanc léger : **petit-chablis**, sauvignon blanc (FR), bourgogne-aligoté,

La simplicité de ses caractères, sa légèreté et sa vivacité font du petit chablis le vin par excellence pour accompagner la délicatesse aromatique de cette quiche aux fruits de mer.

FRUITS DE MER, RAGOÛT DE

 Aromatique et rond

Blanc mi-corsé : graves, **mâcon-villages**, viognier (CAL)

Le mâcon-villages, avec sa fraîcheur, sa délicatesse et son arôme typique d'amande, est tout indiqué pour accompagner ce mijoté de fruits de mer.

FRUITS DE MER, SAUCE AUX POIREAUX

 Délicat et léger

Blanc léger : sauvignon blanc (FR), **muscat sec (AL)**, bordeaux

Avec son caractère aromatique tout en fruits et légèrement amer, le muscat sec saura mettre en valeur les fruits de mer de ce plat tout en s'accommodant aux saveurs particulières des poireaux.

FRUITS DE MER, SAUTÉ DE

 Délicat et léger

Blanc léger : **torrontes**, riesling, pinot blanc

Pour accompagner ce plat délicat, mais goûteux, choisissez un vin argentin fruité et léger, aux notes délicates de rose et de lime.

FRUITS DE MER, VOL-AU-VENT AUX

 Aromatique et rond

Blanc mi-corsé : pouilly-loché, **pouilly-fuissé**, pinot gris (AL), soave-classico

Ce vin blanc à la texture enveloppante et doté d'une bonne fraîcheur est idéal pour rehausser le goût des fruits de mer de ce plat.

FUSILLIS AU POULET ET AUX CREVETTES Fruité et léger

 Rosé léger : rosé de Provence, rosé-de-loire, **rosé (IT)**

Un rosé italien, simple et rafraichissant, accompagnera parfaitement ce plat aux saveurs de terre et de mer.

FUSILLIS AVEC FROMAGE DE CHÈVRE, TOMATES ET BASILIC Fruité et léger

 Rosé léger : **rosé-de-loire**, rosé (ES) (IT)

Le rosé de la Loire, vin fruité avec une bonne acidité, s'harmonisera agréablement avec les saveurs des tomates tout en escortant le côté caprin du fromage de chèvre.

FUSILLIS AVEC SAUCE AU CHOU, BACON ET AIL Délicat et léger

Blanc léger : **soave**, riesling (FR), sauvignon (CAL)

Ce vin italien simple, rafraîchissant et vif, viendra équilibrer les saveurs salées de ce plat.

FUSILLIS, SAUCE À LA CRÈME ET AUX CHANTERELLES Aromatique et rond

Blanc mi-corsé : **chardonnay (CAL)** (AU), pessac-léognan (FR)

Avec sa texture grasse et ses notes légèrement boisées, ce vin californien est le complément idéal de ce plat aux saveurs de sous-bois.

FUSILLIS, SAUCE PRIMAVERA Fruité et léger

Rouge léger : **valpolicella**, gamay, bardolino

Pour accompagner la sauce onctueuse de ce plat, choisissez un valpolicella savoureux et délicat, avec ses notes de fruits frais et sa structure tannique souple. Parfait pour escorter les légumes de la sauce.

FUSILLIS, SAUCE PUTTANESCA AUX PORCINIS Aromatique et souple

 Rouge mi-corsé : shiraz (AU), rioja-crianza, **sangiovese/cabernet (IT)**

Cet assemblage de cépages à la dominante fruitée et à la légère touche boisée rehaussera agréablement les saveurs relevées de ce plat de pâtes.

GAMBAS À LA PLANCHA Délicat et léger

Blanc léger : **riesling (AL)**, menetou-salon, sauvignon blanc (FR)

La préparation toute simple de ce plat aux saveurs délicates requiert un vin blanc léger comme le riesling d'Alsace et pourvu d'une acidité rafraîchissante pour ne pas empiéter sur les saveurs fines des gambas.

GARBURE GIRONDINE

Fruité et vif

Blanc mi-corsé : **viognier (FR)**, pinot gris (AL), vin de pays des côtes de Gascogne

Parce que son fruité accompagnera à merveille le côté salin de ce plat de volaille, le viognier, un cépage aux arômes de pêches, d'abricots, de miel et de fleurs, est tout indiqué.

GASPACHO

Fruité et généreux

Rouge mi-corsé : rioja, **côtes-du-roussillon-villages**, tempranillo

Pour ce potage froid et savoureux, servez un rouge de la région du Languedoc-Roussillon aux notes épicées et florales, complété par des arômes de fruits rouges et de mûre.

GÂTEAU À L'ÉRABLE

Fruité et extra doux

Vin doux : **porto tawny 10 ou 20 ans**, banyuls, tokaji aszú (HO)

Un porto fruité aux arômes et saveurs de fruits cuits et de caramel est tout indiqué pour accompagner ce dessert aux saveurs sucrées.

GÂTEAU À LA VANILLE

Fruité et extra doux

Vin doux : **champagne demi-doux**, coteaux-du-layon, vendanges tardives (CAN)

Ce vin mousseux, fin et délicat, aux notes vanillées, s'harmonisera parfaitement avec ce gâteau.

GÂTEAU AU CAPPUCCINO ET AU CHOCOLAT

Fruité et extra doux

Vin doux : **porto tawny 10 ou 20 ans**, rivesaltes ambré

Pour accompagner ce dessert, choisissez un porto aux arômes de torréfaction, de fruits cuits et de caramel. Complémentarité aromatique assurée.

GÂTEAU AU CHOCOLAT ET À L'ORANGE

Fruité et extra doux

Vin doux : **moscatel-de-setúbal**, tawny, banyuls

Ce vin fruité saura dompter l'amertume du chocolat et se fondre aux délicates saveurs de l'orange.

GÂTEAU AU CHOCOLAT ET À LA CANNELLE

Fruité et extra doux

Vin doux : **porto tawny 10 ou 20 ans**, marsala, maury

Un porto aux arômes fruités, torréfiés et épicés accompagnera délicieusement ce dessert savoureux.

GÂTEAU AU CHOCOLAT ET AUX CERISES

Fruité et extra doux

Rouge doux : ruby (porto), **pineau-des-charentes ruby**, madiran

Ce vin au caractère intense de fruits rouges, avec sa note de cognac qui accompagne bien les saveurs du chocolat, est tout indiqué.

GÂTEAU AU CHOCOLAT MI-AMER

Fruité et extra doux

Vin doux : porto tawny 10 ou 20 ans, **vieux banyuls**, rivesaltes ambré

Ce vin doux, généreux et offrant une longue finale, saura équilibrer l'amertume du chocolat et les saveurs sucrées de ce gâteau.

GÂTEAU AU CITRON

Fruité et extra doux

Vin doux : moscato-d'asti, muscat-de-lunel, **moscato-de-pantelleria**

Avec ses arômes puissants de marmelade et sa texture veloutée, ce vin doux italien rehaussera parfaitement ce dessert au goût d'agrumes.

GÂTEAU AU FROMAGE

Fruité et extra doux

Vin doux : vendanges tardives (ALL), **muscat-de-rivesaltes**, jurançon

Ce dessert crémeux et onctueux s'harmonisera bien avec un vin liquoreux à la texture grasse et aux parfums dominants de muscat et de citron confit, comme ce muscat du sud de la France.

GÂTEAU AU FROMAGE AVEC COULIS DE MANGUE

Fruité et extra doux

Vin ou cidre doux : **jurançon**, cidre de glace (QC), vendanges tardives (ALL)

Ce vin onctueux, aux saveurs de fruits confits, de miel et à l'acidité présente, sera délicieux servi avec ce dessert à saveur exotique.

GÂTEAU AU FROMAGE DE CHÈVRE ET AU MARSALA

Fruité et extra doux

Vin doux : **vouvray moelleux**, vendanges tardives (CAL), champagne demi-doux

Ce vin fruité et moelleux, doté d'une grande fraîcheur, d'aromes de fleurs mellifères et de poire saura rehausser les saveurs particulières de ce gâteau.

GÂTEAU AU FROMAGE ET AUX FRUITS DE LA PASSION

Fruité et extra doux

Vin doux : **sauternes**, monbazillac, cidre de glace (QC)

Avec sa texture moelleuse et ses saveurs de fruits tropicaux, le sauternes accompagnera agréablement ce gâteau au coulis à saveur exotique.

GÂTEAU AU MIEL DES CÉVENNES

Fruité et extra doux

▮ Blanc doux : **coteaux-du-layon**, jurançon, vendanges tardives (AL)

🍷 Avec ses notes de fruits confits, de miel et de pommes, ce vin liquoreux de la Loire sera le complément idéal de ce dessert et rejoindra harmonieusement les ingrédients qui le composent.

GÂTEAU AUX AMANDES ET AU CHOCOLAT

Fruité et extra doux

▮ Vin doux : porto tawny 10 ans, **marsala**, maury

🍷 Pour sortir des sentiers battus, ce marsala aux arômes de fruits secs, avec sa texture moelleuse et sa finale chaleureuse est tout indiqué.

GÂTEAU AUX ANANAS

Fruité et extra doux

▮ Blanc doux : **sainte-croix-du-mont**, quarts-de-chaume, muscat-de-rivesaltes

🍷 Ce vin liquoreux et assez frais, aux arômes de fruits tropicaux, viendra rehausser les saveurs de ce dessert aux ananas.

GÂTEAU AUX CAROTTES

Fruité et extra doux

▮ Blanc demi-sec : **vin de pays des côtes de Gascogne**, jurançon doux, vendanges tardives (CAN)

🍷 Pour accompagner ce gâteau aux carottes, ce vin de pays des côtes de Gascogne, à la bonne acidité, a juste assez de douceur.

GÂTEAU AUX DATTES

Fruité et extra doux

▮ Vin doux : **banyuls**, marsala, porto tawny

🍷 Ce vin doux, aux saveurs de fruits cuits, de caramel et de torréfaction, est tout indiqué pour accompagner ce riche gâteau aux dattes.

GÂTEAU AUX FRUITS CONFITS

Fruité et extra doux

▮ Vin doux : maury, rivesaltes, **passito-di-pantelleria**

🍷 Choisissez le passito pour accompagner un tel dessert, pour l'harmonie des arômes (fruits confits) et sa finale persistante.

GÂTEAU AUX ORANGES ET AUX AMANDES

Fruité et extra doux

▮ Vin doux : **moscatel-de-setubal**, rivesaltes ambré, passito-di-pantelleria

🍷 Ce muscat portugais, fruité, aux arômes de zestes d'agrumes confits, s'harmonisera parfaitement aux mêmes saveurs de ce gâteau.

GÂTEAU AUX POIRES

Fruité et extra doux

Vin doux : moscato-d'asti, **coteaux-du-layon**, vendanges tardives (ALL)

Vin délicat au parfum de fruits frais, à la texture moelleuse et doté d'une assez bonne fraîcheur, le coteaux-du-layon s'accordera délicieusement avec les poires de ce gâteau.

GÂTEAU BASQUE

Fruité et extra doux

Blanc ou mousseux demi-doux : moscato-d'asti, asti spumante, **montlouis**

Ce dessert plutôt léger et délicat exige d'être accompagné d'un vin blanc frais mais pourvu d'une trace de sucre résiduel, comme le montlouis. Ce vin de la Loire, aérien et pourvu d'arômes de fruits jaunes confits, sera l'idéal.

GÂTEAU DE CHÂTAIGNES

Fruité et extra doux

Blanc doux : xérès oloroso, **vino santo**, porto blanc

Avec sa richesse, sa rondeur et ses parfums concentrés de fruits, d'épices et de noisettes, cette spécialité toscane fera le pont avec le goût des châtaignes de ce délicieux dessert.

GÂTEAU GLACÉ AU MIEL ET AU NOUGAT

Fruité et extra doux

Vin doux : **champagne demi-sec**, vendanges tardives (CAN), porto blanc

Ce champagne aux arômes briochés, à la texture suave et aux sucres résiduels équilibrés, est tout indiqué pour accompagner ce dessert glacé au miel et nougat.

GÂTEAU SABLÉ AU CITRON AVEC COULIS DE FRAISES

Fruité et extra doux

Vin doux : jurançon, pineau-des-charentes, **muscat-de-rivesaltes**

Ce vin délicat, avec une bonne acidité et des arômes rappelant les agrumes, et le miel, s'harmonisera délicieusement avec ce gâteau aux saveurs multiples.

GAUFRES AVEC COULIS DE VANILLE ET DE CAFÉ

Fruité et extra doux

Vin doux : **recioto-di-soave**, barsac, champagne demi-sec

Doté d'une texture enveloppante et d'une belle persistance aromatique, ce vin doux italien est tout indiqué pour accompagner ce plat de gaufres ayant un coulis en lien aromatique avec le vin.

GÉSIERS DE POULET, SAUCE AU VIN BLANC Fruité et vif

🍾 Blanc léger à mi-corsé : **vernaccia-di-san-gimignano**, soave-classico, mercurey

👄 Ce vin italien plutôt léger et d'une grande fraîcheur saura équilibrer les saveurs simples de ce plat d'abats et de sa sauce.

GÉSIERS DE VOLAILLE AU VIN BLANC Fruité et vif

🍾 Blanc léger à mi-corsé : vidal (QC), **fumé blanc (CAL)**, rully

👄 Pour accompagner ce plat savoureux et simple, un fumé blanc à l'acidité présente, aux notes de fruits et ayant une certaine minéralité, fera un bon mariage avec la texture et les saveurs des gésiers.

GIBIER, TERRINE DE Fruité et généreux

🍾 Rouge mi-corsé : fitou, **pinot noir (CH)**, saint-chinian

👄 Ce vin de caractère, sans rudesse avec une trame tannique souple, aux parfums un tantinet rustiques, sera idéal pour accompagner une terrine de gibier aux saveurs simples.

GIGOT D'AGNEAU AU ROMARIN Fruité et généreux

🍾 Rouge mi-corsé : **côte-rôtie**, shiraz (AU), cabernet-sauvignon (CH)

👄 Le vin de syrah de l'appellation côte-rôtie, avec ses arômes de garrigues et d'épices et ses tannins serrés, forme une alliance parfaite avec la texture et les saveurs de ce plat.

GIGOT D'AGNEAU FARCI AUX FINES HERBES Fruité et généreux

🍾 Rouge mi-corsé : syrah (FR), **crozes-hermitage**, valdepenas

👄 Un vin aromatique (fruits mûrs et épices) avec une certaine puissance agrémentera le goût unique de l'agneau rehaussé par les fines herbes.

GIGOT D'AGNEAU RÔTI
AVEC OLIVES ET ORANGES Fruité et généreux

🍾 Rouge mi-corsé : **côtes-du-rhône-villages**, syrah (FR), zinfandel (CAL)

👄 Ce vin au caractère fruité offre l'intensité voulue pour accompagner le goût des olives et des oranges et surtout soutenir celui de l'agneau.

GIGOT D'AGNEAU RÔTI AVEC PANCETTA ET FINES HERBES

 Aromatique et souple

 Rouge mi-corsé : **merlot (IT)**, malbec (AR), nero-d'avola (IT)

Un vin fruité et épicé aux notes boisées saura être en équilibre avec la texture de l'agneau et les saveurs de la pancetta et celle des fines herbes.

GIGOT D'AGNEAU, SAUCE À LA MENTHE

 Aromatique et souple

 Rouge mi-corsé : merlot (CA), rioja (ES), **shiraz (AU)**

Ce vin d'intensité moyenne aux tanins souples avec une dominante aromatique de fruits en confiture agrémentera le goût de la menthe et la texture de l'agneau.

GNOCCHIS À LA RICOTTA AVEC TOMATES RÔTIES

 Fruité et léger

Rouge léger : bardolino, merlot vin de pays d'oc, **valpolicella**

Un valpolicella aux tannins souples et dominé par des arômes de fruits est tout indiqué pour accompagner ce plat de pâtes au profil simple et savoureux.

GNOCCHIS ALLA PUTTANESCA

 Fruité et généreux

Rouge mi-corsé : merlot (IT), **montepulciano-d'abruzzo**, barbera-d'asti

Ce vin d'intensité moyenne, aux tannins souples, avec une bonne fraîcheur, saura accompagner cette sauce puttanesca aux saveurs multiples.

GNOCCHIS, SAUCE AUX CHAMPIGNONS

 Aromatique et rond

Blanc mi-corsé : pessac-léognan, **chardonnay sicilien**, côtes-du-rhône

Ce chardonnay de Sicile ample et aromatique, aux notes boisées, accompagne parfaitement la sauce aux champignons.

GOYÈRES DE VALENCIENNES

 Fruité et généreux

Rosé mi-corsé : **côtes-de-provence**, coteaux-du-languedoc, rosé (ES)

Par ses arômes de fruits des champs et sa fraîcheur vivifiante, ce vin rosé de Provence saura se fondre à la texture crémeuse de cette recette, tout en enrobant le caractère salin du fromage.

GRATIN DAUPHINOIS

Aromatique et rond

Blanc mi-corsé : chardonnay vin de pays, **côtes-du-rhône**, orvieto-classico

Avec sa texture ample et bien structurée, un côtes-du-rhône parfumé accompagnera délicieusement ce classique riche et onctueux.

171

GRATIN DE CREVETTES

 Fruité et vif

🍾 Blanc mi-corsé : **soave-classico**, bourgogne, pinot gris

👄 Ce vin italien, aromatique (fruits et fleurs) et pourvu d'une belle richesse, accompagnera parfaitement ce plat de crevettes.

GRATIN DE NOUILLES AUX ÉPINARDS

 Fruité et vif

🍾 Blanc mi-corsé : côtes-du-rhône, fiano-di-avellino, **sauvignon blanc (CAL)**

👄 Ce vin frais au nez exhalant des notes végétales ainsi que des arômes fruités, rappelant les agrumes, viendra agrémenter le goût des nouilles aux épinards.

GRATIN DE POIREAUX ET DE POMMES DE TERRE

 Aromatique et rond

🍾 Blanc mi-corsé : **côtes-du-rhône**, coteaux-du-languedoc, chardonnay (IT)

👄 Un vin mi-corsé aux arômes de fruits mûrs ayant une certaine ampleur, comme le côtes-du-rhône blanc, s'harmonisera agréablement avec ce plat riche.

GRATIN DE POMMES DE TERRE ET DE TRUFFES

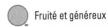 Aromatique et rond

🍾 Blanc mi-corsé : **mercurey**, champagne, chardonnay (CAL)

👄 Ce vin au boisé fin et à l'expression aromatique intense, mais élégante, saura rehausser les saveurs de sous-bois de ce plat.

GRATIN DE POULET, SAUCE À LA CRÈME

Aromatique et rond

🍾 Blanc mi-corsé : **bourgogne**, chardonnay (IT) (CAL)

👄 Vin à la texture enveloppante, frais et d'expression aromatique moyenne, ce chablis sera délicieux servi avec ce plat de poulet crémeux.

GRATIN DE TOMATES ET D'AUBERGINES

Fruité et généreux

🍾 Rouge mi-corsé : corbières, **minervois**, valpolicella-classico

👄 Le minervois, plein de fruits avec de subtiles notes d'épices, accompagnera parfaitement les saveurs de ce gratin de légumes.

GRENOUILLES, CUISSES DE, À LA PROVENÇALE

 Délicat et léger

🍾 Blanc léger : sauvignon, entre-deux-mers, **touraine**

👄 Accompagnez ce délicieux plat d'un vin du val de Loire. Ce vin à la structure ample et aux parfums de citron et de pomme mûre, complété par de subtiles notes minérales et florales, accompagnera les saveurs et la finesse des cuisses de grenouilles.

GRENOUILLES, CUISSES DE, AUX FINES HERBES

 Délicat et léger

🍾 Blanc léger : soave, **graves**, pouilly-fuissé

👄 Ce vin fin et délicat, aux arômes de fruits (agrumes) et d'amandes avec une note de noisettes, sera tout à fait délicieux avec ce plat raffiné allié à la fraîcheur des fines herbes.

GRENOUILLES, CUISSES DE, SAUCE À LA CRÈME

 Aromatique et rond

🍾 Blanc mi-corsé : **mâcon**, chardonnay, sauvignon blanc (CAL)

👄 Pour accompagner ce mets à la sauce crémeuse, un vin de mâcon à la texture ample, presque grasse, et aux notes fruitées et délicatement boisées, est tout indiqué.

GRENOUILLES, CUISSES DE, SAUTÉES À L'AIL

 Fruité et vif

🍾 Blanc mi-corsé : riesling, **sancerre**, premières-côtes-de-blaye

👄 Ce vin à la fois goûteux et racé, avec des parfums dominants de bourgeons de cassis et de pamplemousse, viendra équilibrer la saveur d'ail de ce plat.

173

GUACAMOLE

 Délicat et léger

🍾 Blanc léger : **penedès**, vinho verde, sauvignon blanc (CH)

👄 Ce vin espagnol simple et léger, doté d'une grande fraîcheur, est le complément idéal de ce plat mexicain si populaire où la purée d'avocat donne une structure grasse et auquel les épices apportent de la puissance.

HACHIS DE CÈPES, AUX ŒUFS

 Aromatique et rond

🍾 Blanc mi-corsé : **chardonnay (CH)** (AS), chardonnay du Jura

👄 Pour bien escorter les saveurs de sous-bois des champignons, un vin blanc boisé, comme le sont souvent les chardonnays du Nouveau Monde, fera un excellent mariage aromatique, tout en s'agençant à la texture du plat.

HACHIS DE BŒUF

Fruité et généreux

🍾 Rouge mi-corsé : chinon, **buzet**, coteaux-du-languedoc

👄 Le buzet, un vin de bonne intensité aux notes de petits fruits noirs et d'épices, saura agrémenter ce plat simple de bœuf.

HACHIS PARMENTIER

 Fruité et généreux

🍷 Rouge mi-corsé : bourgogne, **chinon**, valpolicella

👄 Ce vin simple aux tannins charnus et au fruité savoureux s'harmonisera délicieusement avec ce plat simple et savoureux.

HAMBURGER DE CHAMPIGNONS AVEC SAUCE AU BASILIC ET À LA MOUTARDE

 Aromatique et souple

🍷 Rouge mi-corsé : merlot vin de pays d'oc, **primitivo**, côtes-du-roussillon-villages

👄 Pour accompagner ce plat, choisissez un vin souple aux arômes de fruits mûrs et à la note boisée, comme ce primitivo italien qui fera le lien avec les champignons et la sauce.

HAMBURGER DE DINDE FARCI AU FROMAGE DE CHÈVRE AVEC RELISH DE POIVRONS ROUGES

 Fruité et généreux

🍷 Rosé mi-corsé : rosé de cabernet franc, rosé du Québec, **rosé de Sicile**

👄 Caractérisé par une grande fraîcheur et un fruité généreux, le rosé de Sicile s'harmonise parfaitement avec les saveurs relevées qui accompagnent cette volaille.

HAMBURGER DE SAUMON AVEC MAYONNAISE DE MOUTARDE AU GINGEMBRE

 Fruité et vif

🍷 Blanc mi-corsé : minervois, corbières, **sauvignon** (CAL)

👄 Sec et ample avec de la simplicité et une touche florale, le sauvignon est tout indiqué pour rehausser les saveurs de ce hamburger au poisson.

HAMBURGER GRILLÉ À LA MOUTARDE ET À L'ANETH

 Fruité et léger

🍷 Rouge léger : **juliénas**, dôle-du-valais, côtes-du-rhône

👄 Vin rouge équilibré, avec du fruit et de la fraîcheur, le juliénas accompagnera parfaitement le goût savoureux de ce hamburger.

HAMBURGER MAISON AU BARBECUE

 Fruité et léger

🍷 Rouge léger : **penedès**, beaujolais-village, merlot (HO)

👄 Ce vin rouge souple, aux arômes de fruits mûrs et souvent avec une note boisée, est tout indiqué pour ce classique de l'été auquel le bœuf grillé apporte des saveurs supplémentaires.

HARENGS À LA CRÈME

  Aromatique et rond

 Blanc mi-corsé : gewurztraminer, **chardonnay (AU)**, viognier

Ce chardonnay souple et généreux, aux notes délicatement boisées, est idéal pour rehausser la texture de cette sauce à la crème.

HARENGS ET POMMES DE TERRE À L'ÉTOUFFÉE

 Fruité et vif

 Blanc mi-corsé : fumé blanc (CAL), **sancerre**, graves

Grâce à ses notes de pomme verte et de poire, de même qu'à sa touche d'agrumes et à sa finale minérale, ce vin de la Loire se fondra parfaitement aux saveurs du hareng fumé, et le fruité du vin s'accommodera à celles de l'ail.

HOCHEPOT FLAMAND

 Aromatique et souple

 Rouge mi-corsé : **rioja**, chianti-classico, zinfandel (CAL)

Savoureux tout en demeurant souple, ce vin espagnol aux parfums de pruneaux, de fruits rouges et d'épices, est tout indiqué pour accompagner la myriade d'arômes qu'offre ce pot-au-feu.

HOMARD, BISQUE DE

 Fruité et vif

 Blanc mi-corsé : riesling, **chablis**, chardonnay (CH)

Pour accompagner la finesse de cette bisque, choisissez un chablis mi-corsé aux notes florales et minérales.

HOMARD BOUILLI AVEC BEURRE À L'ESTRAGON

 Aromatique et rond

Blanc mi-corsé : chardonnay (IT), **pouilly-fuissé**, riesling

Pour accompagner cette chair délicate et succulente rehaussée par un beurre à l'estragon, ce vin du Mâconnais aux arômes de poire, de vanille, de beurre et de champignons est tout indiqué.

HOMARD GRILLÉ

Aromatique et rond

Blanc mi-corsé : chardonnay (CAL), **graves**, chablis premier cru

Soulignez les saveurs et la richesse de ce plat grillé avec un vin bordelais comme le graves, aux accents boisés et intenses.

HOMARD, PÂTES AU, SAUCE À LA CRÈME ET AUX HERBES

 Aromatique et rond

Blanc mi-corsé : chardonnay (IT) (CAL), **chablis premier cru**

Pour accompagner ce plat raffiné aux notes d'herbes et aux saveurs onctueuses, choisissez un grand bourgogne à la texture enveloppante, doté d'une bonne fraîcheur et de finesse aromatique.

HOMARD POCHÉ

 Fruité et vif

Blanc mi-corsé : **pinot gris**, chardonnay, mâcon-villages

Ce vin moyennement corsé, aux accents de fruits et d'épices avec des saveurs onctueuses, accompagnera parfaitement la chair exquise du homard poché.

HOMARD POÊLÉ

 Fruité et vif

Blanc mi-corsé : saint-véran, pessac-léognan, **chardonnay (IT)**

Ce vin blanc fin, possédant une certaine intensité aromatique tout en demeurant souple en bouche, s'accordera agréablement aux saveurs du homard poêlé.

HOMARD, RAVIOLIS AU, SAUCE AU VIN BLANC

 Délicat et léger

Blanc léger : **chablis**, pouilly-fumé, soave-classico

Pour accompagner ce plat raffiné, quoi de mieux qu'un vin fin et fruité comme le chablis, doté d'une bonne constitution et d'une minéralité peu commune ?

HOMARD, RISOTTO AUX TRUFFES ET AU

 Aromatique et rond

Blanc corsé : meursault, **chassagne-montrachet**, chardonnay (CAL)

Ce vin d'une grande richesse, au boisé bien fondu, gras et culminant dans une longue finale, est tout indiqué pour accompagner ce risotto aux saveurs raffinées.

HOMARD, SAUCE À LA CRÈME

Aromatique et rond

Blanc mi-corsé : pouilly-fuissé, **chardonnay (AU)** (IT)

Le côté rond et suave du chardonnay australien, légèrement boisé, mettra en valeur les saveurs de ce plat auquel la sauce apporte richesse et onctuosité.

HOMARD, TAGLIATELLES AU SAUMON ET AU, SAUCE AU GORGONZOLA

Aromatique et rond

Blanc corsé : **meursault**, chardonnay (CAL) (AU)

Ce vin de Bourgogne est assez souple pour épouser la texture de la préparation et assez puissant pour être à la hauteur des saveurs du fromage.

HOMARD THERMIDOR

Fruité et vif

Blanc mi-corsé : côte-de-beaune, **pinot gris (AL)**, chardonnay (CAL)

Cette chair délicate et exquise nappée de sauce béchamel requiert un vin de pinot gris à la texture grasse et aux arômes de fruits blancs et de fleurs blanches.

HUÎTRES FRAÎCHES

Délicat et léger

Blanc léger : **muscadet**, riesling, entre-deux-mers

Le côté frais et vif du muscadet, ainsi que ses notes d'agrumes, viendra rehausser la saveur des huîtres fraîches.

HUÎTRES GRATINÉES

Fruité et vif

Blanc mi-corsé : graves, **sauvignon (CAL)**, mâcon-villages

Le sauvignon blanc californien est un vin sec et fringant qui accompagne à merveille les huîtres gratinées avec ses arômes d'agrumes et d'herbes aromatiques.

HUÎTRES, SOUPE AUX

Délicat et léger

Blanc léger : pouilly-fumé, **bordeaux**, bourgogne

La saveur fine et délicate des huîtres requiert un vin léger et aromatique, comme ce bordeaux blanc, à la texture souple et aux notes d'agrumes, de fleurs et de minéraux.

INDIENS, METS

Délicat et léger

Blanc léger : vouvray, **sylvaner (AL)**, sauvignon blanc

Pour un accord parfait avec les mets indiens, parfois bien épicés, choisissez un vin blanc délicat et rafraîchissant, comme le sylvaner alsacien aux arômes de fruits blancs.

177

JAMBON AU MARSALA

 Fruité et généreux

Rosé corsé : **tavel**, côtes-du-rhône, bandol

Rosé de caractère, intense, possédant une bonne ampleur et une agréable fraîcheur, le tavel est tout indiqué pour rehausser les saveurs de ce plat de jambon.

JAMBON, BOUILLI DE LÉGUMES ET DE

 Fruité et vif

Blanc mi-corsé : chardonnay (FR), **coteaux-du-languedoc**, sauvignon (CH)

Ce plat relevé requiert un vin blanc frais aux notes végétales et fruitées subtiles pour équilibrer le goût salé du jambon.

JAMBON, CRÊPES AU, ET FROMAGE

 Fruité et léger

Rouge léger : **beaujolais-villages**, bardolino, pinot noir (FR)

Pour accompagner ce plat léger et simple dominé par l'aspect salé et onctueux du fromage, choisissez un vin dominé par les fruits et aux tannins souples, comme le beaujolais-villages.

JAMBON, LASAGNE AU

 Fruité et généreux

Rosé mi-corsé : **rosé de Sicile**, bandol, vin de pays des Cévennes

Choisissez un vin rosé sec, dominé par une grande fraîcheur, avec un bon fruité et assez persistant en finale, pour accompagner ce plat salé allié aux pâtes.

JAMBON RÔTI, SAUCE À L'ANANAS

 Fruité et léger

Rouge léger : costières-de-nîmes, **gamay**, pinot noir (FR)

Pour accompagner cette viande rôtie relevée d'une sauce aux fruits, choisissez un rouge fruité et souple comme le gamay.

JAMBON, ROULADE AU

 Fruité et léger

Rouge léger : mâcon supérieur, **gamay**, pinot noir (FR)

Pour accompagner le goût délicat et salé de cette charcuterie, choisissez un vin rouge léger, simple et frais, aux tannins tout en souplesse et aux saveurs de fruits rouges.

JAMBON, SPAGHETTIS AU, ET AUX PETITS POIS

 Fruité et léger

Rosé léger : rosé de Provence, rosé de Californie, **côtes-du-frontonnais**

Ce vin rosé aux saveurs présentes sera idéal pour soutenir le côté salin du jambon et accompagner ce plat simple et convivial.

JAMBON, STEAK DE, AU VIN
 Fruité et léger

🍾 Rosé léger : **rosé du sud-ouest de la France**, de Vénétie, du Portugal

👄 Ce rosé simple, assez aromatique, avec une bonne acidité, est tout indiqué pour accompagner ce plat simple mais savoureux.

JARDINIÈRE DE DINDE AUX AUBERGINES
 Fruité et généreux

🍾 Rosé mi-corsé : tavel, lirac, **bandol**

👄 Ce vin rosé rafraîchissant, qui a du caractère, accompagnera bien ce plat de volaille aux aubergines par sa texture et sa longue finale.

JARRET DE PORC AUX LENTILLES VERTES
 Fruité et léger

🍾 Rouge léger : **chiroubles**, bardolino, valpolicella

👄 Ce vin simple et gouleyant dominé par les fruits, avec des tannins souples, accompagnera de façon fort agréable ce plat de porc aux lentilles.

JARRET DE VEAU AUX CERISES
 Fruité et léger

🍾 Rouge léger : côtes-du-lubéron, montepulciano-d'abruzzo, **pinot noir (FR)**

👄 Ce vin frais et doté de tannins discrets, aux arômes fruités (cerise dans l'eau-de-vie) et subtilement épicés, accompagnera parfaitement ce veau aux cerises.

JARRET D'AGNEAU AVEC LENTILLES ROUGES
 Aromatique et charnu

🍾 Rouge corsé : saint-estèphe, **chianti-classico riserva**, malbec (AR)

👄 Ce vin aux saveurs intenses et aux tannins présents, mais sans agressivité, agrémentera la texture de la viande et le goût des lentilles.

JARRET D'AGNEAU BRAISÉ AU VIN AVEC HERBES DE PROVENCE
 Aromatique et souple

🍾 Rouge mi-corsé : côtes-de-provence, coteaux-d'aix-en-provence, **bandol**

👄 Quoi de mieux qu'un vin de Provence pour accompagner un plat assaisonné aux herbes de cette région. De plus, la puissance du vin se mariera à la puissance de la viande.

JARRET D'AGNEAU BRAISÉ AVEC ÉCHALOTES ET OIGNONS CARAMÉLISÉS
Aromatique et charnu

🍾 Rouge corsé : barolo, **merlot (CAL)** (AU)

👄 Un vin riche, puissant et très fruité (fruits en confiture) qui se marie bien au jarret d'agneau et au goût riche du caramel.

LAMPROIE À LA BORDELAISE

Aromatique et souple

Rouge mi-corsé : **bordeaux**, buzet, merlot (FR)

Pour accompagner ce plat classique, l'accord régional est tout indiqué. Un vin de Bordeaux générique sera l'idéal avec ses arômes de fruits noirs et de sous-bois, le tout dans une structure souple au parfum délicatement boisé.

LANÇONS, FRITURE DE

Délicat et léger

Blanc léger : **sauvignon (CH)**, bordeaux, muscadet

À cause du gras que confère la cuisson en friture, le poisson frit nécessitera un vin blanc léger et vif aux arômes d'agrumes, comme ce sauvignon du Chili aux notes de citron vert et d'herbes aromatiques.

LANGOUSTES, BOUILLABAISSE DE

Fruité et vif

Blanc mi-corsé : languedoc, vin du Liban, **orvieto-classico**

La fraîcheur du vin et son côté herbacé accompagneront ce plat issu de la mer. Les épices et les herbes qui le composent s'associeront au côté végétal et désaltérant de ce vin italien.

LANGOUSTINES AU BEURRE ET À L'AIL

Délicat et léger

Blanc léger : entre-deux-mers, riesling, **pomino**

Pour accompagner la chair délicate des langoustines fortement rehaussée par la puissance de l'ail, choisissez un vin de Toscane exprimant une agréable fraîcheur dont émanent des parfums de fruits et d'amandes grillées.

LANGOUSTINES, LINGUINES AVEC

Fruité et vif

Blanc mi-corsé : **langhe**, colli-orientali-del-friuli, savennières

Doté d'une grande finesse et pourvu d'une texture ample, ce vin du Piémont est tout indiqué pour accompagner ce plat raffiné.

LANGOUSTINES, QUEUES DE, GRILLÉES SUR LIT D'ÉPINARDS À L'AIL

Fruité et vif

Blanc mi-corsé : chardonnay (AR), **sauvignon (NZ)** (CAL)

Le sauvignon de Nouvelle-Zélande est à la fois rafraîchissant et aromatique, ce qui en fait le complément idéal de ce plat savoureux de fruits de mer.

LANGUE DE BŒUF AUX ÉCHALOTES CONFITES Fruité et généreux

 Rouge mi-corsé : **morgon**, sancerre, pinot noir (OR)

 Assez savoureux pour l'intensité de ce plat, le caractère fruité très marqué de ce cru du Beaujolais fera également le pont avec le goût un peu sucré des échalotes caramélisées.

LANGUE DE BŒUF AUX OIGNONS Fruité et généreux

 Rouge mi-corsé : cabernet franc (CA), **bourgueil**, merlot vin de pays

 Ce plat à la texture présente requiert un vin mi-corsé, fruité et un tantinet végétal, aux tannins souples et de persistance moyenne, comme le bourgueil.

LAPIN À LA CRÈME Aromatique et rond

 Blanc mi-corsé : châteauneuf-du-pape, **chardonnay (CAL)**, viognier

 Ce chardonnay suave et ample, délicatement boisé, s'harmonisera parfaitement avec la sauce onctueuse et les saveurs du lapin.

LAPIN AU CIDRE ET AUX PRUNEAUX Aromatique et souple

 Rouge mi-corsé : beaune premier cru, dolcetto-d'alba, **pinot noir (CAL)**

 Le pinot noir californien, avec sa généreuse expression aromatique et ses tannins tendres, conviendra délicieusement à ce lapin aux accents de fruits et à la finesse du cidre.

LAPIN AU FENOUIL Délicat et léger

 Blanc léger : **pouilly-fumé**, sancerre, graves

 Ce vin blanc frais et délicat, mais assez goûteux, aux notes végétales, accompagnera parfaitement les saveurs de fenouil de ce plat de lapin.

LAPIN AU VIN ROUGE Fruité et généreux

 Rouge mi-corsé : **coteaux-du-languedoc**, torgiano rosso, bergerac

 Ce vin tendre, fruité et épicé, aux tannins charnus, est le complément idéal de ce plat classique où les saveurs du lapin sont accentuées par une sauce au vin rouge.

LAPIN AUX ABRICOTS ET AUX ORANGES

 Fruité et vif

Blanc mi-corsé : pessac-léognan, vouvray, **vin de pays des côtes de Gascogne**

Pour accompagner ce plat aux saveurs où les fruits dominent, choisissez un vin frais et moelleux des côtes de Gascogne, au parfum de fruits exotiques.

LAPIN AUX CHAMPIGNONS

 Aromatique et rond

Blanc mi-corsé : **chardonnay (IT)** (CAL) (CH)

Un chardonnay italien, légèrement boisé et de bonne intensité aromatique, est tout indiqué pour accompagner ce plat aux arômes de sous-bois.

LAPIN AUX PETITS POIS

 Délicat et léger

Blanc léger : bordeaux, pouilly-fumé, **soave-classico**

Ce vin blanc plutôt léger, moyennement aromatique et assez délicat, avec une agréable fraîcheur, s'accordera délicieusement avec ce plat de lapin.

LAPIN AUX PRUNEAUX

 Aromatique et souple

Rouge mi-corsé : **rioja crianza**, bordeaux, merlot (CAL)

Cette viande délicate enrobée de saveurs de fruits mûrs requiert un vin délicatement relevé d'arômes de petits fruits rouges confits, comme ce vin d'Espagne.

LAPIN, BOUDIN DE, À LA CHAMPENOISE

 Aromatique et rond

Blanc mi-corsé ou mousseux : **champagne**, pessac-léognan, bourgogne.

Un accord régional est toujours une bonne idée. Le champagne offre des arômes de mie de pain et de levures qui s'associent à la brioche et qui s'harmoniseront très bien avec la délicatesse du lapin et les effluves de mie de pain de sa préparation.

LAPIN, CIVET DE, À LA MÉLASSE

 Aromatique et souple

Rouge mi-corsé : **première-côte-de-blaye**, merlot (CAL), sangiovese

Ce vin aromatique à la bouche imposante et savoureuse s'harmonisera à merveille avec les saveurs intenses de ce plat.

LAPIN, COUSCOUS AU

 Fruité et léger

Rouge léger : chénas, **dolcetto-d'alba**, cabernet franc (CA)

Ce vin italien souple et fruité, légèrement épicé, à l'agréable saveur d'amandes viendra rehausser le goût du lapin.

LAPIN, CUISSES DE, CONFITES AVEC CRÈME DE CITROUILLE

 Aromatique et rond

🍾 Blanc mi-corsé : saint-aubin, beaune premier cru, **chardonnay (CH)**

🍷 Un vin fin et savoureux, à la texture grasse, et surtout pourvu d'une bonne fraîcheur, comme le chardonnay du Chili, accompagnera à merveille les saveurs relevées de ce plat de lapin accompagné d'une crème de citrouille.

LAPIN FARCI AU FOIE GRAS

 Aromatique et rond

🍾 Blanc mi-corsé : **meursault**, chassagne-montrachet, chardonnay (CH)

🍷 Ce grand vin blanc étoffé, aromatique et d'une texture enveloppante est tout indiqué pour accompagner les riches saveurs de ce plat apportées par le foie gras.

LAPIN, MEURETTE DE

 Aromatique et rond

🍾 Blanc mi-corsé : **côte-de-beaune**, chardonnay (CH) (AR)

🍷 Grâce à sa finesse et à ses notes de fruits blancs et parfois d'agrumes, ce vin de Bourgogne s'agencera parfaitement à la nature des arômes qui composent ce plat de lapin. Aussi, sa texture enveloppante s'agencera à celle de la sauce crémeuse.

LAPIN PRINTANIER EN COCOTTE

 Fruité et généreux

🍾 Rouge mi-corsé : **minervois**, merlot (CH), sangiovese

🍷 Ce vin empreint de saveurs simples et savoureuses, aux tannins très assouplis, rehaussera très bien les saveurs de ce lapin ayant une longue cuisson en cocotte.

LAPIN, RÂBLES DE, AUX MIRABELLES

Fruité et léger

🍾 Rouge léger : gamay de Touraine, **côstières-de-nîmes**, valpolicella

🍷 Ce vin de structure souple, simple et fruité (fruits mûrs), est parfait pour accompagner ce plat de lapin où dominent les fruits.

LAPIN, RÂBLES DE, FARCIS AUX AUBERGINES

 Fruité et léger

🍾 Rouge léger : **bourgueil**, brouilly, barbera-d'asti

🍷 Le bourgueil, ce vin frais et fruité, aux tannins discrets, est tout indiqué pour rehausser les saveurs de ce plat dominé par des accents d'aubergines.

LAPIN, RAGOÛT DE, AUX POMMES DE TERRE Fruité et généreux

🍾 Rouge mi-corsé : **merlot (IT)** (CAL), côtes-du-frontonnais

👄 Pour accompagner ce mijoté de lapin, où les saveurs sont marquées par une longue cuisson, il conviendra de choisir un vin savoureux, à la fois fruité et épicé, aux tannins charnus, comme le merlot italien.

LAPIN, RAGOÛT DE, AUX TOMATES Fruité et généreux

🍾 Rouge mi-corsé : chénas, merlot (IT), **côtes-de-provence**

👄 Ce vin de bonne constitution, charnu et fruité, aux tannins plutôt soyeux, s'harmonisera agréablement avec ce ragoût de lapin aux accents du midi.

LAPIN RÔTI À LA MOUTARDE Fruité et généreux

🍾 Rouge mi-corsé : gaillac, anjou, **chinon**

👄 Ce vin possédant une agréable fraîcheur, aux tannins présents et aux notes de confiture de fraises et de griottes, saura accompagner les saveurs relevées de cette sauce à la moutarde.

LAPIN RÔTI AUX ÉCHALOTES Fruité et généreux

🍾 Rouge mi-corsé : chinon, **saint-nicolas-de-bourgueil**, cabernet franc (CAN)

👄 Pour accompagner ce lapin rôti, choisissez un vin assez aromatique, à la structure souple, légèrement végétal et suffisamment fruité, comme ce vin de la Loire.

LAPIN RÔTI AVEC PURÉE AUX OLIVES Fruité et généreux

🍾 Rouge mi-corsé : **dolcetto-d'alba**, zinfandel (CAL), sangiovese/cabernet

👄 Doté de saveurs intenses de fruits et d'épices, avec des tannins enrobés et surtout sans agressivité, ce vin italien est tout indiqué pour accompagner ce plat de lapin relevé par sa purée d'olives.

LAPIN RÔTI AVEC TOMATES CONFITES Fruité et généreux

🍾 Rouge mi-corsé : volnay, pinot noir (CAL), **merlot (IT)**

👄 Vin savoureux, à la fois fruité et épicé, aux tannins charnus, le merlot italien rehaussera parfaitement les saveurs de ce lapin rôti et l'onctuosité des tomates confites.

LAPIN, SAUTÉ DE, AU FENOUIL

 Fruité et généreux

 Rouge mi-corsé : **bourgueil**, chinon, barco-reale-di-carmignano

 Un vin plutôt savoureux, aux tannins charnus et aux notes subtiles à la fois végétales et épicées, s'accordera harmonieusement avec ce plat où le fenouil domine.

LASAGNE À LA DINDE ET AUX ÉPINARDS, SAUCE TOMATE ÉPICÉE

 Fruité et généreux

Rouge mi-corsé : côtes-du-rhône, **morellino-di-scansano**, alentejo

Ce vin italien, aux tannins discrets, mais pourvu d'une bonne intensité aromatique, possède la fraîcheur requise pour calmer l'ardeur de cette sauce relevée.

LASAGNE À LA VIANDE

 Fruité et généreux

Rouge mi-corsé : chianti-classico, **sangiovese**, tempranillo

Pour faire le lien avec la sauce tomate, la viande et les épices, choisissez un sangiovese, légèrement épicé, aux tannins souples et au côté fruité.

185

LASAGNE AU CRABE

 Aromatique et rond

Blanc mi-corsé : **viré-clessé**, viognier (CAL), chardonnay (AU)

Doté d'une grande finesse aromatique et savoureuse, ce vin à la texture ample et à la fraîcheur équilibrée agrémentera parfaitement ces pâtes au crabe.

LASAGNE AU JAMBON

 Fruité et généreux

Rosé mi-corsé : **rosé du sud de l'Italie**, bandol, vin de pays des Cévennes

Choisissez un vin rosé sec, dominé par une grande fraîcheur, avec un bon fruité et assez persistant en finale, pour accompagner le jambon de ce plat.

LASAGNE AUX CHAMPIGNONS, PISTOU ET NOISETTES

 Aromatique et rond

Blanc mi-corsé : chardonnay (CAL), **pessac-léognan**, saint-joseph

Ce vin ample et frais, avec une note finement boisée et souvent typé par une note de fruit sec et de miel, est tout indiqué pour accompagner les riches saveurs de ces pâtes.

LASAGNE AUX CHAMPIGNONS, SAUCE AU PARMESAN

 Aromatique et rond

🍷 Blanc mi-corsé : **chardonnay de Sicile**, chardonnay (CAL), pomino

👄 Vin frais et boisé, à la texture dense, le chardonnay de Sicile est le complément parfait de cette lasagne aux arômes de sous-bois et de parmesan.

LASAGNE AUX COURGETTES

 Délicat et léger

🍷 Blanc léger : pouilly-sur-loire, **orvieto**, pinot blanc (AL) (CAL)

👄 Fruité et rafraîchissant, ce vin italien est tout indiqué pour accompagner cette lasagne aux saveurs délicates.

LASAGNE AUX ÉPINARDS, AU PISTOU ET AU FROMAGE

 Aromatique et rond

🍷 Blanc mi-corsé : **pessac-léognan**, sauvignon (AS) (CAL)

👄 Ce vin doté d'une certaine ampleur, avec un caractère légèrement végétal et une note boisée, d'une bonne persistance en finale, est tout indiqué pour accompagner les saveurs intenses de cette lasagne.

LASAGNE AUX ÉPINARDS, SAUCE BÉCHAMEL

 Fruité et vif

🍷 Blanc mi-corsé : sauvignon blanc (CAL), **fumé blanc (CH)**, pouilly-fumé

👄 Ce vin blanc assez ample et frais saura rehausser le goût de la sauce et son caractère légèrement végétal et floral s'agencera à la saveur des épinards.

LASAGNE AUX LÉGUMES

 Fruité et vif

🍷 Blanc mi-corsé : **soave-classico**, chardonnay (AU), mâcon-villages

👄 Pour accompagner cette lasagne aux légumes, choisissez un vin blanc moyennement corsé, comme le soave-classico, à la bouche ample, frais, aux parfums de fleurs blanches et d'agrumes.

LASAGNE AUX SAUCISSES ET AUX CHAMPIGNONS, SAUCE TOMATE ET POIVRONS ROUGES

 Aromatique et souple

🍷 Rouge mi-corsé : rosso-di-montalcino, shiraz (AU), **montepulciano-d'abruzzo**

👄 Ce vin aromatique à la forte personnalité s'accordera parfaitement avec les multiples saveurs de ce plat, avec ses tannins charnus et ses subtiles notes boisées.

LASAGNE AUX TOMATES, AUX SHIITAKES ET AU PROSCIUTTO

 Fruité et généreux

Rouge mi-corsé : **barbera-d'alba**, corbières, pomino

Ce vin assez aromatique, à la structure tannique souple, possède une acidité rafraîchissante et des saveurs simples de fruits et d'épices qui s'agenceront à merveille avec ce plat où dominent de nombreuses saveurs.

LASAGNE D'ESCARGOTS AU PERSIL

 Fruité et vif

Blanc mi-corsé : **bourgogne**, fumé blanc (CAL), chardonnay (IT)

Rafraîchissant, ample et assez persistant en finale, un bourgogne est tout indiqué pour rehausser les saveurs d'escargots.

LÉGUMES, COUSCOUS AUX

 Fruité et vif

Blanc mi-corsé : **soave-classico**, sauvignon blanc (CAL), viognier

Ce plat frais aux légumes de saison sera rehaussé par un authentique vin dominé par les fruits, avec des notes suaves de miel et de fleurs blanches.

LENTILLES AUX OIGNONS

 Fruité et léger

Rosé léger : rosé (AS), **vin gris**, rosé de Provence

Le vin gris, ce vin sec, léger et simple de caractère, qui désaltère, est tout indiqué pour accompagner les saveurs de ce plat.

LENTILLES AUX POIVRONS ROUGES ET AUX FEUILLES DE LIME

 Fruité et léger

Rouge léger : **bourgueil**, pinot noir (FR), valdepenas

Vin friand, muni d'une belle fraîcheur et d'une grande souplesse, le bourgueil rehaussera les saveurs relevées de ce plat de lentilles où les poivrons feront le lien avec le vin.

LIÈVRE, CIVET DE

Aromatique et souple

Rouge mi-corsé : côtes-du-rhône, côtes-du-ventoux, **rioja**

Un vin doté d'une trame tannique assouplie, comme le rioja, avec son fruité généreux, ses notes boisées et sa bonne ampleur, est tout indiqué pour rehausser le goût du lièvre.

LINGUINES AU CRABE, AUX POIVRONS

LINGUINES AU CRABE, AUX POIVRONS ROUGES ET AUX PIGNONS, SAUCE À L'AIL

 Fruité et généreux

Rosé mi-corsé : rosé (ES), côtes-de-provence, **saint-chinian**

Vin sec doté d'une certaine finesse aromatique et d'une grande fraîcheur, ce rosé du Languedoc s'harmonisera très bien avec les fines saveurs du crabe et les saveurs relevées de ce plat de pâtes.

LINGUINES AU PISTOU DE TOMATES SÉCHÉES

 Fruité et généreux

Rouge mi-corsé : **merlot (IT)**, pinot noir (FR) (NZ)

Ce plat marqué par le pistou et aux saveurs ensoleillées invitera un vin ayant des tannins souples et une bonne intensité savoureuse.

LINGUINES AU POULET ET SAUCE AU PISTOU ÉPICÉ

 Fruité et vif

Blanc mi-corsé : **saint-véran**, albana-di-romagna secco, sauvignon (CH)

Ce vin de Bourgogne, de bonne intensité, et à la fraîcheur soutenue, accompagnera fort bien ce plat de pâtes au poulet rehaussé par une sauce au pistou épicé.

LINGUINES AU POULET, AUX POIREAUX ET AUX TOMATES

 Fruité et léger

Rosé léger : côtes-de-provence, **rosé de Sicile**, côtes-du-lubéron

Avec ses notes de fruits frais et d'épices marquées par le soleil, ce vin souple est tout indiqué pour accompagner ce plat de pâtes au poulet marqué par une note fraîche (poireaux et tomates).

LINGUINES AU SAUMON ET AUX CHAMPIGNONS

 Aromatique et rond

Blanc mi-corsé : chardonnay de Sicile, **montagny**, greco-di-tufo

Ce vin ample et généreux, au caractère subtilement boisé, est tout indiqué pour rehausser la texture du saumon ainsi que les saveurs de ce plat de pâtes.

LINGUINES AUX CREVETTES ET AUX ASPERGES

 Fruité et vif

Blanc léger : sauvignon vin de pays d'oc, **cava (ES)**, gavi

Vin mousseux de méthode traditionnelle fin et distingué, ayant une bonne acidité, essayez des bulles pour accompagner les saveurs délicates de ce plat.

LINGUINES AUX CREVETTES ET AUX POIREAUX, SAUCE AU VIN BLANC

 Fruité et vif

Blanc mi-corsé : sauvignon (CH) (NZ), **pouilly-fumé**

Savoureux, acidulé mais sans excès, avec une touche végétale, le pouilly-fumé accompagnera délicieusement bien ces pâtes aux crevettes où les poireaux feront le lien avec ce vin.

LINGUINES AUX CREVETTES ET AUX PÉTONCLES, SAUCE AU CARI VERT

 Fruité et vif

Blanc mi-corsé : **chablis/chablis premier cru**, pinot gris (AL), pessac-léognan

Ce vin fin minéral et fruité saura tempérer l'ardeur du cari vert et accompagner les subtiles saveurs de la mer.

LINGUINES AUX LANGOUSTINES

 Fruité et vif

Blanc mi-corsé : **langhe**, pinot grigio (IT), savennières

Doté d'une grande finesse et pourvu d'une texture ample, ce vin du Piémont est tout indiqué pour accompagner ce plat où la finesse des langoustines accompagne les pâtes.

LINGUINES AUX PALOURDES, SAUCE AU GINGEMBRE ET SOYA

 Délicat et léger

Blanc léger : muscadet-sèvre-et-maine, saumur, **côtes-de-saint-mont**

Ce vin simple, mais savoureux, possédant une bonne vivacité et une note minérale, est tout indiqué pour accompagner ce plat de pâtes aux palourdes.

LINGUINES AUX TOMATES ET AUX CŒURS D'ARTICHAUTS

Fruité et léger

Rouge léger : **valpolicella**, merlot vin de pays d'oc, merlot (HO)

Simple et fruité, aux tannins discrets, ce vin italien fera honneur à ce plat de pâtes dominées par les tomates et rehaussées par les cœurs d'artichauts.

LINGUINES AUX TROIS FROMAGES

 Fruité et vif

Blanc mi-corsé : pomino, chardonnay (IT), **langhe**

Ce vin du Piémont, bien équilibré et pourvu d'une texture ample, avec une bonne persistance aromatique, est tout indiqué pour accompagner ce plat de pâtes dominé par la puissance des fromages.

LINGUINES AVEC ROQUETTE, TOMATES ET PECORINO

 Fruité et généreux

Rosé mi-corsé : **tavel**, lirac, bandol

Ce grand rosé à la forte personnalité saura rehausser les saveurs de ce plat relevé aux accents latins.

LINGUINES, SAUCE AU POULET ET AUX NOIX DE GRENOBLE

 Aromatique et rond

Blanc mi-corsé : **arbois**, mercurey, soave-classico

Ce vin du Jura, à la texture ample et finement boisée aux notes de noix, s'accordera délicieusement avec ce plat de pâtes aux saveurs régionales où les noix de Grenoble dominent.

LINGUINES, SAUCE AUX POIRES ET AU GORGONZOLA

 Aromatique et rond

Blanc corsé : chardonnay de Sicile, **chardonnay (CAL)** (AU)

Les notes boisées accompagnées des fruits en sirop (poire) de ce vin, à la texture ample et persistante en finale, accompagneront à merveille les saveurs relevées mais fines de cette sauce.

LINGUINES, SAUCE ÉPICÉE AUX PALOURDES

 Fruité et vif

Blanc mi-corsé : **pinot gris (FR)**, sauvignon (CAL) (CH)

Cette sauce demande un vin où la richesse du vin, ayant une certaine puissance, fera un complément parfait aux palourdes.

LINGUINES SAUTÉS À L'HUILE AVEC TOMATES SÉCHÉES

 Fruité et généreux

Rouge mi-corsé : pinot noir (CAL), **rosso-di-montalcino**, côtes-du-rhône-villages

Ce plat aux saveurs relevées de tomates séchées requiert un sangiovese, aux notes généreuses de fruits noirs mûrs et boisés.

LONGE DE PORC LAQUÉE À LA GRENADE ET À L'ORANGE

 Fruité et généreux

Rosé mi-corsé : **tavel**, cabernet-sauvignon (CH), costières-de-nîmes

Ce vin mi-corsé avec un fruité généreux et une finale fraîche est tout indiqué pour accompagner les saveurs douces de ce plat de porc.

LONGE DE PORC RÔTIE AVEC SAUCE AUX OIGNONS ET AUX POMMES

Fruité et vif

Blanc ou cidre mi-corsé : riesling (AL), pinot gris (AL), **cidre (QC)**

Avec ses arômes de pomme et sa grande fraîcheur, le cidre du Québec est tout indiqué pour accompagner la sauce de ce plat de porc.

LOTTE, BLANQUETTE DE, AU VIN BLANC
Fruité et vif

Blanc mi-corsé : chablis, sauvignon blanc (CAL), **pinot gris (AL)**

Pour rehausser le goût délicat de ce poisson, choisissez un vin d'une grande fraîcheur, comme le pinot gris, avec sa persistance et sa texture veloutée.

LOTTE, SAUCE À LA MANGUE
Fruité et vif

Blanc mi-corsé : **vouvray**, jurançon, pinot gris (AL)

Un vin blanc assez aromatique, très frais, avec un accent floral et de fruits tropicaux, accompagnera les délicates saveurs de ce plat de poisson.

LOTTE, SAUCE AUX ÉCHALOTES
Délicat et léger

Blanc léger : **sauvignon vin de pays d'oc**, orvieto-classico, sancerre

Ce vin aux notes végétales, mais assez ample en bouche, conviendra parfaitement à cette lotte aux échalotes.

LOTTE SAUTÉE AU BEURRE ET AUX FINES HERBES
Fruité et vif

Blanc mi-corsé : **chablis**, meursault, chardonnay

Le caractère onctueux de ce plat avec sa cuisson au beurre et aux herbes s'agencera très bien avec le chablis, un vin blanc ample aux subtiles notes florales et minérales.

MACARONIS AU FROMAGE AVEC PROSCIUTTO
Fruité et vif

Blanc mi-corsé : **albana-di-romagna secco**, bourgogne, viré-clessé

Avec une bonne acidité en équilibre et une texture ample, simple et moyennement intense, ce vin accompagnera agréablement ce plat simple et relevé.

MACARONIS AUX AUBERGINES ET AU FROMAGE
Fruité et léger

Rouge léger : **valpolicella**, gamay de Touraine, merlot (IT)

Avec sa structure tannique délicate et soyeuse, ce vin italien est tout indiqué pour accompagner ce savoureux plat de pâtes aux accents de terroir.

MACARONIS, SAUCE À LA VIANDE
Fruité et généreux

Rouge mi-corsé : cannonau-di-sardegna, **corbières**, merlot (CH)

Ce vin fruité aux tannins fins et aux notes d'épices et de fruits cuits saura rehausser la sauce délicatement épicée de ce plat.

MACARONIS, SAUCE AU FROMAGE

 Fruité et vif

Blanc mi-corsé : **soave-classico**, chardonnay (CH), mâcon-villages

Ces pâtes au fromage requièrent un vin blanc moyennement corsé, à la bouche ample, frais, aux parfums de fleurs blanches et d'agrumes.

MACARONIS, SAUCE AUX PIGNONS

 Fruité et vif

Blanc mi-corsé : pomino, **chardonnay (IT)**, pouilly-fuissé

Ce vin très fin, frais, de bonne ampleur en bouche, et au caractère variétal avec des notes de noisette, est tout indiqué pour accompagner la sauce aux pignons de ce plat de pâtes.

MAGRET DE CANARD AU FOIE GRAS ET AU BROCOLI

 Aromatique et souple

Rouge mi-corsé : cahors, **montagne-saint-émilion**, malbec (AR)

Avec ses tannins étoffés, sa texture enveloppante et son caractère typique de sous-bois, ce vin est tout indiqué pour rehausser les riches saveurs de ce plat.

MAGRET DE CANARD AUX QUATRE ÉPICES

 Aromatique et souple

Rouge mi-corsé : côtes-du-rhône, **syrah (CAL)**, primitivo

Avec sa richesse gustative, ses tannins charnus et sa nature épicée, la syrah californienne accompagne très bien ce plat de canard épicé.

MAGRET DE CANARD AUX TRUFFES

 Aromatique et charnu

Rouge corsé : **cahors**, madiran, malbec (AR)

Ce vin puissant où dominent les fruits soutenus par des tannins fermes saura rehausser autant le goût du canard que celui des truffes.

MAGRET DE CANARD, COULIS DE POMMES

 Fruité et généreux

Rouge mi-corsé : **pinot noir (NZ)**, mercurey, moulin-à-vent

Pour accompagner la fraîcheur du coulis de pommes, le pinot noir de Nouvelle-Zélande, à l'agréable vivacité, offre la pureté et le caractère juvénile du fruit frais ainsi que des tannins souples.

MAGRET DE CANARD FARCI
AU FOIE GRAS ET AUX CHAMPIGNONS

 Aromatique et souple

 Rouge mi-corsé : lalande-de-pomerol, merlot (CAL), **morellino-di-scansano**

Ce plat à la texture riche et aux saveurs de sous-bois sera rehaussé par ce vin aux arômes de fruits et aux notes boisées.

MAGRET DE CANARD, FONDUE DE

 Aromatique et souple

 Rouge mi-corsé : chianti, **merlot (CAL)**, bordeaux

Pour accompagner la viande de canard, un vin comme le merlot, qui possède une bonne intensité gustative, des tannins charnus et des saveurs de fruits rouges est tout indiqué.

MAGRET DE CANARD RÔTI AUX CASSIS

 Aromatique et souple

Rouge mi-corsé : **haut-médoc**, syrah (AU), merlot (CAL)

Les vins du Haut-Médoc, avec ses arômes et saveurs de fruits rouges et son intensité modérée, accompagnent bien le magret rôti servi avec des fruits.

MAGRET DE CANARD RÔTI AU
CHUTNEY DE MELON

 Fruité et généreux

Rouge mi-corsé : côtes-du-ventoux, **barbera**, merlot (IT)

Pour accompagner ce chutney, préférez un vin fruité et soutenu qui rehaussera aussi le goût du canard.

MAGRET DE CANARD, SAUCE À L'ANANAS

 Fruité et généreux

 Rouge mi-corsé : pinot noir (AU), **mercurey**, moulin-à-vent

Ce vin français à la dominante de fruits frais accompagne bien ce plat avec son agréable vivacité et ses tannins souples.

MAGRET DE CANARD, SAUCE AU VIN ROUGE

 Aromatique et charnu

 Rouge corsé : **cabernet-sauvignon (AU)** (CAL) (CH)

Le cabernet-sauvignon australien affiche une exubérance aromatique et un goût à la fois dense et tendre qui s'accorderont parfaitement avec ce plat.

MAGRET DE CANARD,
SAUCE AUX CANNEBERGES

 Aromatique et souple

 Rouge mi-corsé : **chianti-classico**, sangiovese, cahors

La vivacité et les arômes de fruits mûrs de ce vin sont tout indiqués pour accompagner le goût sucré mais légèrement acidulé des canneberges.

MAGRET DE CANARD, SAUCE AUX CERISES Aromatique et souple

🍾 Rouge mi-corsé : **cahors**, rosso-di-montalcino, crozes-hermitage

👄 Pour un mariage réussi avec ce magret aux cerises, choisissez un cahors aux notes de fruits rouges confits et d'épices.

MAGRET DE CANARD, SAUCE AUX MORILLES Aromatique et souple

🍾 Rouge mi-corsé : merlot (CAL), **saint-émilion**, lalande-de-pomerol

👄 Cette sauce requiert un vin avec une structure équilibrée, aux notes de sous-bois et de fruits, comme le saint-émilion.

MAGRET DE CANARD, SAUCE AUX POMMES Fruité et généreux

🍾 Rouge mi-corsé : **pinot noir (NZ)**, mercurey, moulin-à-vent

👄 Le pinot noir est un vin dont la pureté, le caractère juvénile de fruit frais, l'agréable vivacité et les tannins charnus sauront rehausser les saveurs de ce plat.

MAGRET DE CANARD, SAUCE AUX PRUNES Aromatique et souple

🍾 Rouge mi-corsé : cahors, **zinfandel (CAL)**, merlot (CAL)

👄 Ce vin aux notes de fruits mûrs et au goût riche et dense est idéal pour accompagner la richesse de la sauce, alliée à la texture du magret.

MAGRET DE CANARD, SAUCE À LA GRENADE ET AU VIN Aromatique et souple

🍾 Rouge mi-corsé : **merlot (CAL)**, corbières, sangiovese

👄 La saveur unique des grenades et du vin qui accompagnent ce magret de canard requiert un vin chaleureux aux notes de fruits rouges et aux tannins souples.

MAGRET DE CANARD, TOURNEDOS DE, SAUCE AU POIVRE VERT Aromatique et charnu

🍾 Rouge corsé : barolo, **rioja**, tannat d'Uruguay.

👄 Ce vin aux tannins présents, mais d'une grande noblesse, rehaussera ce plat avec son caractère épicé et légèrement sauvage.

MAHI-MAHI GRILLÉ Fruité et généreux

🍾 Rouge mi-corsé : **dolcetto**, pinot noir (NZ), chinon

👄 Fruité et de structure souple, avec une bonne fraîcheur et simple de caractère, ce vin du Piémont est idéal pour accompagner ce poisson ferme à la note grillée.

MAQUEREAU AU VIN BLANC

  Fruité et vif

 Blanc mi-corsé : sylvaner (AL), **picpoul-de-pinet**, penedès

Ce vin blanc du Languedoc, frais et vif, aux notes d'agrumes, est tout indiqué pour accompagner le goût délicat de ce poisson.

MATOUTOU

 Fruité et généreux

Rosé mi-corsé : **côtes-de-provence**, tavel, rosé (CH)

Le rosé de Provence, avec ses notes de fruits rouges et sa touche épicée, sera le complément idéal pour escorter à la fois les saveurs acidulées des tomates et délicates du crabe de cette recette.

MÉCHOUI

 Fruité et généreux

Rouge mi-corsé : chianti-classico, **côtes-du-roussillon**, rioja

Ce vin pourvu d'une certaine étoffe, avec un caractère boisé, est tout indiqué pour accompagner les saveurs de ce plat populaire marqué par une longue cuisson.

MÉDAILLONS DE PORC, SAUCE À LA CRÈME DE MOUTARDE

 Aromatique et rond

Blanc mi-corsé : **châteauneuf-du-pape**, saint-chinian, chardonnay (ÉU)

Aromatique, boisé, à la texture dense et suffisamment acidulé pour mettre du relief dans la crème, ce grand vin des côtes du Rhône est tout indiqué pour accompagner la sauce relevée de ce plat de porc.

MÉDAILLONS DE PORC, SAUCE À LA MOUTARDE ET AUX CÂPRES

 Aromatique et rond

Blanc mi-corsé : saint-joseph, **chardonnay de Sicile**, corbières

Simple et frais, avec une touche épicée et pourvu d'une certaine matière en bouche, le chardonnay sicilien accompagnera fort délicieusement ce plat simple de porc à la sauce moutarde et câpres.

MÉDAILLONS DE PORC, SAUCE AUX CANNEBERGES ET PORTO

 Fruité et généreux

Rouge mi-corsé : **douro**, Syrah (AU), cannonau-di-sardegna

Ce vin marqué par le soleil avec une dominante de fruits mûrs et une note d'épices saura accompagner la richesse de cette sauce fruitée.

MÉDAILLONS DE PORC, SAUCE AUX CERISES ET AUX ÉPICES

 Fruité et léger

🍷 Rouge léger : valpolicella-classico, **pinot (NZ)**, bourgogne-hautes-côtes-de-beaune

👄 Ce vin au fruité assez intense et à la structure souple accompagnera à merveille la texture et les saveurs épicées et sucrées de cette sauce.

MÉDAILLONS DE VEAU AU XÉRÈS

 Fruité et généreux

🍷 Rouge mi-corsé : rioja crianza, **costière-de-nîmes**, côtes-du-ventoux

👄 Pour accompagner ces médaillons de veau, choisissez un rouge aux tannins souples avec un fruité généreux et une finale savoureuse et assez persistante.

MÉDAILLONS DE VEAU, SAUCE AU PORTO ET AUX CANNEBERGES

 Aromatique et souple

🍷 Rouge mi-corsé : côtes-de-nuits-villages, pinot noir du Penedès, **pinot noir (CAL)**

👄 Ce vin californien parfumé à souhait, à la fois vif et gourmand, accompagnera délicieusement la texture fine du veau ainsi que les saveurs fruitées de ce plat.

MÉDAILLONS DE VEAU, SAUCE AUX ÉCHALOTES

 Aromatique et rond

🍷 Blanc mi-corsé : mâcon-villages, **saint-véran**, soave-classico

👄 Ce vin ample, rond, assez fruité et doté d'une bonne structure est tout indiqué pour accompagner ce plat de veau.

MÉDAILLONS DE VEAU, SAUCE AUX POMMES

 Aromatique et rond

🍷 Blanc mi-corsé : cidre (QC), graves, **bourgogne**

👄 Ce vin de Bourgogne d'une grande finesse avec une texture ample et une finale fraîche et fruitée est particulièrement bien agencé aux saveurs d'automne de ce plat de veau.

MERINGUE AU SUCRE BRUN AVEC FIGUES CARAMÉLISÉES

 Fruité et extra doux

🍷 Vin doux : **banyuls**, porto tawny 10 ans, porto blanc lagrima

👄 Avec sa texture veloutée et ses arômes de fruits cuits et de caramel, ce vin doux du Roussillon accompagnera savoureusement ce dessert.

MERINGUE AUX FRAISES

Fruité et vif

- Cidre ou mousseux rosé : champagne rosé, **cidre mousseux rosé (QC)**, mousseux rosé (IT)
- Choisissez un cidre rosé pour harmoniser les couleurs de ce dessert et soutenir l'acidité des fraises.

METS INDIENS

Délicat et léger

- Blanc léger : vouvray, **sylvaner (AL)**, sauvignon blanc
- Pour se rafraîchir avec les mets indiens parfois bien épicés, choisissez un vin blanc délicat et rafraîchissant, comme le sylvaner alsacien aux arômes de fruits blancs.

MEURETTE DE LAPIN

Aromatique et rond

- Blanc mi-corsé : **côte-de-beaune**, chardonnay (CH), (AR)
- Grâce à sa finesse, ses notes de fruits blancs et parfois d'agrumes, ce vin de Bourgogne s'agencera parfaitement à la nature des arômes qui composent ce plat de lapin. Aussi, sa texture enveloppante s'agencera à celle de la sauce crémeuse.

MIJOTÉ DE VEAU AU MARSALA

Fruité et généreux

- Rosé mi-corsé : **tavel**, rosé de Sicile, lirac
- Un vin rosé sec de la vallée du Rhône, d'une bonne intensité aromatique et à la finale persistante peut très bien accompagner les notes de ce mijoté de veau au marsala.

MIJOTÉ DE VEAU AU MIEL ET AU CUMIN

Fruité et vif

- Blanc mi-corsé : gewurztraminer (FR), **pinot gris (AL)**, torrontes
- Le pinot gris, avec ses saveurs intenses et soutenues et sa pointe d'exotisme aromatique, saura rehausser les saveurs et arômes de ce mijoté de veau.

MIJOTÉ DE VEAU AUX FIGUES SÉCHÉES

Fruité et généreux

- Rouge mi-corsé : coteaux-du-languedoc, côtes-du-rhône-villages, **douro**
- Ce vin aux arômes de fruits noirs séchés et aux tannins fermes se jumellera très bien au mijoté de veau aux figues séchées.

MIJOTÉ DE VEAU, SAUCE À L'ORANGE

Fruité et généreux

Rouge mi-corsé : bordeaux supérieur, **rioja crianza**, zinfandel (CAL)

Vin espagnol souple et savoureux, aux arômes de fruits bien mûrs, le rioja accompagnera savoureusement ce plat longuement mijoté aux accents fruités.

MILLEFEUILLES

Fruité et extra doux

Vin doux : mousseux demi-sec (ES) (CAL), **moscato-d'asti**, vendanges tardives (ALL)

Ce vin à la texture enveloppante, à l'agréable fraîcheur et aux bulles fines, sans trop de sucre résiduel, est idéal pour accompagner ce dessert.

MORUE, ACRAS DE

Délicat et léger

Blanc léger : trebbiano (IT), gaillac sec et **picpoul-de-pinet**

Pour accompagner le côté épicé de ces boulettes de morue, le picpoul de pinet du Languedoc désaltère et réduit l'aspect salé du plat.

MORUE À L'AIL

Fruité et léger

Rosé léger : **côtes-de-provence**, rosé-de-loire, coteaux-du-languedoc

Pour accompagner ce plat, choisissez un vin rosé fin et frais pour rafraîchir les papilles, comme le côtes-de-provence, aux subtils effluves de confiture de petits fruits rouges.

MORUE À LA HOLLANDAISE

Aromatique et rond

Blanc mi-corsé : riesling, **saint-véran**, sauvignon blanc (CAL)

Ce vin à la texture grasse et aux notes de fruits blancs et de noisettes accompagnera merveilleusement la sauce hollandaise onctueuse.

MORUE À LA PAIMPOLAISE

Fruité et vif

Blanc mi-corsé : sauvignon blanc (NZ), **chablis**, pinot gris

Afin de ne pas enterrer les arômes de la morue tout en s'accommodant au goût un peu salin de ce plat, le chablis est tout indiqué grâce à son fruité bien présent, mais aussi grâce à sa touche minérale qui s'agence toujours fort bien aux plats de poisson.

MORUE À LA PROVENÇALE

Fruité et léger

🍷 Rosé léger : **côtes-de-provence**, rosé-de-loire, bardolino

🍶 Pour accompagner cette délicieuse morue à la provençale, choisissez un vin d'une bonne intensité aromatique aux effluves de fruits et de fleurs, comme ce vin de Provence.

MORUE À LA TOMATE

Fruité et léger

🍷 Rouge léger : valpolicella, gamay d'Anjou, **bardolino**

🍶 Pour accompagner à la fois la délicatesse de la chair de la morue tout en escortant les saveurs acidulées et fruitées des tomates, un vin rouge léger, frais et tout en fruits, comme le bardolino, sera exquis.

MORUE AUX ÉPINARDS ET AUX TOMATES

Fruité et léger

🍷 Rosé léger : **rosé (FR)** (ES) (PO)

🍶 Un rosé français, vif et friand, avec une belle fraîcheur et un fruité généreux, est tout indiqué pour s'agencer avec ce plat de poisson aux arômes multiples.

MORUE AVEC COULIS DE MISO ET PATATES AU WASABI

Aromatique et rond

🍷 Blanc mi-corsé : montagny, **rully**, chardonnay du Penedès

🍶 Ample et rafraîchissant, et doté de caractères bien affirmés, ce vin de Bourgogne s'harmonisera parfaitement avec ce plat aux saveurs intenses.

MORUE, BOUILLABAISSE DE, AUX MOULES

Fruité et vif

🍷 Blanc mi-corsé : riesling (AL), **torrontes (AR)**, sauvignon (CAL)

🍶 Ce vin à l'arôme exubérant de fruits et d'épices ayant une acidité équilibrée saura rafraîchir le palais au passage de ce plat riche.

MORUE, BRANDADE DE

Délicat et léger

🍷 Blanc léger : pinot blanc (IT), **muscadet**, bordeaux

🍶 Ce vin vif et fruité s'accordera parfaitement avec le côté salin du plat.

MORUE, FÉROCE DE, À L'AVOCAT

Fruité et vif

🍷 Blanc mi-corsé : **sauvignon blanc (NZ)** (CAL), chablis

🍶 Grâce à ses parfums pénétrants de fruits exotiques, de lime et sa touche herbacée, le sauvignon blanc de la Nouvelle-Zélande saura épouser les arômes de l'avocat tout en se fondant à la saveur iodée de la morue.

MORUE, FILETS DE, AVEC RAGOÛT DE LÉGUMES GRILLÉS

 Aromatique et rond

🍾 Blanc mi-corsé : sauvignon (CH) (CAL), **graves**

👄 Charnu et frais, légèrement végétal, avec des caractères simples de fruits frais, ce vin s'accordera très bien avec ce plat aux saveurs simples de morue qui est rehaussé par les légumes.

MORUE, FILETS DE, POCHÉS AVEC TOMATES ET BASILIC

 Fruité et léger

🍾 Rosé léger : **côtes-de-provence**, côtes-du-frontonnais, bardolino

👄 Un vin de Provence aux saveurs de fruits légèrement épicées rehaussera agréablement les saveurs de ce plat de poisson aux accents d'herbes fraîches.

MORUE, FILETS DE, RÔTIS AVEC PURÉE DE ROQUETTE ET DE FENOUIL

 Fruité et vif

🍾 Blanc mi-corsé : sauvignon (NZ), **saumur**, minervois

👄 Ce vin simple et frais, aux arômes d'agrumes subtilement herbacés, est tout indiqué pour accompagner les saveurs de ce plat ayant les mêmes dominantes aromatiques.

MORUE, SAUCE AU CITRON

 Fruité et vif

🍾 Blanc mi-corsé : vouvray sec, **sauvignon (CAL)**, chenin blanc (AS)

👄 Ce vin d'une bonne fraîcheur et ampleur en bouche, à la dominante aromatique d'agrumes, est le complément idéal de ce plat simple au citron.

MOUCLADE AIGUILLONNAISE

 Délicat et léger

🍾 Blanc léger : **muscadet-sèvre-et-maine**, chenin blanc (AS), pinot blanc (AL)

👄 Afin de s'assurer que le vin ne prendra pas le dessus sur les arômes du plat, choisissez un vin blanc sec, aux arômes de fruits blanc et pourvu d'une acidité rafraîchissante, comme ce vin de la Loire. Sa saveur parfois un peu salée pourra également rehausser le plat.

MOULES À LA BIÈRE

 Délicat et léger

🍾 Blanc léger : côtes-du-lubéron, **picpoul-de-pinet**, sylvaner (ALL)

👄 Ample et acidulé, désaltérant et simple de caractère, ce picpoul s'harmonisera bien avec ces moules à la bière aux saveurs simples.

MOULES À LA PROVENÇALE

Fruité et léger

🍷 Rosé léger : **rosé de Provence**, côtes-du-rhône, rosé (ES)

👄 Ce vin sec et rafraîchissant, avec une bonne expression aromatique, sera bien accueilli avec ce plat de moules aux notes du Midi.

MOULES AU GINGEMBRE ET À LA CITRONNELLE

Délicat et léger

🍷 Blanc léger : **torrontes**, riesling (AL), pinot blanc (CAL)

👄 Pourvu d'une bonne vivacité et de saveurs exotiques, ce vin argentin saura rehausser le goût unique et relevé de ce plat de moules.

MOULES ÉPICÉES DANS UNE SAUCE AU VIN BLANC

Délicat et léger

🍷 Blanc léger : muscadet-sèvre-et-maine, graves, **entre-deux-mers**

👄 Souple et désaltérant, ce vin bordelais est le complément de ce plat de moules aux saveurs marquées.

MOULES ET CREVETTES AU XÉRÈS

Fruité et vif

🍷 Blanc mi-corsé : **riesling grand cru (AL)**, coteaux-du-languedoc, saint-chinian

👄 Ce vin très savoureux, ample et raffiné, avec une agréable fraîcheur, est tout indiqué pour accompagner ces crustacés aux accents hispaniques.

MOULES MARINIÈRES

Délicat et léger

🍷 Blanc léger : bourgogne-aligoté, **muscadet**, entre-deux-mers

👄 Le côté frais, vif et simple du muscadet, ainsi que ses notes d'agrumes, sauront accompagner parfaitement le goût des moules marinières.

MOULES VAPEUR, ÉPICÉES À LA THAÏLANDAISE

Délicat et léger

🍷 Blanc léger : graves, **sauvignon (NZ)**, torrontes (AR)

👄 Vin aux arômes exubérants, à la texture vive avec des notes exotiques, le sauvignon de Nouvelle-Zélande saura équilibrer les saveurs épicées de ce plat avec son côté fruité.

MOURTAYROL

Fruité et généreux

🍷 Rouge mi-corsé : **côteaux-du-languedoc**, penedès, malbec (AR)

👄 Pour accompagner la myriade de saveurs qui parfument ce pot-au-feu, ce vin du sud de la France, avec ses arômes de fruits noirs bien mûrs, ses notes épicées et sa touche boisée délicate, est tout indiqué.

MOUSSE AU CHOCOLAT

Fruité et extra doux

Vin doux : maury, **banyuls**, rivesaltes

Ce vin à la texture soyeuse et enveloppante, et aux nuances olfactives et gustatives chocolatées, s'agencera parfaitement aux saveurs de ce dessert.

MOUSSE AU CITRON ET MASCARPONE

Fruité et extra doux

Vin doux : vino santo, **moscato-d'asti**, muscat-de-beaumes-de-venise

Ce vin italien pétillant, frais, à la texture moelleuse et au caractère suave de fruits (agrumes) confits, accompagnera savoureusement ce dessert onctueux.

MOUSSE AU MASCARPONE, CHOCOLAT ET CAFÉ

Fruité et extra doux

Vin doux : **rivesaltes ambré**, banyuls, madère

Ce vin doux aux arômes complexes et évolués de torréfaction et à la texture suave sera le complément parfait de ce dessert riche et savoureux.

MOUSSE AUX FRAISES

Fruité et extra doux

Vin doux : **vin de fraise (QC)**, pineau-des-charentes ruby, vin de glace rouge (CAN)

Pour accompagner ce dessert aux saveurs intenses de fraise, choisissez un vin aux arômes généreux de fruits frais et à la texture moelleuse.

MOUSSE AUX FRUITS

Fruité et extra doux

Blanc doux : **beaumes-de-venise**, rivesaltes, passito-di-pantelleria

Cette mousse onctueuse aux parfums dominants de fruits s'agencera parfaitement avec la richesse de ce vin doux aux notes de fruits mûrs.

MOUSSE AUX NOISETTES

Fruité et extra doux

Vin doux : porto tawny 10-20 ans, **madère**, pineau-des-charentes

Avec sa texture moelleuse, ce vin doux aux caractères évolués évoquant le caramel et les noisettes accompagnera parfaitement ce dessert raffiné.

MOUSSE D'ABRICOTS

Fruité et extra doux

Vin ou cidre doux : cidre de glace (QC), moscato-d'asti, **passito-di-pantelleria**

Ce vin doux italien d'une très grande fraîcheur, aux arômes typiques d'abricots confits, s'harmonisera à merveille avec cette mousse aux abricots.

MOUSSE DE CONFIT DE CANARD

 Aromatique et souple

 Rouge mi-corsé : malbec argentin, **cahors**, bordeaux

 Ce vin du Sud-Ouest, aux tannins charnus et à la texture enveloppante, est tout indiqué pour accompagner cette mousse de canard.

MOUSSE DE FOIE DE VOLAILLE

 Fruité et extra doux

 Blanc doux : gaillac doux, jurançon, **coteaux-du-layon**

L'onctuosité de cette mousse requiert un vin blanc à la texture onctueuse, comme ce vin de la Loire, avec ses parfums de tilleul, de pomme, de miel et de noix.

MOUSSE DE FOIE GRAS

 Aromatique et rond

Champagne millésimé, Condrieu, Pineau des Charentes âgé

 Le champagne qui accompagne toujours les grands moments de la vie se mariera parfaitement par son pétillant, sa grande profondeur et son étonnante longueur en bouche.

MOUSSE DE POIRES ET ORANGES

 Fruité et extra doux

Vin doux : **bonnezeaux**, muscat-de-rivesaltes, vino santo

Ce vin aux saveurs délicates de fruits confits et de fleurs mellifères, doté d'une texture moelleuse, sera le complément parfait de ce dessert.

MOUSSE DE POISSON

 Délicat et léger

Blanc léger : bourgogne, **sauvignon de Touraine**, vin de Savoie

 Un vin blanc de Touraine, à la bouche souple, agrémentée de subtils effluves de violette et d'agrumes, rehaussera les saveurs délicates de cette mousse.

MUSEAU DE COCHON AUX LENTILLES

Aromatique et rond

Blanc mi-corsé : soave-classico, sauvignon blanc (AU), **coteaux-du-languedoc**

Pour accompagner ce plat, choisissez un vin blanc de bonne tenue, pas trop boisé, mais pourvu d'arômes de fruits et d'herbes aromatiques, comme ce vin du sud de la France.

NAVARIN D'AGNEAU

 Aromatique et souple

Rouge mi-corsé : cabernet-sauvignon (CH) (CAL), **médoc**

Ce navarin requiert un vin rouge ayant de l'étoffe, comme les vins du Médoc, qui forment un accord traditionnel.

NOISETTES D'AGNEAU AU PAIN D'ÉPICES

 Fruité et généreux

Rouge mi-corsé : **côtes-du-rhône**, merlot (CAL), teroldego

Un vin fruité et épicé mi-corsé qui s'harmonisera avec les assaisonnements et la texture de l'agneau.

NOIX DE VEAU FARCIES AUX CHAMPIGNONS

 Fruité et généreux

Rouge mi-corsé : chénas, dolcetto-d'alba, **chassagne-montrachet**

Ce vin d'une grande finesse, subtilement boisé et pourvu de tannins soyeux, s'harmonisera parfaitement avec ce plat de veau qui est rehaussé par des champignons.

NOUILLES AU FROMAGE

 Fruité et vif

Blanc mi-corsé : **soave-classico**, chardonnay (CH), mâcon-villages

Ce plat délicat servi avec une généreuse sauce au fromage requiert un vin blanc frais, moyennement corsé à la bouche ample, aux parfums de fleurs blanches et d'agrumes.

NOUILLES AU POULET ET AU PIMENT
MEXICAIN AVEC NOIX DE CAJOU

 Fruité et généreux

Rosé corsé : lirac rosé, **tavel**, rosé de la Toscane

Ce rosé est frais et désaltérant avec une certaine puissance. Avec ses arômes intenses de fruits frais, le tavel se mariera agréablement à ce plat de nouilles aux saveurs multiples avec une pointe piquante.

NOUILLES GRATINÉES AUX ÉPINARDS

Fruité et vif

Blanc mi-corsé : côtes-du-rhône, fiano-di-avellino, **sauvignon (CAL)**

Ce vin frais au nez exhalant des notes végétales ainsi que des arômes fruités rappelant les agrumes s'agencera délicieusement avec le goût des nouilles aux épinards.

NOUILLES, SAUCE AIGRE-DOUCE ET SÉSAME

Délicat et léger

Blanc léger : sauvignon blanc, chenin blanc, **côtes-du-rhône**

Ce plat de pâtes à la sauce aigre-douce requiert un vin blanc aux notes florales, fruitées, avec une certaine richesse pour accompagner cette sauce.

NOUILLES SAUTÉES AVEC POULET FRIT

Délicat et léger

Blanc léger : **sauvignon (CH)**, pinot blanc (FR), riesling (AU)

Ce vin du Chili aux arômes simples de fruits, avec une bonne acidité, donnera de la légèreté à ce plat de nouilles au poulet frit.

NOUILLES SOBA AU TAMARI

Fruité et vif

Blanc mi-corsé : **pinot gris (AL)**, gros manseng, sémillon/chardonnay (AU)

Ce vin frais, à la texture ample et de bonne intensité aromatique, un tantinet exotique, est tout indiqué pour accompagner les saveurs de ce plat asiatique.

NOUILLES THAÏLANDAISES (PAD THAI)

Délicat et léger

Blanc léger : **sauvignon (NZ)**, viognier (CAL), torrontes

Ce vin de Nouvelle-Zélande, vif et souple, avec ses notes de fruits exotiques et de fleurs, sera le complément idéal de ce plat asiatique savoureux.

ŒUFS BÉNÉDICTINE

Fruité et vif

Blanc mi-corsé : cava, pinot blanc, **blanquette-de-limoux**

Ces œufs en sauce onctueuse s'harmoniseront bien avec les fines bulles de ce vin mousseux qui apportera de la légèreté à l'accord.

ŒUFS BROUILLÉS AU FROMAGE

Délicat et léger

Blanc léger : pinot blanc, sylvaner (ALL), **fendant-du-valais**

Ce vin léger à la fraîcheur dominante saura rehausser les saveurs de ce plat.

ŒUFS BROUILLÉS AUX CHAMPIGNONS

 Aromatique et rond

Blanc mi-corsé : pinot gris (AL), **chardonnay (FR)** (IT)

Ce vin à la structure riche et moelleuse ayant une note boisée saura rehausser les saveurs de ce plat aux champignons.

ŒUFS MIMOSA

 Délicat et léger

Blanc léger : **vinho verde**, muscadet, pinot blanc (AL)

Ce vin portugais simple et d'une grande fraîcheur sera le complément idéal de ces œufs préparés façon mimosa.

OIE AUX MARRONS

 Aromatique et souple

Rouge mi-corsé : hermitage, **saint-émilion**, cahors

Cette volaille à la chair goûteuse relevée de marrons s'accompagnera parfaitement d'un vin de Saint-Émilion mi-corsé, aux tannins charnus et aux notes de sous-bois et de fruits noirs bien mûrs.

OIE BRAISÉE, SAUCE AU VIN ROUGE

 Aromatique et charnu

Rouge corsé : ribera-del-duero, **pauillac**, barolo

Pour accompagner ce plat relevé de volaille au vin rouge, choisissez un vin comme le pauillac, aux tannins présents mais charnus, avec un boisé bien intégré mais non dominant.

OIE, RAGOÛT D', AUX NAVETS

 Aromatique et rond

Blanc mi-corsé : soave-classico, sauvignon blanc (AU), **coteaux-du-languedoc**

Pour accompagner ce plat, choisissez un vin blanc de bonne tenue, pas trop boisé mais pourvu d'arômes de fruits et d'herbes aromatiques, comme ce vin du sud de la France.

OIE RÔTIE À L'ANANAS

 Fruité et vif

Blanc mi-corsé : pinot gris (AL), gewurztraminer (AL), **viognier (CAL)**

Ce viognier californien, avec sa légère touche exotique aux arômes de fruits tropicaux et sa bonne acidité, est tout indiqué pour accompagner cette volaille rôtie aux fruits.

OIE RÔTIE AUX POMMES

Fruité et vif

Vin ou cidre mi-corsé : **cidre fort (QC)**, savennières, pinot gris (FR)

Pour accompagner cette volaille aux pommes, pourquoi ne pas essayer un cidre fort du Québec, avec sa grande fraîcheur, son fruité généreux et sa puissance ?

OIE RÔTIE AUX PRUNEAUX

Aromatique et souple

Rouge mi-corsé : **zinfandel (CAL)**, primitivo, nero-d'avola

Ce vin californien aux tannins charnus et à la généreuse expression de fruits cuits se mariera à merveille à cette volaille rôtie aux pruneaux.

OIE RÔTIE, SAUCE À L'ORANGE ET AU MADÈRE

Fruité et généreux

Rouge mi-corsé : **pommard**, rioja reserva, douro

Ce grand vin de Bourgogne aux tannins tendres, savoureux et de bonne persistance, et aux arômes de cerise et de cassis, s'harmonisera avec cette oie à la sauce fruitée.

OIGNONS FARCIS AUX AMANDES ET AU PARMESAN

Aromatique et rond

Blanc mousseux : **franciacorta**, champagne, cava

Ce vin italien friand et savoureux aux fines bulles, doté d'une grande vivacité, est tout indiqué pour rehausser les saveurs relevées de ce plat.

OMELETTE AU BROCOLI

Délicat et léger

Blanc léger : **sauvignon vin de pays d'oc**, sauvignon (CH), orvieto

Ce vin frais avec une note subtilement végétale s'agencera agréablement avec cette omelette aux effluves de brocoli.

OMELETTE AU FROMAGE

Fruité et vif

Blanc mi-corsé : **chardonnay (FR)**, pinot gris (AL), soave-classico

Ce plat délicat requiert un vin blanc frais (non boisé), moyennement corsé, à la bouche ample et aux parfums de fleurs blanches et d'agrumes, comme le chardonnay.

OMELETTE AU FROMAGE DE CHÈVRE
Délicat et léger

Blanc léger : muscadet-sèvre-et-maine, petit chablis, **pouilly-fumé**

Doté d'une grande fraîcheur avec une certaine complexité, ce vin léger ayant une bonne acidité avec des arômes de fruits saura accompagner les saveurs de chèvre de ce plat.

OMELETTE AUX ASPERGES
Délicat et léger

Blanc léger : sauvignon vin de pays d'oc, sauvignon (CH), **muscat sec (AL)**

Ce vin d'Alsace, souple et doté de notes subtilement végétales et florales, se mariera très bien avec les saveurs de cette omelette aux asperges.

OMELETTE AUX CHAMPIGNONS
Aromatique et rond

Blanc mi-corsé : **chardonnay (CAL) (CH)**, bourgogne

Pour accompagner cette omelette aux champignons, choisissez un superbe chardonnay, aux notes profondes de fruits et de sous-bois.

OMELETTE AUX ÉPINARDS
Délicat et léger

Blanc léger : sauvignon vin de pays d'oc, **sauvignon (CH)**, muscat sec (AL)

Le sauvignon du Chili, avec sa souplesse et ses notes subtilement végétales, accompagnera fort agréablement cette omelette aux épinards.

OMELETTE AUX LARDONS
Fruité et léger

Rouge léger : **beaujolais**, saint-amour, gamay de Touraine

Servi frais, ce vin rouge aux tannins discrets est désaltérant et accompagne fort délicieusement le goût simple et salé des lardons de cette omelette.

OMELETTE AUX POIVRONS
Fruité et léger

Rosé léger : **côtes-du-frontonnais**, rosé italien, vin de pays d'oc

Ce vin rosé, sec et friand, avec des arômes floraux et une petite note herbacée, sera rafraîchissant servi avec cette omelette aux poivrons.

OMELETTE AUX POMMES DE TERRE
Fruité et léger

Rouge léger : **beaujolais**, gamay, pinot noir (FR)

Ce vin aux saveurs fines et fruitées et aux tannins gouleyants est tout indiqué pour accompagner ce plat simple mais savoureux.

208

OMELETTE ESPAGNOLE

 Fruité et léger

 Rouge léger : **bourgogne**, grenache, penedès

 Cette omelette requiert un vin rouge fruité, aux tannins souples et aux notes généreuses de cerise confite, comme les vins élaborés à partir de pinot noir.

ORZO AVEC FÉTA, POIVRONS ROUGES ET ASPERGES

 Fruité et léger

 Rosé léger : **rosé (FR) (IT) (ES)**

 Pour accompagner ce plat de pâtes aux saveurs multiples, choisissez un rosé frais et acidulé avec des arômes simples de fruits frais.

OSSO BUCCO

 Fruité et généreux

 Rouge mi-corsé : merlot (IT), sangiovese, **barbera-d'asti**

 Cette recette milanaise requiert un vin italien aux tannins charnus et aux arômes de fruits cuits et d'épices douces.

OSSO BUCCO AUX TOMATES ET AUX CHAMPIGNONS

 Aromatique et souple

 Rouge mi-corsé : **rosso-di-montalcino**, minervois, montepulciano-d'abruzzo

 Pour accompagner ce plat savoureux, choisissez un vin rouge d'une certaine profondeur, avec des tannins étoffés, comme ce vin de Toscane, subtilement boisé et au fruité assez intense.

OSSO BUCCO D'AGNEAU AVEC AIL RÔTI ET PORCINIS

 Aromatique et souple

 Rouge mi-corsé : merlot (CAL), **saint-émilion**, nebbiolo-d'alba

 Ce vin à la texture tendre, aux tannins enrobés et d'une acidité équilibrée et soutenue, sera le complément idéal de ce plat aux saveurs relevées.

OSSO BUCCO DE DINDE, SAUCE MOUTARDE

 Fruité et vif

 Blanc mi-corsé : saint-joseph, minervois, **fumé blanc (ÉU)**

 Généreux et frais, avec une bonne ampleur en bouche, ce fumé blanc américain viendra rehausser les saveurs de ce plat de volaille.

OURSINADE MARSEILLAISE

 Fruité et vif

 Blanc mi-corsé : fumé blanc (CAL), **sancerre**, graves

 Grâce à ses notes de pommes vertes et de poires, de même que sa touche d'agrumes et sa finale minérale, ce vin de la Loire se fondra parfaitement aux textures marines qui composent ce plat, sans en écraser les saveurs.

PAD THAI, NOUILLES THAÏLANDAISESS

Délicat et léger

Blanc léger : **sauvignon (NZ)**, viognier (FR) (CAL), torrontes

Ce vin de Nouvelle-Zélande, vif et souple, avec ses notes de fruits exotiques et de fleurs, sera le complément idéal de ce plat asiatique savoureux.

PAELLA

Aromatique et souple

Rouge mi-corsé : **rioja**, catalunya, corbières

Ce plat classique de la gastronomie espagnole, aux saveurs relevées et savoureuses, requiert un vin goûteux, comme le rioja, aux arômes puissants de fruits cuits et d'épices.

PAELLA AUX FRUITS DE MER, AUX SAUCISSES ET AUX POIVRONS ROUGES

Fruité et généreux

Rosé mi-corsé : tavel, rosé toscan, **rosé espagnol**

Un vin rosé espagnol, assez aromatique, subtilement épicé, est tout indiqué pour accompagner ce plat de fruits de mer.

PAIN À LA VIANDE ET AU FROMAGE

Fruité et léger

Rouge léger : **côtes-du-lubéron**, vin de la Navarre, merlot (IT)

Ce vin de structure souple, simple et fruité, est parfait pour accompagner ce plat simple mais savoureux.

PAIN AUX FIGUES ET AU CARAMEL

Fruité et extra doux

Vin doux : porto blanc lagrima, **porto tawny**, banyuls

Ce porto à la texture moelleuse et aux senteurs de sucre brun et de fruits cuits accompagnera délicieusement ce pain dessert.

PAIN DE DINDE

Fruité et léger

Rouge léger : gamay de Touraine, bardolino, **brouilly**

Ce beaujolais friand, aux arômes simples de fruits, et doté de tannins soyeux et discrets sera le complément idéal de ce plat simple mais savoureux.

PAIN DE POISSON AUX POIVRONS

Fruité et léger

Rosé léger : **rosé-de-loire**, rosé (IT) (CAL)

Doté d'une bonne acidité et simple de caractère, le rosé de la Loire, aux arômes de poivrons, s'harmonisera agréablement avec ce plat de poisson.

PAIN DE SAUMON AUX ŒUFS ET AUX HERBES

 Fruité et généreux

Rosé mi-corsé : côtes-du-brulhois, **côtes-de-provence**, montepulciano-d'abruzzo

Le rosé de Provence est un vin dominé par les arômes de fruits, frais, subtilement épicé et herbacé, ce qui en fait le complément idéal de ce plat de saumon.

PAIN DE VIANDE

 Fruité et généreux

Rouge mi-corsé : rosso-di-montalcino, costières-de-nîmes, **coteaux-du-languedoc**

Ce plat savoureux à la sauce tomate s'accordera avec un vin fruité (cassis, mûre) et aux notes d'épices, comme ce vin du Languedoc.

PALOURDES AU VIN BLANC

 Délicat et léger

Blanc léger : entre-deux-mers, vernaccia-di-san-gimignano, **cheverny**

Ce vin de la Loire, assez vif pour soutenir la note iodée du plat, accompagnera à merveille les palourdes.

PALOURDES, CHAUDRÉE DE, À LA NOUVELLE-ANGLETERRE

 Aromatique et rond

Blanc mi-corsé : **chardonnay (CAL)**, coteaux-du-languedoc, chardonnay (IT)

La texture onctueuse de cette chaudrée se mariera admirablement bien à ce chardonnay à la texture presque grasse et aux notes délicatement épicées et boisées.

PALOURDES, CROQUETTES DE

 Délicat et léger

Blanc léger : sylvaner (AL), sauvignon, **entre-deux-mers**

Ce plat délicat, simple et peu relevé requiert un vin à l'acidité rafraîchissante et aux arômes de fruits blancs, qui saura accompagner la friture.

PALOURDES, LINGUINES AUX, SAUCE AU GINGEMBRE ET AU SOYA

 Fruité et vif

Blanc mi-corsé : saumur, **soave**, viognier (CAL)

Ce vin simple, mais savoureux, possédant une bonne vivacité, est tout indiqué pour accompagner ce plat de pâtes aux palourdes.

PALOURDES, PÂTES AUX

Délicat et léger

Blanc léger : **orvieto**, sauvignon blanc, chenin (FR)

Pour une harmonie parfaite avec ce plat fin, choisissez un vin frais et léger, comme ce vin italien d'Ombrie aux effluves d'agrumes.

PALOURDES, SPAGHETTIS AUX, À L'AIL

Fruité et vif

Blanc mi-corsé : coteaux-du-languedoc, vin de Grèce, **gavi**

Vin blanc du Piémont, vif et fruité à la texture souple, le gavi est tout indiqué pour accompagner ce plat relevé de pâtes.

PANINI AU THON

Fruité et léger

Rosé léger : **rosé (FR) (ES) (AS)**

Un rosé léger et surtout bien frais sera délicieux servi avec ce sandwich au thon.

PAPILLOTES DE VEAU AUX PETITS POIS

Fruité et généreux

Rouge mi-corsé : bordeaux, merlot (CH), **sangiovese**

Ce vin italien aux tannins assouplis et aux arômes assez intenses de fruits frais sera le complément idéal de ce plat de veau.

PARMENTIER DE CANARD

Aromatique et souple

Rouge mi-corsé : côtes-du-frontonnais, merlot (CH), **premières-côtes-de-blaye**

Pour accompagner ce plat de canard, choisissez un vin souple, avec du caractère et assez savoureux, comme ce vin de la région de Bordeaux.

PATATES DOUCES, CAKE AUX

Fruité et doux

Blanc demi-doux : cidre demi-doux du Québec, **vendanges tardives** (AL) (CH)

Ce mets délicatement sucré doit être accompagné d'un blanc savoureux, fruité et sucré. Le cidre apporte, quant à lui, la finesse de la pomme fraîche. On aura alors une association entre douceur et finesse.

PATATES DOUCES, CASSEROLE DE, ET DE SAUMON

Fruité et vif

Blanc mi-corsé : bourgogne, **cava brut**, chardonnay non boisé (FR)

Ce vin mousseux possède une bonne structure où dominent les fruits et saura agrémenter la douceur des patates douces et du saumon.

PÂTÉ AU POULET

 Aromatique et rond

 Blanc mi-corsé : **chardonnay (FR)**, soave-classico, coteaux-du-languedoc

Pour accompagner les saveurs riches de ce plat, choisissez un vin de chardonnay souple, sans excès de bois, aux notes aromatiques et délicates de fruits blancs.

PÂTÉ AU SAUMON

 Aromatique et rond

 Blanc mi-corsé : **chardonnay (CAL)**, mâcon-villages, chardonnay (AU)

Pour apprécier toute la richesse et la texture onctueuse de ce plat de saumon, choisissez un chardonnay californien aux notes délicatement boisées et vanillées.

PÂTÉ AU THON

 Délicat et léger

 Blanc léger : fiano-di-avellino, greco-di-tufo, **vouvray**

Ce vin blanc ample et pourvu d'un bel équilibre entre la fraîcheur et la texture saura accompagner les saveurs délicates de ce pâté au thon.

PÂTÉ CHINOIS

 Fruité et léger

Rouge léger : merlot (FR), **costières-de-nîmes**, gamay

Les notes fruitées et délicatement épicées de ce vin du midi de la France se marieront parfaitement aux saveurs simples de ce plat.

PÂTÉ CHINOIS À L'AGNEAU BRAISÉ AVEC ÉPINARDS CRÉMEUX

 Aromatique et souple

Rouge mi-corsé : **côtes-de-bourg**, chianti-classico, bordeaux

Ce vin très savoureux, aux tannins charnus et au caractère herbacé, est tout indiqué pour accompagner cette nouvelle version du pâté chinois.

PÂTÉ DE FOIE DE PORC AUX CHÂTAIGNES DE MARGARITA

 Fruité et léger

Rouge léger : valpolicella, **saumur**, bardolino

Élaboré majoritairement à partir de cabernet franc, ce vin souple, frais et pourvu d'arômes de fruits rouges, saura s'agencer à merveille avec le côté salé de cette recette et à la texture du pâté.

PÂTÉ DE POMMES DE TERRE

 Délicat et léger

Blanc léger : orvieto, soave, **sauvignon vin de pays d'oc**

Ce vin blanc léger au caractère végétal et à la simplicité aromatique est tout indiqué pour ce plat simple mais savoureux.

PÂTÉ DE POULET ET DE LÉGUMES

 Délicat et léger

Blanc léger : **bordeaux**, entre-deux-mers, orvieto

Pour accompagner ce plat populaire, choisissez un bordeaux blanc, souple, simple et doté d'une grande fraîcheur.

PÂTÉ PANTIN CHAMPENOIS

Fruité et léger

Rouge léger : **touraine**, bouzy, pinot noir (FR)

Pour créer une harmonie aromatique parfaite, choisissez un vin de Touraine qui, grâce à sa légèreté, ses notes de fruits rouges et son acidité rafraîchissante, saura accompagner parfaitement ce plat classique.

PÂTES À L'AIL

Délicat et léger

Blanc léger : muscadet, vinho verde, **soave**

Ce vin léger, simple et délicat, constitue un accompagnement rafraîchissant pour ce plat de pâtes relevé.

PÂTES À LA CITROUILLE ET AU BEURRE DE SAUGE

 Délicat et léger

Blanc léger : **soave**, bourgogne-aligoté, rueda

Un vin vif avec de l'ampleur en bouche, au caractère fruité et subtilement épicé, est tout indiqué pour accompagner les saveurs de ce plat de pâtes.

PÂTES À LA ROQUETTE ET AUX TOMATES FRAÎCHES

 Fruité et léger

Rouge léger : **valpolicella**, cabernet franc (CAL), gamay de Touraine

Un rouge léger aux tannins discrets, à l'acidité rafraîchissante mais modérée, et doté d'arômes dominants de fruits frais s'harmonisera parfaitement avec ce plat de pâtes tomaté.

PÂTES ALFREDO

 Délicat et léger

Blanc léger : **insolia**, pomino, sauvignon (NZ)

Un vin blanc d'une belle ampleur, aromatique, avec une bonne acidité, pour accompagner la sauce à la crème.

PÂTES ALLA CARBONARA

 Aromatique et rond

Blanc mi-corsé : chardonnay vin de pays d'oc, bourgogne, **pomino**

Pour ce plat de pâtes classique, quoi de mieux qu'un vin blanc italien, fruité et floral ayant une certaine fraîcheur ?

PÂTES AU BEURRE ET AU BROCOLI
Délicat et léger

Blanc léger : pinot blanc (AL), **bordeaux**, orvieto

Un bordeaux blanc léger et souple, avec de subtils arômes herbacés, conviendra à merveille à ce plat de pâtes simple mais savoureux.

PÂTES AU CITRON AVEC POULET ET PIGNONS
Délicat et léger

Blanc léger : sancerre, **orvieto**, bordeaux

Ce plat de pâtes aux saveurs citronnées requiert un vin souple et fruité avec des notes d'agrumes.

PÂTES AU FROMAGE
Délicat et léger

Blanc léger : soave, **chardonnay vin de pays d'oc**, orvieto

Ce chardonnay aux arômes de fruits exotiques, au goût de beurre est assez souple pour accompagner ce plat de pâtes au fromage, avec sa pointe rafraîchissante.

PÂTES AU HOMARD, SAUCE À LA CRÈME ET AUX HERBES
Aromatique et rond

Blanc mi-corsé : chardonnay (IT) (CAL), **chablis premier cru**

Pour accompagner ce plat raffiné aux saveurs onctueuses, choisissez un grand bourgogne à la texture enveloppante, doté d'une bonne fraîcheur et de finesse aromatique.

PÂTES AU PISTOU ROUGE
Fruité et généreux

Rouge mi-corsé : **merlot (FR)**, saint-chinian, côtes-du-roussillon

Pour accompagner le pistou rouge, choisissez un vin rouge à base de merlot à la fois généreux et souple aux parfums de fruits rouges et de sous-bois.

PÂTES AU PISTOU VERT
Fruité et vif

Blanc mi-corsé : **soave-classico**, chardonnay (IT), fumé blanc (CAL)

Pour accompagner le pistou vert, choisissez un vin blanc moyennement corsé, comme ce vin italien frais à la bouche ample, aux parfums de fleurs blanches et d'agrumes.

PÂTES AU SAUMON FUMÉ
Délicat et léger

Blanc léger : **sauvignon (CAL)** (CH), soave-classico

Vin blanc savoureux aux notes aromatiques végétales et fruitées, ce sauvignon californien est tout indiqué pour ce plat au saumon fumé.

PÂTES AU SAUMON FUMÉ AVEC SAUCE À L'ANETH

 Délicat et léger

Blanc léger : sauvignon de Touraine, **sauvignon (NZ)**, picpoul-de-pinet

Pour accompagner les saveurs du saumon et de l'aneth, choisissez un vin très rafraîchissant, comme ce sauvignon de Nouvelle-Zélande, aux notes herbacées avec une bonne intensité aromatique.

PÂTES AUX ARTICHAUTS, AU PANCETTA, AUX CHAMPIGNONS ET AUX PETITS POIS

 Délicat et léger

Blanc léger : pinot blanc (FR), **soave**, fumé blanc (CAL)

Ce vin blanc léger mais assez généreux, avec une agréable fraîcheur, est le complément idéal de ce plat de pâtes aux saveurs variées.

PÂTES AUX CHAMPIGNONS

 Aromatique et souple

Rouge mi-corsé : merlot (CH), côtes-de-blaye, **tempranillo**

Pour accompagner ce plat de pâtes, choisissez un tempranillo riche et profond aux notes de sous-bois et de fruits mûrs.

PÂTES AUX COURGETTES

Délicat et léger

Blanc léger : **orvieto**, sauvignon vin de pays, pinot blanc (IT)

Simple, rafraîchissant et léger, ce vin italien accompagnera parfaitement les douces saveurs de ce plat de pâtes.

PÂTES AUX CREVETTES ET VINAIGRE BALSAMIQUE

Délicat et léger

Blanc léger : **picpoul-de-pinet**, penedès, orvieto

Ce vin sec et rafraîchissant, moyennement aromatique et pourvu d'une belle ampleur, conviendra parfaitement aux saveurs de ce plat de pâtes où dominent les crevettes.

PÂTES AUX ÉPINARDS ET AU POULET

Délicat et léger

Blanc léger : **sauvignon (NZ)**, orvieto, pinot blanc (AL)

Pour accompagner ce plat aux saveurs végétales, choisissez un vin fruité, frais et souple, aux notes herbacées, comme le sauvignon de Nouvelle-Zélande.

PÂTES AUX FÈVES BLANCHES, AU PISTOU ET AUX TOMATES SÉCHÉES

 Fruité et léger

Rosé léger : rosé (AS) (CH), **bardolino**

Un vin sec et désaltérant, doté d'arômes de fruits rouges, comme ce rosé italien, rehaussera parfaitement les saveurs de ce plat.

PÂTES AUX FINES HERBES

 Délicat et léger

Blanc léger : **saint-bris**, sauvignon (NZ) (CH)

Ce vin de sauvignon, simple de caractère mais avec de la vivacité, aux arômes de fruits exotiques, d'herbe coupée et de poivron, est tout indiqué pour accompagner ce plat de pâtes aux fines herbes.

PÂTES AUX FRUITS DE MER

 Aromatique et rond

Blanc mi-corsé : chardonnay (CAL), **graves**, soave-classico

Pour accompagner ce plat aux fruits de mer, choisissez un vin de graves aux effluves de pamplemousse et de fleurs blanches, et aux subtils parfums de vanille et de buis.

PÂTES AUX FRUITS DE MER CAJUNS

 Fruité et généreux

Rosé mi-corsé : **coteaux-d'aix-en-provence**, rosé de Sicile, rioja

Ce rosé frais et épicé est tout indiqué pour accompagner les saveurs relevées de ce plat cajun.

PÂTES AUX FRUITS DE MER, SAUCE AU SAFRAN ET AU CITRON

 Fruité et vif

Blanc mi-corsé : pinot gris (AL), fumé blanc (ÉU), **penedès**

Ce vin fin, aromatique et fruité, avec une agréable fraîcheur, saura accompagner les saveurs d'agrumes au safran de ce plat aux fruits de mer.

PÂTES AUX HERBES FRAÎCHES ET AU FÉTA

 Délicat et léger

Blanc léger : **seyval (QC)**, soave-classico, côtes-de-saint-mont

Ce vin du Québec, frais, simple de caractère, à la texture souple, avec une dominante végétale, accompagnera agréablement ce plat de pâtes aux herbes et au fromage.

PÂTES AUX LÉGUMES RÔTIS ET AU BOUILLON D'AIL

Fruité et léger

Rosé léger : rosé de Provence, rosé du Québec, **rosé (IT)**

Pour accompagner ce plat relevé, un rosé italien simple et léger, avec la vivacité des Pouilles, est tout indiqué.

PÂTES AUX OLIVES NOIRES ET À L'AIL

 Fruité et généreux

Rouge mi-corsé : carinena, saint-chinian, **montepulciano-d'abruzzo**

Ce vin simple et fruité, aux tannins présents et charnus, s'accordera à merveille avec les saveurs d'olives noires de ce plat.

PÂTES AUX PALOURDES

 Délicat et léger

Blanc léger : **orvietto**, sauvignon blanc, chenin

Pour une harmonie parfaite avec ce plat fin, choisissez un vin frais et léger, comme ce vin italien d'Ombrie aux effluves d'agrumes.

PÂTES AUX POIVRONS ET TOMATES SÉCHÉES

 Fruité et léger

Rouge léger : **chianti-rufina**, bourgueil, cabernet franc (CAL)

Ce vin aux arômes de fruits et à l'acidité présente est assez savoureux et persistant pour accompagner les saveurs ensoleillées de ce plat.

PÂTES AUX QUATRE FROMAGES

 Fruité et vif

Blanc mi-corsé : pomino, **soave-classico**, saint-véran

Ce vin italien assez intense, ample et fruité avec une bonne acidité, s'harmonisera parfaitement avec les saveurs relevées des fromages de ce plat de pâtes.

PÂTES AUX SARDINES

 Délicat et léger

Blanc léger : **vinho verde**, muscadet, verdicchio

Pour accompagner ce plat de pâtes aux sardines, quoi de mieux qu'un vin blanc portugais avec une bonne acidité et une présence de gaz carbonique qui apportent la fraîcheur recherchée ?

PÂTES AUX TOMATES FRAÎCHES ET AU BASILIC

Fruité et généreux

Rouge mi-corsé : saint-chinian, **rosso-di-montalcino**, montepulciano-d'abruzzo

Pour accompagner ces pâtes aux accents frais de tomates et de basilic, choisissez un vin aux tannins souples et aux notes subtiles de petits fruits rouges et d'épices, comme ce vin de Toscane.

PÂTES AVEC CHAMPIGNONS, ROQUETTE, TOMATES ET BRIE

 Fruité et léger

Rouge léger : chinon, saint-nicolas-de-bourgueil, **merlot du Trentin-Haut-Adige**

Ce vin fruité, aux tannins soyeux et au caractère subtilement végétal, accompagnera à merveille les saveurs variées de ce plat de pâtes.

PÂTES AVEC PÉTONCLES ET BEURRE AU CITRON — Fruité et vif

Blanc mi-corsé : **chablis premier cru**, chardonnay (IT) (CAL)

Ce vin fin et distingué, avec une belle fraîcheur et au caractère subtilement minéral et lacté, rehaussera parfaitement le goût savoureux de ce plat de pâtes aux pétoncles.

PÂTES AVEC POIVRONS ET THON AU CITRON — Fruité et léger

Rosé léger : **rosé (FR)** (ES) (PO)

Un rosé frais et désaltérant, avec un fruité simple mais agréable, est tout indiqué pour accompagner les saveurs méditerranéennes de ce plat de pâtes.

PÂTES AVEC POULET ÉMINCÉ ET BASILIC FRIT — Délicat et léger

Blanc léger : sauvignon (CH), saint-véran, **bordeaux**

Savourez ce plat de pâtes avec un vin blanc comme le bordeaux, à la note légèrement végétale, doté de souplesse et d'une grande fraîcheur.

PÂTES AVEC POULET, TOMATES SÉCHÉES, GORGONZOLA ET PIGNONS — Fruité et généreux

Rouge mi-corsé : barbera-d'asti, merlot (CAL), **sangiovese**

Ce vin rouge savoureux et charnu, avec des tannins tendres et une pointe d'acidité, saura rehausser les saveurs relevées de ce plat de pâtes.

PÂTES AVEC ROQUETTE, FROMAGE BLEU ET NOIX DE GRENOBLE — Aromatique et rond

Blanc corsé : condrieu, hermitage, **savennières**

Ce vin blanc de la Loire, doté d'une grande intensité aromatique, aux saveurs exquises de coing, de tilleul ou de miel, dense et persistant en finale, s'agencera admirablement bien avec les saveurs intenses de ce plat de pâtes.

PÂTES AVEC TOMATES SÉCHÉES, FÉTA ET FEUILLES DE MENTHE — Fruité et léger

Rouge léger : fleurie, dolcetto-d'alba, **dolcetto-d'asti**

Frais et désaltérant, assez intense avec des tannins charnus, ce vin italien du Piémont accompagnera agréablement les saveurs ensoleillées de ce plat de pâtes.

PÂTES FRAÎCHES, SAUCE AUX ARTICHAUTS — Délicat et léger

Blanc léger : **pinot blanc (AL)**, sauvignon de Touraine, gavi

Frais, vif, simple avec une subtile note végétale, ce vin d'Alsace conviendra parfaitement aux saveurs de l'artichaut en sauce.

PÂTES GRATINÉES AUX TROIS FROMAGES

 Aromatique et rond

Blanc mi-corsé : pomino, colli-orientali-del-friuli, **mâcon-villages**

Ce vin de bonne intensité, plutôt simple de caractère mais savoureux, frais et ample, est tout indiqué pour accompagner ce plat de pâtes aux notes salines (fromages).

PÂTES MARINARA

 Fruité et léger

Rouge léger : beaujolais, pinot noir (IT), **dolcetto-d'alba**

Ce vin frais, aux tannins soyeux mais possédant un fruité savoureux, accompagnera agréablement ce plat de pâtes relevé.

PÂTES, SAUCE À LA CRÈME ET À L'AIL, AVEC PROSCIUTTO ET CHAMPIGNONS

 Aromatique et rond

Blanc mi-corsé : **chardonnay (CH)** (CAL), sauvignon (CAL)

Ce chardonnay à la texture moelleuse, sec et boisé avec une agréable fraîcheur, viendra rehausser les notes salées et de sous-bois de ce plat de pâtes.

PÂTES, SAUCE À LA CRÈME ET AUX MORILLES

 Aromatique et rond

Blanc corsé : **chardonnay (CAL)** (AR) (FR)

Quoi de mieux qu'un chardonnay californien, intense, dense et boisé, pour accompagner les saveurs raffinées de ce plat de pâtes ?

PÂTES SAUTÉES À L'HUILE D'OLIVE AVEC CITRON, LIME ET ROMARIN

 Fruité et vif

Blanc mi-corsé : corbières, **soave-classico**, torrontes

Ce vin italien avec de l'ampleur en bouche, une fraîcheur soutenue et des arômes d'agrumes, est tout indiqué pour rehausser les saveurs de ce plat de pâtes.

PÂTES SAUTÉES À L'HUILE D'OLIVE AVEC POIVRONS ROUGES

 Fruité et léger

Rouge léger : cabernet franc, **anjou**, gamay

Ce vin délicat, aux notes végétales, épicées et fruitées, s'accordera parfaitement à ce plat de pâtes aux poivrons.

PATRANQUE

 Aromatique et rond

 Blanc mi-corsé : chardonnay (IT), **pinot gris (AL)**, viognier (FR)

 Pour accompagner l'intensité savoureuse et le caractère salin de cette recette fromagée, un vin blanc sec tout en rondeur, aux arômes de fruits bien présents et au boisé discret, est tout indiqué, comme le pinot gris d'Alsace.

PAUPIETTES DE DINDE, SAUCE AU GORGONZOLA

 Aromatique et rond

 Blanc corsé : **chardonnay (AU)** (IT) (CAL)

 Le chardonnay australien, aux arômes dominés par les fruits et la vanille à la texture généreuse, est tout indiqué pour accompagner la sauce relevée de ce plat.

PAUPIETTES DE VEAU

 Fruité et léger

 Rouge léger : **merlot (IT)**, vin de pays d'oc, cabardès

 Pour accompagner la viande de veau en paupiette, les vins à base de merlot sont un excellent choix compte tenu de leur caractère fruité et de la souplesse de leur structure. Rarement très boisé, le merlot d'Italie sera un choix éclairé.

PAUPIETTES DE VEAU À LA CRÈME

 Aromatique et rond

 Blanc mi-corsé : **mercurey**, veneto i.g.t., pinot gris (AL)

 Vin sec à la texture grasse, d'une acidité rafraîchissante et aux saveurs fruitées, le mercurey est tout indiqué pour accompagner ce populaire plat de veau.

PAUPIETTES DE VEAU AUX FINES HERBES

 Fruité et vif

Blanc mi-corsé : pinot gris (AL), sauvignon (CAL), **pinot grigio (IT)**

Ce vin sec, souple, assez fruité et débordant de fraîcheur rehaussera les saveurs herbacées de ces paupiettes de veau.

PAUPIETTES DE VOLAILLE AU FROMAGE

Fruité et vif

Blanc mi-corsé : chardonnay (AU), bergerac, **chenin blanc (AS)**

Ce vin blanc d'Afrique du Sud, à la texture ample, savoureux avec une certaine finesse, frais et assez persistant en finale, s'harmonisera parfaitement avec ce plat de volaille.

PAVÉ DE SAUMON AU BASILIC

Fruité et vif

Blanc mi-corsé : chardonnay (CAL), **sancerre**, chablis premier cru

Ce grand vin blanc, doté d'une bonne intensité aromatique, ample et fin avec une fraîcheur soutenue, est tout indiqué pour accompagner ce plat de saumon aux notes de basilic.

PAVÉ DE SAUMON AUX POMMES

Fruité et vif

Blanc mi-corsé : **vouvray sec**, auxey-duresses, breganze

Ce vin frais et fruité, à la texture ample, accompagnera parfaitement les saveurs de poisson et de fruits de ce plat de saumon.

PAVÉ DE SAUMON AVEC POIREAUX

Fruité et vif

Blanc mi-corsé : **anjou (FR)**, sauvignon (CAL), crozes-hermitage

Pourvu d'une bonne vivacité en équilibre, savoureux, simple et assez persistant en finale, ce vin d'Anjou saura rehausser les saveurs de ce plat de saumon.

PAVÉ DE THON EN CROÛTE D'ÉPICES, SAUCE AU PORTO

Fruité et généreux

Rouge mi-corsé : sancerre (FR), **pinot noir (NZ)** (CAL)

Ce vin rouge d'une grande délicatesse d'expression, au fruité généreux et mûr avec des tannins souples, est tout indiqué pour accompagner ce pavé de thon.

PENNE AU CARI THAÏLANDAIS AVEC CHUTNEY DE GINGEMBRE ET TOMATES

Fruité et généreux

Rosé mi-corsé : **rosé (ES)**, tavel, bandol

Un rosé espagnol, savoureux et désaltérant, avec du fruit et du caractère, est tout indiqué pour accompagner ce plat de pâtes aux saveurs asiatiques.

PENNE AU GORGONZOLA ET AUX TOMATES

Fruité et généreux

Rouge mi-corsé : merlot (AU), barbera-d'alba, **valpolicella ripasso**

Pour accompagner les saveurs relevées de ce plat de pâtes, choisissez un vin comme cet Italien aux tannins enrobés, fruité et de bonne intensité aromatique.

PENNE AVEC AUBERGINES, OLIVES ET FÉTA

 Fruité et généreux

Rosé mi-corsé : rosé de Toscane et d'Ombrie, **minervois**

Simple et souple, avec une certaine nervosité, ce rosé français saura accompagner les saveurs ensoleillées de ce plat de pâtes.

PENNE AVEC ÉPINARDS, CREVETTES, TOMATES ET BASILIC

 Fruité et léger

Rouge léger : saint-amour, **gamay de Touraine**, dôle-du-valais

Pour accompagner ce plat de pâtes, un vin vif et fruité, comme le gamay, avec une note végétale, est tout indiqué.

PENNE AVEC ÉPINARDS ET POULET

 Délicat et léger

Blanc léger : sauvignon vin de pays d'oc, **sauvignon (CH)**, orvieto classico

Ce plat de pâtes aux saveurs multiples requiert un vin vif et désaltérant, légèrement végétal (pour aller avec les épinards) et des notes d'agrumes, comme ce sauvignon du Chili.

PENNE AVEC FONTINA ET PORTOBELLOS

 Aromatique et rond

Blanc mi-corsé : **pessac-léognan**, chardonnay (AU), chardonnay/viognier (CAL)

Ce vin à la texture généreuse, au boisé fin et fondu avec une finale fraîche, savoureuse et persistante, saura accompagner parfaitement les saveurs saline et de sous-bois de ce plat de pâtes.

PENNE AVEC ROQUETTE ET SALAMI

 Fruité et léger

Rosé léger : **bardolino chiaretto**, minervois, valencia

Ce vin fruité, aux arômes intenses et doté d'une bonne fraîcheur, est tout indiqué pour relever les saveurs mixtes de ce plat de pâtes.

PENNE AVEC THON, BASILIC ET CITRON

 Fruité et vif

Blanc mi-corsé : orvieto-classico, muscadet-sèvre-et-maine, **pouilly-fumé**

Souple et désaltérant avec une note d'agrumes, ce vin blanc de la Loire accompagnera à merveille les saveurs herbacées et citronnées de ce plat de pâtes.

PENNE SAUCE ARRABIATA

 Fruité et généreux

Rouge mi-corsé : chianti-classico, **sangiovese**, merlot (CAL)

Pour accompagner ce savoureux plat alliant tomates et épices relevées, choisissez un vin généreux de sangiovese à l'acidité rafraîchissante, aux arômes fruités et délicatement épicés.

PENNE, SAUCE AUX ASPERGES, SAUMON FUMÉ ET GRAINES DE PAVOT

 Délicat et léger

Blanc léger : menetou-salon, **sauvignon (NZ)**, fumé blanc (ÉU)

Ce vin frais et ample, moyennement intense, avec un caractère légèrement végétal, saura rehausser les saveurs de ce plat de pâtes où les asperges dominent.

PENNINE, SAUCE AUX FRUITS DE MER ET DU BASILIC

 Fruité et vif

Blanc mi-corsé : pouilly-fumé, minervois, **sauvignon (CAL)**

Ce vin fin et ample, aux arômes de fruits, avec une touche végétale et de vanille, sera le compagnon des fruits de mer aux notes iodées de ce plat de pâtes.

PERCHAUDE, TAJINE DE, AUX ABRICOTS

Délicat et léger

Blanc léger : torrontes, **viognier (FR)** (CAL)

Ce vin ample et aromatique, aux notes fruitées, accompagnera parfaitement les saveurs délicates et fruitées de ce tajine de perchaude.

PERCHE FARCIE AUX ARTICHAUTS

Délicat et léger

Blanc léger : **menetou-salon**, côtes-de-saint-mont, saumur

Ce vin vif, souple et assez aromatique, mais d'expression distinguée, s'agencera parfaitement avec le goût délicat de ce poisson farci.

PERDRIX AU CHOU

 Fruité et généreux

Rouge mi-corsé : **pinot noir (CAL)**, côtes-du-rhône-villages, côtes-de-provence

Ce vin californien aux notes de fruits et d'épices saura accompagner les saveurs de cette viande sauvage délicate rehaussée de chou.

224

PERDRIX, ESTOUFFADE DE, AUX LENTILLES

 Fruité et généreux

Rouge mi-corsé : **corbières**, buzet, merlot (CAL)

Avec ses parfums de fruits bien mûrs, ses notes d'épices et sa texture toute en souplesse, le vin des Corbières se mariera parfaitement au côté salin du bouillon de volaille tout en laissant les saveurs de la perdrix s'exprimer.

PETITS FRUITS GLACÉS AVEC SAUCE AU CHOCOLAT BLANC

 Fruité et doux

Vin ou cidre doux : **champagne demi-sec**, vouvray mousseux, cidre de glace (QC)

Fruité et désaltérant, un champagne demi-sec (présence de sucre) est tout indiqué pour accompagner ce dessert où les fruits dominent.

PÉTONCLES À LA CRÈME DE PERSIL

 Aromatique et rond

Blanc mi-corsé : mercurey, **chablis premier cru**, chardonnay (IT)

Fin et vif, ce vin doté d'une texture grasse s'agencera parfaitement à la texture crémeuse de la sauce et aux saveurs de ce plat de pétoncles.

PÉTONCLES À L'ORANGE ET AU BASILIC

 Fruité et vif

Blanc mi-corsé : chablis, **viognier (FR)** (ÉU)

Ce vin vif et ample, pourvu de finesse et d'intensité aromatique, accompagnera agréablement les saveurs d'agrumes de ce plat de poisson.

PÉTONCLES AUX AMANDES

 Fruité et vif

Blanc mi-corsé : soave-classico, **chablis**, riesling

Pour accompagner la chair délicate de ces pétoncles aux saveurs fines d'amande, choisissez un chablis ample aux subtiles notes florales et minérales.

PÉTONCLES BRAISÉS AU THYM ET AUX MORILLES

 Aromatique et rond

Blanc mi-corsé : pessac-léognan, chardonnay (CAL), **meursault**

Pourvu d'une texture suave, délicate et finement boisée avec une touche épicée, ce vin de Bourgogne est tout indiqué pour rehausser les saveurs marquées de la cuisson des pétoncles et des morilles.

PÉTONCLES, BROCHETTES DE, À LA LIME

Délicat et léger

Blanc léger : **picpoul-de-pinet**, pinot grigio, riesling (AL)

Pour accompagner le goût délicat de ces pétoncles rehaussés de lime, un vin vif et fruité où dominent des notes d'agrumes est tout indiqué.

PÉTONCLES, CEVICHE DE, AVEC PAMPLEMOUSSE ET AVOCAT

Délicat et léger

Blanc léger : riesling (AL), **pinot grigio**, torrontes

Les notes d'agrumes de ce vin fruité et aromatique, à l'acidité équilibrée, agrémenteront les saveurs de ce plat frais.

PÉTONCLES, FEUILLETÉ DE CREVETTES ET DE

Délicat et léger

Blanc léger : sancerre, **menetou-salon**, soave-classico

Ce vin savoureux aux arômes de fruits (agrumes), tout en finesse, en élégance et en fraîcheur, accompagnera parfaitement la pâte feuilletée (richesse) et les fruits de mer au goût délicat.

PÉTONCLES, FEUILLETÉ DE, AUX TOPINAMBOURS

Aromatique et rond

Blanc corsé : **chablis premier cru**, chardonnay (CAL) (CH)

Un vin frais avec un certain gras aux arômes minéraux et au boisé bien subtil, comme ce chablis, saura trancher avec le feuilleté et rehausser le goût délicat des pétoncles et des topinambours.

PÉTONCLES GRILLÉS

Fruité et vif

Blanc mi-corsé : viognier (FR), **sauvignon (CAL)**, mâcon-villages

Ce vin à l'acidité rafraîchissante ayant une note fruitée et boisée garantit un accord gourmand réussi où la texture due à la cuisson des pétoncles fera un lien avec la note boisée du vin.

PÉTONCLES GRILLÉS AU CARI AVEC COURGETTES

Délicat et léger

Blanc léger : fumé blanc (ÉU), viognier vin de pays, **sauvignon (NZ)**

Ce vin savoureux aux notes herbacées, avec une certaine élégance et une bonne vivacité, accompagnera parfaitement les saveurs marquées du cari de ce plat de pétoncles.

PÉTONCLES, LINGUINES AUX CREVETTES ET, SAUCE AU CARI VERT

Aromatique et rond

Blanc mi-corsé : **chablis/chablis premier cru**, chardonnay (IT), pinot gris (AL)

Ce vin de chardonnay, ample et aromatique avec ses notes minérales, saura désaltérer pour tempérer l'ardeur du cari vert et accompagner les subtiles saveurs de la mer.

PÉTONCLES PANÉS, SAUCE TARTARE

Délicat et léger

Blanc léger : picpoul-de-pinet, **bianco-di-custoza**, sauvignon (CH)

Simple et savoureux, avec une touche subtilement florale et une finale fraîche, ce vin de Vénétie s'agencera agréablement à la texture de la panure et aux saveurs des pétoncles.

PÉTONCLES, PÂTES AVEC, ET BEURRE AU CITRON

Aromatique et rond

Blanc mi-corsé : **chablis premier cru**, chardonnay (IT) (CAL)

Ce vin fin et distingué, avec une belle fraîcheur et au caractère subtilement minéral et lacté, fera un lien parfait avec le beurre au citron ainsi que la texture des pétoncles.

PÉTONCLES, QUICHE AUX

Délicat et léger

Blanc léger : chablis, **vin de Savoie**, chardonnay du Trentin

Pour accompagner la saveur et la texture délicate de cette quiche aux pétoncles, choisissez un vin de Savoie ayant les mêmes qualités : finesse et légèreté avec une note minérale.

PÉTONCLES, RAGOÛT DE, À LA LIME, À LA NOIX DE COCO ET AU GINGEMBRE

Délicat et léger

Blanc léger : **pessac-léognan**, bergerac, fumé blanc (ÉU)

Ce vin fin et tendre, frais avec une note boisée fondue et subtilement florale, est tout indiqué pour accompagner le type de cuisson, la texture des pétoncles ainsi que les saveurs asiatiques.

PÉTONCLES, RAVIOLIS DE, ET CREVETTES AU PAPRIKA

Fruité et vif

Blanc mi-corsé : langhe, menetou-salon, **pouilly-fumé**

Vin ample et frais, aux caractères fins et assez persistant en finale, le pouilly-fuissé apportera la texture et les notes aromatiques nécessaires pour accompagner délicieusement ces pâtes.

PÉTONCLES SAUTÉS AU BEURRE AVEC PERSIL

 Fruité et vif

🍷 Blanc mi-corsé : chablis, bordeaux, **sancerre**

👄 Le sancerre, avec sa vivacité et ses notes florales et végétales, est idéal pour accompagner le goût délicat du poisson et l'aspect plus riche du beurre au persil.

PÉTONCLES SAUTÉS AUX ÉCHALOTES ET AUX PIGNONS

 Aromatique et rond

🍷 Blanc mi-corsé : montagny, **pouilly-fuissé**, pomino

👄 Ce vin fin de Bourgogne, gras et charpenté, aux notes de miel et de noisettes, évoluant vers le beurre, s'harmonisera parfaitement avec la texture des pétoncles et les saveurs des pignons grillés, qui apportent des notes de noix grillées.

PÉTONCLES SAUTÉS AVEC RAISINS ET AMANDES

 Délicat et léger

🍷 Blanc léger : mercurey, soave, **viognier (FR)**

👄 Ce vin de viognier sera le compagnon idéal avec ses arômes aussi exubérants que ce plat au goût riche et aux saveurs multiples.

PÉTONCLES SAUTÉS AVEC SAUCE À LA MOUTARDE

 Délicat et léger

🍷 Blanc léger : **saumur**, riesling, colli-orientali-del-friuli

👄 Avec sa fraîcheur, ce vin sec et fruité, possédant une bonne nervosité, saura accompagner les saveurs relevées (sauce à la moutarde) de ce plat de pétoncles.

PÉTONCLES SAUTÉS, SAUCE À LA CRÈME ET À L'AIL

 Fruité et vif

🍷 Blanc mi-corsé : chablis, **soave**, premières-côtes-de-blaye

👄 Ce vin simple de caractère, avec sa vivacité et sa texture enveloppante, saura s'harmoniser avec les saveurs de la crème et la texture des pétoncles.

PÉTONCLES SAUTÉS, SAUCE AUX CAROTTES ÉPICÉES

 Fruité et léger

🍷 Rosé léger : **rosé (FR)** (ES) (CAL)

👄 Ce rosé simple, vif et fruité, ira à merveille avec les saveurs à la fois sucrées et épicées des carottes qui accompagnent ce plat de pétoncles.

PÉTONCLES SAUTÉS SUR RISOTTO AU CITRON ET AUX ÉPINARDS

 Fruité et vif

 Blanc mi-corsé : **entre-deux-mers**, penedès, saint-véran

Ce vin simple, aux arômes d'agrumes et aux notes légèrement végétales, est tout indiqué pour accompagner ce plat de pétoncles et son risotto aux notes végétales.

PIEUVRE AVEC POIVRONS VERTS ET LIME KAFFIR

 Délicat et léger

 Blanc léger : **sauvignon de Touraine**, trebbiano-d'abruzzo, riesling (AL)

Ce vin blanc souple, au caractère simple de fruits et pourvu d'une finale rafraîchissante, est tout indiqué pour accompagner la texture et les saveurs de ce plat de pieuvre.

PIGEONS GOURMANDS

 Fruité et léger

 Rouge léger : touraine, bouzy, **pinot noir (FR)**

Pour harmoniser parfaitement les saveurs de ce plat, choisissez un pinot noir français. Grâce à sa légèreté, ses notes de fruits rouges et son acidité rafraîchissante, ce plat de pigeon cuisiné simplement en sera magnifié.

PILONS DE POULET GRATINÉS AU PARMESAN Délicat et léger

 Blanc léger : **soave**, pinot blanc (FR), sauvignon (AU)

Ce vin de la Vénétie aux effluves de fleurs et de fruits frais formera un accord parfait avec les saveurs salines (fromage) de ce poulet gratiné au parmesan.

PINTADE À LA PURÉE D'OLIVES

 Fruité et généreux

Rouge corsé : penedès, **côtes-du-rhône**, grenache

Ce vin de la vallée du Rhône, aux tannins souples, est idéal pour accompagner les volailles sauvages et surtout les arômes de tapenade d'olives de ce plat.

PINTADE À L'ORANGE ET AU MIEL

Aromatique et rond

Blanc mi-corsé : chardonnay du Jura, **chardonnay (AU)** (CAL)

Ce vin blanc aux arômes de fruits exotiques, à la bouche opulente, accompagnera parfaitement la richesse de cette pintade, avec ses notes florales et fruitées.

PINTADE AUX CHAMPIGNONS

 Aromatique et souple

Rouge mi-corsé : **pinot noir (CAL)**, minervois, rioja

Ce vin californien, doté de tannins souples, avec de la finesse et des arômes de sous-bois et d'épices, est tout indiqué pour rehausser les saveurs de ce plat de volaille.

PINTADE AUX PETITS LARDONS ET AUX PÊCHES

 Aromatique et rond

Blanc mi-corsé : **chardonnay (CAL)** (AU) (NZ)

Ce vin blanc à l'arôme de sirop de pêche, généreux et presque sucré, est tout indiqué pour accompagner les saveurs salées et sucrées de ce plat de volaille.

PINTADE AUX POMMES ET AUX POIREAUX

 Aromatique et rond

Blanc mi-corsé : **rully**, pomino, pinot gris (AL)

La texture de la pintade associée aux saveurs de pommes et aux notes végétales (poireaux) de ce plat demande un vin fruité avec une légère note de beurre et de vanille.

PINTADE FARCIE AUX MORILLES

 Aromatique et souple

Rouge mi-corsé : **beaune premier cru**, saint-émilion, saint-joseph

Ce vin rouge élégant, qui laisse deviner des arômes boisés, fruités et épicés, est tout indiqué pour accompagner les saveurs forestières de ce plat de volaille.

PINTADE FARCIE AUX NOISETTES

 Aromatique et souple

Rouge mi-corsé : **chassagne-montrachet**, pinot noir (CAL), rioja gran reserva

Doté de tannins nobles et fins, ce grand vin de la Bourgogne au boisé fondu, d'une belle rondeur et aux saveurs subtiles, s'harmonisera parfaitement à la texture et aux saveurs délicates de noisettes de ce plat de volaille.

PINTADE FARCIE AUX PRUNEAUX

 Fruité et généreux

Rouge mi-corsé : bergerac, **valpolicella ripasso**, merlot (FR)

Ce vin rouge aux tannins souples et à la chair généreuse est tout indiqué pour accompagner les saveurs de fruits mûrs de ce plat de volaille.

PINTADE RÔTIE LAQUÉE AU MIEL
Aromatique et rond

Blanc mi-corsé : côtes du rhône, **corbières**, pinot gris (AL)

Ce vin blanc du Languedoc-Roussillon, caractérisé par des notes de fruits blancs à noyaux, d'une bouche tendre et empreint de fraîcheur, accompagnera agréablement les saveurs de ce plat de volaille au miel.

PINTADE RÔTIE, SAUCE AU FOIE GRAS
Aromatique et rond

Blanc corsé : **meursault**, contessa-entallina, chardonnay (CAL)

Ce vin blanc de la Bourgogne à la bouche riche, ronde et harmonieuse, soutenue par des arômes pénétrants de fruits mûrs, accompagnera par sa richesse cette pintade au foie gras.

PINTADE, SAUCE AUX CERISES
Fruité et généreux

Rouge mi-corsé : **pinot noir (CAN)** (ÉU), bourgogne-hautes-côtes-de-beaune

Ce vin canadien est tout indiqué pour accompagner cette volaille avec sa belle expression de cerise, ses tannins souples et sa bonne fraîcheur.

PINTADE, SUPRÊMES DE, AUX POIRES ET AU ROQUEFORT
Fruité et vif

Blanc mi-corsé : **saumur**, vouvray, jurançon

Ce vin blanc vivifiant et fin apportera de la légèreté aux poires et surtout au roquefort.

PINTADE, TAJINE DE, AUX CITRONS CONFITS ET AUX FIGUES
Fruité et généreux

Rouge mi-corsé : **juliénas**, pinot noir (FR) (ES)

Ce vin plein de fruits aux tannins souples, accompagnera à merveille les saveurs fruitées de ce plat de volaille.

PISSALADIÈRE
Fruité et léger

Rosé léger : bandol, **coteaux-d'aix-en-provence**, côtes-du-rhône

Pour accompagner ce plat provençal, quoi de mieux qu'un rosé de Provence sec et rafraîchissant.

PISSALADIÈRE DE THON
Fruité et léger

Rosé léger : **côtes-de-provence**, rosé (CH), rioja

Ce rosé vif et de bonne intensité, doté de caractères fruités et épicés, accompagnera à merveille ce plat provençal.

PITHIVIERS AUX POMMES

Fruité et extra doux

Vendanges tardives : **vendanges tardives (CAN)** (ALL)

Ce vin doux aromatique et moelleux, dont la fraîcheur tient tête
à la douceur fait un lien avec les arômes des pommes de ce dessert.

PIZZA À L'AUBERGINE

Fruité et léger

Rosé léger : **rosé (IT)**, rosé de Provence, rosé du Québec

Pour accompagner cette pizza à l'accent italien, choisissez un rosé italien avec un bon fruité, de la fraîcheur et une simplicité de caractère.

PIZZA AU BROCOLI

Délicat et léger

Blanc léger : **sauvignon (CH)**, sauvignon vin de pays d'oc, orvieto

Ce vin délicat et frais, avec un caractère simple et subtilement végétal, fera un lien parfait avec cette pizza au brocoli.

PIZZA AU JAMBON

Fruité et léger

Rosé léger : rosé du Québec, rosé-de-loire, **rosé (IT)**

Pour accompagner ce plat, vous devez choisir un vin fruité et simple, pas compliqué et doté d'une bonne acidité, comme ce vin rosé.

PIZZA AU PISTOU, AUX TOMATES
FRAÎCHES ET À LA MOZZARELLA

Fruité et léger

Rouge léger : **valpolicella**, gamay de Touraine, dôle-du-valais

Souple et friand, avec des tannins discrets, ce vin italien est le complément idéal de cette pizza aux saveurs fraîches.

PIZZA AU THON

Fruité et vif

Blanc mi-corsé : **picpoul-de-pinet**, catarratto, penedès

Souple et pourvu d'une excellente fraîcheur, avec un parfum méditerranéen, ce vin est idéal pour accompagner le thon de la pizza.

PIZZA AUX ARTICHAUTS ET AU FÉTA

Délicat et léger

Blanc léger : sauvignon vin de pays, fumé blanc (CH), **pinot bianco**

Sec et vif, avec une note légèrement végétale, ce vin italien ira à merveille avec les artichauts et l'aspect salin du fromage de cette pizza.

PIZZA AUX CHAMPIGNONS PORTOBELLOS ET À LA SAUCISSE

 Aromatique et souple

🍾 Rouge mi-corsé : valpolicella-classico, malbec (AR), **zinfandel (ÉU)**

👄 Ce vin de bonne intensité aromatique, avec un boisé discret, des tannins souples et pourvu d'une bonne fraîcheur, accompagnera délicieusement bien les saveurs de sous-bois de cette pizza.

PIZZA AUX COURGETTES ET AUX AUBERGINES GRILLÉES AVEC TAPENADE ET FONTINA

 Fruité et léger

🍾 Rosé léger : **rosé de Provence**, rosé de cabernet franc, rosé des Abruzzes

👄 Ce vin rosé, simple et savoureux, avec de la vivacité, est tout indiqué pour accompagner l'accent provençal (courgette, aubergines, tapenade) de cette pizza.

PIZZA AUX FRUITS DE MER

 Fruité et vif

🍾 Blanc mi-corsé : pomino, **soave-classico**, saint-véran

👄 Ce vin italien d'une bonne acidité, aux notes florales et minérales, s'agencera agréablement avec les fruits de mer de cette pizza.

PIZZA AUX LÉGUMES GRILLÉS ET AU CHÈVRE

 Fruité et léger

🍾 Rouge léger : merlot (FR), **bardolino**, gamay

👄 Les saveurs de cette pizza requièrent un vin à l'acidité rafraîchissante et doté de tannins gouleyants, comme ce vin de la Vénétie.

PIZZA AUX TOMATES, AUX OLIVES NOIRES ET AU ROMARIN

 Fruité et léger

🍾 Rouge léger : valpolicella, merlot (CAL), **rapsani**

👄 Ce vin grec simple et rafraîchissant, fruité, épicé et aux tannins souples, accompagnera parfaitement les saveurs ensoleillées de cette pizza.

PIZZA SAUCE TOMATE

 Fruité et léger

🍾 Rouge léger : côtes-du-rhône, **valpolicella**, pinot noir

👄 Ce vin délicat aux notes de fruits frais et à la structure tannique souple s'accordera très bien avec la sauce tomate de cette pizza.

POIREAUX, BLANQUETTE DE

 Délicat et léger

🍾 Blanc léger : sauvignon blanc (FR), muscat (AL), **pinot blanc (AL)**

👄 Ce vin léger, simple et friand, au caractère végétal et acidulé, saura agrémenter le goût de ce plat de poireaux.

POIRES AU CARAMEL

Fruité et extra doux

🍷 Vin doux : lagrima, rivesaltes ambré, **banyuls**

👄 Ce vin à la texture suave, au parfum de fruits confits avec une note de caramel est idéal pour accompagner les accents de ce dessert.

POIRES AU CHOCOLAT

Fruité et extra doux

🍷 Vin doux : rivesaltes, **maury**, banyuls

👄 Ce vin doux à la texture veloutée, sans lourdeur, est tout indiqué pour accompagner ce dessert délicat avec ses notes de cacao.

POIRES AU GINGEMBRE CONFIT

Fruité et extra doux

🍷 Vin doux : **riesling vendanges tardives (AL)**, moscato-d'asti, quarts-de-chaume

👄 Ce vin au parfum exotique et doté d'une belle vivacité, le tout en équilibre avec une texture moelleuse, s'agencera parfaitement avec ce dessert aux accents toniques provenant du gingembre.

POIRES AU MIEL, SAUCE À LA VANILLE

Fruité et extra doux

🍷 Vin doux : coteaux-du-layon, **chaume**, sainte-croix-du-mont

👄 Ce vin blanc moelleux, au caractère de fleurs mellifères et doté d'une bonne acidité, accompagnera parfaitement les saveurs de miel de ce dessert.

POIRES AUX ÉPICES

Fruité et extra doux

🍷 Vin doux : **jurançon doux**, coteaux-du-layon, passito

👄 Ce vin blanc moelleux doté d'une certaine puissance et d'une complexité aromatique (fruits, miel et fleurs) saura accompagner les saveurs épicées de ce dessert.

POIRES FARCIES AVEC COULIS DE FRAMBOISE

Fruité et doux

🍷 Vin doux tranquille ou mousseux : **moscato-d'asti**, muscat-de-lunel, pineau-des-charentes ruby

👄 Ce vin frais au pouvoir désaltérant et légèrement pétillant est pourvu d'arômes de fruits frais. Il est tout indiqué pour accompagner ce dessert où les fruits dominent.

POIRES POCHÉES À LA NOIX DE COCO

Fruité et extra doux

🍾 Vin doux : vendanges tardives (CAN), porto blanc, **mousseux demi-sec (ES)**

👄 Ce vin à la texture moelleuse et à l'expression très fine saura s'agencer délicieusement avec les saveurs de la noix de coco et la texture de la poire.

POISSON, BÂTONNETS DE, AU PIMENT FORT

Délicat et léger

🍾 Blanc léger : sauvignon (CAL), vin du Québec, **picpoul-de-pinet**

👄 Un vin frais et rafraîchissant, aux arômes de fruits, parfait pour alléger le goût des piments forts.

POISSON, FILETS DE, GRILLÉS

Aromatique et rond

🍾 Blanc mi-corsé : bordeaux, **graves**, pouilly-fumé

👄 Pour accompagner un poisson grillé, un vin blanc simple et mi-corsé, comme un graves, avec ses notes d'agrumes, de fleurs ainsi qu'une note grillée, est tout indiqué.

POISSON GRILLÉ AU CUMIN AVEC PURÉE DE POIS CHICHES À L'AIL

Délicat et léger

🍾 Blanc léger : **bordeaux**, penedès, bairrada

👄 Ce vin de caractère, ample et simple avec une agréable vivacité, saura accompagner les saveurs relevées (cumin, ail) de ce plat de poisson grillé.

POISSON GRILLÉ AVEC COULIS DE PACANES AU CARI

Aromatique et rond

🍾 Blanc mi-corsé : **chardonnay (FR)** (IT) (AR)

👄 Ce vin aromatique et frais fera un lien parfait et agrémentera les saveurs intenses de ce plat où le coulis de pacanes est rehaussé de cari.

POISSON, MOUSSE DE

Délicat et léger

🍾 Blanc léger : bourgogne, **touraine**, vin de Savoie

👄 Un vin blanc de Touraine, à la bouche souple et à l'acidité présente, agrémentée de subtils effluves floraux et de poire, rehaussera les saveurs délicates de cette mousse.

POISSON, PAIN DE, AUX POIVRONS

Fruité et léger

🍾 Rosé léger : **rosé-de-loire**, rosé (IT) (CAL)

👄 Doté d'une bonne acidité et simple de caractère, le rosé de la Loire, (cabernet franc) aux arômes de fruits et de poivron, s'harmonisera agréablement avec ce plat de poisson.

POISSON RÔTI AUX CÂPRES ET AU BEURRE DE CITRON

 Délicat et léger

Blanc léger : muscadet, **entre-deux-mers**, vinho verde

Frais et acidulé, doté de souplesse et de caractères subtilement citronnés, ce vin possède les caractéristiques voulues pour être le complément idéal de cette recette.

POISSON, SOUPE DE

 Fruité et léger

Rosé léger : **côtes-de-provence**, vin de pays d'oc, bardolino

Un accord régional entre une soupe de poisson et un rosé du Midi, aux arômes de fruits et d'épices, accompagnera agréablement ce plat.

POISSON, TEMPURA DE, AVEC PIMENT MEXICAIN

 Fruité et vif

Blanc mi-corsé : pinot gris (AR) (FR), **fiano-di-avellino**

Ce vin aux parfums de noisettes grillées et de poire, ayant une bonne acidité, accompagnera très bien ce tempura épicé.

POISSON, TERRINE DE

 Délicat et léger

Blanc léger : riesling, **graves**, pomino

Ce vin ample à la texture soyeuse et doté d'une grande fraîcheur allégera les saveurs simples de la terrine de poisson.

POISSON, VELOUTÉ DE

 Délicat et léger

Blanc léger : côtes-du-lubéron, **côtes-du-rhône**, rias-baixas

Ce vin simple, léger et friand avec une pointe acidulée, apportera de la fraîcheur à ce velouté de poisson.

POISSON, WATERZOI DE

 Fruité et vif

Blanc mi-corsé : **chablis**, chardonnay (AR), riesling (AL)

Ce délicieux plat sera rehaussé par le chablis, un vin à la fois ample et complexe, avec ses notes de pommes vertes, de fleurs et sa finale minérale, qui fait toujours bon ménage avec le poisson.

POITRINE DE PORC FARCIE AUX PETITS FRUITS

Fruité et léger

Rouge léger : merlot (FR), beaujolais-villages, **mâcon**

Pour accompagner ce plat simple rehaussé de petits fruits, choisissez un vin simple et délicat, comme le mâcon supérieur, aux arômes de groseille et de noyau de cerise.

POITRINES DE CANARD AVEC POIRES CARAMÉLISÉES ET SAUCE À L'ORANGE

 Aromatique et rond

Blanc corsé : **gewurztraminer (FR)**, viognier (CAL), riesling (AL)

Pour les multiples saveurs de ce plat, choisissez un vin complexe aux arômes de fruits, d'épices et avec une note florale. Ce vin offre une longue finale qui conviendra à merveille.

POITRINES DE POULET AU CARI VERT SUR PURÉE DE PATATES DOUCES

 Fruité et léger

Rosé léger : rosé (IT), **côtes-de-provence**, rosé (CH)

Ce vin du sud de la France, aux caractères assouplis et aux notes subtilement épicées, convient parfaitement à ce plat de volaille aux accents asiatiques marqué par le cari vert.

POITRINES DE POULET AU FROMAGE DE CHÈVRE

Fruité et vif

Blanc léger : chablis premier cru, **sancerre**, langhe

Un vin fin, à l'acidité présente, comme ce sancerre, saura rehausser le goût et la texture du chèvre qui accompagne ce poulet.

POITRINES DE POULET AU PROSCIUTTO ET À LA SAUGE

Fruité et généreux

Rouge mi-corsé : **dolcetto-d'alba**, oltrepo-pavese, côtes-du-marmandais

Ce vin italien souple et rafraîchissant, au caractère fruité et de sous-bois, est tout indiqué pour accompagner les saveurs salées et herbacées de ce plat de poulet.

POITRINES DE POULET AU SAFRAN, AVEC PURÉE DE POIS À LA MENTHE

Aromatique et rond

Blanc mi-corsé : menetou-salon, pomino, **chablis premier cru**

Vin à la texture enveloppante, frais et d'expression aromatique moyenne, le chablis premier cru accompagnera parfaitement les saveurs de safran et de menthe de ce plat de poulet.

POITRINES DE POULET AUX POIVRONS ET AUX PACANES LAQUÉES À LA MOUTARDE AU MIEL

 Fruité et léger

Rouge léger : chinon, **saint-amour**, valpolicella-classico

Ce vin charnu, aux saveurs intenses de fruits frais et d'épices et aux tannins plutôt soyeux, s'harmonisera agréablement aux multiples saveurs de ce plat de poulet.

POITRINES DE POULET AUX POIVRONS ROUGES

 Fruité et généreux

🍷 Rouge mi-corsé : **bourgueil**, pinot noir (CAL), rully

👄 Doté d'un généreux fruité avec ses notes de poivrons, ses tannins tendres et sa belle rondeur, ce vin du Val-de-Loire est tout indiqué pour accompagner les saveurs de poivron de ce plat de volaille.

POITRINES DE POULET BRAISÉES SUR LIT DE POIREAUX À LA CRÈME

 Aromatique et rond

🍷 Blanc mi-corsé : saint-véran, **viré-clessé**, fumé blanc (ÉU)

👄 Ce vin du Mâconnais à la texture généreuse, au bouquet subtil et doté d'une bonne fraîcheur, accompagnera à merveille la texture résultant de la cuisson ainsi que les saveurs de poireaux.

POITRINES DE POULET FARCIES À LA SAUCISSE, AU FENOUIL ET AUX RAISINS DORÉS

 Fruité et généreux

🍷 Rouge mi-corsé : primitivo, **cannonau-di-sardegna**, zinfandel (ÉU)

👄 Ce vin de soleil aux arômes de fruits cuits et d'épices, aux tannins charnus et de bonne persistance, est tout indiqué pour accompagner les saveurs et les textures de ce plat de poulet.

POITRINES DE POULET FARCIES AU BACON ET AU BASILIC

 Délicat et léger

🍷 Blanc léger : **sauvignon vin de pays d'oc**, sauvignon (CH), orvieto-classico

👄 Vin fin et distingué, avec une bonne acidité, souple et légèrement végétal, le sauvignon vin de pays d'oc accompagnera à merveille les saveurs salées et herbacées de ce plat de poulet.

POITRINES DE POULET FARCIES AU CRABE

 Aromatique et rond

🍷 Blanc mi-corsé : **chablis premier cru**, beaune, chardonnay/pinot (IT)

👄 Ce vin fin à la texture ample, au parfum subtil et frais, et peu boisé, accompagnera agréablement les saveurs délicates de terre et de mer de ce plat de poulet.

POITRINES DE POULET FARCIES AU FROMAGE DE CHÈVRE ET AUX OLIVES

 Fruité et vif

🍷 Blanc mi-corsé : **sancerre**, greco-di-tufo, saint-péray

👄 Le sancerre, avec sa vivacité et ses notes florales et végétales, est idéal pour accompagner les saveurs du fromage de chèvre ainsi que l'aspect ensoleillé de ce plat de poulet.

POITRINES DE POULET FARCIES AU JAMBON ET AU FROMAGE BLEU

 Fruité et vif

 Blanc mi-corsé : **pinot gris (AL)**, montlouis, savennières

 Avec sa vivacité soutenue, ce pinot gris, intense et persistant, est le complément idéal de ce plat de volaille où texture et arômes sont multiples.

POITRINES DE POULET FARCIES AU JAMBON ET AU GRUYÈRE

 Fruité et vif

 Blanc mi-corsé : chardonnay (AU), **pinot gris (AL)**, riesling

Pour accompagner cette volaille relevée de gruyère et de jambon, choisissez un pinot gris alsacien parfumé à l'acidité franche et aux arômes fruités qui coupera l'aspect salin du plat.

POITRINES DE POULET FARCIES AU PISTOU ET AU FROMAGE

 Fruité et vif

Blanc mi-corsé : pouilly-fumé, fumé blanc (ÉU), **sauvignon blanc (AS)**

Ce vin vif d'Afrique du Sud, ample et assez aromatique, avec une légère note végétale, accompagnera parfaitement les saveurs du pistou (végétales) et du fromage (richesse) de cette recette.

POITRINES DE POULET FARCIES AU PROSCIUTTO ET AU BASILIC

 Aromatique et rond

Blanc mi-corsé : pinot grigio, **pomino**, chardonnay vin de pays d'oc

L'aspect salé du prosciutto couplé au basilic demande un vin ayant une bonne acidité ainsi qu'une texture aux notes onctueuses.

POITRINES DE POULET FARCIES AUX ÉPINARDS

 Délicat et léger

Blanc léger : pouilly-sur-loire, bouzeron, **pinot bianco**

Le pinot blanc d'Italie, souple et discret, acidulé avec une note végétale, est tout indiqué pour accompagner les saveurs délicates du poulet et l'aspect végétal des épinards.

POITRINES DE POULET GRILLÉES À L'AIL

 Délicat et léger

Blanc léger : orvieto, **pinot gris (AL)**, penedès

Ce vin Alsacien, frais, ample avec du caractère, ayant une dominante de fruits et une note épicée, accompagnera agréablement cette volaille grillée à l'ail.

POITRINES DE POULET GRILLÉES AVEC SAUCE AUX TOMATES ET À L'ESTRAGON

 Fruité et léger

Rouge léger : côtes-du-vivarais, reuilly, **dolcetto-d'alba**

Ce vin souple et fruité, avec une touche végétale, aux tannins discrets et à l'acidité rafraîchissante, est tout indiqué pour rehausser les saveurs ensoleillées de la sauce aux accents herbacés.

POITRINES DE POULET PANÉES AU PARMESAN AVEC COULIS DE TOMATES

 Fruité et léger

Rouge léger : coteaux-du-tricastin, **bardolino**, anjou

Les saveurs de tomate et la panure de ce plat de volaille requièrent un rouge fruité aux tannins charnus et à l'acidité rafraîchissante, comme ce vin de la Vénétie.

POITRINES DE POULET, SAUCE À LA LIME ET À L'AIL

 Délicat et léger

Blanc léger : vinho verde, saint-bris, **cheverny**

Ce vin de la Loire, assez vif pour soutenir les notes acidulées de ce plat, accompagnera à merveille les saveurs de ce poulet.

POITRINES DE POULET, SAUCE AU GORGONZOLA

 Aromatique et rond

Blanc corsé : **chardonnay (IT)**, chardonnay (CAL), meursault

Ce vin italien puissant, gras et frais, d'une certaine noblesse, est tout indiqué pour accompagner la saveur intense de la sauce au gorgonzola.

POITRINES DE POULET, SAUCE AU VINAIGRE DE CIDRE

 Fruité et généreux

Rosé mi-corsé : **rosé (AS)**, rosé-de-loire, rosé de Provence

Ce rosé fruité et friand, d'une agréable fraîcheur, accompagnera agréablement les saveurs acidulées de ce plat de poulet en sauce.

POITRINES DE POULET, SAUCE AUX NOISETTES ET À LA MOUTARDE DE DIJON

 Aromatique et rond

Blanc mi-corsé : **chardonnay (CAL)**, soave-classico, viré-clessé

Ce vin californien puissant, aux arômes grillés de beurre et de fruits en sirop, est le complément idéal de la sauce aux saveurs de noisettes grillées et relevée de moutarde.

POITRINES DE POULET SAUTÉES, SAUCE AU CARI

 Fruité et léger

Rosé léger : **rosé (FR)**, rosé des Abruzzes, rosé d'Ombrie

Vous devez choisir un vin rosé désaltérant et doté d'une bonne nervosité qui saura atténuer la puissance de la sauce au cari qui enveloppe cette volaille.

POITRINES DE VEAU FARCIES AUX CHAMPIGNONS

 Aromatique et souple

Rouge mi-corsé : côtes-du-roussillon, **montagne-saint-émilion**, tempranillo (ES)

Ce vin aux tannins fondus, aux arômes de sous-bois et de champignon, accompagnera à merveille ce plat de veau farci ayant les mêmes arômes.

POITRINES DE VEAU ROULÉES À L'ORANGE

 Fruité et vif

Blanc mi-corsé : **viognier (CAL)**, pinot gris (AL), crozes-hermitage

Ce vin de bonne structure, aux arômes de salade de fruits bien mûrs, sera le complément idéal de ce veau où les arômes d'orange dominent.

POIVRONS FARCIS AU VEAU

 Fruité et léger

Rouge léger : **chinon**, bourgueil, cabernet franc (CAL)

Ce vin aux arômes de fruits avec une dominante de poivron, aux tannins souples, accompagnera agréablement ce plat aux mêmes saveurs.

POIVRONS VERTS FARCIS À LA VIANDE

 Fruité et léger

Rouge léger : **cabernet franc**, anjou, chianti

La fraîcheur du cabernet franc et ses arômes de fruits rouges et de poivron en font le complément idéal du poivron vert farci.

POLENTA AU FROMAGE BLEU AVEC BŒUF AU VIN ROUGE

 Aromatique et charnu

Rouge corsé : ripasso, **shiraz (AU)**, cabernet sauvignon (CAL)

Les tannins étoffés de la shiraz australienne, ainsi que sa richesse aromatique intense et sa finale persistante en font le complément idéal pour une pièce de viande servie saignante.

POLENTA AU PARMESAN AVEC LÉGUMES GRILLÉS À L'AIL

 Fruité et généreux

Rouge mi-corsé : **cannonau-di-sardegna**, rapsani, sangiovese

Ce vin italien aux tannins charnus, aux arômes épicés, frais et assez persistant, est idéal pour accompagner ce plat aux saveurs du sud.

POLENTA AUX ÉPINARDS AVEC TOMATES AU VINAIGRE BALSAMIQUE

 Fruité et léger

Rouge léger : valpolicella, gamay de Touraine, **pinot noir (IT)**

Ce vin italien, aux tannins discrets et frais, sans être trop acide, accompagnera agréablement ce plat de polenta aux saveurs ensoleillées.

241

POLENTA AVEC FENOUIL CARAMÉLISÉ

Délicat et léger

Blanc léger : orvieto, graves, **sauvignon (CH)**

Avec sa texture ample, sa subtile note végétale et sa finale fraîche, le sauvignon du Chili est tout indiqué pour accompagner cette polenta au fenouil à l'arôme anisé.

POLENTA GRATINÉE

Fruité et vif

Blanc mi-corsé : **pinot gris (FR)**, riesling (AU), chenin blanc (AS)

Ce pinot gris doté d'une belle rondeur et assez aromatique accompagnera parfaitement cette polenta gratinée ayant une texture ample.

POMMES DE TERRE, CROQUETTES DE

Fruité et vif

Blanc léger : **cava**, blanquette-de-limoux, mousseux (CAL)

Pour agrémenter ce plat simple, choisissez un vin mousseux, sec et fruité, comme le cava d'Espagne.

POMMES DE TERRE EN PURÉE AVEC GRUYÈRE

Délicat et léger

Blanc léger : orvieto, gaillac, **roussette-de-savoie**

Voici un accord régional, un vin simple et frais, pas compliqué, pour accompagner un plat simple mais savoureux.

PORC À L'INDONÉSIENNE

Fruité et vif

Blanc mi-corsé : pinot gris (AL), **gewurztraminer (AL)**, viognier (CAL)

Pour accompagner ce plat de porc aux saveurs exotiques, choisissez un vin blanc généreux, comme le gewurztraminer, aux notes florales et épicées.

PORC AUX OLIVES

Fruité et vif

Blanc mi-corsé : pomino, **minervois**, côtes-du-rhône

Ample avec une acidité présente, subtilement épicé et d'expression délicate, ce vin est tout indiqué pour accompagner la texture de ce plat de porc et les arômes des olives.

PORC, BOUILLI DE, AUX LÉGUMES

Aromatique et rond

Blanc mi-corsé : viognier (FR), riesling (AL), **chardonnay (IT)**

Le chardonnay de la Vénétie, rarement boisé, possède la souplesse et le fruité idéal pour accompagner la texture tendre du porc bouilli aux légumes.

PORC BRAISÉ, SAUCE HOISIN, AVEC CHAMPIGNONS ET HARICOTS VERTS

 Aromatique et rond

Blanc mi-corsé : chardonnay (IT) (CAL), **mercurey**

Ce vin bourguignon assez intense, subtilement boisé et d'une grande fraîcheur, saura équilibrer les saveurs intenses de la cuisson de ce plat et ses arômes de sous-bois.

PORC, BROCHETTES DE, ET D'ANANAS, SAUCE AIGRE-DOUCE

 Fruité et léger

Rosé léger : côtes-de-provence, languedoc-roussillon, **rosé (ES)**

Un vin espagnol, simple, aux arômes de fruits, saura s'harmoniser avec le goût des fruits et de la sauce de ces brochettes.

PORC, BROCHETTES DE, MARINÉ

 Fruité et léger

Rouge léger : **gamay (FR)**, saumur, costières-de-nîmes

Pour ce plat simple, ce vin simple et rafraîchissant à la structure délicate et aux arômes dominants de fruits rouges sera délicieux avec les brochettes de porc.

PORC, CIVET DE

 Fruité et généreux

Rouge mi-corsé : **côtes-du-rhône**, malbec (AR), merlot (CAL)

Ce vin aux arômes de petits fruits rouges (cassis et mûre) et d'épices (poivre) accompagnera parfaitement le goût délicat de cette viande.

PORC, CÔTELETTES DE, À L'AIL ET AU BEURRE BLANC

Délicat et léger

Blanc léger : **chardonnay (AU)**, saint-véran, pinot grigio (IT)

Souple et rafraîchissant, pourvu de saveurs moyennement intenses, le chardonnay australien accompagnera à merveille ces côtelettes de porc au goût riche de beurre et d'ail.

PORC, CÔTELETTES DE, À LA NOIX DE COCO

 Aromatique et rond

Blanc mi-corsé : **chardonnay (CAL)** (CH) (AU)

Subtilement boisé, vanillé, ample et frais, le chardonnay californien a souvent des arômes de noix de coco. Il est tout indiqué pour accompagner les mêmes saveurs de ce plat.

PORC, CÔTELETTES DE, AVEC COULIS DE CIDRE AIGRE-DOUX

 Fruité et doux

🍶 Blanc mi-corsé : vouvray, **auslese riesling (ALL)**, pinot gris (FR)

👄 Fruité et vif avec une bonne ampleur, ce vin allemand convient parfaitement aux saveurs du coulis de cidre de ce plat de côtelettes de porc.

PORC, CÔTELETTES DE, AVEC POMMES ET PATATES DOUCES ÉPICÉES

 Fruité et vif

🍶 Blanc mi-corsé : **vouvray**, anjou, jurançon

👄 Pour accompagner les saveurs sucrées et épicées de ce plat, choisissez un vin simple, ayant une bonne fraîcheur et de la souplesse, comme le vouvray.

PORC, CÔTELETTES DE, GRATINÉES

 Aromatique et rond

🍶 Blanc mi-corsé : **pessac-léognan**, chardonnay vin de pays d'oc, corbières

👄 Ample et savoureux sans être trop riche, ce vin bordelais est doté d'un boisé assez fondu et d'une acidité présente. Il sera le complément idéal de ce plat de côtelettes de porc gratinées.

PORC, CÔTELETTES DE, GRILLÉES

 Fruité et généreux

🍶 Rouge mi-corsé : rioja, coteaux-du-languedoc, **merlot (CH)**

👄 Avec ses notes de fruits mûrs confits et d'épices, le merlot du Chili est tout indiqué pour accompagner la texture et la cuisson ce plat de porc grillé.

PORC, CÔTELETTES DE, GRILLÉES AVEC SAUCE À L'ANIS ET À LA MANGUE

 Aromatique et rond

🍶 Blanc mi-corsé : condrieu, **chardonnay/viognier (ÉU)**, vin de pays des côtes de Gascogne

👄 Ce vin fin et de bonne intensité, avec une touche de fruits exotiques, se mariera à merveille avec les saveurs fruitées et épicées de ce plat de côtelettes de porc.

PORC, CÔTELETTES DE, LAQUÉES AU BOURBON ET À LA MOUTARDE

 Aromatique et rond

🍶 Blanc mi-corsé : **chardonnay d'arbois**, chardonnay (CAN) (CAL)

👄 Vin très aromatique (dominante de fruits et de noix), avec une finale persistante, ce chardonnay accompagnera agréablement les saveurs marquées de ce plat de côtelettes de porc.

244

PORC, CÔTELETTES DE, LAQUÉES AVEC MARMELADE D'OIGNONS ÉPICÉS

 Délicat et léger

 Blanc léger : mercurey, chardonnay (CAL), **montlouis**

 Doté d'une texture ample, avec des arômes assez intenses de fruits mûrs et une bonne fraîcheur, ce vin de la Loire s'agencera parfaitement aux saveurs de marmelade d'oignon de ce plat.

PORC, CÔTELETTES DE, PANÉES

 Aromatique et rond

Blanc mi-corsé : **chardonnay (AR)** (CH) (IT)

Simple mais avec un fruité savoureux et une bonne ampleur, le chardonnay argentin possède l'acidité et les saveurs nécessaires pour accompagner ces côtelettes de porc panées.

PORC, CÔTELETTES DE, PANÉES AU SÉSAME AVEC PURÉE DE PATATES DOUCES AU GINGEMBRE

 Aromatique et rond

Blanc mi-corsé : graves, pinot gris (AL), **viognier (CAL)**

Ce vin au boisé bien intégré et pourvu d'une acidité savoureuse s'agencera agréablement aux saveurs parfumées, où le sésame apporte aux côtelettes de porc des arômes et une texture.

PORC, CÔTELETTES DE, PANÉES AVEC PARMESAN ET SAUGE

 Fruité et léger

Rouge léger : costières-de-nîmes, chinon, **merlot du Trentin-Haut-Adige**

Un plat à l'accent italien demande un vin italien souple et très fruité, comme ce merlot qui fera le lien avec le parmesan.

PORC, CÔTELETTES DE, SAUCE À LA MANGUE ET AU BASILIC

Fruité et vif

Blanc mi-corsé : **pinot gris (AL)**, chardonnay/viognier (ÉU), côtes-de-saint-mont

Ce vin ample et désaltérant, au parfum exotique, est tout indiqué pour accompagner les saveurs herbacées et fruitées de ce plat de côtelettes de porc.

PORC, CÔTELETTES DE, SAUCE AU CARI DOUX ET AUX OIGNONS

 Délicat et léger

Blanc léger : **sauvignon (NZ)**, riesling (FR), malvoisie (ÉU)

Vif et aromatique, le sauvignon blanc de Nouvelle-Zélande est un vin fruité, frais et souple, aux notes herbacées, qui apportera de la fraîcheur au cari et accompagnera parfaitement les saveurs de ce plat.

La bible des accords mets & vins

PORC, CÔTELETTES DE, SAUCE AU ROMARIN ET AU VINAIGRE DE FRAMBOISES

 Fruité et généreux

🍾 Rouge mi-corsé : corbières, **cannonau-di-sardegna**, pinot noir (CAL)

🥂 Ce vin italien frais et fruité, aux notes épicées et aux tannins souples, se mariera agréablement aux saveurs fruitées et herbacées de ce plat de côtelettes de porc.

PORC, CÔTELETTES DE, SAUCE AUX FIGUES ET AU VINAIGRE BALSAMIQUE

 Aromatique et souple

🍾 Rouge léger : primitivo, **zinfandel (ÉU)**, douro

🥂 Ce vin tendre aux arômes de fruits cuits sera le complément idéal de la sauce fruitée et légèrement acide de ce plat de côtelettes de porc.

PORC, CÔTELETTES DE, SAUCE AUX POMMES ET AUX OIGNONS AU CARI

 Délicat et léger

🍾 Blanc léger : **pinot blanc (AL)**, chardonnay/sémillon (AU), vouvray

🥂 Vif, simple et fruité avec une finale assez persistante, le pinot blanc d'Alsace est tout indiqué pour accompagner la sauce fruitée et épicée de ce plat de côtelettes de porc.

PORC, CÔTELETTES DE, SAUCE TOMATE

 Fruité et léger

🍾 Rouge léger : brouilly, bourgogne, **chianti**

🥂 Pour accompagner cette viande nappée d'une sauce à caractère fruité, choisissez un chianti aux arômes dominants de fruits rouges et d'épices.

PORC, CÔTELETTES DE, SAUTÉES AVEC CHOUCROUTE

 Délicat et léger

🍾 Blanc léger : **gentil (AL)**, pinot bianco (IT), penedès

🥂 Ce vin d'Alsace souple et rafraîchissant, simple de caractère, accompagnera très bien les saveurs de ce plat de côtelettes de porc et surtout la choucroute.

PORC, CÔTES LEVÉES DE, SAUCE AIGRE-DOUCE

 Aromatique et souple

🍾 Rouge mi-corsé : merlot (CAL), **zinfandel (EU)**, shiraz (AU)

🥂 Ce vin généreux, avec ses notes aromatiques de fruits mûrs, offre un accord délicieux avec cette recette de côtes levées où la sauce aigre-douce se caramélise lors de la cuisson.

PORC, ÉMINCÉ DE, GRILLÉ AU MIEL ET À LA MOUTARDE

 Fruité et doux

 Blanc mi-corsé : **riesling (ALL)**, chardonnay/viognier (CAL), pinot gris (AL)

 Vin ample avec des arômes et des saveurs exotiques de fleurs et d'épices, le riesling allemand est tout indiqué pour accompagner les saveurs épicées et fruitées de ce porc émincé.

PORC EN CROÛTE DE PISTACHES AVEC SAUCE AUX PRUNES

 Fruité et généreux

Rouge mi-corsé : **primitivo**, zinfandel (ÉU), merlot (AU) (ÉU)

Avec son caractère, ses tannins charnus et son goût de fruits mûrs, ce vin italien sera le complément idéal des saveurs de noix et de fruits de ce plat de porc.

PORC, FILET DE, À LA CORIANDRE, SAUCE AUX CAROTTES ET AU GINGEMBRE

 Fruité et léger

 Rouge léger : fleurie, **gamay de Touraine**, beaujolais

La fraîcheur de ce vin fruité et légèrement végétal fera le lien idéal pour accompagner ce mets aux saveurs multiples.

PORC, FILET DE, AU POIVRE, SAUCE AUX CERISES

 Fruité et généreux

 Rouge mi-corsé : **pinot noir (NZ)** (ÉU), volnay

Doté d'une bonne intensité aromatique (griotte, poivre), assez structuré avec des tannins de belle qualité et une certaine finesse, ce pinot noir est tout indiqué pour accompagner les saveurs fruitées de ce plat.

PORC, FILET DE, AUX CHAMPIGNONS

 Aromatique et souple

Rouge mi-corsé : saint-émilion, tempranillo (ES), **merlot (CAL)**

Un vin rouge de merlot à la fois généreux et souple, aux parfums de fruits rouges et de sous-bois, s'accordera parfaitement avec le goût des champignons.

PORC, FILET DE, AUX PATATES DOUCES

 Fruité et léger

 Rosé léger : **côtes-de-provence**, rosé (AU) (ÉU)

Simple, fruité et frais, les vins du sud de la France sont parfaits pour accompagner un plat fin et simple comme ce filet de porc.

PORC, FILET DE, AUX PRUNEAUX

 Fruité et généreux

🍶 Rouge mi-corsé : merlot (CAL), bordeaux supérieur, **saint-chinian**

👄 Avec son nez de fruits mûrs et d'épices et ses tannins charnus, le saint-chinian créera un bel équilibre avec la saveur des pruneaux de ce plat de porc.

PORC, FILET DE, AVEC CHUTNEY DE RHUBARBE ÉPICÉE

 Fruité et léger

🍶 Rouge léger : chianti, teroldego, **valpolicella**

👄 Ce vin aux tannins souples, à l'acidité présente et intensément fruité, est tout indiqué pour accompagner les saveurs fruitées et épicées de ce plat de porc.

PORC, FILET DE, AVEC OIGNONS SAUTÉS ET CRÈME DE FENOUIL

 Aromatique et rond

🍶 Blanc corsé : fumé blanc (ÉU), **pessac-léognan**, minervois

👄 Ce vin sec, assez généreux, ample et rafraîchissant avec une touche boisée, sera le complément idéal de ce plat de porc aux saveurs herbacées et crémeuses.

PORC, FILET DE, FARCI AUX ABRICOTS ET ENVELOPPÉ DE PROSCIUTTO

 Fruité et vif

🍶 Blanc mi-corsé : viognier (FR), sémillon/chardonnay (AU), **gros manseng**

👄 Ce vin intensément savoureux et ample, aux arômes de fruits tropicaux et doté d'une grande fraîcheur, s'harmonisera parfaitement avec les saveurs fruitées et salines (prosciutto) de ce plat.

PORC, FILET DE, FARCI AUX MARRONS

 Fruité et généreux

🍶 Rouge mi-corsé : **côtes-du-ventoux**, sancerre, salento

👄 Ce vin suffisamment fruité, aux tannins souples et moyennement persistants en finale, accompagnera très bien les saveurs et la texture de cette farce aux marrons.

PORC, FILET DE, RÔTI AVEC BASILIC ET NOISETTES DE LÉGUMES

 Fruité et léger

🍶 Rouge léger : **coteaux-du-tricastin**, bourgogne-passetoutgrain, merlot (IT)

👄 Avec ses arômes dominés par les fruits, subtilement herbacés, et ses tannins soyeux, ce vin de la vallée du Rhône s'accordera à merveille avec les multiples saveurs de ce plat de porc.

PORC, FILET DE, SAUCE AU MIEL ET AU GINGEMBRE

 Fruité et vif

🍾 Blanc mi-corsé : **pinot gris (AL)**, auslese, malvoisie (ÉU)

👄 Ce vin à la texture grasse, aromatique et exotique à la fois, est tout indiqué pour accompagner les saveurs sucrées et asiatiques de ce plat de porc.

PORC, FILET DE, SAUCE AUX CERISES, AU PORTO ET AU CARVI

 Fruité et généreux

🍾 Rouge mi-corsé : **douro**, pinot noir (CAL), barbera-d'alba

👄 Ce vin portugais intensément savoureux, avec des tannins enveloppés et une texture tendre, accompagnera fort bien la sauce relevée (cerise, porto, carvi) de ce plat de porc.

PORC, FILET DE, SAUCE AUX TOMATES ET AUX POIVRONS

 Fruité et léger

🍾 Rouge léger : **côtes-du-roussillon-villages**, valpolicella-classico, corbières

👄 Fruité, frais sans être trop acide, aux tannins charnus et à la saveur subtilement épicée, ce vin s'harmonisera parfaitement aux saveurs fraîches et ensoleillées de ce plat de porc.

PORC, FILET DE, TANDOORI

 Fruité et vif

🍾 Blanc mi-corsé : sémillon/sauvignon (AU), gros manseng, **pinot gris (AL)**

👄 Ce vin très désaltérant, ample et aromatique est tout indiqué pour accompagner les saveurs de tandoori de ce plat de porc.

PORC GRILLÉ, SAUCE AU GORGONZOLA

 Fruité et vif

🍾 Blanc mi-corsé : chardonnay (CAL) (CH), **gros manseng**

👄 Vin aromatique et savoureux, frais et persistant, le gros manseng s'agencera parfaitement avec les saveurs intenses de la sauce au fromage de ce plat de porc.

PORC, JARRET DE, AUX LENTILLES VERTES

Fruité et léger

🍾 Rouge léger : **chiroubles**, pinot noir (FR), valpolicella

👄 Ce vin simple et gouleyant, avec des tannins souples, sera en équilibre avec la texture et les arômes de ce plat de porc aux lentilles.

PORC, LONGE DE, LAQUÉE À LA GRENADE ET À L'ORANGE

 Fruité et généreux

🍷 Rosé mi-corsé : **tavel**, cabernet sauvignon (CH), costières-de-nîmes

👄 Ce vin mi-corsé avec un fruité généreux et une finale fraîche est tout indiqué pour accompagner les saveurs sucrées et la texture de la viande de ce plat de porc.

PORC, LONGE DE, RÔTIE, AVEC SAUCE AUX OIGNONS ET AUX POMMES

 Fruité et vif

🍷 Blanc mi-corsé : riesling (AL), pinot gris (ALL), **saumur**

👄 Avec ses arômes de pomme, de miel et sa grande fraîcheur, le vin de saumur est tout indiqué pour accompagner la sauce de ce plat de porc.

PORC, MÉDAILLONS DE, SAUCE À LA CRÈME DE MOUTARDE

 Aromatique et rond

🍷 Blanc mi-corsé : **châteauneuf-du-pape**, saint-chinian, chardonnay (ÉU)

👄 Aromatique, boisé, à la texture dense et suffisamment acidulée pour mettre du relief dans la crème, ce grand vin des côtes du Rhône est tout indiqué pour accompagner ce plat de porc.

PORC, MÉDAILLONS DE, SAUCE À LA MOUTARDE ET AUX CÂPRES

Aromatique et rond

🍷 Blanc mi-corsé : saint-joseph, **chardonnay de Sicile**, corbières

👄 Ample et frais, avec une touche épicée, et pourvu d'une certaine matière en bouche, le chardonnay sicilien sera en équilibre avec la texture de la viande et sa sauce.

PORC, MÉDAILLONS DE, SAUCE AUX CANNEBERGES ET AU PORTO

Fruité et généreux

🍷 Rouge mi-corsé : bordeaux, merlot vin de pays (FR), **côtes-du-rhône**

👄 Ce vin fruité aux tannins fins et aux notes d'épices et de fruits saura accompagner la richesse de cette sauce fruitée.

PORC, MÉDAILLONS DE, SAUCE AUX CERISES ET AUX ÉPICES

Fruité et léger

🍷 Rouge léger : valpolicella-classico, **pinot noir (NZ)**, bourgogne-hautes-côtes-de-beaune

👄 Ce vin au fruité assez intense et à la structure souple accompagnera à merveille les saveurs épicées et sucrées de cette sauce.

PORC, PÂTÉ DE FOIE DE, AUX CHÂTAIGNES DE MARGARITA

 Fruité et léger

🍾 Rouge léger : valpolicella, **saumur**, bardolino

👄 Élaboré majoritairement à partir de cabernet franc, ce vin souple, frais et pourvu d'arômes de fruits rouges, saura s'agencer à merveille avec le côté salé de cette recette et la texture du pâté.

PORC, POITRINE DE, FARCIE AUX PETITS FRUITS

 Fruité et léger

🍾 Rouge léger : merlot (FR), beaujolais-villages, **mâcon**

👄 Pour accompagner ce plat rehaussé de petits fruits, choisissez un vin plein de fruits et délicat, comme le mâcon, aux arômes de groseille et de noyau de cerise.

PORC, RIZ FRIT AU BŒUF OU AU

 Fruité et léger

🍾 Rouge léger : gamay, beaujolais-villages, **valpolicella**

👄 Pour accompagner ce riz à la viande, choisissez un vin avec beaucoup de fruits, comme ce valpolicella, à la fois simple et fruité avec des tannins souples.

PORC, RIZ FRIT AU, SUCRÉ

 Fruité et doux

🍾 Blanc demi-sec : sylvaner (ALL), **riesling (ALL)**, colombard (FR)

👄 Fin et parfumé, ce vin aux saveurs d'agrumes rehaussera les saveurs sucrées de ce riz frit au porc.

PORC, ROGNONS DE, AVEC COULIS DE POIVRONS

 Fruité et généreux

🍾 Rouge mi-corsé : **pinot noir (CAL)** (OR) (NZ)

👄 Ce vin californien ample aux tannins charnus, savoureux et d'expression délicate, est tout indiqué pour accompagner la texture des abats de porc rehaussés d'un coulis de poivron.

PORC RÔTI À LA DIJONNAISE

Fruité et léger

🍾 Rouge léger : morgon, **bourgogne-passetoutgrain**, merlot (FR)

👄 Pour accompagner les saveurs de ce rôti rehaussé de moutarde, ce vin fruité de Bourgogne, doté d'une acidité rafraîchissante et de tannins gouleyants, apportera de la rondeur au plat.

PORC RÔTI AU LAIT

 Délicat et léger

🍾 Blanc léger : bourgogne-aligoté, mâcon-villages, **soave-classico**

👄 Ce vin italien aromatique (fruits blancs) et délicat à la saveur acidulée et de structure souple est tout indiqué pour accompagner la saveur délicate de ce plat de porc.

PORC, RÔTI DE, À L'ANANAS

 Fruité et généreux

🍾 Rosé mi-corsé : **rosé (FR)** (ES), côtes-du-rhône

👄 Pour accompagner cette viande rôtie à la sauce fruitée, choisissez un rosé d'intensité moyenne aux effluves de fruits.

PORC, RÔTI DE, À L'ORANGE

 Aromatique et rond

🍾 Blanc corsé : gewurztraminer (FR), **viognier (CAL)**, riesling (ALL)

👄 Ce vin aux parfums de fruits exotiques et doté d'une bonne ampleur en bouche s'agencera parfaitement à ce plat de porc à la dominante fruitée.

PORC, RÔTI DE, AU MIEL, À LA MOUTARDE ET AU ROMARIN

Aromatique et rond

🍾 Blanc mi-corsé : minervois, **côtes-du-rhône**, viognier vin de pays

👄 Ample et fruité, avec une acidité présente et aux saveurs assez persistantes, le vin blanc des côtes du Rhône sied à merveille aux saveurs épicées et sucrées de ce plat de porc.

PORC, RÔTI DE, AVEC CHUTNEY DE POMMES ET D'OIGNONS

Délicat et léger

🍾 Blanc léger : saumur, pinot grigio, **pinot blanc (AL)**

👄 Ce vin acidulé, avec de délicates notes de pommes, accompagnera fort savoureusement le chutney de ce plat de porc.

PORC, RÔTI DE, FARCI AU JAMBON ET AU FROMAGE

 Aromatique et rond

🍾 Blanc mi-corsé : saumur, côtes-du-rhône, **chardonnay/sémillon (AU)**

👄 Ce vin à la texture ample, assez savoureux et muni d'une bonne acidité, pourra rafraîchir ce plat de porc à la note salée (fromage, jambon).

PORC, RÔTI DE, LAQUÉ À L'ÉRABLE AVEC PATATES DOUCES

 Fruité et généreux

🍾 Rouge mi-corsé : **merlot (CAL)** (AU), pinot noir (CAL)

👄 Ce vin aux arômes de petits fruits rouges et de bois (vanille) est idéal pour accompagner les mêmes saveurs qui rehaussent ce plat de porc.

PORC, SAUTÉ DE FILETS DE, SAUCE AUX POIRES ET À LA MOUTARDE

 Aromatique et rond

🍾 Blanc mi-corsé : chablis premier cru, **chardonnay de Sicile**, coteaux-du-languedoc

👄 Vin à la fois consistant et volumineux, aux notes de fruits blancs bien mûrs ainsi qu'à la finale persistante, le chardonnay de Sicile est tout indiqué pour accompagner les saveurs fruitées et épicées de ce plat de porc.

PORC, SAUTÉ DE, AUX LÉGUMES

 Fruité et léger

🍾 Rouge léger : merlot (FR), **valpolicella**, dolcetto-d'alba

👄 Ce plat simple et délicatement relevé s'accordera avec un vin délicat aux notes de fruits frais et à la structure tannique souple, comme le valpolicella.

PORC, SAUTÉ DE, ET DE SHIITAKES

 Aromatique et souple

🍾 Rouge mi-corsé : malbec (AR), **tempranillo (ES)**, cahors

👄 Voici un vin goûteux aux arômes puissants de fruits cuits et à la touche boisée qui fera le lien avec les champignons. Le tempranillo accompagnera parfaitement la texture et les arômes de ce plat.

PORC, SAUTÉ DE, ET NOIX DE CAJOU AVEC POIS MANGE-TOUT ET POIVRONS ROUGES

 Fruité et généreux

🍾 Rouge mi-corsé : **merlot (CAL)**, pinot noir (AU), merlot (NZ)

👄 Ce vin aux tannins souples et aux fruités débordants accompagnera parfaitement ce plat savoureux où les saveurs multiples s'entremêlent.

PORC, SAUTÉ DE, SAUCE À LA MANGUE

 Fruité et vif

🍾 Blanc mi-corsé : viognier, **pinot gris (FR)**, chardonnay (AU)

👄 Ce plat de viande aux saveurs de fruits exotiques s'accompagnera idéalement d'un pinot gris français délicatement épicé, aux notes aromatiques et généreuses de pêche blanche et de miel.

PORC, STEAKS DE, AVEC POMMES CARAMÉLISÉES

Aromatique et rond

🍾 Blanc mi-corsé : **chardonnay (FR)** (CAL), **pessac-léognan**

👄 Ce vin ample, aux arômes de fruits et de vanille, fera un lien avec la texture et les arômes dominants du plat de porc.

POT-AU-FEU

 Fruité et généreux

Rouge mi-corsé : **merlot (CAL)**, chianti, rioja

Ce vin aux tannins charnus, moyennement intense et ample, accompagnera à merveille les saveurs relevées et la texture soyeuse due à la longue cuisson.

POT-AU-FEU ALSACIEN

 Fruité et généreux

Rouge mi-corsé : chianti-classico, **barbera-d'asti**, bordeaux supérieur

Pour accompagner les arômes de la viande de bœuf ainsi que les aromates qui entrent dans cette recette de pot-au-feu, ce vin italien du Piémont sera idéal grâce à ses tanins enrobés, ses notes de fruits rouges et sa touche épicée.

POT-AU-FEU DE LA MER AU BOUILLON DE SAFRAN

 Fruité et léger

Rosé léger : côtes-de-provence, bardolino chiaretto, **saint-chinian**

Ce vin léger et distingué aux subtiles notes épicées sera le complément idéal des arômes et de la texture de ce pot-au-feu de la mer.

POT-AU-FEU DE THON AU BEURRE D'ANCHOIS

 Fruité et généreux

Rosé mi-corsé : **tavel**, cabernet-sauvignon (CH), costières-de-nîmes

Avec sa vivacité et son intensité gustative, ce rosé désaltérant des côtes du Rhône saura accompagner les saveurs riches et la texture du thon.

POTÉE AUVERGNATE

 Fruité et léger

Rouge léger : pinot noir (FR), **bourgogne-passetoutgrain**, beaujolais-villages

Pour être au diapason avec l'intensité savoureuse du porc tout en enrobant le côté salin de cette recette, un vin rouge léger, souple et pourvu d'arômes dominants de fruits rouges, comme le bourgogne-passetoutgrain, sera l'idéal.

POTÉE DU PÉRIGORD

 Fruité et léger

Rouge léger : pinot noir (FR), **bourgogne-passetoutgrain**, beaujolais-villages

Pour être au diapason avec l'intensité savoureuse du jambonneau tout en enrobant le côté salin de cette recette, un vin rouge léger, souple et pourvu d'arômes dominants de fruits rouges, comme le bourgogne-passetoutgrain, sera l'idéal.

POUDING AU PAIN

Fruité et extra doux

🍶 Vendanges tardives : jurançon, **vidal vendanges tardives (QC)**, coteaux-du-layon

👄 Pour accompagner ce dessert typique du Québec, pourquoi ne pas choisir un vin de vendanges tardives du terroir québécois, intense, vif et moelleux?

POUDING AU RIZ

Fruité et doux

🍶 Mousseux demi-sec : **asti spumante**, champagne demi-sec, moscato-d'asti

👄 Ce vin mousseux italien, légèrement sucré et très frais en bouche, est tout indiqué pour accompagner ce dessert simple et populaire.

POULE AU POT

Fruité et léger

🍶 Rouge léger : beaujolais-villages, **saint-amour**, merlot vin de pays d'oc

👄 Pour ne pas enterrer les saveurs de la poule et pour se fondre à celles du jambon de Bayonne, un vin rouge léger et souple, aux arômes de fruits rouges et à l'acidité rafraîchissante, comme ce cru du Beaujolais, sera l'idéal.

POULET, AILES DE, À L'ÉRABLE

Fruité et léger

🍶 Rouge léger : **pinot noir (AU)**, beaujolais, gamay

👄 Pour accompagner ces succulentes ailes de poulet, choisissez un vin aux saveurs pures et fruitées ayant une note de vanille, comme le pinot noir australien.

POULET, AILES DE, AU GINGEMBRE

Fruité et vif

🍶 Blanc mi-corsé : gewurztraminer, sauvignon (NZ), **torrontes**

👄 Pour accompagner ce plat assaisonné de gingembre, choisissez un torrontes à la texture souple et aux flaveurs de fruits exotiques et d'épices.

POULET, AILES DE, AU PERSIL

Fruité et léger

🍶 Rouge léger : pinot noir vin de pays, **merlot du Trentin-Haut-Adige**, gamay

👄 Souple et frais, avec des arômes simples de fruits, d'épices et une note herbacée, ce merlot italien s'agencera à merveille avec cette volaille aux herbes.

POULET À L'ANANAS

 Aromatique et rond

Blanc mi-corsé : **chardonnay (AU)**, viognier, riesling (ALL)

Pour accompagner cette volaille grillée à la sauce fruitée, choisissez un chardonnay australien intense, aux effluves subtilement boisés et d'ananas bien mûrs.

POULET À L'ESPAGNOLE
AVEC RIZ AU SAFRAN

 Fruité et léger

Rosé léger : tavel, lirac, **rosé (ES)**

Avec son caractère et ses notes épicées, ce vin espagnol désaltérant est tout indiqué pour accompagner ce plat de volaille aux saveurs bien espagnoles.

POULET À L'ESTRAGON

 Fruité et vif

Blanc mi-corsé : saumur, soave-classico, **sauvignon (CAL)**

Cette viande délicate relevée à l'estragon requiert un vin frais au nez exhalant des notes végétales ainsi que des arômes fruités rappelant les agrumes.

POULET À L'INDIENNE AVEC
GINGEMBRE ET CARI

 Délicat et léger

Blanc léger : riesling (AL), **sauvignon (NZ)**, vinho verde

Possédant une bonne nervosité, désaltérant et très aromatique, ce vin de Nouvelle-Zélande accompagnera parfaitement les saveurs relevées et les arômes intenses de ce plat de volaille.

POULET À L'ORANGE ET AU GINGEMBRE

 Délicat et léger

Blanc léger : rueda, **torrontes (AR)**, chablis

Ce vin argentin très fruité, avec du nerf et de l'intensité aromatique, saura accompagner à merveille les saveurs sucrées et épicées de ce plat de volaille.

POULET À L'ORANGE ET AU ROMARIN

 Aromatique et rond

Blanc corsé : **graves**, verdicchio-dei-castelli-di-jesi, pinot grigio (IT)

Vin à l'acidité présente et au fruité généreux, avec de la persistance en finale, le graves blanc saura s'agencer aux saveurs fruitées et herbacées de ce plat de volaille.

POULET À LA KIEV

Blanc léger : **albarino (ES)**, sauvignon (CH), bordeaux

Ce vin espagnol souple, avec une simplicité aromatique, mais assez goûteux et surtout bien frais, est tout indiqué pour accompagner cette volaille au goût savoureux mais simple.

POULET À LA KING

Aromatique et rond

Blanc mi-corsé : **chardonnay (CAL)**, rioja, jura

Cette viande délicate nappée de sauce à base de crème requiert un vin gras et généreux comme le chardonnay californien.

POULET À LA MÉDITERRANÉENNE

Fruité et généreux

Rouge mi-corsé : côtes-du-rhône-villages, **canonnau-di-sardegna**, minervois

Ce vin de Sardaigne fruité et goûteux, aux tannins souples et de bonne fraîcheur, accompagnera parfaitement ce plat aux saveurs méditerranéennes.

POULET À LA TOMME

Fruité et généreux

Rosé mi-corsé : rosé (ES) (CH), **côtes-de-provence**

Grâce à ses arômes de fruits rouges et à sa vivacité, ce vin rosé s'agencera parfaitement aux saveurs fruitées et acidulées des tomates qui entrent dans la composition de cette recette, tout en se mariant au côté salin du fromage.

POULET À LA TOSCANE AVEC SALADE DE FÈVES TIÈDES

Fruité et léger

Rouge léger : **dolcetto-d'alba**, sangiovese-di-romagna, côtes-du-vivarais

Ce vin savoureux, simplement fruité et doté d'une bonne vivacité, accompagnera fort bien ce plat de volaille aux saveurs simples.

POULET ARROSÉ À LA BIÈRE AVEC SAUCE ASIATIQUE

Délicat et léger

Blanc léger : **entre-deux-mers**, menetou-salon, riesling (FR)

Ce vin blanc parfumé, sec et vif est tout indiqué pour accompagner les saveurs asiatiques de ce plat de volaille.

POULET AU CARI ROUGE

Fruité et vif

Blanc mi-corsé : viognier, pinot gris (FR), **gewurztraminer (FR)**

Pour accompagner les saveurs intenses de ce plat, choisissez un vin blanc généreux, comme le gewurztraminer, aux notes florales et épicées.

POULET AU CARI VERT SUR NOUILLES THAÏLANDAISES

 Fruité et vif

🍾 Blanc mi-corsé : **gewurztraminer (FR)**, pinot gris (AL), chardonnay/viognier (CAL)

🍷 Ce vin exubérant et ample aux notes florales et épicées accompagnera bien la volaille assaisonnée au cari vert.

POULET AU CHOU

 Délicat et léger

🍾 Blanc léger : **riesling (AL)** (ALL), müller-thurgau (ALL)

🍷 Léger, désaltérant, simple et souple, le riesling d'Alsace est tout indiqué pour accompagner les saveurs de ce plat de volaille aux saveurs simples.

POULET AU CIDRE

 Fruité et vif

🍾 Cidre : **cidre du Québec**, cidre breton, cidre normand

🍷 Accompagnez ce plat d'un cidre fin et savoureux. N'oubliez pas de le servir bien frais.

POULET AU CITRON ET AU GINGEMBRE

Délicat et léger

🍾 Blanc léger : picpoul-de-pinet, pinot grigio (IT), **riesling (FR)**

🍷 Ce vin sec, vif et exotique, aux notes d'agrumes, accompagnera parfaitement les mêmes saveurs de ce plat de volaille.

POULET AU GINGEMBRE ET AU SOYA

 Fruité et vif

🍾 Blanc mi-corsé : torrontes (AR), **malvoisie (ÉU)**, gewurztraminer (AL)

🍷 Très aromatiques, avec des arômes floraux et de fruits tropicaux, et dotés d'une belle fraîcheur, les vins américains élaborés avec de la malvoisie rehausseront agréablement les multiples saveurs de ce plat de volaille.

POULET AU LAIT DE COCO

 Aromatique et rond

🍾 Blanc mi-corsé : **chardonnay/sémillon (AU)**, chardonnay (ÉU), pinot gris (AL)

🍷 Ce vin à la texture presque grasse, légèrement boisé et vanillé avec des arômes de fruits exotiques, et d'une acidité fraîche mais modérée, est le complément idéal de ce poulet au lait de coco par sa similitude aromatique.

258

POULET AU MIEL

Fruité et vif

Blanc mi-corsé : riesling (CAL), **pinot gris (AL)**, sauvignon blanc (CAL)

Pour accompagner cette volaille relevée de miel, faites un mariage avec un pinot gris délicatement épicé, aux notes aromatiques et généreuses de pêche blanche et de miel.

POULET AU PAPRIKA

Fruité et léger

Rosé léger : rosé de Provence, **rosé (IT)**, rioja

Un rosé italien sec et vivifiant, savoureux et désaltérant est tout indiqué pour accompagner cette volaille épicée au paprika.

POULET AU POIVRE VERT

Fruité et généreux

Rouge mi-corsé : **chinon**, saint-nicolas-de-bourgueil, chénas

Ce vin au caractère végétal et au bon fruit, de structure souple avec une belle fraîcheur, saura adoucir la chaleur du poivre et accompagnera parfaitement ce plat de poulet.

POULET AU SÉSAME

Fruité et vif

Blanc mi-corsé : jurançon, **vouvray**, pinot gris (AL)

Ce vin blanc de la Loire, ample, aromatique et fin, avec une belle fraîcheur, est tout indiqué pour se marier aux saveurs du sésame qui assaisonne ce poulet.

POULET AU SÉSAME ET AU MIEL SUR NOUILLES HOKKIEN

Fruité et vif

Blanc mi-corsé : pessac-léognan, **pinot gris (AL)**, viognier (CAL)

Ce vin mi-corsé d'une grande fraîcheur, au fruité assez intense avec des notes de miel et d'épices, s'harmonisera parfaitement avec les saveurs aromatiques de ce poulet.

POULET AU VINAIGRE

Fruité et vif

Blanc mi-corsé : **pinot gris (AL)**, pouilly-fuissé, viognier (CAL)

Pour faire le lien entre la texture onctueuse de la crème et les saveurs que légueront le vinaigre balsamique ainsi que le côté salin du bouillon de volaille, un vin blanc riche, assez savoureux, pourvu d'une texture onctueuse et d'un fruité intense, comme le pinot gris d'Alsace, sera l'idéal.

POULET AU VIN ROUGE

 Fruité et généreux

🍷 Rouge mi-corsé : pomerol, **barbera-d'asti**, malbec (AR)

👄 Ce vin rouge italien savoureux, aux tannins charnus et à la texture tendre, accompagnera parfaitement la sauce au vin rouge et la texture de ce plat.

POULET AUX AMANDES

 Aromatique et rond

🍷 Blanc mi-corsé : viognier (CAL), **chardonnay (FR)**, mâcon-villages

👄 Pour accompagner la chair du poulet et la saveur des amandes, choisissez un chardonnay français aux subtils effluves de miel d'acacia et d'amande.

POULET AUX ARACHIDES ET À LA NOIX DE COCO

 Aromatique et rond

🍷 Blanc mi-corsé : gewurztraminer, mâcon-villages, **chardonnay (CAL)**

👄 Pour accompagner ce plat exotique et riche, choisissez un chardonnay américain boisé à la texture ample et aux effluves de noix et de fruits mûrs.

POULET AUX CINQ ÉPICES

 Aromatique et rond

🍷 Blanc mi-corsé : **pessac-léognan (FR)**, pinot gris (AL), viognier (FR)

👄 Ce grand vin rafraîchissant aux arômes légèrement boisés, dominés par les fruits mûrs, et aux saveurs persistantes, est idéal pour accompagner ce poulet aux saveurs multiples.

POULET AUX CITRONS VERTS

 Délicat et léger

🍷 Blanc léger : sauvignon blanc (CH), menetou-salon, **riesling (AL)**

👄 Question de créer une harmonie d'arômes similaires, choisissez un vin blanc sec aux arômes d'agrumes ou encore mieux de citrons verts, comme le riesling d'Alsace.

POULET AUX ÉCREVISSES

 Fruité et généreux

🍷 Rosé mi-corsé : **côtes-de-provence**, tavel, rosé (CH)

👄 Le rosé de Provence, avec ses notes de fruits rouges et sa touche épicée, sera le complément idéal pour escorter à la fois les saveurs acidulées des tomates et la délicatesse de la chair du poulet et des écrevisses.

POULET AUX OIGNONS ET AUX PRUNES

 Fruité et généreux

🍾 Rouge mi-corsé : **primitivo (IT)**, nero-d'avola (IT), somontano

👄 Assez intense, charnu avec des tannins veloutés et doté de notes de fruits mûrs, ce vin italien conviendra parfaitement aux saveurs fruitées des prunes et caramélisées des oignons.

POULET AUX OLIVES

 Fruité et généreux

🍾 Rouge mi-corsé : bordeaux supérieur, **côtes-du-rhône**, douro

👄 Doté d'une belle rondeur en bouche, avec une structure tannique tendre et aux caractères aromatiques (tapenade, fruits et épices) bien affirmés, ce vin accompagnera parfaitement les mêmes saveurs de ce poulet.

POULET AUX PRUNEAUX

 Fruité et généreux

🍾 Rouge mi-corsé : coteaux-du-languedoc, **primitivo**, nero-d'avola (IT)

👄 Avec ses tannins assez enrobés, sa texture tendre et ses arômes de fruits cuits, ce vin italien s'accordera parfaitement aux saveurs fruitées de ce poulet.

POULET AUX SALICORNES

Fruité et vif

🍾 Blanc mi-corsé : **sauvignon blanc (CH)**, côteaux-du-languedoc, orvieto classico

👄 Un sauvignon chilien sera un excellent compagnon pour ce plat. Son caractère herbacé et fruité saura accompagner l'intensité savoureuse du poulet tout en faisant le lien avec le côté végétal des salicornes.

POULET AVEC CITRONS RÔTIS, OLIVES VERTES ET CÂPRES

 Aromatique et rond

🍾 Blanc mi-corsé : **pouilly-fuissé**, dao, vernaccia-di-san-gimignano

👄 Doté d'une bonne acidité, ce vin du Mâconnais aux arômes de poire, de vanille, de beurre et de champignons, est tout indiqué pour tenir tête à la générosité aromatique de la préparation.

POULET AVEC OLIVES, OIGNONS CARAMÉLISÉS ET SAUGE

 Aromatique et rond

🍾 Blanc mi-corsé : corbières, minervois, **coteaux-du-languedoc**

👄 Savoureux, ample et frais, avec des arômes épicés, ce vin du Languedoc s'agencera parfaitement aux saveurs et aux textures méditerranéennes de ce plat.

POULET, BAGUETTE DE, À LA CORIANDRE

Fruité et vif

🍾 Blanc mi-corsé : gros manseng (FR), **colombard (FR)**, soave-classico

👄 Simple, fin et parfumé, ce vin aux saveurs d'agrumes s'accordera parfaitement avec la saveur dominante de la coriandre qui relève ce plat.

POULET BASQUAISE

Fruité et léger

🍾 Rouge léger : beaujolais, pinot noir (HO), **barbera (IT)**

👄 Ce vin fruité du Piémont, aux tannins soyeux et aux notes de prune, de figue et de cerise, est tout indiqué pour accompagner les saveurs riches de ce poulet.

POULET BRAISÉ À LA HARISSA ET AU YOGOURT

Fruité et léger

🍾 Rosé léger : **côtes-de-provence**, bardolino chiaretto, rosé (AS)

👄 Ce vin rosé simple et frais, aux arômes assez intenses, apportera de la fraîcheur et s'agencera parfaitement aux saveurs épicées de ce poulet braisé.

POULET BRAISÉ AUX CHAMPIGNONS

Aromatique et souple

🍾 Rouge mi-corsé : **tempranillo (ES)**, merlot (CH), coteaux-du-languedoc

👄 Pour accompagner ce poulet aux saveurs de sous-bois, choisissez un tempranillo, riche et profond, aux notes de sous-bois et de fruits mûrs.

POULET BRAISÉ AVEC GREMOLATA

Fruité et vif

🍾 Blanc mi-corsé : **sauvignon (NZ)**, chenin blanc (AS), pinot grigio (IT)

👄 Avec son profil exotique d'agrumes et de fleurs, ce vin ample et désaltérant, aux saveurs assez persistantes, accompagnera parfaitement le condiment herbacé de ce poulet braisé.

POULET, BROCHETTES DE, MARINÉ

Fruité et léger

🍾 Rouge léger : **beaujolais-villages**, bourgogne-passetoutgrain, valpolicella

👄 Pour accompagner une délicate brochette de poulet mariné, un vin simple, souple et fruité comme le beaujolais est tout indiqué.

POULET, BROCHETTES DE, TANDOORI

Fruité et léger

🍾 Rouge léger : **gamay de Touraine**, merlot (IT), cabernet franc (CAL)

👄 Ce vin souple, rafraîchissant, à la dominante fruitée, saura équilibrer les saveurs asiatiques de ce plat.

POULET, BROCOLI ET FUSILLIS DANS UNE SAUCE À L'AIL ET À LA CRÈME

 Aromatique et rond

🍾 Blanc mi-corsé : montagny, **chardonnay (AR)** (ÉU)

 Ce vin fondu, pourvu d'une vivacité soutenue et d'une texture enveloppante, se mariera délicieusement avec la sauce à la crème de ce plat de pâtes au poulet.

POULET CAJUN AVEC CÂPRES ET CITRON

 Fruité et léger

🍾 Rouge léger : **saint-amour**, merlot vin de pays d'oc, bardolino

Son fruité généreux, son acidité présente et ses tannins assouplis font de ce vin du Beaujolais le complément idéal de ce poulet aux saveurs cajun.

POULET, CARI DE, AVEC ABRICOTS SÉCHÉS

 Aromatique et rond

🍾 Blanc mi-corsé : viognier (FR), côtes-du-rhône, **pessac-léognan**

Ce plat requiert un vin aux arômes légèrement boisés, frais et dominés par les fruits mûrs (sirop de pêche), comme ce grand vin du Bordelais.

POULET, CARI DE, THAÏLANDAIS

 Fruité et vif

🍾 Blanc mi-corsé : **sauvignon (NZ)** (CAL), bordeaux

Le sauvignon de Nouvelle-Zélande est à la fois rafraîchissant et pourvu d'arômes exubérants, ce qui en fait le complément idéal de ce plat savoureux.

POULET, COUSCOUS AU

 Fruité et léger

🍾 Rouge léger : **valpolicella**, côtes-du-ventoux, pinot noir (FR)

Pour un couscous au poulet, choisissez un vin simple à la dominante fruitée comme ce savoureux valpolicella, délicat, frais avec sa structure tannique souple.

POULET, COUSCOUS AU, AU PERSIL ET AU CITRON

 Délicat et léger

🍾 Blanc léger : bordeaux, **sauvignon (CH)**, soave

Pour accompagner le goût de persil et de citron de ce plat, un vin blanc rafraîchissant aux saveurs d'agrumes et herbacé est tout indiqué.

POULET, CRÊPES AU

 Aromatique et rond

 Blanc mi-corsé : soave-classico, **chardonnay (FR)**, riesling (AL)

Un chardonnay français à la texture ample, aux notes de fruits blancs et de noisettes est tout indiqué pour accompagner la texture et les saveurs de ces crêpes au poulet.

POULET, CROQUETTES DE

 Fruité et léger

Rouge léger : beaujolais, merlot (HO), **bardolino**

Un vin friand, souple et fruité, accompagnera bien ce plat simple de poulet et de friture.

POULET CROUSTILLANT AUX ÉPICES THAÏLANDAISES

 Fruité et vif

Blanc mi-corsé : chardonnay (AU), pinot gris (AL), **riesling (AL)**

Ce vin rafraîchissant, aux saveurs simples mais généreuses de fruits exotiques, est tout indiqué pour accompagner les saveurs asiatiques de ce plat de poulet.

POULET, CUISSES DE, À L'ESTRAGON

 Fruité et léger

Rouge léger : **dolcetto**, merlot (CH), gamay de Touraine

Servi rafraîchi, ce vin aux tannins gouleyants et au fruité simple mais agréable, accompagnera harmonieusement ce plat de poulet aux notes herbacées.

POULET, CUISSES DE, À LA MOUTARDE

 Fruité et généreux

Rosé corsé : tavel, **coteaux-du-languedoc**, rioja

Ce vin rosé à la forte personnalité, rafraîchissant et doté d'une bonne persistance en fin de bouche, est tout indiqué pour accompagner les saveurs acidulées et fortes de ces cuisses de poulet.

POULET, CUISSES DE, GRILLÉES AUX HERBES

 Fruité et vif

Blanc mi-corsé : **sauvignon blanc (CAL)**, graves, riesling (CAN)

Un vin de sauvignon aux effluves de pamplemousse et d'herbes fraîches accompagnera délicieusement ce plat de poulet grillé aux herbes.

POULET, CUISSES DE, GRILLÉES AVEC MOUTARDE À L'ORANGE

Délicat et léger

Blanc léger : muscadet, pinot blanc (CAL), **fendant-du-valais**

Ce vin suisse à la structure simple et à la fraîcheur dominante saura rafraîchir et rehausser les saveurs épicées et fruitées de ce plat.

POULET, CUISSES DE, SAUCE AU MIEL ET AU SOYA

 Fruité et vif

Blanc mi-corsé : viognier vin de pays, **malvoisie (ÉU)**, torrontes (AR)

Ce vin riche et frais, au parfum exotique et ample, est tout indiqué pour rehausser les saveurs aigres-douces de ce plat de poulet.

POULET, CUISSES DE, SAUCE AUX NOIX DE CAJOU ET AUX POIVRONS

 Fruité et léger

🍾 Rouge mi-corsé : **moulin-à-vent**, bourgueil, rioja

👄 Ce cru du Beaujolais, savoureux, à la structure souple et doté d'une finale fraîche assez persistante, sera le complément idéal de ce plat de poulet à la sauce où s'entremêlent les poivrons et les noix.

POULET DE CORNOUAILLES EN COCOTTE

 Fruité et léger

🍾 Rouge léger : **chinon**, brouilly, barbera-d'asti

👄 Ce vin doté de tannins souples et élégants avec un fruité assez intense fera honneur à ce poulet de Cornouailles reconnu pour ses fines saveurs.

POULET DE CORNOUAILLES RÔTI, FARCI AU PORC ET AUX PRUNES

 Fruité et léger

🍾 Rouge léger : dolcetto-d'alba, côtes-de-brouilly, **valdepenas**

👄 Avec sa belle ampleur en bouche, son fruit, sa fraîcheur en équilibre et ses tannins assouplis, ce vin espagnol est tout indiqué pour accompagner les saveurs mixtes de ce poulet farci.

POULET DE CORNOUAILLES, SAUCE À L'ORANGE ET AU MIEL

 Fruité et vif

🍾 Blanc mi-corsé : jurançon, pessac-léognan, **pacherenc-du-vic-bilh**

👄 Ce vin frais et aromatique, à la texture suave et au goût de miel et de fruits, accompagnera parfaitement les saveurs fruitées de la sauce de ce plat de volaille.

POULET DES LANDES, FRICASSÉE DE, AUX GIROLLES

 Aromatique et rond

🍾 Blanc mi-corsé : **chardonnay (CA)** (AU), chardonnay du Jura

👄 Pour son côté fruité et ses notes boisées bien présentes, ce chardonnay californien est tout indiqué pour créer une harmonie intéressante avec la délicatesse de la volaille ainsi que les arômes des champignons.

POULET, ÉMINCÉ DE, AU CARI ET AUX FRUITS Fruité et vif

🍾 Blanc mi-corsé : riesling (ALL), pinot gris (AL), **vouvray**

👄 Avec ses arômes de fruits et sa fraîcheur, ce vin s'harmonisera parfaitement avec les saveurs épicées et fruitées de ce plat de poulet.

POULET, ÉMINCÉ DE, AU SOYA ET À L'ANIS

 Aromatique et rond

🍾 Blanc mi-corsé : **côtes-du-rhône**, chardonnay (CH) (AU)

🍷 Ce vin bien structuré, parfumé et légèrement fruité et épicé, à la bouche ample, conviendra parfaitement à la saveur anisée de ce plat de poulet.

POULET, ENCHILADAS AU

 Fruité et généreux

🍾 Rouge mi-corsé : **côtes-du-frontonnais (FR)**, beaujolais, valpolicella-classico

🍷 Ce vin soutenu, gorgé de fruits, aux tannins soyeux et à la finale allongée, est tout indiqué pour accompagner ce plat mexicain relevé.

POULET EN CRAPAUDINE AU ROMARIN

 Fruité et léger

🍾 Rouge léger : chianti, **corbières**, minervois

🍷 Ce vin aux tannins charnus avec une touche épicée s'agencera très bien aux saveurs herbacées de ce poulet grillé.

POULET, ESCALOPES DE, AU CARI ET NOIX DE COCO

 Fruité et vif

🍾 Blanc mi-corsé : gewurztraminer (FR), **pinot grigio (IT)**, riesling (AL)

🍷 Ce vin italien au parfum exotique et aux notes épicées est tout indiqué pour accompagner les saveurs asiatiques et parfumées de ce plat de poulet.

POULET, ESCALOPES DE, AUX NOISETTES

 Aromatique et rond

🍾 Blanc mi-corsé : **chardonnay du Jura**, chardonnay (FR) (CAL)

🍷 Raffiné et pourvu d'une texture généreuse aux arômes subtilement boisés, et de bonne persistance, ce vin mi-corsé se mariera savoureusement au goût des noisettes qui accompagnent ces escalopes de poulet.

POULET, ESCALOPES DE, FARCIES AUX HERBES

Délicat et léger

🍾 Blanc léger : **sauvignon (CH)** (CAL), sancerre

🍷 Ce plat de poulet farci aux herbes requiert un vin vif et désaltérant, légèrement végétal avec des notes d'agrumes, comme le sauvignon du Chili.

POULET, ESCALOPES DE, SAUCE AU SHERRY ET À LA MOUTARDE DE DIJON

 Aromatique et rond

🍾 Blanc mi-corsé : chardonnay d'Arbois, **chardonnay du Jura**, xérès fino

👄 Ce vin relevé, généreux, à l'acidité présente, pourvu d'une finale intense et persistante, s'harmonisera à merveille avec les saveurs acidulées et épicées de ce plat de poulet.

POULET, ESCALOPES DE, SAUCE CRÉMEUSE AUX TOMATES SÉCHÉES

 Fruité et généreux

🍾 Rouge mi-corsé : sangiovese, **nero-d'avola**, merlot (ÉU) (AU)

👄 Ce vin généreux de la Sicile, aux tannins veloutés, aux arômes ensoleillés, est tout indiqué pour accompagner les saveurs riches de ce plat de poulet.

POULET FARCI AU CHEDDAR FUMÉ, AVEC COULIS DE POMMES VERTES

Délicat et léger

🍾 Blanc léger : **pomino**, pouilly-fuissé, soave-classico

👄 Ample et généreux, avec une grande fraîcheur, ce vin italien accompagnera parfaitement les saveurs fruitées et acidulées du coulis de pommes vertes de ce poulet farci.

POULET FARCI AUX CHAMPIGNONS, SAUCE À LA CRÈME

 Aromatique et rond

🍾 Blanc mi-corsé : chardonnay (ÉU) (CH), **pouilly-fuissé**

👄 Ce vin rafraîchissant, ample et généreux, au caractère subtilement boisé, est tout indiqué pour rehausser les saveurs de sous-bois de ce plat de poulet.

POULET, FOIES DE, SAUCE AU PORTO

 Fruité et généreux

🍾 Rouge mi-corsé : pinot noir (CAL), **douro**, merlot (CH)

👄 Pour accompagner les saveurs pénétrantes des foies de poulet au porto, recherchez toute la richesse des vins du Douro, aux notes de prune et d'épices.

POULET, FRICASSÉE DE

 Fruité et vif

🍾 Blanc mi-corsé : chardonnay (AU), **soave-classico**, mâcon-villages

👄 Ce plat de poulet à la sauce onctueuse s'agencera à merveille avec ce vin de Vénétie aux accents aromatiques de jasmin, de fleurs mellifères et de fruits blancs mûrs.

POULET, FRICASSÉE DE, À LA SAUGE

Fruité et léger

🍾 Rouge léger : bourgueil, **barbera-d'alba**, merlot (IT)

🍷 Ce vin italien, fruité et souple, aux notes de prune, de figue et d'herbe, agrémentera parfaitement les saveurs de cette volaille relevée de sauge.

POULET FRIT À LA NOIX DE COCO AVEC SAUCE AUX POIVRONS ROUGES

Fruité et léger

🍾 Rosé léger : **côtes-de-provence**, cabernet-de-saumur, rosé (AU)

🍷 Ce rosé ample, avec une acidité présente et des arômes de fruits, accompagnera à merveille les saveurs de ce plat de poulet frit aux arômes mixtes.

POULET FRIT AU BABEURRE AVEC SALADE D'ÉPINARDS ET DE TOMATES

Délicat et léger

🍾 Blanc léger : soave-classico, **chardonnay/sémillon (AU)**, chardonnay (CH)

🍷 Ce vin à la texture presque grasse, légèrement boisé et vanillé avec des arômes de fruits exotiques d'une acidité rafraîchissante, accompagnera parfaitement ce poulet au babeurre.

POULET FRIT AU GINGEMBRE ET À L'ORANGE

Fruité et vif

🍾 Blanc mi-corsé : pouilly-fuissé, **riesling (AL)**, pinot gris (AL)

🍷 Le caractère fruité du riesling alsacien agrémentera le goût épicé du gingembre et rehaussera celui des oranges de ce plat de poulet.

POULET FRIT AVEC QUENELLES DE MAÏS

Délicat et léger

🍾 Blanc léger : **orvieto**, penedès, sauvignon (CH)

🍷 Ce vin souple et acidulé, doté d'une grande simplicité aromatique, s'accordera très bien avec les saveurs délicates de ce poulet au maïs.

POULET FRIT, SAUCE À LA MOUTARDE ET AU BABEURRE

Aromatique et rond

🍾 Blanc mi-corsé : pomino, **saint-véran**, chardonnay (ÉU)

🍷 Les saveurs onctueuses et épicées de ce plat de volaille seront agrémentées par ce vin à la texture grasse et aux notes de fruits blancs et de noisettes.

POULET, FUSILLIS AU, ET AUX CREVETTES

Fruité et léger

🍾 Rosé léger : rosé de Provence, rosé-de-loire, **rosé (IT)**

🍷 Un rosé italien, simple et vif, accompagnera parfaitement ce plat simple aux saveurs de la mer.

POULET, GÉSIERS DE, SAUCE AU VIN BLANC Fruité et vif

🍷 Blanc mi-corsé : **vernaccia-di-san-gimignano**, soave-classico, mercurey

👄 Ce vin italien assez intense, subtilement boisé et d'une grande fraîcheur, saura équilibrer les saveurs intenses de ce plat d'abats.

POULET, GRATIN DE, SAUCE À LA CRÈME Aromatique et rond

🍷 Blanc mi-corsé : chablis, **chardonnay (IT)**, chardonnay (CAL)

👄 Vin à la texture enveloppante, frais et d'expression aromatique moyenne, ce chardonnay sera délicieux servi avec ce plat de poulet crémeux.

POULET GRILLÉ À L'ESTRAGON Aromatique et rond

🍷 Blanc mi-corsé : chardonnay (CAL), **mercurey**, graves

👄 Ce vin au caractère persistant et à la texture onctueuse, doté d'une acidité présente, saura rehausser le goût délicat de cette volaille relevée d'estragon.

269

POULET GRILLÉ AU THYM Fruité et léger

🍷 Rouge léger : corbières, **morgon**, pinot noir (FR)

👄 Avec une structure en bouche très assouplie et doté de caractères fruités, ce cru du Beaujolais est tout indiqué pour équilibrer les saveurs herbacées intenses de ce plat de poulet.

POULET GRILLÉ AUX TOMATES ET AU VINAIGRE BALSAMIQUE Fruité et généreux

🍷 Rouge mi-corsé : **valpolicella-classico**, chénas, cabardès

👄 Ce vin aux tannins discrets, assez aromatique et simplement fruité, avec une fraîcheur soutenue, accompagnera discrètement les saveurs acidulées de cette volaille grillée.

POULET GRILLÉ AVEC POIVRONS ROUGES ET CONFIT D'OIGNONS Fruité et généreux

🍷 Rosé mi-corsé : lirac, **bandol**, costières-de-nîmes

👄 Ce vin rosé rafraîchissant, qui a du caractère et est soutenu en finale, accompagnera bien les saveurs onctueuses et riches de ce plat de volaille grillée.

POULET GRILLÉ FARCI AU FROMAGE DE CHÈVRE

 Fruité et vif

 Blanc mi-corsé : **sauvignon (CAL)** (NZ), menetou-salon

Ce vin frais, au nez exhalant des notes végétales ainsi que des arômes fruités rappelant les agrumes, accompagnera naturellement la saveur de la farce au chèvre de ce poulet grillé.

POULET GRILLÉ, SAUCE À LA NOIX DE COCO ET AU CARI

 Aromatique et rond

Blanc mi-corsé : **chardonnay (ÉU)**, riesling (ALL), malvoisie (ÉU)

Très aromatiques, avec des arômes floraux et de fruits tropicaux, et dotés d'une belle fraîcheur, les vins américains élaborés avec le chardonnay rehausseront agréablement les saveurs asiatiques de ce plat de volaille.

POULET GRILLÉ, SAUCE AUX CANNEBERGES ET À LA MOUTARDE

 Fruité et généreux

Rouge mi-corsé : pinot noir (ÉU), **côtes-du-roussillon-villages**, fitou

Cette volaille délicate aux saveurs fruitées et épicées requiert un vin délicatement relevé d'arômes de garrigues et de petits fruits rouges confits, comme ce vin du Languedoc-Roussillon.

POULET GRILLÉ, SAUCE AUX PÊCHES ET AUX POMMES

Fruité et vif

Blanc mi-corsé : jurançon, saumur, **pacherenc-du-vic-bilh**

Ce vin frais, riche et aromatique, à la texture suave et au goût de miel, accompagnera parfaitement les saveurs fruitées de la sauce de ce plat de poulet grillé.

POULET GRILLÉ SUR LIT DE PATATES DOUCES RÔTIES

Fruité et léger

Rouge léger : **chiroubles**, pinot noir (FR), coteaux-du-tricastin

Ce vin léger et friand, aux tannins soyeux, et doté d'arômes fruités, accompagnera fort délicieusement ce poulet grillé et la douceur de ses patates douces.

POULET LAQUÉ À LA TANGERINE ET AU MIEL

 Fruité et vif

Blanc mi-corsé : jurançon, **gros manseng**, saumur

Pour accompagner cette volaille aux saveurs fruitées et mielleuses, choisissez un vin suave et frais, avec des arômes typiques de fleurs mellifères et d'agrumes.

POULET, LINGUINES AU, ET SAUCE AU PISTOU ÉPICÉ

 Aromatique et rond

Blanc mi-corsé : **saint-véran**, albana-di-romagna secco, sauvignon (CH)

Ce vin de Bourgogne, ample, de bonne intensité, à la fraîcheur soutenue, accompagnera fort bien ce plat riche de pâtes au poulet aux notes épicées.

POULET, LINGUINES AU, AUX POIREAUX ET AUX TOMATES

 Fruité et léger

Rosé léger : côtes-de-provence, **rosé de Sicile**, côtes-du-lubéron

Avec ses notes de fruits frais et d'épices, ce vin souple et vif est tout indiqué pour accompagner ce plat de pâtes au poulet aux accents végétaux et ensoleillés.

POULET MARENGO

 Fruité et léger

Rouge léger : valdepenas, costières-de-nîmes, **brouilly**

Pour accompagner les saveurs multiples de ce plat, choisissez un vin à la texture ample et aux parfums dominés par les fruits frais, comme ce cru du Beaujolais.

POULET, NOUILLES AU, ET AU PIMENT MEXICAIN AVEC NOIX DE CAJOU

 Fruité et généreux

Rosé corsé : lirac rosé, **tavel**, rosé de Toscane

Frais et désaltérant, avec des arômes complexes et intenses de fruits frais, le tavel se mariera à l'intensité de ce plat de nouilles.

POULET, PÂTÉ AU

 Aromatique et rond

Blanc mi-corsé : **chardonnay (FR)**, soave-classico, coteaux-du-languedoc

Pour accompagner les saveurs délicates et simples de ce plat, choisissez un chardonnay souple, sans excès de bois, aux notes aromatiques et délicates de fruits blancs.

POULET, PÂTÉ DE, ET DE LÉGUMES

Délicat et léger

Blanc léger : **bordeaux**, sauvignon (CH), orvieto

Pour accompagner ce plat populaire, choisissez un bordeaux blanc, un vin souple, simple et doté d'une grande fraîcheur.

POULET, PÂTES AVEC, ÉMINCÉ ET BASILIC FRIT

Délicat et léger

Blanc léger : sauvignon (CH), soave, **bordeaux**

Savourez ce plat de pâtes avec un vin blanc comme le bordeaux, à la note légèrement végétale, doté de souplesse et d'une grande fraîcheur.

POULET, PÂTES AVEC, TOMATES SÉCHÉES, GORGONZOLA ET PIGNONS

Fruité et généreux

Rouge mi-corsé : barbera-d'asti, **merlot (AU)** (CA)

Ce vin rouge savoureux et charnu, avec des tannins tendres, saura rehausser les saveurs de ce plat de pâtes riches et aromatiques.

POULET, PILONS DE, GRATINÉS AU PARMESAN

Délicat et léger

Blanc léger : **soave**, pinot blanc (FR), sauvignon (AU)

Ce vin de la Vénétie aux effluves de fleurs et de fruits frais formera un accord parfait en apportant de la fraîcheur et de la légèreté aux saveurs de ce poulet gratiné.

POULET POCHÉ DANS UN BOUILLON DE GINGEMBRE

Délicat et léger

Blanc léger : **sauvignon (CAL)**, vin de pays d'oc, côtes-du-rhône

Les notes aromatiques de fruits blancs et d'épices de ce vin californien formeront une alliance parfaite avec les mêmes saveurs du bouillon de ce plat de poulet.

POULET POCHÉ DANS UN LAIT AU CARI À LA NOIX DE COCO

Fruité et vif

Blanc mi-corsé : pinot gris (AL), gewurztraminer (AL), **torrontes**

Pour accompagner ce plat à la texture simple mais aux arômes relevés, choisissez un vin argentin vif et léger, aux notes délicates de rose et de lime.

POULET, POITRINES DE, AU CARI VERT SUR PURÉE DE PATATES DOUCES

Fruité et léger

Rosé léger : rosé (IT), **côtes-de-provence**, rosé (CH)

Ce vin du sud de la France, souple et aux caractères dominés par les fruits mûrs et subtilement épicés, convient parfaitement à ce plat de volaille aux saveurs asiatiques relevées.

POULET, POITRINES DE, AU FROMAGE DE CHÈVRE

Aromatique et rond

Blanc léger : **chablis premier cru**, sancerre, langhe

Un vin fin, gras, au boisé subtil, comme ce chablis premier cru, saura rehausser le goût et la texture du chèvre qui accompagne ce poulet.

POULET, POITRINES DE, AU PROSCIUTTO ET À LA SAUGE

 Fruité et généreux

🍾 Rouge mi-corsé : **teroldego-rotaliano**, oltrepò-pavese, côtes-du-marmandais

👄 Ce vin italien souple et rafraîchissant, au caractère fruité, végétal et épicé, est tout indiqué pour accompagner les saveurs salées et herbacées de ce plat de poulet.

POULET, POITRINES DE, AU SAFRAN, AVEC PURÉE DE POIS À LA MENTHE

 Aromatique et rond

🍾 Blanc mi-corsé : menetou-salon, pomino, **chablis premier cru**

👄 Vin à la texture enveloppante, frais et d'expression aromatique moyenne, le chablis premier cru accompagnera parfaitement les saveurs de safran et de menthe de ce plat de poulet.

POULET, POITRINES DE, AUX POIVRONS ET AUX PACANES LAQUÉES À LA MOUTARDE AU MIEL

 Fruité et léger

🍾 Rouge léger : chinon, **chénas**, valpolicella-classico

👄 Ce vin charnu, aux saveurs intenses de fruits frais et d'épices et aux tannins plutôt soyeux, s'harmonisera agréablement aux saveurs multiples de ce plat de poulet.

POULET, POITRINES DE, AUX POIVRONS ROUGES

 Fruité et généreux

🍾 Rouge mi-corsé : **chinon**, cabernet franc (CAN), rully

👄 Doté d'un généreux fruité et avec des notes de poivron, des tannins tendres et une belle rondeur, ce vin est tout indiqué pour accompagner la texture du poulet et les saveurs riches des poivrons rouges.

POULET, POITRINES DE, BRAISÉES SUR LIT DE POIREAUX À LA CRÈME

 Aromatique et rond

🍾 Blanc mi-corsé : saint-véran, **viré-clessé**, fumé blanc (ÉU) (CH)

👄 Ce vin du Mâconnais à la texture généreuse, au bouquet subtil et doté d'une bonne fraîcheur, accompagnera à merveille les saveurs riches de ce poulet braisé aux notes herbacées de poireaux.

POULET, POITRINES DE, FARCIES À LA SAUCISSE, FENOUIL ET RAISINS DORÉS

 Fruité et généreux

🍾 Rouge mi-corsé : primitivo, **cannonau-di-sardegna**, zinfandel (ÉU)

👄 Ce vin aux arômes de fruits cuits et d'épices, aux tannins charnus et de bonne persistance est tout indiqué pour accompagner les mêmes saveurs de fruits dorés par le soleil de ce plat de poulet.

POULET, POITRINES DE, FARCIES AU BACON ET AU BASILIC

 Délicat et léger

🍾 Blanc léger : **sauvignon vin de pays d'oc**, sauvignon (CH), orvieto-classico

👄 Vin fin et distingué, avec une bonne acidité, souple et légèrement végétal, le sauvignon vin de pays d'oc accompagnera à merveille les saveurs salées et herbacées de ce plat de poulet.

POULET, POITRINES DE, FARCIES AU CRABE

 Aromatique et rond

🍾 Blanc mi-corsé : **chablis premier cru**, beaune, chardonnay/pinot (IT)

👄 Ce vin fin à la texture ample, au parfum subtil et frais, et peu boisé, accompagnera agréablement les saveurs délicates et fines de terre et de mer de ce plat de poulet.

POULET, POITRINES DE, FARCIES AU FROMAGE DE CHÈVRE ET AUX OLIVES

 Fruité et vif

🍾 Blanc mi-corsé : **sancerre**, greco-di-tufo, saint-péray

👄 Le sancerre, avec sa vivacité et ses notes florales et végétales, est un accord traditionnel avec le fromage de chèvre et les saveurs ensoleillées de ce plat de poulet.

POULET, POITRINES DE, FARCIES AU JAMBON ET AU FROMAGE BLEU

 Fruité et doux

🍾 Blanc mi-corsé : **riesling auslese (ALL)**, montlouis, sauvignon (CAL)

👄 Avec sa vivacité soutenue, ce riesling allemand, intense et persistant, avec une pointe de sucre résiduel en équilibre, est le complément idéal de ce plat aux saveurs salées.

POULET, POITRINES DE, FARCIES AU JAMBON ET GRUYÈRE

 Fruité et vif

🍾 Blanc mi-corsé : chardonnay (AU), **pinot gris (AL)**, riesling

👄 Pour accompagner cette volaille relevée de gruyère et de jambon, choisissez un pinot gris alsacien parfumé, à l'acidité présente et aux arômes de fruits.

POULET, POITRINES DE, FARCIES AU PISTOU ET AU FROMAGE

Fruité et vif

🍾 Blanc mi-corsé : pouilly-fumé, fumé blanc (ÉU), **sauvignon blanc (AS)**

👄 Ce vin frais et équilibré d'Afrique du Sud, ample et assez aromatique, avec une légère note végétale, accompagnera parfaitement les saveurs du pistou et du fromage de ce poulet farci.

POULET, POITRINES DE, FARCIES AU PROSCIUTTO ET AU BASILIC

Fruité et vif

Blanc mi-corsé : pinot grigio, **pomino**, chardonnay vin de pays d'oc

L'aspect salé du prosciutto couplé au basilic demande un vin ayant une bonne acidité ainsi qu'une texture aux notes onctueuses.

POULET, POITRINES DE, FARCIES AUX ÉPINARDS

Délicat et léger

Blanc léger : cheverny, bouzeron, **pinot bianco**

Le pinot blanc d'Italie, souple et discret, acidulé avec une note végétale, est tout indiqué pour accompagner les mêmes saveurs délicates de ce plat de volaille.

POULET, POITRINES DE, GRILLÉES À L'AIL

Fruité et vif

Blanc mi-corsé : orvieto-classico, penedès, **fumé blanc (CA)**

Alliant à la fois un délicat boisé à un caractère axé sur le fruit, le fumé blanc californien se mariera parfaitement à l'ail de ce plat tout en s'accommodant aux notes empyreumatiques que confère son mode de cuisson.

POULET, POITRINES DE, GRILLÉES AVEC SAUCE AUX TOMATES ET À L'ESTRAGON

Fruité et léger

Rouge léger : côtes-du-vivarais, reuilly, **dolcetto-d'alba**

Ce vin souple et fruité, avec une touche végétale, aux tannins discrets et à l'acidité rafraîchissante, est tout indiqué pour rehausser les saveurs fruitées de la sauce qui accompagne cette volaille grillée.

POULET, POITRINES DE, PANÉES AU PARMESAN AVEC COULIS DE TOMATES

Fruité et léger

Rouge léger : coteaux-du-tricastin, **bardolino**, anjou

Les saveurs de ce plat de volaille requièrent un rouge fruité aux tannins charnus et à l'acidité rafraîchissante, comme ce vin de la Vénétie.

POULET, POITRINES DE, SAUCE À LA LIME ET À L'AIL

Délicat et léger

Blanc léger : vinho verde, saint-bris, **cheverny**

Ce vin de la Loire, assez vif pour soutenir les notes acidulées de ce plat, accompagnera parfaitement les saveurs du poulet tout en le laissant s'exprimer.

POULET, POITRINES DE, SAUCE AU GORGONZOLA

 Aromatique et rond

🍷 Blanc corsé : **chardonnay (AU)**, chardonnay (CAL), meursault

👄 Le chardonnay australien, gras et puissant, fera un excellent accord avec les saveurs intenses du fromage qui parfume la sauce de ce plat de poulet, tout en se mariant parfaitement à sa texture.

POULET, POITRINES DE, SAUCE AU VINAIGRE DE CIDRE

 Fruité et généreux

🍷 Rosé mi-corsé : **rosé (IT)**, rosé-de-loire, rosé de Provence

👄 Ce rosé fruité et friand, d'une agréable fraîcheur, accompagnera aisément les saveurs acidulées de la sauce qui accompagne ce plat de poulet en sauce.

POULET, POITRINES DE, SAUCE AUX NOISETTES ET À LA MOUTARDE DE DIJON

 Aromatique et rond

🍷 Blanc mi-corsé : **chardonnay (CAL)**, soave-classico, viré-clessé

👄 Ce vin californien savoureux, aux arômes de bois, de beurre et de fruits bien mûrs, est le complément idéal pour escorter la saveur des noisettes tout en se mariant au goût de la moutarde qui constitue la sauce de ce plat de volaille.

POULET, POITRINES DE, SAUTÉES, SAUCE AU CARI

Fruité et léger

🍷 Rosé léger : **rosé (FR)**, rosé des Abruzzes, rosé d'Ombrie

👄 Désaltérant, doté d'une bonne nervosité et d'un fruité croquant, le rosé français saura atténuer la puissance de la sauce au cari qui enveloppe cette volaille.

POULET, RAVIOLIS AU, SAUCE AUX CHAMPIGNONS

Aromatique et rond

🍷 Blanc mi-corsé : soave-classico, **chardonnay (CAL)**, saint-aubin

👄 Ce vin puissant, aux arômes de bois, de beurre et de fruits bien mûrs, accompagnera parfaitement la sauce aux saveurs de sous-bois de ce plat de pâtes.

POULET, RIZ FRIT AU

 Fruité et léger

🍷 Rouge léger : **côtes-du-rhône**, coteaux-du-tricastin, beaujolais

👄 Accompagnez ce plat simple d'un rouge léger comme le côtes-du-rhône, pour sa structure souple, son fruité intense et la simplicité de ses caractères.

POULET, RIZ FRIT AU, AU CITRON ET AUX PETITS POIS

 Délicat et léger

 Blanc léger : riesling (FR), pinot blanc (FR), **frascati**

La saveur de ce vin fruité du Latium est d'une fraîcheur incomparable et sa souplesse permet les accords les plus divers, ce qui en fait le complément idéal de ce riz au poulet.

POULET, RIZ FRIT ÉPICÉ AVEC, ET LÉGUMES

 Fruité et léger

Rouge léger : **gamay de Touraine**, bourgogne-passetoutgrain, rouge du Québec

Ce vin d'une grande simplicité, fruité et rafraîchissant, est tout indiqué pour accompagner les saveurs épicées de ce riz frit, tout en se fondant avec les saveurs des légumes.

POULET RÔTI AU CITRON ET AU THYM

 Fruité et vif

Blanc mi-corsé : bergerac sec, **minervois**, gewurztraminer (AL)

Grâce à son caractère fruité qui rappelle les agrumes et son côté légèrement épicé, le minervois fera parfaitement le pont avec le citron et le thym qui rehaussent cette recette de volaille.

POULET RÔTI AU CONFIT DE CITRONS

 Fruité et vif

Blanc mi-corsé : **fumé blanc (CAL)** (CH), pinot gris (AL)

 Pour escorter les saveurs empyreumatiques léguées par la cuisson et le goût prononcé des citrons confits, choisissez un fumé blanc de la Californie. Ses parfums d'agrumes et sa touche boisée créeront une harmonie parfaite.

POULET RÔTI AU CUMIN, AU PAPRIKA ET AU PIMENT DE LA JAMAÏQUE

 Fruité et léger

Rosé léger : côtes-du-frontonnais, **rosé de Sicile**, rioja rosé

Ample, désaltérant et généreusement fruité, ce rosé italien est tout indiqué pour se rafraîchir des saveurs piquantes de ce plat de poulet.

POULET RÔTI AU FROMAGE BLEU FARCI AUX POMMES ET AU THYM

Aromatique et rond

Blanc corsé : **chardonnay (CAL)** (AU) (AR)

Pour escorter l'intensité aromatique de cette volaille aux saveurs soutenues et fruitées, choisissez un chardonnay américain boisé à la texture ample et aux effluves de noix et de fruits mûrs.

POULET RÔTI AU POIVRE VERT

 Fruité et généreux

🍷 Rouge mi-corsé : **chinon**, saint-nicolas-de-bourgueil, chénas

👄 Grâce à ses tannins assouplis, son fruité généreux et sa bonne ampleur, le chinon est tout indiqué pour accompagner les saveurs de ce poulet, tout en se fondant à celles du poivre vert qui le rehausse.

POULET RÔTI AVEC ARTICHAUTS ET CHAMPIGNONS

 Aromatique et rond

🍷 Blanc mi-corsé : **fumé blanc (CAL)** (CH), sauvignon (IT)

👄 Ce vin frais, ample, subtilement végétal et moyennement aromatique est le complément idéal pour accompagner les saveurs des artichauts, tout en se mariant au goût des champignons par son boisé délicat.

POULET RÔTI AVEC BEURRE AU ROMARIN ET À L'ORANGE

 Fruité et vif

🍷 Blanc mi-corsé : saint-joseph, gewurztraminer (FR), **viognier (CAL)**

👄 Ce vin à la forte personnalité, assez intense, ample et persistant avec des effluves de fruits, de fleurs et d'épices, saura accompagner les saveurs épicées et fruitées de ce poulet rôti.

POULET RÔTI AVEC PANAIS, PORCINI ET SAUGE AU CITRON

 Aromatique et rond

🍷 Blanc mi-corsé : **fumé blanc (CAL)**, orvieto-classico, chardonnay (FR)

👄 Ce vin fruité et rafraîchissant, doté d'arômes d'agrumes et légèrement boisé, fera un mariage parfait avec les champignons et le citron de cette recette de poulet rôti.

POULET RÔTI AVEC PURÉE DE COING ET PROSCIUTTO

Fruité et léger

🍷 Rouge léger : beaujolais, **côtes-du-ventoux**, valpolicella

👄 La simplicité aromatique de ce vin au fruité généreux et à la structure souple en fait le complément idéal de ce poulet aux saveurs salées et fruitées.

POULET RÔTI FARCI AU FENOUIL ET À L'AIL

Fruité et vif

🍷 Blanc mi-corsé : orvieto-classico, **viognier (FR)**, côtes-du-rhône

👄 Ce vin frais très parfumé et généreux, aux saveurs parfois anisées, viendra rehausser les saveurs du fenouil et se fondra à celles de l'ail grâce à son fruité généreux.

POULET RÔTI, SAUCE AU VIN ROUGE

 Fruité et généreux

 Rouge mi-corsé : pomerol, **barbera-d'asti**, malbec (AR)

Ce plat classique requiert un vin italien aux tannins charnus, à la texture tendre et aux arômes de fruits cuits et d'épices douces, comme le barbera-d'asti.

POULET, ROULADES DE, FARCIES AUX LARDONS ET AU CHEDDAR

 Aromatique et rond

Blanc mi-corsé : **costières-de-nîmes**, mâcon-villages, chardonnay (CH)

Ce vin blanc simple et savoureux, à la fois boisé et fruité, accompagnera fort agréablement les saveurs salées des lardons et du cheddar, tout en laissant le poulet s'exprimer.

POULET, ROULEAUX DE, À LA CITRONNELLE

 Délicat et léger

Blanc léger : pinot blanc (CAL) (AL), **sylvaner (ALL)**

Ce vin fruité aux notes d'agrumes est tout indiqué pour accompagner la délicatesse de ce poulet en rouleaux, assaisonné de citronnelle.

POULET, SATAYS DE, CREVETTES ET BŒUF, SAUCE AUX ARACHIDES

 Délicat et léger

Blanc léger : chardonnay/sauvignon (FR), **riesling (AL)**, torrontes

Ample et parfumé avec une bonne vivacité, le riesling d'Alsace est tout indiqué pour accompagner les saveurs asiatiques de ce plat de satays.

POULET SAUTÉ AUX CHAMPIGNONS

 Fruité et léger

Rouge léger : pinot noir, **corbières**, côtes-du-rhône

Pour un accord intéressant, essayez un vin rouge léger de la région des Corbières, avec ses notes de petits fruits rouges et d'épices. Il s'accommodera parfaitement aux arômes des champignons tout en laissant le poulet s'exprimer.

POULET, SAUTÉ DE, AUX POMMES ET À L'ESTRAGON

 Fruité et vif

Blanc mi-corsé : chardonnay (CAL), **côtes-de-provence**, soave-classico

Grâce au caractère de ce vin blanc charmeur mais fin, aux effluves de fruits à chair blanche et d'herbes aromatiques, la liaison sera parfaite avec les ingrédients qui composent ce sauté de poulet.

279

POULET, SAUTÉ DE, AUX TOMATES ITALIENNES ET AUX OLIVES

 Fruité et généreux

🍾 Rouge mi-corsé : **cannonau-di-sardegna**, primitivo, merlot de Toscane

👄 Ce vin de Sardaigne, charnu, pourvu de tannins tendres, d'arômes d'épices douces et de fruits frais, est tout indiqué pour rehausser les saveurs italiennes de ce sauté de poulet.

POULET, SAUTÉ DE, AVEC TOMATES ET CORIANDRE

 Fruité et généreux

🍾 Rouge mi-corsé : **carmenère (CH)**, merlot (CH), cabardès

👄 Ce vin souple du Chili, subtilement végétal, aux notes de fruits mûrs et de cerise, sera tout à fait délicieux avec ce sauté de poulet parfumé aux tomates et à la coriandre.

POULET, SAUTÉ DE, DE POIVRONS ROUGES ET DE HARICOTS VERTS

 Fruité et léger

🍾 Rouge léger : côte-de-brouilly, **coteaux-du-tricastin**, bourgueil

👄 Ce vin souple avec une bonne présence en bouche, fruité et frais, accompagnera agréablement les saveurs plus délicates de ce sauté de poulet.

POULET, SAUTÉ DE, ET DE BROCOLI

Délicat et léger

🍾 Blanc léger : petit-chablis, rueda, **pinot bianco (IT)**

👄 Vif et d'intensité moyenne, simple de caractère avec une légère touche végétale, ce pinot blanc italien est tout indiqué pour accompagner ce plat de poulet et les saveurs du brocoli.

POULET, SAUTÉ DE, ET DE CITROUILLE

 Fruité et vif

🍾 Blanc mi-corsé : **pinot gris (AL)** (FR), vin du Liban

👄 Ce vin aromatique à la texture ample et à la structure équilibrée, accompagnera parfaitement les saveurs fruitées de ce sauté de poulet.

POULET, SAUTÉ DE, ET DE CŒURS D'ARTICHAUTS

Délicat et léger

🍾 Blanc léger : **pinot blanc (AL)**, sauvignon (CH) (IT)

👄 Avec son caractère vif et ses notes de fruits blancs et d'amande, ce vin d'Alsace pourra très bien accommoder ce sauté de poulet aux artichauts.

POULET, TAGLIATELLES AU CHÈVRE ET AU, CARAMÉLISÉ

 Fruité et vif

Blanc mi-corsé : vouvray, **gros et petit manseng**, pinot gris (AL)

Ces cépages du sud-ouest de la France, au fruité croquant et parfois doté d'une touche de sucre résiduel, s'harmoniseront parfaitement avec les flaveurs du poulet caramélisé.

POULET, TAGLIATELLES AU, ET AU XÉRÈS

 Aromatique et rond

Blanc mi-corsé : chardonnay (CAL) (IT), **arbois**

Ce vin du Jura, doté d'une texture assez ronde avec un boisé fondu, est tout indiqué pour accompagner les saveurs relevées de ce plat de pâtes. Aussi, son parfum qui rappelle un peu la noisette se mariera à la perfection aux arômes du xérès.

POULET, TAJINE DE, AUX ARTICHAUTS

 Délicat et léger

Blanc léger : pinot blanc (AL), sauvignon (CH) (IT)

Avec son caractère vif et ses notes de fruits blancs et d'amande, ce vin d'Alsace pourra très bien accommoder ce sauté de poulet aux artichauts.

POULET, TAJINE DE, AUX PRUNEAUX

 Fruité et léger

Rouge léger : pinot noir (HO), chiroubles, **nero-d'avola (IT)**

Pour accompagner ce plat de volaille aux pruneaux, choisissez un vin rouge délicat mais savoureux, comme le nero-d'avola aux arômes de fruits cuits.

POULET TANDOORI

 Fruité et léger

Rosé léger : rosé (FR) (CAL) (CH)

Pour accompagner les saveurs plus relevées de la préparation tandoori, choisissez un rosé du sud de la France, fruité et rafraîchissant, qui viendra atténuer les saveurs intenses de ce poulet.

POULET TERIYAKI

Fruité et léger

Rouge léger : pinot noir (AU), merlot (FR), **beaujolais**

Servi frais, ce vin rouge aux tannins discrets, est désaltérant et accompagne fort délicieusement les saveurs asiatiques de ce plat de poulet.

POULET, TORTELLINIS AVEC, ET PISTOU

Délicat et léger

Blanc léger : sauvignon (CH), pinot blanc (CA), **haut-poitou**

Ce vin sec, rond, avec une touche végétale et d'une bonne vivacité, accompagnera agréablement ces pâtes au poulet tout en faisant le pont avec les arômes du pistou.

POULET, VOL-AU-VENT AU

Aromatique et rond

Blanc mi-corsé : **mâcon-villages**, chardonnay (CA) (CH)

Pour accompagner la texture onctueuse de la sauce qui compose ce plat de poulet, un vin issu du cépage chardonnay, comme le mâcon-villages, aura l'amplitude et la rondeur souhaitée.

PROFITEROLES AU CHOCOLAT

Fruité et extra doux

Rouge doux : porto ruby, **banyuls**, pineau-des-charentes ruby

Vin aromatique et suave, aux tannins veloutés et à la saveur intense de cassis et de pruneau, le banyuls rimage est tout indiqué pour accompagner ce dessert classique.

PROSCIUTTO ET MELON

Fruité et doux

Blanc mi-corsé : mont-louis, pinot gris (sélection de grains nobles), **gaillac doux**

Pour réussir cette harmonie salée et fruitée, choisissez un gaillac doux, vin riche aux arômes dominants de marmelade d'abricots et de miel, qui saura accompagner à merveille ce plat classique.

QUENELLES À LA THAÏLANDAISE AVEC SAUCE À LA CORIANDRE

Délicat et léger

Blanc léger : **muscat sec (AL)**, torrontes, pinot gris (FR)

Ce vin d'Alsace, souple et doté de notes subtilement végétales et florales, se mariera très bien aux saveurs asiatiques de ce plat et à la fraîcheur de la coriandre.

QUENELLES DE FOIE

Fruité et léger

Rosé léger : **rosé (FR)** (IT) (QC)

Pour atténuer le caractère salé de ce plat, le vin rosé léger sera à envisager. Ses parfums délicats de fruits rouges et son acidité rafraîchissante en font un vin idéal.

QUENELLES DE TRUITE

Délicat et léger

Blanc léger : fumé blanc (CH), **picpoul-de-pinet**, penedès

Ce vin sec et rafraîchissant, moyennement aromatique et pourvu d'une belle ampleur, conviendra parfaitement à ce plat de truite.

QUENELLES DE VEAU

Fruité et léger

Rouge léger : **beaujolais**, coteaux-du-tricastin, valpolicella

Pour sa grande fraîcheur, sa souplesse et la richesse de ses arômes fruités, le beaujolais est tout indiqué pour accompagner ce plat de veau.

QUENELLES DE VOLAILLE

Fruité et vif

Blanc mi-corsé : riesling, **premières-côtes-de-blaye**, pouilly-fumé

Ce vin vif et aromatique, doté d'une grande délicatesse, est tout indiqué pour s'harmoniser avec les saveurs délicates de ce plat.

QUESADILLAS AU BRIE, À LA PAPAYE ET AUX OIGNONS

Fruité et vif

Blanc mi-corsé : dao, vouvray, **viognier vin de pays**

Pour accompagner ce plat mexicain à la touche française, choisissez un vin à la texture ample, frais et très fruité, aux arômes de fruits tropicaux, comme ce viognier.

QUESADILLAS AU CRABE ET AUX TOMATES

Fruité et léger

Rosé léger : rosé de Toscane, rosé de Sicile, **utiel-requena**

Ce rosé espagnol délicat, vif et pourvu d'une texture souple, est tout indiqué pour accompagner les saveurs à la fois subtiles et acidulées de ce plat mexicain adapté façon nord-américaine.

QUESADILLAS FARCIES À LA COURGE, AUX POIVRONS ROUGES ET AU FROMAGE AVEC TREMPETTE À LA LIME

Fruité et vif

Vin mousseux : **cava**, crémant-d'alsace, crémant-de-Loire

Pour accompagner les saveurs relevées et acidulées de ce plat de quesadillas, essayez un vin mousseux espagnol frais et léger, avec une pointe aromatique rappelant les agrumes.

QUEUES DE LANGOUSTINES GRILLÉES SUR LIT D'ÉPINARDS À L'AIL

 Fruité et vif

Blanc mi-corsé : chardonnay (AR), **sauvignon blanc (NZ)** (CAL)

Le sauvignon de Nouvelle-Zélande est à la fois rafraîchissant, aromatique et doté d'une touche herbacée, ce qui en fait le complément idéal de ce plat de fruits de mer aux épinards.

QUICHE AU BROCOLI

Délicat et léger

Blanc léger : sauvignon vin de pays, **sylvaner (AL)**, petit-chablis

Pour accompagner cette quiche au goût délicat, choisissez un vin blanc léger et rafraîchissant, comme ce sylvaner alsacien aux arômes de fruits blancs.

QUICHE AU FROMAGE ET AUX CHAMPIGNONS

 Aromatique et rond

Blanc mi-corsé : pinot gris (AL), **chardonnay (CH)**, graves

La touche boisée du chardonnay californien mettra en valeur la saveur des champignons, et sa texture ample et sa bonne acidité contribueront à donner du relief en bouche.

QUICHE AU MUNSTER ET AU CHOU

Fruité et vif

Blanc mi-corsé : **gewurztraminer (AL)** (ALL), edelzwicker (AL)

Pour accompagner ce plat au fromage alsacien au caractère très affirmé, rien de mieux qu'un vin très parfumé comme le gewurztraminer, aux saveurs généreuses de fleurs et de fruits exotiques.

QUICHE AU MAGRET DE CANARD FUMÉ

Fruité et léger

Rouge léger : **côtes-de-brouilly**, régnié, saint-amour

Avec sa grande fraîcheur, ses tannins discrets et son fruité généreux, ce beaujolais est tout indiqué pour accompagner les saveurs fumées de cette quiche au canard.

QUICHE AU SAUMON

Délicat et léger

Blanc léger : crémant d'Alsace ou de Loire, **pouilly-fumé**, vinho verde

Un pouilly-fumé léger, aux subtils parfums de pamplemousse rose et de noisettes grillées, sera parfait pour accompagner cette quiche au saumon.

QUICHE AU SAUMON ET AUX POIREAUX

 Fruité et généreux

🍾 Rosé mi-corsé : **côtes-de-provence**, côtes-du-frontonnais, rosé d'Ombrie

👄 Ce rosé frais, fruité, souple et désaltérant, est tout indiqué pour accompagner les saveurs délicates de cette quiche et s'accommoder à celle de poireaux.

QUICHE AUX ASPERGES ET AU GRUYÈRE

 Délicat et léger

🍾 Blanc léger : **sauvignon (CH)**, vin de pays d'oc, orvieto

👄 Pour accompagner les arômes végétaux des asperges et le côté salin du fromage, choisissez un vin vif et rafraîchissant, subtilement herbacé avec des notes fruitées, comme ce sauvignon du Chili.

QUICHE AUX COURGETTES ET AU FROMAGE DE CHÈVRE

Fruité et généreux

285

🍾 Rosé mi-corsé : rosé-de-loire, rosé de Provence, **sicilia i.g.t.**

👄 Ce rosé italien friand et désaltérant, à l'agréable goût fruité, sera le complément idéal de cette quiche aux saveurs ensoleillées. Aussi, la vivacité du vin s'agencera parfaitement au goût caprin du fromage de chèvre.

QUICHE AUX COURGETTES ET AU FÉTA

Délicat et léger

🍾 Blanc léger : orvieto, **bordeaux**, pinot blanc (CAL)

👄 Pour accompagner ce plat au féta, choisissez un vin blanc sec, souple et léger, avec des notes végétales et des parfums d'agrumes et de fleurs, comme le bordeaux blanc.

QUICHE AUX ÉCHALOTES CARAMÉLISÉES

Délicat et léger

🍾 Blanc léger : **côtes-de-saint-mont**, jurançon sec, cava

👄 Ce vin simple, mais savoureux, possédant une bonne vivacité, est tout indiqué pour accompagner cette quiche aux saveurs caramélisées.

QUICHE AUX ENDIVES ET AUX PÉTONCLES

Délicat et léger

🍾 Blanc léger : chablis, **gavi**, vin de Savoie

👄 Ce vin sec, fin et frais, mais doté d'une texture assez ample et à la saveur légèrement minérale, accompagnera agréablement les délicates saveurs des pétoncles. De plus, son côté fruité s'accommodera à l'amertume des endives.

QUICHE AUX FRUITS DE MER
Délicat et léger

Blanc léger : **petit-chablis**, sauvignon (FR), bourgogne-aligoté,

La simplicité de ses caractères, sa légèreté et sa vivacité font du petit-chablis le vin par excellence pour accompagner cette quiche aux arômes délicats.

QUICHE AUX LÉGUMES
Délicat et léger

Blanc léger : **sauvignon blanc (CH)**, pinot blanc (FR), orvieto

Avec son caractère naturellement acidulé et végétal, et sa souplesse en bouche, le sauvignon chilien est tout indiqué pour accompagner cette quiche et les saveurs léguées par les légumes qui la composent.

QUICHE AUX LENTILLES ET AU FROMAGE DE CHÈVRE
Délicat et léger

Blanc léger : bordeaux, trebbiano-d'abruzzo, **sauvignon (CAL)**

Les notes aromatiques végétales et de fruits blancs de ce vin californien formeront une combinaison parfaite avec cette quiche aux lentilles. Aussi, son acidité désaltérante se mariera à merveille avec le côté caprin du fromage de chèvre.

QUICHE AUX OIGNONS
Délicat et léger

Blanc léger : **sylvaner (AL)**, penedès, riesling (AL) (ALL)

Avec son acidité équilibrée et sa texture souple, le sylvaner alsacien, au caractère simple et léger, accompagnera harmonieusement les saveurs de cette quiche et s'accommodera au goût des oignons.

QUICHE AUX OIGNONS, AUX ANCHOIS ET AUX OLIVES NOIRES
Fruité et vif

Blanc mi-corsé : **coteaux-du-languedoc**, chardonnay (AR), orvieto-classico

Les notes de garrigues et les parfums de fruits mûrs de ce vin du Languedoc-Roussillon accompagneront à merveille les saveurs plus relevées des anchois et des olives tout en laissant le plat s'exprimer.

QUICHE AUX OIGNONS ET AU BACON
Fruité et vif

Blanc mi-corsé : orvieto-classico, muscadet-sèvre-et-maine sur lie, **penedès**

Ce vin espagnol simple et léger, doté d'une grande fraîcheur, est le complément idéal de cette quiche. Son côté fruité se fondra au salé légué par le bacon.

QUICHE AUX PÉTONCLES

Délicat et léger

Blanc léger : chablis, **vin de Savoie**, bourgogne

Pour accompagner la saveur délicate de cette quiche aux pétoncles, choisissez un vin de Savoie, fin et léger, ample et subtilement minéral.

QUICHE AUX POIREAUX

Délicat et léger

Blanc léger : sauvignon blanc (FR), **pinot blanc (AL)**, riesling

Sa simplicité gustative, sa texture souple et sa grande fraîcheur font du pinot blanc d'Alsace le complément idéal de cette quiche. Il s'accommodera parfaitement au goût des poireaux.

QUICHE AUX POIREAUX ET AU CHÈVRE

Délicat et léger

Blanc léger : **vouvray**, sancerre, fumé blanc (CH)

Ce vin blanc assez aromatique, aux accents floraux et de fruits tropicaux, accompagnera le goût des poireaux, et son acidité rafraîchissante escortera merveilleusement le côté caprin du fromage de chèvre.

QUICHE AUX POIREAUX ET AU MAÏS

Délicat et léger

Blanc léger : muscadet, **orvieto**, sauvignon vin de pays d'oc

Ce vin italien sec et léger, simple et désaltérant, est tout indiqué pour accompagner cette quiche. Sans en étouffer les délicats arômes, son caractère fruité s'accommodera bien au goût des poireaux.

QUICHE AUX POIREAUX ET AUX TOMATES

Délicat et léger

Blanc léger : riesling, sylvaner (AL), **pinot blanc (AL)**

Le pinot blanc alsacien, léger et pourvu de notes de fruits blancs, accompagnera agréablement les saveurs acidulées des tomates grâce à sa fraîcheur désaltérante.

QUICHE AUX POIS ET AU THON

Délicat et léger

Blanc léger : **sauvignon (CH)** (CAL), orvieto d'Italie

Le sauvignon du Chili, avec sa vivacité et ses subtiles notes végétales, est tout indiqué pour rehausser le goût du thon et des petits pois de cette quiche.

QUICHE AUX POIVRONS VERTS ET AU BACON ◯ Délicat et léger

🍾 Blanc léger : sauvignon (CH), sauvignon vin de pays d'oc, **pouilly-sur-loire**

👄 Fin et délicat, ce vin léger et fruité à la subtile note végétale s'harmonisera très bien aux saveurs des poivrons qui rehaussent cette quiche, tout en enrobant le côté salin du bacon.

QUICHE AUX SAUCISSES ET AUX TOMATES ◯ Fruité et léger

🍾 Rouge léger : gamay de Touraine, **bourgogne-passetoutgrain**, piave i.g.t

👄 Ce vin fruité et désaltérant, aux tannins effacés, est tout indiqué pour accompagner le côté fruité et acidulé des tomates tout en se mariant au goût des saucisses.

QUICHE AUX TOMATES AVEC FROMAGE DE CHÈVRE ET OLIVES NOIRES ◯ Fruité et léger

🍾 Rouge léger : **beaujolais-villages**, reuilly, saint-amour

👄 Ce vin souple et savoureux, pourvu d'une acidité désaltérante, est tout indiqué pour accompagner cette quiche. Il se fondra au côté fruité et acidulé des tomates tout en s'accommodant au côté caprin du fromage de chèvre.

QUICHE AUX TOMATES ET AU FÉTA ◯ Fruité et léger

🍾 Rosé léger : **rosé d'Italie** (Abruzzes ou Sicile), rosé de Provence

👄 Le rosé italien, sec, désaltérant et assez fruité, se mariera à merveille avec les saveurs ensoleillées de cette quiche. Son acidité se fondra avec les saveurs du féta.

QUICHE LORRAINE ◯ Délicat et léger

🍾 Blanc léger : bourgogne, **pinot blanc (AL)**, côtes-du-rhône

👄 Le pinot blanc alsacien, léger et pourvu de notes de fruits blancs, accompagnera agréablement les saveurs de ce plat classique.

RÂBLES DE LAPIN AUX MIRABELLES ◯ Fruité et léger

🍾 Rouge léger : gamay de Touraine, **côtes-du-lubéron**, valpolicella

👄 Ce vin de structure souple, simple et fruité, est parfait pour accompagner ce plat de lapin tout en s'agençant aux notes fruitées qui caractérisent la recette.

RÂBLES DE LAPIN FARCIS AUX AUBERGINES Fruité et léger

 Rouge léger : **bourgueil**, brouilly, barbera-d'asti

Ce vin frais, fruité et parfois caractérisé par une note végétale, aux tannins discrets, est tout indiqué pour escorter les saveurs du lapin tout en s'agençant à celles des aubergines.

.RACLETTE Fruité et vif

 Blanc mi-corsé : pinot gris (AL), **vin de Savoie**, coteaux-du-languedoc

Le vin de Savoie possède une bonne acidité, un fruité délicat et une note minérale parfois subtilement lactée en finale. Il sera désaltérant avec ce classique régional et pourra s'accommoder au côté gras et salin du fromage.

RAGOÛT D'AGNEAU Aromatique et souple

 Rouge mi-corsé : **rioja**, côtes-du-rhône-villages, chianti-classico

La richesse de ce vin espagnol saura souligner les saveurs intenses de ce ragoût, tout en gardant l'équilibre dans les puissances aromatiques.

RAGOÛT D'AGNEAU AVEC POIVRONS DOUX RÔTIS Fruité et généreux

 Rouge mi-corsé : côtes-du-rhône, malbec (AR), **barbera (IT)**

Ce vin du Piémont, coloré, savoureux et puissant, aux notes de prune, de figue et de cerise, accompagnera à merveille ce ragoût aux saveurs relevées tout en faisant le pont avec les arômes des poivrons.

RAGOÛT D'AGNEAU ET DE LÉGUMES Aromatique et charnu

 Rouge corsé : cairanne, **saint-julien**, cabernet-sauvignon (CH)

Ce vin bordelais, corsé mais doté d'une certaine souplesse, aux tannins charnus et au goût suffisamment fruité, est tout indiqué pour accompagner les saveurs relevées de ce ragoût, tout en mariant sa subtile touche végétale à celle des légumes.

RAGOÛT D'AGNEAU ET ÉPINARDS Aromatique et souple

 Rouge mi-corsé : fitou, **rioja**, cabernet-sauvignon (CH)

Le caractère boisé, un peu sauvage, de ce vin espagnol et la nature de ses tannins enveloppants se marieront à merveille avec la viande d'agneau mijotée.

RAGOÛT DE BANANES PLANTAINS

 Fruité et généreux

Rosé mi-corsé : **côtes-de-provence**, tavel, rosé (CH)

Le rosé de Provence, avec ses notes de fruits rouges et sa touche épicée, sera le complément idéal pour escorter à la fois les saveurs acidulées des tomates qui composent cette recette et la délicatesse des bananes plantains.

RAGOÛT DE BŒUF À L'AIL GRILLÉ

 Fruité et généreux

Rouge mi-corsé : cahors, shiraz (AU), **alentejo**

Ce vin portugais tendre aux tannins modérés et aux arômes simples de fruits et d'épices se fondra parfaitement aux saveurs de ce plat de bœuf mijoté tout en s'accommodant au goût de l'ail.

RAGOÛT DE BŒUF AUX TOMATES

 Aromatique et souple

Rouge mi-corsé : **cahors**, fitou, cabernet-sauvignon (AU)

Riche et pourvu d'une texture substantielle et d'une trame tannique serrée, le cahors accompagnera délicieusement ce ragoût de bœuf et aura le fruité nécessaire pour accompagner les tomates.

RAGOÛT DE BŒUF AVEC QUENELLES AUX HERBES

 Fruité et généreux

Rouge mi-corsé : fitou, **saumur-champigny**, vacqueyras

Ce vin ample et charnu avec une touche boisée, épicée et parfois végétale est tout indiqué pour accompagner ce mijoté de bœuf aux saveurs herbacées.

RAGOÛT DE BŒUF ET DE CHAMPIGNONS

 Aromatique et souple

Rouge mi-corsé : merlot (CAL), **tempranillo**, carmenère (CH)

Ce vin espagnol légèrement boisé et moyennement corsé sera le complément idéal de ce bœuf mijoté aux saveurs de sous-bois.

RAGOÛT DE BOULETTES

 Fruité et léger

Rouge léger : **pinot noir (CAL)**, bourgogne, montepulciano-d'abruzzo

Avec sa structure légère, ses tannins souples et ses notes fruitées et parfois un peu sauvages (épices, sous-bois, venaison), le pinot noir californien accompagnera à merveille un bon ragoût de boulettes.

RAGOÛT DE CHAMPIGNONS

 Aromatique et rond

 Blanc mi-corsé : **chardonnay (CAL)** (CH), pinot gris (AL)

 Ce vin puissant, aux arômes de bois et de champignons, de beurre et de fruits concentrés, est le complément idéal de ce plat aux saveurs de sous-bois.

RAGOÛT DE CREVETTES AVEC AIL ET TOMATES

 Fruité et léger

Rosé léger : rosé du Canada, **rosé du Québec**, rosé d'Italie

Un rosé du Québec, sec et désaltérant, servi bien frais, accompagnera fort bien ce mijoté de crevettes. Son fruit s'accommodera parfaitement au goût de l'ail et des tomates.

RAGOÛT DE CREVETTES ET DE POIVRONS ÉPICÉS AVEC CUMIN ET ORIGAN

 Fruité et généreux

291

Rosé corsé : **tavel**, bandol, costières-de-nîmes

Ce vin rosé avec du caractère, épicé et fruité, généreux avec une finale soutenue, sera le complément idéal de ce mijoté de crevettes et de poivrons aux saveurs délicieusement épicées.

RAGOÛT DE FRUITS DE MER

 Aromatique et rond

Blanc mi-corsé : graves, **mâcon-villages**, viognier (CAL)

Le mâcon-villages, avec sa fraîcheur, sa délicatesse et son arôme typique d'amande, est tout indiqué pour accompagner ce mijoté de fruits de mer aux parfums subtils.

RAGOÛT DE LAPIN AUX POMMES DE TERRE

 Fruité et généreux

 Rouge mi-corsé : **merlot (IT)** (CAL), côtes-du-frontonnais

Pour accompagner ce mijoté de lapin, choisissez un vin savoureux, à la fois fruité et épicé, aux tannins charnus, comme l'est le merlot italien.

RAGOÛT DE LAPIN AUX TOMATES

 Fruité et généreux

 Rouge mi-corsé : **morgon**, merlot (IT), côtes-de-provence

Ce vin de bonne constitution, charnu et fruité, aux tannins plutôt soyeux, s'harmonisera agréablement avec ce ragoût de lapin. Ses notes de fruits rouges feront un lien parfait avec les tomates de la préparation.

RAGOÛT DE LÉGUMES MÉDITERRANÉEN

 Fruité et léger

Rosé léger : **côtes-de-provence**, cabernet franc (FR), rosé du Québec

Les notes de fruits des champs et de fines herbes de ce vin de Provence se marient bien aux saveurs ensoleillées de ce mijoté de légumes.

RAGOÛT DE LENTILLES, DE TOMATES ET D'AGNEAU AU CARI

 Fruité et généreux

Rouge mi-corsé : **bordeaux-supérieur**, morgon, chianti-classico

Ce vin ample et intensément fruité, mais pourvu d'une trame tannique souple, est tout indiqué pour accompagner ce mijoté de lentilles et d'agneau tout en se fondant aux saveurs épicées du cari.

RAGOÛT DE PATTES

 Fruité et généreux

Rouge mi-corsé : tempranillo, **primitivo**, merlot (CH)

Pour bien marier la texture et l'intensité aromatique de ce plat populaire de la cuisine québécoise, choisissez un vin au goût intense et aux tannins charnus, comme ce vin italien aux saveurs de fruits mûrs.

RAGOÛT DE PÉTONCLES À LA LIME, NOIX DE COCO ET GINGEMBRE

 Aromatique et rond

Blanc mi-corsé : **chardonnay/sémillon (AU)**, bergerac, fumé blanc (ÉU)

Ce vin australien fin et tendre, frais avec un boisé fondu et subtilement épicé, est tout indiqué pour accompagner les saveurs asiatiques de ce mijoté de pétoncles.

RAGOÛT DE SAUCISSES

 Fruité et léger

Rouge léger : côtes-du-roussillon, **valpolicella**, côtes-de-duras

Ce vin italien souple et simplement fruité, aux tannins soyeux tout en souplesse, accompagnera fort agréablement ce plat de saucisses mijotées.

RAGOÛT DE SAUCISSES ET DE FÈVES À LA MENTHE

 Fruité et léger

Rouge léger : **côtes-du-roussillon**, vinho verde, bardolino

Ce vin pourvu d'une certaine étoffe, avec un caractère boisé, est tout indiqué pour accompagner les saveurs de ce mijoté de saucisses. De plus, son parfum de garrigue aux effluves de romarin se mariera parfaitement à la saveur mentholée.

RAGOÛT DE SEICHES
 Fruité et généreux

 Rosé mi-corsé : côtes-de-provence, tavel, **rosé (CH)**

 Le rosé chilien, avec ses notes de fruits rouges et parfois de poivrons, créera une harmonie parfaite avec les éléments qui composent le ragoût de seiches, tout en s'avérant désaltérant.

RAGOÛT DE VEAU AUX OLIVES
 Fruité et généreux

 Rouge mi-corsé : **chianti-classico**, barbera-d'asti, cabernet-sauvignon (CAL)

Vin charnu à la structure suffisante et pourvu d'arômes de cerise et de framboise, le chianti-classico est idéal pour accompagner ce plat de veau en ragoût, tout en escortant fort bien les parfums des olives.

RAGOÛT DE VEAU ET DE TOMATES, AVEC CRÈME ET CANNELLE
 Fruité et généreux

293

 Rouge mi-corsé : **pinot noir (CAL)** (OR), volnay

Ce vin d'une grande élégance, aux tannins délicats, mais doté de caractères affirmés, rehaussera les saveurs épicées de ce mijoté de veau tout en s'agençant au goût fruité et acidulé des tomates.

RAGOÛT ÉPICÉ D'AGNEAU ET D'ARACHIDES
 Aromatique et souple

Rouge mi-corsé : malbec argentin, **shiraz (AU)**, bordeaux-supérieur

Ce vin savoureux et charpenté, mais sans agressivité, avec de l'ampleur en bouche et de la persistance en finale, accompagnera parfaitement les saveurs relevées de ce mijoté d'agneau. Aussi, ses notes boisées se marieront bien au goût des arachides.

RAIE, AILE DE, AU BEURRE NOIR
 Fruité et vif

 Blanc mi-corsé : **sauvignon (CH)**, languedoc, orvieto-classico

Un sauvignon chilien sera un excellent compagnon pour ce plat. Son caractère herbacé et sa légère amertume sauront s'associer aux câpres et au bouquet garni.

RATATOUILLE NIÇOISE
Fruité et léger

 Rosé léger : vin de pays des cévennes, **côtes-de-provence**, rosé du Québec

Ce rosé rafraîchissant au goût vif et à la note aromatique épicée est tout indiqué pour accompagner ce plat provençal.

RAVIOLIS À LA RICOTTA, SAUCE À LA SAUGE ◯ Fruité et vif

🍷 Blanc mi-corsé : minervois, gavi, **soave-classico**

👄 Ce vin de la Vénétie à la texture ample, aux arômes de fleurs blanches, de poire et subtilement épicé, est tout indiqué pour accompagner ces pâtes à la saveur herbacée.

RAVIOLIS À LA VIANDE, SAUCE TOMATE ◯ Fruité et léger

🍷 Rouge léger : gamay de Touraine, **valpolicella**, côtes-du-roussillon

👄 Pour accompagner ce plat simple aux saveurs tomatées, choisissez un vin italien aux arômes de fruits rouges, souple et à la structure légère, comme le valpolicella.

RAVIOLIS AU FROMAGE, SAUCE ROSÉE ◯ Fruité et léger

🍷 Rosé léger : **rosé (IT)**, bordeaux rosé, costières-de-nîmes

👄 Question d'équilibrer les intensités savoureuses, faites une association régionale et de couleur en choisissant un rosé italien sec, fruité et rafraîchissant pour accompagner ce plat de pâtes à la sauce rosée.

RAVIOLIS AU HOMARD, SAUCE AU VIN BLANC ◯ Délicat et léger

🍷 Blanc léger : **chablis**, pouilly-fumé, soave-classico

👄 Pour accompagner ce plat raffiné, quoi de mieux qu'un vin fin et fruité comme le chablis, doté d'une bonne constitution et d'une minéralité peu commune.

RAVIOLIS AU POULET, SAUCE AUX CHAMPIGNONS ◯ Aromatique et rond

🍷 Blanc mi-corsé : soave-classico, **chardonnay (CAL)** (AU)

👄 Ce vin puissant, aux arômes de champignons, de beurre et de fruits concentrés, accompagnera parfaitement la texture et la sauce aux saveurs de sous-bois de ce plat de pâtes.

RAVIOLIS AUX PATATES DOUCES AVEC SAUCE AU BEURRE DE SAUGE ◯ Fruité et vif

🍷 Blanc mi-corsé : **soave-classico**, bergerac sec, inzolia

👄 Ce vin ample à l'acidité rafraîchissante et aux notes florales et épicées est tout indiqué pour accompagner les saveurs délicates de ce plat de pâtes.

RAVIOLIS DE PÉTONCLES ET CREVETTES AU PAPRIKA

 Aromatique et rond

Blanc mi-corsé : langhe, pouilly-loché, **pouilly-fuissé**

Vin ample et frais, aux caractères fins et assez persistant en finale, le pouilly-fuissé accompagnera délicieusement ce plat de pâte. Aussi, sa texture tout en rondeur se mariera parfaitement à celle des fruits de mer.

RAVIOLIS FARCIS AU FROMAGE DE CHÈVRE ET À LA SAUGE, SAUCE AU BEURRE ET AUX NOISETTES

 Aromatique et rond

Blanc mi-corsé : mercurey, **chardonnay (FR)** (AR)

Pour accompagner les saveurs soutenues de ce plat, choisissez un chardonnay français souple, sans excès de bois, aux notes aromatiques et délicates de fruits blancs. Sa fraîcheur se fondra parfaitement au côté caprin du fromage de chèvre.

RIGATONI À LA PANCETTA ET AUX PETITS POIS

 Fruité et léger

Rouge léger : cabernet franc (FR), **valpolicella**, vinho verde

Un vin rouge italien souple, fruité et à la structure tannique discrète, comme le valpolicella, est tout indiqué pour accompagner le côté salin de la pancetta qui parfume ce plat de pâtes.

RIGATONI AU FOUR AVEC JAMBON, TOMATES ET FÉTA

 Fruité et léger

Rouge léger : valpolicella, bardolino, **pinot noir du Trentin-Haut-Adige**

Ce vin italien souple et léger, rafraîchissant et aux tannins discrets, accompagnera savoureusement ce plat de pâtes. Ses notes fruitées et son acidité se marieront parfaitement aux saveurs des tomates et au côté salin du féta.

RILLETTES DE CANARD

 Aromatique et charnu

Rouge corsé : **cahors**, bordeaux-supérieur, rioja gran reserva

Avec sa structure charpentée, ses tannins étoffés, sa texture dense et sa palette aromatique généreuse, le cahors est tout indiqué pour accompagner cette préparation classique de volaille haute en saveurs.

RILLETTES DE SAUMON FUMÉ

 Délicat et léger

Blanc léger : **vouvray**, sancerre, sauvignon (CAL)

Vin blanc léger mais non dépourvu de caractère, vif et assez persistant, le vouvray s'accordera agréablement avec cette préparation de saumon fumé.

RILLETTES DE TOURAINE

 Fruité et vif

🍷 Blanc mi-corsé : **vouvray**, chenin blanc (AS), bordeaux

👄 Inutile de chercher bien loin, l'accord régional avec le vouvray sera l'idéal. Ses arômes de miel, de fleur et de pomme, de même que sa finale légèrement minérale se fondront avec les saveurs de ces rillettes de porc.

RIS DE VEAU AU GINGEMBRE ET AU MIEL

 Fruité et vif

🍷 Blanc mi-corsé : **gewurztraminer (AL)**, petite-arvine (Suisse), sauvignon-blanc (NZ)

👄 Les arômes particuliers du gewurztraminer lui donnent un avantage avec les mets dans lesquels le gingembre est utilisé. De plus, son fruité bien mûr se chargera du miel de ce plat de ris de veau.

RIS DE VEAU AU SAUTERNES

 Fruité et extra doux

🍷 Blanc doux : **sauternes**, pinot gris vendanges tardives, côteaux-du-layon

👄 Grâce à sa richesse et à son sucre résiduel, de même qu'à ses parfums de fruits confits, de miel et de champignons, le sauternes est incontestablement le meilleur accord à faire avec ce plat. La texture des ris de même que les arômes provenant des aromates ne feront qu'un.

RIS DE VEAU AUX CHAMPIGNONS

 Aromatique et rond

🍷 Blanc mi-corsé : **graves**, chardonnay (IT) (CAL)

👄 Ce plat raffiné à la saveur relevée requiert un vin doté d'une grande élégance. Un vin de Graves, au caractère souple et à la note boisée bien intégrée, escortera admirablement la saveur des champignons et la texture des ris.

RIS DE VEAU AUX TRUFFES

 Aromatique et rond

🍷 Blanc corsé : vin jaune, condrieu, **meursault**

👄 Vin puissant, à la texture onctueuse et doté de notes boisées, le meursault est tout indiqué pour accompagner ce plat d'abats finement relevé.

RISOTTO À LA CITROUILLE ET À LA PANCETTA

Fruité et léger

🍷 Rosé léger : **rosé (IT)**, rosé de Provence, rosé du Québec

👄 Pour accompagner ce plat à la fois sucré et salé, un rosé italien simple, léger, fruité et désaltérant est tout indiqué.

296

RISOTTO À LA COURGE MUSQUÉE ET AU GORGONZOLA

Aromatique et rond

Blanc corsé : **chardonnay (AR)** (CAL) (AU)

Ce vin fondu et légèrement boisé, pourvu d'une vivacité soutenue et d'une texture enveloppante, se mariera délicieusement à la texture du risotto tout en se fondant aux saveurs particulières léguées par le gorgonzola.

RISOTTO À LA COURGETTE

Fruité et vif

Blanc mi-corsé : **muscat sec (AL)**, torrontes, petite-arvine (SU)

Pour accompagner ce risotto aux saveurs végétales, choisissez un vin blanc parfumé, souple et pourvu d'une légère amertume rafraîchissante en finale, comme le muscat sec.

RISOTTO À LA ROQUETTE ÉPICÉE ET AU PECORINO

Fruité et léger

Rosé léger : rosé (FR) (IT), **vins de pays d'oc**

Pour accompagner ce risotto aux saveurs épicées, un vin rosé léger sera l'idéal pour rafraîchir le palais. Aussi, son caractère fruité s'agencera parfaitement au côté salin du fromage.

RISOTTO À LA SAUCISSE

Fruité et léger

Rouge léger : côtes-du-rhône, **bardolino**, pinot noir (RO)

Ce vin de la Vénétie, friand et souple, aux notes épicées, fruitées et aux tannins gouleyants, est tout indiqué pour accompagner les saveurs des saucisses de ce plat de risotto.

RISOTTO AU BASILIC

Aromatique et rond

Blanc mi-corsé : chablis premier cru, pouilly-fumé, **viognier vin de pays**

Ce vin frais très parfumé, très généreux, au caractère végétal et subtilement boisé, est tout indiqué pour accompagner ce plat parfumé au basilic.

RISOTTO AU CITRON SUCRÉ

Délicat et léger

Blanc léger : **pinot blanc (CAL)** (FR) (IT)

Ce vin d'une agréable fraîcheur aux notes simples d'agrumes saura s'agencer parfaitement aux saveurs de ce risotto légèrement sucré.

RISOTTO AU FÉTA ET À LA CITROUILLE

 Délicat et léger

Blanc léger : soave, chardonnay (AS), **bordeaux**

Pour accompagner ce risotto au féta, choisissez un bordeaux blanc, frais et fruité et assez souple pour s'agencer aux saveurs à la fois sucrées et salées de ce plat.

RISOTTO AU MAÏS RÔTI, AUX CHAMPIGNONS ET AUX ÉPINARDS

 Aromatique et rond

Blanc mi-corsé : **saint-chinian**, chardonnay (AR), chardonnay/sémillon (AU)

Ce vin blanc ample et boisé, vif et un tantinet rustique, accompagnera parfaitement les saveurs particulières du maïs rôti et du goût de sous-bois des champignons de ce risotto.

RISOTTO AU SAFRAN

 Aromatique et rond

Blanc mi-corsé : **chardonnay du Trentin-Haut-Adige** (AR) (CH)

Ce vin blanc fin, possédant une certaine intensité aromatique tout en demeurant souple en bouche, s'accordera agréablement à la saveur du safran et à la texture du risotto.

RISOTTO AU VIN BLANC AVEC PORTOBELLOS

 Aromatique et rond

Blanc mi-corsé : **chardonnay (AU)** (CH) (CAL)

Ce risotto aux saveurs de sous-bois requiert un vin légèrement boisé, comme le chardonnay australien, à l'acidité dosée avec une bouche savoureuse.

RISOTTO AUX ASPERGES

 Fruité et vif

Blanc mi-corsé : sauvignon (CH), trebbiano, **muscat sec (AL)**

Ce vin d'Alsace, au bouquet parfumé et pourvu d'une finale légèrement amère, se mariera très bien aux saveurs végétales des asperges qui personnalisent ce risotto.

RISOTTO AUX AUBERGINES, AUX TOMATES, AU BASILIC ET AU PARMESAN

 Fruité et léger

Rouge léger : **beaujolais**, côtes-du-ventoux, bardolino

Pour accompagner ce risotto parfumé aux saveurs très ensoleillées, choisissez un beaujolais aux tannins discrets et au fruité généreux. Son fruité accompagnera celui des tomates et s'accommodera au côté salin du parmesan.

RISOTTO AUX CHAMPIGNONS ET AU FROMAGE

 Aromatique et rond

🍷 Blanc mi-corsé : **chardonnay (IT)** (CAL), coteaux-d'aix-en-provence

👄 Faites une association régionale en choisissant un chardonnay italien subtilement boisé, minéral et lacté pour accompagner ce risotto aux champignons et au fromage. Les textures et les saveurs se rejoindront harmonieusement.

RISOTTO AUX CREVETTES

 Délicat et léger

🍷 Blanc léger : chardonnay (IT), pomino, **saint-véran**

👄 Pour accompagner ce risotto aux crevettes, choisissez un saint-véran, dont la souplesse se fondra à la texture tendre de la préparation et dont la finesse respectera la délicatesse des crevettes.

RISOTTO AUX CREVETTES ET AU CÉLERI

 Délicat et léger

🍷 Blanc léger : chablis, **saint-véran**, orvieto-classico

👄 Pour accompagner ce risotto aux crevettes, choisissez un saint-véran, dont la souplesse se fondra à la texture tendre de la préparation et dont la finesse respectera la délicatesse des crevettes.

RISOTTO AUX LÉGUMES

 Délicat et léger

🍷 Blanc léger : **sauvignon (NZ)** (AS) (CH)

👄 Pour accompagner ce risotto aux légumes, choisissez un vin fruité, frais et souple, aux notes herbacées, comme le sauvignon de Nouvelle-Zélande.

RISOTTO AUX MOULES ET AUX TOMATES

 Fruité et léger

🍷 Rosé léger : **rosé d'Italie**, du Canada et de Californie

👄 Un rosé italien, simple et vif, accompagnera parfaitement ce risotto aux saveurs de la mer. De plus, son côté fruité se fondra avec celui des tomates.

RISOTTO AUX NOIX DE GRENOBLE AVEC ASPERGES RÔTIES

 Aromatique et rond

🍷 Blanc mi-corsé : saint-aubin, chardonnay du Trentin-Haut-Adige, **chardonnay toscan**

👄 Ce vin toscan, riche et texturé avec une note boisée et pourvu d'une agréable fraîcheur, est tout indiqué pour accompagner le goût des noix et la texture onctueuse du risotto.

RISOTTO AUX PORCINIS

 Aromatique et rond

Blanc mi-corsé : **chardonnay (IT)** (CAL), coteaux-d'aix-en-provence

Choisissez un chardonnay italien subtilement boisé pour accompagner ce risotto. Le goût des champignons s'en trouvera rehaussé et le mariage des textures sera exquis.

RISOTTO AUX SAUCISSES ÉPICÉES

 Fruité et généreux

Rouge mi-corsé : **barbera-d'asti**, zinfandel (ÉU), valpolicella ripasso

Ce vin italien intense et savoureux, mais doté d'une structure tannique assouplie, est tout indiqué pour accompagner les saveurs épicées des saucisses et la texture du risotto.

RISOTTO AUX TRUFFES

 Aromatique et rond

Blanc mi-corsé : chardonnay (CAL) (CH), **meursault**

Avec la richesse de ses saveurs, ce vin gras, aux notes de beurre et de bois grillé, s'harmonisera parfaitement aux saveurs intenses de ce risotto aux truffes.

RISOTTO AUX TRUFFES ET AU HOMARD

 Aromatique et rond

Blanc corsé : meursault, **chassagne-montrachet**, chardonnay du Trentin-Haut-Adige

Ce vin d'une grande richesse, au boisé bien fondu, gras et culminant dans une longue finale, est tout indiqué pour accompagner ce risotto aux saveurs raffinées.

RISOTTO, BOULETTES DE, AU PARMESAN

 Délicat et léger

Blanc léger : **soave**, fendant-du-valais, picpoul-de-pinet

Ce vin léger et rafraîchissant, légèrement fruité, saura atténuer le côté salin du parmesan.

RISOTTO, BOULETTES DE, AVEC CREVETTES ET CHORIZO

 Délicat et léger

Blanc léger : muscadet, **rueda**, sauvignon (NZ)

Ce vin souple et rafraîchissant saura équilibrer l'intensité des saveurs de ce plat. De plus, son côté fruité saura s'accommoder au caractère salin et épicé du chorizo.

RIZ À LA NOIX DE COCO AVEC BANANES CARAMÉLISÉES

 Fruité et doux

Blanc demi-sec : **sylvaner (ALL)**, riesling (ALL), vendanges tardives (CH)

Pour accompagner ce riz aux saveurs sucrées, choisissez un vin blanc délicat et rafraîchissant, comme le sylvaner allemand aux arômes de fruits blancs pourvu d'une trace de sucre résiduel.

RIZ À LA NOIX DE COCO AVEC COULIS DE LIME

 Fruité et vif

Blanc mi-corsé : pinot blanc (CAL), pinot gris (AL), **viognier (CAL)**

Ce vin ample aux arômes de fruits tropicaux est tout indiqué pour accompagner la texture de ce riz ainsi que les saveurs de son coulis.

RIZ AU SAUMON ROSE

 Fruité et léger

Rosé léger : cabernet franc rosé, rosé sec de Toscane, **rosé de Provence**

La saveur de ce riz au saumon sera rehaussée par un rosé de Provence, sec et fruité, laissant percevoir une bonne acidité.

RIZ AUX POIVRONS

 Délicat et léger

Blanc léger : **saint-bris**, penedès, orvieto

Ce vin sec, frais et souple, avec un caractère subtilement herbacé, est tout indiqué pour accompagner les saveurs végétales de ce riz aux poivrons doux.

RIZ, CASSEROLE DE, FROMAGE ET LÉGUMES

 Délicat et léger

Blanc léger : sauvignon (NZ) (FR), **bordeaux**

Un bordeaux blanc, frais et aromatique, est toujours approprié pour accompagner un plat simple de riz et de légumes.

RIZ CRÉOLE

Délicat et léger

Blanc léger : **muscadet**, vin du Québec, blanc du Frioul

Les saveurs relevées de ce riz seront rehaussées par la nervosité du muscadet et respectées par la légèreté de ses caractères aromatiques.

RIZ FRIT AU BŒUF OU AU PORC

 Fruité et léger

Rouge léger : gamay, beaujolais-villages, **valpolicella**

Pour accompagner ce riz à la viande, choisissez un vin pourvu d'une souplesse et d'un caractère fruité bien présent, comme ce valpolicella, dont la vivacité se fondra bien avec le riz frit.

301

RIZ FRIT AU CARI

Délicat et léger

🍶 Blanc léger : bourgogne-aligoté, chablis, **picpoul-de-pinet**

👄 Pour accompagner les saveurs relevées de ce riz au cari, choisissez un vin blanc léger comme le picpoul-de-pinet, au pouvoir désaltérant et à la touche méditerranéenne épicée.

RIZ FRIT AU GINGEMBRE AVEC SHIITAKES

Fruité et vif

🍶 Blanc mi-corsé : **pinot gris (AL)**, gewurztraminer (AL), chardonnay (IT)

👄 Assez puissant et pourvu d'arômes de fruits exotiques, d'amande et bien souvent de champignon, le pinot gris alsacien ne fera qu'un avec cette recette de riz frit au gingembre et aux shiitakes.

RIZ FRIT AU PORC SUCRÉ

Fruité et doux

🍶 Blanc demi-sec : sylvaner (ALL), riesling (ALL), **colombard (FR)**

👄 Fin et parfumé, ce vin aux saveurs d'agrumes et souvent demi-sec rehaussera les saveurs sucrées de ce riz frit au porc.

RIZ FRIT AU POULET

Fruité et léger

🍶 Rouge léger : **côtes-du-rhône**, coteaux-du-tricastin, merlot du Trentin

👄 Accompagnez ce plat simple d'un rouge léger comme le côtes-du-rhône, pour sa structure souple, son fruité intense et la simplicité de ses caractères qui laisseront le poulet s'exprimer.

RIZ FRIT AU POULET, AU CITRON ET AUX PETITS POIS

Délicat et léger

🍶 Blanc léger : riesling (FR), pinot blanc (FR), **frascati**

👄 La saveur de ce vin fruité du Latium est d'une fraîcheur incomparable et sa souplesse permet les accords les plus divers, ce qui en fait le complément idéal de ce riz au poulet rehaussé d'agrumes.

RIZ FRIT AUX CREVETTES

Délicat et léger

🍶 Blanc léger : orvieto, **pinot blanc**, vouvray

👄 La texture tendre de ce vin ainsi que ses arômes de fruits blancs et d'amande se marieront parfaitement au riz frit sans étouffer les délicates saveurs des crevettes.

RIZ FRIT AUX LÉGUMES

 Délicat et léger

 Blanc léger : riesling, **pouilly-fumé**, bordeaux

Pour accompagner ce riz aux légumes, choisissez un pouilly-fumé, pour sa fraîcheur indissociable, la générosité de son fruit et son caractère végétal naturel.

RIZ FRIT ÉPICÉ AVEC POULET ET LÉGUMES

 Fruité et léger

 Rouge léger : **gamay de Touraine**, bourgogne-passetoutgrain, bardolino

Ce vin d'une grande simplicité, fruité et rafraîchissant, est tout indiqué pour accompagner les saveurs simples de ce riz frit.

RIZ PILAF

 Délicat et léger

Blanc léger : **saumur**, muscadet, soave

La grande vivacité de ce vin et la délicatesse de son expression en font le complément idéal de ce riz aux saveurs des plus délicates.

RIZ SAUVAGE AUX CHAMPIGNONS

 Aromatique et rond

Blanc mi-corsé : **chardonnay (CAL)** (CH), soave-classico

Pour accompagner ce riz aux saveurs de sous-bois, choisissez un chardonnay californien pour son intensité aromatique et sa texture presque grasse avec une note boisée bien affirmée.

ROGNONS AUX CHÂTAIGNES

 Aromatique et souple

Rouge mi-corsé : bordeaux, **pinot noir (CAL)**, rioja

Ce vin fin, à la structure tannique très assouplie et aux arômes un peu rustiques, accompagnera fort agréablement les saveurs de ce plat de rognons aux châtaignes.

ROGNONS DE PORC AVEC COULIS DE POIVRONS

 Aromatique et souple

 Rouge mi-corsé : **pinot noir (CAL)** (OR) (NZ)

Ce vin fin, à la structure tannique très assouplie et aux arômes un peu rustiques, accompagnera fort agréablement les saveurs de ces abats de porc et leur coulis de poivrons.

ROGNONS DE VEAU À LA MOUTARDE

 Fruité et généreux

 Rouge mi-corsé : **mercurey**, saint-chinian, corbières

Avec ses tannins soyeux et sa bonne acidité, le mercurey accompagnera fort bien les saveurs de moutarde qui rehaussent ce plat de rognons, avec sa finale de fruits frais souvent épicée.

ROGNONS DE VEAU AU PORTO

 Fruité et généreux

Rouge mi-corsé : pomerol, auxey-duresses, **pinot noir (OR)**

Ce vin rouge assez charpenté aux tannins étoffés, sans être agressif, mais cependant assez fin et savoureux, sera délicieux avec un plat de rognons de veau et fera le pont harmonieusement avec les parfums de fruits en confiture que confère le porto.

ROGNONS DE VEAU AUX CHAMPIGNONS

 Aromatique et rond

 Blanc mi-corsé : chablis premier cru, chardonnay (CAL), **pessac-léognan**

Vin assez savoureux, d'une texture souple et pourvu d'arômes boisés, le pessac-léognan accompagnera parfaitement la texture des rognons de veau tout en se mariant savoureusement aux champignons.

ROGNONS DE VEAU DE BORDEAUX

 Aromatique et souple

Rouge mi-corsé : **canon-fronsac**, rioja, douro

La texture et les saveurs particulières des rognons de veau à la bordelaise s'accompagneront à merveille d'un rouge savoureux et un peu rustique, aux tannins charnus et au boisé fondu, comme ce vin de la rive droite de la Dordogne.

ROGNONS DE VEAU SAUTÉS À LA MOUTARDE

 Fruité et généreux

 Rouge mi-corsé : valpolicella-classico, **morgon**, satellites saint-émilion

Ce vin souple et doté d'arômes de fruits rouges sera idéal pour accompagner la moutarde de ce plat de rognons.

RÔTI DE BŒUF À L'AIL

 Aromatique et souple

Rouge mi-corsé : coteaux-du-languedoc, **malbec (AR)**, shiraz (AU)

Ce vin simple, d'une bonne densité et assez charpenté, accompagnera bien ce plat de bœuf et ne sera pas dénaturé par l'ail qui le rehausse.

RÔTI DE BŒUF AUX FINES HERBES ET À LA MOUTARDE

 Fruité et généreux

Rouge mi-corsé : bordeaux, breganze, **givry**

Pour accompagner cette viande rôtie, choisissez un vin rouge moyennement corsé et agrémenté de notes épicées, comme le givry. De plus, son caractère fruité escortera les saveurs de la moutarde.

RÔTI DE BŒUF AVEC COULIS DE PATATES DOUCES

 Aromatique et souple

Rouge mi-corsé : bordeaux-supérieur, **malbec (AR)**, chianti-classico

Ce vin imposant et enveloppant saura soutenir le goût de la viande rôtie et agrémentera savoureusement celui des patates douces grâce à ses notes de fruits noirs bien mûrs.

RÔTI DE BŒUF EN CROÛTE DE FINES HERBES ET D'AIL

 Fruité et généreux

305

Rouge mi-corsé : costière-de-nîmes, côtes-du-rhône, coteaux-du-languedoc

Ce vin aux arômes de fruits et d'épices et au goût soutenu rehaussera parfaitement l'assaisonnement de bœuf en croûte.

RÔTI DE PORC À L'ANANAS

 Aromatique et rond

Blanc mi-corsé : chardonnay (AU), viognier, riesling (ALL)

Pour accompagner cette viande grillée à la sauce fruitée, choisissez un chardonnay intense aux effluves boisés et d'ananas bien mûrs.

RÔTI DE PORC À L'ORANGE

Fruité et vif

Blanc corsé : gewurztraminer (FR), viognier (CAL), riesling (ALL)

Ce vin aux parfums de fruits exotiques et doté d'une bonne ampleur en bouche s'agencera parfaitement à ce plat de porc caractérisé par des saveurs sucrées.

RÔTI DE PORC AU MIEL, À LA MOUTARDE ET AU ROMARIN

 Fruité et vif

Blanc mi-corsé : minervois, **côtes-du-rhône**, viognier vin de pays

Ample, fruité et assez persistant, le vin blanc des côtes du Rhône sied à merveille aux saveurs relevées par la moutarde et sucrées par le miel de ce plat de porc.

RÔTI DE PORC AVEC CHUTNEY DE POMMES ET D'OIGNONS

 Délicat et léger

Blanc léger : saumur, pinot grigio, **pinot blanc (CAL)**

Ce vin acidulé et souple, avec de délicates notes de pomme et de poire, accompagnera fort savoureusement le côté sucré et savoureux du chutney de ce plat de porc.

RÔTI DE PORC FARCI AU JAMBON ET AU FROMAGE

 Aromatique et rond

Blanc mi-corsé : saumur, côtes-du-rhône, **chardonnay/sémillon (AU)**

Ce vin à la texture ample, assez savoureux et muni d'une bonne acidité, est tout indiqué pour accompagner ce plat de porc. Son côté fruité se mariera à merveille avec les saveurs salées du jambon et du fromage.

RÔTI DE PORC LAQUÉ À L'ÉRABLE AVEC PATATES DOUCES

 Aromatique et souple

Rouge mi-corsé : **merlot (CAL)** (AU), pinot noir (CAL)

Ce vin à l'acidité discrète, aux arômes de chêne et de petits fruits rouges bien mûrs, est idéal pour accompagner les saveurs un peu sucrées de la laque sans envahir celle du porc.

RÔTI DE VEAU AU GINGEMBRE ET AU CITRON

 Fruité et vif

Blanc mi-corsé : pinot blanc (CAL), **torrontes**, pinot gris (FR)

Ce vin moyennement corsé, épicé avec une note d'agrumes, saura accompagner les saveurs citronnées et parfumées de ce rôti de veau.

RÔTI DE VEAU AUX FINES HERBES

 Fruité et vif

Blanc mi-corsé : sauvignon blanc (CH), **coteaux-du-languedoc**, mercurey

Vin aux arômes végétaux, avec de la souplesse et une assez bonne persistance, le coteaux-du-languedoc est tout indiqué pour accompagner un rôti de veau et s'harmoniser aux délicates saveurs des fines herbes.

RÔTI DE VEAU EN COCOTTE AUX CHAMPIGNONS

 Aromatique et souple

Rouge mi-corsé : **fronsac**, côtes-du-roussillon-villages, merlot (CH)

Ce vin de bonne structure, aux arômes de fruits noirs et de sous-bois, s'agencera parfaitement à la nature de ce plat de veau et fera le pont avec les champignons.

RÔTI DE VEAU, SAUCE AUX AGRUMES ET À LA MOUTARDE

 Fruité et vif

 Blanc mi-corsé : **sauvignon (CAL)**, viognier, riesling (AL)

Ce vin, assez soutenu pour accompagner une viande blanche rôtie, est doté de notes d'agrumes, ce qui donnera un mariage harmonieux au niveau des saveurs.

ROUGETS À LA BONIFACIENNE

 Fruité et généreux

Rosé mi-corsé : rosé (ES), **côtes-de-provence**, rosé (AS)

Grâce à ses arômes de fruits rouges et à sa vivacité, ce vin rosé s'agencera parfaitement à la texture de la panure dans cette préparation, tout en s'avérant d'une intensité idéale pour laisser le poisson s'exprimer.

ROUGET GRILLÉ

 Fruité et généreux

Rosé mi-corsé : costières-de-nîmes, côtes-de-provence, tavel

Pour accompagner ce poisson grillé, choisissez ce rosé français pour la générosité de son fruit associé à une bonne acidité.

ROUGET GRILLÉ, SAUCE AU VIN BLANC

 Fruité et léger

Rosé léger : **côtes-de-provence**, rosé d'anjou, rosé grec

Ce vin du sud de la France, aux tannins assouplis et aux caractères subtilement épicés, conviendra parfaitement à ce poisson grillé.

ROULADE AU JAMBON

 Fruité et léger

Rouge léger : mâcon supérieur, **gamay**, pinot noir (FR)

Pour accompagner le goût délicat et salé de ce plat, choisissez un vin rouge léger et frais, aux tannins tout en souplesse et aux saveurs de fruits rouges.

ROULADE DE DINDE AUX FINES HERBES

 Délicat et léger

Blanc léger : **sauvignon (FR)** (CH), gavi

Ce vin frais et fruité, aux notes herbacées, agrémentera parfaitement cette roulade de volaille et se mariera aux saveurs des fines herbes.

ROULADES DE POULET FARCIES AUX LARDONS ET AU CHEDDAR

 Aromatique et rond

Blanc mi-corsé : **costières-de-nîmes**, mâcon-villages, montagny

Ce vin blanc simple et savoureux, à la fois boisé et fruité, accompagnera fort agréablement le côté salé des lardons et du cheddar tout en laissant le poulet s'exprimer.

ROULEAUX DE BŒUF ET DE SÉSAME

 Fruité et généreux

🍷 Rouge mi-corsé : **merlot (IT)** (CA) (BUL)

🍽 Vin savoureux, à la fois fruité et épicé, aux tannins charnus, le merlot italien rehaussera parfaitement les saveurs de ce bœuf au sésame.

ROULEAUX DE CHAMPIGNONS
SAUCE WORCESTERSHIRE

 Aromatique et souple

🍷 Rouge mi-corsé : gaillac, rioja, **lussac-saint-émilion**

🍽 Ce vin de Bordeaux, souple et rafraîchissant, délicatement boisé et suffisamment fruité, est tout indiqué pour accompagner la saveur boisée de ces rouleaux tout en s'accommodant au côté aigrelet de la sauce.

ROULEAUX DE DINDE AUX CHAMPIGNONS

 Aromatique et souple

🍷 Rouge mi-corsé : cabernet-sauvignon (CH), minervois, **côtes-du-roussillon-villages**

🍽 Ce vin assez charpenté, aux tannins charnus et aux notes de fruits noirs, rehaussera agréablement les saveurs de cette volaille en rouleaux. De plus, son boisé s'harmonisera parfaitement aux saveurs des champignons.

ROULEAUX DE POULET À LA CITRONNELLE

 Délicat et léger

🍷 Blanc léger : pinot blanc (AL), **sylvaner (ALL)**, chasselas

🍽 Ce vin fruité aux notes d'agrumes est tout indiqué pour accompagner ce poulet en rouleaux, assaisonné de citronnelle.

ROULEAUX DE PRINTEMPS
AU THON ET AU SOYA

 Fruité et léger

🍷 Rosé léger : du Chili, **du Portugal** et d'Italie

🍽 Fruité et très rafraîchissant, le rosé du Portugal accompagnera bien les saveurs du poisson et enveloppera le côté salin du soya de ce plat asiatique.

ROULEAUX DE VEAU AUX AUBERGINES
ET AU FROMAGE

 Fruité et léger

🍷 Rouge léger : montepulciano-d'abruzzo, **merlot de Vénétie**, beaujolais-villages

🍽 Ce vin rouge tout en souplesse, aux notes de fruits rouges, accompagnera agréablement ces rouleaux de veau.

ROULEAUX DE PRINTEMPS
Délicat et léger

Blanc léger : chardonnay (NZ), **riesling (AL)**, tokay pinot gris

Le caractère fruité du riesling d'Alsace au parfum exotique de fruits et de fleurs agrémentera les saveurs fraîches et délicates des rouleaux de printemps.

SABAYON
Fruité et extra doux

Vin doux : jurançon, pacherenc-du-vic-bilh, **recioto-della-valpolicella**

Pour accompagner ce dessert classique, choisissez ce vin italien à la délicate douceur et aux légères notes de fraîcheur en version blanc ou rouge, selon la couleur des fruits utilisés.

SAINT-HONORÉ AUX FRAISES
Fruité et doux

Vin rosé demi-doux : zinfandel blanc, **rosé du Portugal**, rosé du Québec

Le vin rosé demi-doux du Portugal est fruité et légèrement pétillant, avec des arômes de fruits rouges et d'amande. Il accompagnera merveilleusement bien ce dessert aux fraises.

SALADE AU JAMBON ET AUX FIGUES
Fruité et léger

Rosé léger : côtes-de-provence, **rosé espagnol**, rosé italien

SALADE AU QUINOA ET AUX NOIX
Délicat et léger

Blanc léger : **chardonnay vin de pays d'oc**, petit-chablis, orvieto

SALADE AUX CAROTTES ET AU CUMIN
Fruité et léger

Rosé léger : **rosé de Provence**, navarra rosé, rosé (AS)

SALADE AUX CREVETTES ET AUX ANANAS
Délicat et léger

Blanc léger : **côtes-de-saint-mont**, entre-deux-mers, penedès

SALADE CÉSAR
Délicat et léger

Blanc léger : **soave**, orvieto, muscadet

SALADE D'ARTICHAUTS ET DE CAROTTES À L'ORANGE
Délicat et léger

Blanc léger : côtes-de-saint-mont, **colombard**, cheverny

309

SALADE D'ASPERGES
Délicat et léger

Blanc léger : côtes-de-provence, saint-véran, **bordeaux blanc**

SALADE D'ASPERGES ET DE POULET
Délicat et léger

Blanc léger : sauvignon blanc (FR), **muscat sec (AL)**, pinot blanc (AL)

SALADE D'AUBERGINES GRILLÉES
Délicat et léger

Blanc léger : orvieto, **pinot blanc (CAL)**, sylvaner (FR)

SALADE D'AVOCAT ET DE CRABE
Fruité et vif

Blanc mi-corsé : **bergerac**, sancerre, riesling

SALADE D'AVOCAT ET DE THON
Fruité et vif

Blanc mi-corsé : chardonnay (AR), **pinot gris (AL)**, graves

SALADE D'ÉMINCÉ D'AGNEAU AU VINAIGRE BALSAMIQUE
Fruité et généreux

Rouge mi-corsé : **bordeaux**, côtes-du-rhône, merlot (FR) (CH)

SALADE D'ÉMINCÉ D'AGNEAU ET D'ARACHIDES
Fruité et généreux

Rouge mi-corsé : pinot noir (FR) (NZ), **teroldego-rotaliano**

SALADE D'ÉMINCÉ DE BŒUF AVEC VINAIGRETTE À LA NOIX DE COCO
Fruité et généreux

Rosé mi-corsé : **rosé (AU)** (CAL), tavel

SALADE D'ENDIVE ET ROQUEFORT AVEC NOIX DE GRENOBLE
Aromatique et rond

Blanc mi-corsé : **chardonnay (ÉU)** (AU) (AR)

SALADE D'ÉPINARDS
Délicat et léger

Blanc léger : pinot blanc (AL), **sauvignon blanc (NZ)**, chasselas

SALADE D'ORANGE ET DE PIGNONS
Délicat et léger

Blanc léger : sauvignon blanc (FR) (NZ), **sauvignon de Touraine**

SALADE DE BETTERAVES
Délicat et léger

Blanc léger : chenin blanc (FR), **muscadet-sèvre-et-maine**, sauvignon blanc (vin de pays d'oc)

SALADE DE BETTERAVES GRILLÉES
AVEC TOMATES JAUNES ET VINAIGRETTE
À L'ESTRAGON
Fruité et léger

Rosé léger : rosé (IT) **(CH)** (FR)

SALADE DE BOCCONCINI, TOMATES
FRAÎCHES ET BASILIC
Délicat et léger

Blanc léger : **bourgogne-aligoté**, muscadet, sauvignon blanc (CH)

SALADE DE BŒUF AU POIVRE ET
AUX CONCOMBRES
Fruité et généreux

Rouge mi-corsé : **côtes-du-frontonnais**, côtes-du-roussillon, bourgogne

SALADE DE BOK CHOY AVEC
SAUCE AUX HUÎTRES
Délicat et léger

Blanc léger : bordeaux, **riesling (AL)**, edelzwicker

SALADE DE BROCOLI
Délicat et léger

Blanc léger : anjou, muscadet-sèvre-et-maine, **sauvignon blanc (FR)**

SALADE DE CAILLES AVEC VINAIGRE
DE FRAMBOISE
Fruité et léger

Rouge léger : beaujolais, **pinot noir (FR)**, valpolicella

SALADE DE CALMARS AVEC AIL ET PETITS POIS
Délicat et léger

Blanc léger : **picpoul-de-pinet**, orvieto, cheverny

SALADE DE CÉLERI-RAVE AUX LARDONS
Fruité et vif

Blanc mi-corsé : bordeaux, **pomino**, chardonnay (AU)

SALADE DE CHAMPIGNONS ET
DE POMMES DE TERRE
Aromatique et rond

Blanc mi-corsé : **chardonnay (CH)**, chardonnay (vin de pays d'oc), graves

SALADE DE CHÈVRE CHAUD
Délicat et léger

Blanc léger : sauvignon blanc (NZ), verdicchio, **muscadet**

SALADE DE CHOU-FLEUR
Délicat et léger

Blanc léger : chenin blanc (FR), muscadet-sèvre-et-maine, **sauvignon blanc (vin de pays d'oc)**

SALADE DE CŒURS D'ARTICHAUTS
Délicat et léger

Blanc léger : **entre-deux-mers**, vin de Savoie, saumur

SALADE DE COUSCOUS AU BŒUF ET AUX OIGNONS CARAMÉLISÉS
Fruité et léger

Rouge léger : beaujolais, merlot vin de pays, **pinot noir (AU)**

SALADE DE COUSCOUS AVEC ROQUETTE ET PARMESAN
Fruité et vif

Blanc mi-corsé : **graves blanc**, soave-classico, inzolia

SALADE DE COUSCOUS ET DE BOULETTES D'AGNEAU
Aromatique et souple

Rouge mi-corsé : merlot (CAL) (CH), **shiraz (AU)**

SALADE DE CRABE
Fruité et vif

Blanc mi-corsé : **chablis**, crozes-hermitage, menetou-salon

SALADE DE CREVETTES
Délicat et léger

Blanc léger : pinot blanc (AL), **riesling**, pinot grigio

SALADE DE CREVETTES ET DE CONCOMBRES
Délicat et léger

Blanc léger : pinot blanc (AL), muscadet, **sauvignon blanc (CH)**

SALADE DE DINDE AU CARI AVEC NOIX DE CAJOU
Fruité et vif

Blanc mi-corsé : côtes-de-saint-mont, **malvoisie (ÉU)**, pinot grigio

SALADE DE FENOUIL GRILLÉ AVEC CHÈVRE CHAUD
Fruité et vif

Blanc mi-corsé : **sancerre**, sauvignon blanc (NZ) (CAL)

SALADE DE FÈVES BLANCHES ET DE THON
Aromatique et rond

Blanc mi-corsé : chardonnay (FR), **graves**, viognier (CAL)

SALADE DE FÈVES ET DE FENOUIL GRILLÉ, AVEC POIRES ET NOIX DE GRENOBLE
Fruité et vif

Blanc mi-corsé : **vouvray**, chardonnay (CAL), viognier (CAL)

SALADE DE FILAMENTS DE POULET ET DE NOUILLES À LA MENTHE
Aromatique et rond

Blanc mi-corsé : sauvignon (CAL), **pessac-léognan**, pinot gris (AL)

SALADE DE FILETS DE SAUMON ET DE LENTILLES
Fruité et vif

Blanc mi-corsé : **chablis**, chardonnay (CH), soave-classico

SALADE DE FOIES DE VOLAILLE ET DE POMMES
Fruité et vif

Blanc mi-corsé : **jurançon sec**, soave-classico, saint-véran

SALADE DE FOIES DE VOLAILLE
Fruité et léger

Rouge léger : valpolicella, pinot noir (FR), **morgon**

SALADE DE FRUITS DE MER
Fruité et léger

Rosé léger : côtes-du-lubéron, **côtes-de-provence**, rosé (IT)

SALADE DE FRUITS FRAIS
Fruité et extra doux

Blanc doux : **muscat-de-beaumes-de-venise**, muscat-de-rivesaltes, muscat de Patras

SALADE DE FUSILLIS NIÇOISE
Fruité et généreux

Rosé mi-corsé : navarra, **saint-chinian**, bordeaux

SALADE DE HARICOTS BLANCS ET DE THON
Fruité et léger

Rosé léger : **côtes-de-provence**, anjou, bardolino

SALADE DE HARICOTS VERTS ET DE NOISETTES

Aromatique et rond

Blanc mi-corsé : chardonnay (CH) (AU), **coteaux-du-languedoc**

SALADE DE HOMARD

Aromatique et rond

Blanc mi-corsé : **mercurey**, riesling, chardonnay du Trentin

SALADE DE LANGOUSTINES ET D'ORANGES

Délicat et léger

Blanc léger : sauvignon blanc (vin de pays d'oc), **sancerre**, bordeaux

SALADE DE LÉGUMES GRILLÉS

Fruité et léger

Rouge léger : **merlot vin de pays**, valpolicella, chianti

SALADE DE LENTILLES

Délicat et léger

Blanc léger : chenin blanc (FR), muscadet-sèvre-et-maine, **sauvignon blanc (vin de pays d'oc)**

SALADE DE MAGRET DE CANARD

Fruité et généreux

Rouge mi-corsé : côtes-de-provence, **buzet**, gaillac

SALADE DE MAGRET DE CANARD AVEC ANIS ÉTOILÉ

Aromatique et souple

Rouge mi-corsé : côtes-de-nuit-villages, **pinot noir (CAL)** (NZ)

SALADE DE MAGRET GRILLÉ ET CHÈVRE CHAUD

Fruité et généreux

Rouge mi-corsé : **côtes-du-rhône-villages**, shiraz (AU), pinot noir (CAL)

SALADE DE MAQUEREAU À LA NOIX DE COCO

Aromatique et rond

Blanc mi-corsé : chardonnay (AR) (AU), **pouilly-fuissé**

SALADE DE MAQUEREAU FUMÉ AVEC ŒUFS POCHÉS

Délicat et léger

Blanc léger : sauvignon blanc vin de pays, chenin blanc (AS), **sauvignon blanc (CH)**

SALADE DE MELON ET DE GRAINES DE SÉSAME

Délicat et léger

Blanc léger : seyval (QC), riesling (ALL), **vins de pays des Côtes-de-Gascogne**

SALADE DE MOULES

Fruité et léger

Rosé léger : **costières-de-nîmes**, vin de pays d'oc, anjou

SALADE DE NOUILLES AU PORC

Aromatique et rond

Blanc mi-corsé : **coteaux-du-languedoc**, pomino blanco, chardonnay (CAL)

SALADE DE NOUILLES ET DE BŒUF À LA LIME

Fruité et léger

Rouge léger : beaujolais, **gamay de Touraine**, pinot noir vin de pays

SALADE DE NOUILLES ET DE PIEUVRE

Délicat et léger

Blanc léger : sauvignon blanc (CH), **pinot blanc (CAL)**, muscadet-sèvre-et-maine

SALADE DE NOUILLES ET DE TOFU GRILLÉ

Délicat et léger

Blanc léger : soave, **pinot blanc (AL)**, riesling (ALL)

SALADE DE PÂTES

Délicat et léger

Blanc léger : **soave**, chardonnay (IT), chenin blanc (AS)

SALADE DE PÂTES AU PISTOU

Fruité et vif

Blanc mi-corsé : soave-classico, côtes-de-provence, **sauvignon blanc (CAL)**

SALADE DE PÂTES, DE POIVRONS DOUX ET DE SAUCISSE

Fruité et généreux

Rosé mi-corsé : coteaux-du-languedoc, vin de pays d'oc, **bordeaux**

SALADE D'ÉPINARDS ET DE MOULES

Délicat et léger

Blanc léger : sauvignon blanc (vin de pays d'oc), **orvieto**, muscadet-sèvre-et-maine

SALADE DE POIREAUX

Délicat et léger

Blanc léger : chenin blanc (FR), muscadet-sèvre-et-maine, **sauvignon blanc (vin de pays d'oc)**

SALADE DE POIS CHICHES AVEC TOMATES ET CORIANDRE

Fruité et généreux

Rosé mi-corsé : corbières, **côtes-de-provence**, costière-de-nîmes

SALADE DE POIVRONS ET D'ABRICOTS

Fruité et vif

Blanc mi-corsé : sauvignon blanc (NZ), riesling (ALL), **pinot gris (AL)**

SALADE DE PORC CARAMÉLISÉ À LA THAÏLANDAISE

Fruité et doux

Blanc mi-corsé : **riesling (ALL)**, vouvray, sauvignon blanc (NZ)

SALADE DE PORC ET DE FENOUIL CHAUD

Fruité et vif

Blanc mi-corsé : pinot gris (AL), **sauvignon blanc (CAL)**, chardonnay (CH)

SALADE DE POULET À LA THAÏLANDAISE

Fruité et doux

Blanc mi-corsé : pinot gris (AL), **gewurztraminer (ALL)**, viognier (CAL)

SALADE DE POULET AU SÉSAME

Aromatique et rond

Blanc mi-corsé : **chardonnay (AU) (AR)**, mâcon-villages

SALADE DE POULET CROUSTILLANT AVEC SHIITAKES, VINAIGRETTE AU SÉSAME ET AUX ARACHIDES

Fruité et généreux

Rosé mi-corsé : rioja, **rosé d'Australie**, rosé de Sicile

SALADE DE POULET GRILLÉ

Fruité et léger

Rouge léger : pinot noir, gamay de Touraine, **bourgogne-passetoutgrain**

SALADE DE POULET GRILLÉ À LA MOUTARDE AVEC MORCEAUX DE BACON

Fruité et généreux

Rosé mi-corsé : rosé-de-loire, **rosé de Provence**, rosé des Abruzzes

SALADE DE POULET, HARICOTS VERTS ET FROMAGE DE CHÈVRE

Délicat et léger

Blanc léger : pouilly-sur-loire, **chenin blanc (AS) (FR)**

SALADE DE RICOTTA ET DE FIGUES GRILLÉES — Fruité et vif

Blanc mi-corsé : **pinot gris (AL)**, viognier, gros manseng

SALADE DE RIZ ET DE PORC AU SÉSAME — Aromatique et rond

Blanc mi-corsé : chardonnay (AR) (AU), **mâcon-villages**

SALADE DE RIZ ET DE POULET — Délicat et léger

Blanc léger : **soave**, pinot blanc (AL), muscadet-sèvre-et-maine

SALADE DE RIZ THAÏLANDAISE À LA CITRONNELLE — Délicat et léger

Blanc léger : sauvignon blanc vin de pays d'oc, chenin blanc (AS), **muscadet-sèvre-et-maine**

SALADE DE ROQUETTE AU CHÈVRE CHAUD — Fruité et vif

Blanc mi-corsé : viognier (FR), sauvignon blanc (CAL), **sancerre**

SALADE DE ROQUETTE ET DE PIEUVRE AU VINAIGRE BALSAMIQUE — Fruité et vif

Blanc mi-corsé : pinot gris (AL), **soave-classico**, viognier (FR)

SALADE DE SAUMON FUMÉ — Fruité et vif

Blanc mi-corsé : **sancerre**, champagne, chablis

SALADE DE SAUMON OU DE THON — Fruité et généreux

Rosé mi-corsé : rosé-de-loire, **tavel**, rosé de Provence

SALADE DE THON ET DE LÉGUMES GRILLÉS — Aromatique et rond

Blanc mi-corsé : chardonnay (FR), **graves**, chardonnay (CH)

SALADE DE THON GRILLÉ ET DE MANGUES — Aromatique et rond

Blanc mi-corsé : **viognier vin de pays (FR)** (ÉU), vin de pays des côtes de Gascogne

SALADE DE TOMATES AUX FINES HERBES — Fruité et léger

Rosé léger : **rosé de Provence**, costière-de-nîmes, rosé (IT)

SALADE DE VOLAILLE AUX POIVRONS

Fruité et vif

Blanc mi-corsé : **sauvignon blanc (CAL)**, graves, mâcon-villages

SALADE DE VOLAILLE AVEC RIZ BASMATI, CANNEBERGES SÉCHÉES ET AMANDES

Fruité et léger

Rouge léger : fleurie, **pinot noir vin de pays d'oc**, dôle du Valais

SALADE NIÇOISE

Fruité et léger

Rosé léger : **côtes-de-provence**, bergerac, bandol

SALADE TIÈDE DE COURGETTES, DE TOMATES ET BASILIC

Fruité et léger

Rouge léger : **bardolino**, montepulciano-d'abruzzo, gamay

SALADE TIÈDE DE PATATES ET DE THON

Aromatique et rond

Blanc mi-corsé : **coteaux-du-languedoc**, graves, chardonnay (CH)

SALADE TIÈDE DE ROGNONS

Fruité et généreux

Rosé mi-corsé : coteaux-du-languedoc, bordeaux, **côtes-de-provence**

SALADE TOMATES ET MANGUES

Fruité et vif

Blanc mi-corsé : **vouvray**, riesling (ALL), pinot gris (AL)

SALADE VERTE AVEC VINAIGRETTE À LA MOUTARDE

Délicat et léger

Blanc léger : muscadet-sèvre-et-maine, chenin blanc (FR), **sylvaner (AL)**

SALMIS DE PALOMBES

Aromatique et souple

Rouge mi-corsé : cahors, bordeaux-supérieur, **merlot (CA)**

Avec l'intensité que prendront les arômes de cette recette, un vin rouge assez structuré mais pourvu d'un caractère fruité assez présent sera tout indiqué, comme un merlot de Californie.

SANDWICH DE BŒUF GRILLÉ AVEC BRIE, POIVRONS RÔTIS ET CRESSON

 Aromatique et souple

🍷 Rouge mi-corsé : chinon, **cabernet franc (CAL)**, merlot (ÉU)

🥂 Ce vin charnu, aux tannins modérés et à la saveur légèrement végétale, est tout indiqué pour accompagner ce sandwich de bœuf ainsi que les saveurs léguées par les poivrons.

SANDWICH GRILLÉ AU PROSCIUTTO

 Fruité et léger

🍷 Rouge léger : **valpolicella**, côtes-du-ventoux, cabernet franc (CAL)

🥂 Le valpolicella fruité, à la texture ample et aux tannins souples, est tout indiqué pour accompagner ce sandwich et le côté salin du prosciutto.

SANGLIER, CIVET DE, AUX CHÂTAIGNES

 Aromatique et charnu

🍷 Rouge corsé : **taurasi**, cahors, barolo

🥂 Le sanglier est une viande relativement relevée, et le vin doit suivre avec des arômes empyreumatiques, c'est-à-dire des notes de torréfaction. Corsés mais sans agressivité, les tannins de ce vin rouge se fondent aux saveurs du ragoût.

SANGLIER, CÔTELETTES DE, AUX PRUNEAUX

 Aromatique et charnu

🍷 Rouge corsé : saint-émilion grand cru, rioja reserva, **syrah (AU)**

🥂 La syrah d'Australie a du fruit, de l'intensité et une texture qui s'apparente à celle de ce plat aux effluves animaux et de pruneaux. Ici l'intensité et la générosité du fruit se marient à la perfection.

SARDINES, BROCHETTE DE, COURGETTES ET POIVRONS

Fruité et vif

🍷 Blanc mi-corsé : soave-classico, côtes-de-provence, **sancerre**

🥂 Le sancerre, avec sa vivacité et ses notes d'agrumes et légèrement herbacé, est idéal pour accompagner le goût des légumes et pour équilibrer le goût salé du poisson.

SARDINES FRAÎCHES, FIGUES AUX, SUR LA BRAISE

 Fruité et extra doux

🍷 Blanc doux : vendanges tardives (AL), **côteaux-du-layon**, jurançon

🥂 Pourvu d'intenses arômes de fruits blancs confits, de miel et de fleurs, ce vin sucré du sud-ouest de la France accompagnera admirablement le contraste des saveurs entre la figue et la sardine.

SARDINES GRILLÉES

Délicat et léger

Blanc léger : bourgogne-aligoté, minervois, **picpoul-de-pinet**

Le vin doit être simple et désaltérant, comme le picpoul-de-pinet frais et rafraîchissant, aux arômes de fruits, parfait pour accompagner le goût salé de ce petit poisson.

SARDINES, PÂTES AUX

Délicat et léger

Blanc léger : **vinho verde**, muscadet, verdicchio

Pour accompagner ce plat de pâtes aux sardines, quoi de mieux qu'un vin blanc portugais avec une bonne acidité, soutenue jusqu'en finale.

SASHIMI

Délicat et léger

Blanc léger : torrontes, **riesling (AL)**, muscadet

L'acidité du riesling alsacien permettra une perception plus équilibrée du caractère salé du poisson tout en apportant de la fraîcheur et du relief.

SASHIMI SUR SALADE DE NOUILLES AU GINGEMBRE

Délicat et léger

Blanc léger : **pinot grigio (IT)** (FR) et vin de Grèce

Fruité et aromatique, ce vin italien légèrement épicé et peu acide agrémentera les saveurs de ce plat tout en se mariant au goût particulier du gingembre.

SATAYS DE POULET, CREVETTES ET BŒUF, SAUCE AUX ARACHIDES

Délicat et léger

Blanc léger : chardonnay/sauvignon (FR), **riesling (AL)**, torrontes

Ample et parfumé avec une bonne vivacité, le riesling d'Alsace est tout indiqué pour accompagner les saveurs asiatiques de ce plat de satays.

SAUCISSES À L'ITALIENNE

Fruité et léger

Rouge léger : **merlot (IT)**, côtes-du-rhône, dolcetto-d'alba

Les tannins souples du merlot et son caractère simple, mais assez fruité, conviendront parfaitement à ce plat de viande à la fois salé et épicé.

SAUCISSE FUMÉE, CASSOULET À LA

 Aromatique et charnu

🍾 Rouge corsé : cahors, **malbec (AR)**, corbières

👄 Le malbec, puissant et aromatique, aux notes parfois boisées, soutiendra bien les saveurs intenses de ce cassoulet.

SAUCISSES, LASAGNE AUX, ET AUX CHAMPIGNONS, SAUCE TOMATE ET POIVRONS ROUGES

 Fruité et généreux

🍾 Rouge mi-corsé : rosso-di-montalcino, shiraz (AU), **montepulciano-d'abruzzo**

👄 Ce vin aromatique à la forte personnalité s'accordera parfaitement avec les saveurs de ce plat, avec ses tannins charnus et ses subtiles notes boisées. Son fruité croquant s'agencera parfaitement à la sauce tomate et aux poivrons.

SAUCISSES, QUICHE AUX, ET AUX TOMATES

 Fruité et léger

🍾 Rouge léger : gamay de Touraine, **bourgogne-passetoutgrain**, dôle-du-valais

👄 Ce vin fruité et désaltérant, aux tannins effacés, est tout indiqué pour accompagner cette quiche et les saveurs fruitées léguées par les tomates.

SAUCISSES, RAGOÛT DE

 Fruité et léger

🍾 Rouge léger : côtes-du-roussillon-villages, **valpolicella**, côtes-de-duras

👄 Ce vin italien souple, aux tannins soyeux, et simplement fruité, accompagnera fort agréablement ce plat de saucisses mijotées.

SAUCISSES, RAGOÛT DE, ET DE FÈVES À LA MENTHE

Fruité et léger

🍾 Rouge léger : **côtes-du-roussillon**, vinho verde, bardolino

👄 Ce vin pourvu d'une certaine étoffe, avec un caractère boisé, est tout indiqué pour accompagner les saveurs de ce mijoté de saucisses. De plus, son parfum de garrigue aux effluves de romarin se mariera parfaitement à la saveur mentholée.

SAUCISSES, RISOTTO AUX, ÉPICÉES

 Fruité et généreux

🍾 Rouge mi-corsé : **barbera-d'asti**, zinfandel (ÉU), valpolicella ripasso

👄 Ce vin italien intense et savoureux, mais doté d'une structure tannique assouplie, est tout indiqué pour accompagner ce risotto aux saveurs épicées.

SAUCISSES, SAUCE À LA MOUTARDE

 Fruité et généreux

🍾 Rouge mi-corsé : **coteaux-du-languedoc (FR)**, merlot (IT), trempranillo

🍷 Ce vin aux tannins souples et aux saveurs fruitées est tout indiqué pour accompagner ce plat de saucisses et s'agencera parfaitement aux saveurs particulières de la moutarde.

SAUCISSON CHAUD – POMMES À L'HUILE

 Fruité et léger

🍾 Rouge léger : **beaujolais**, gamay de Touraine, pinot noir (FR)

🍷 Cette recette lyonnaise sera parfaitement accompagnée par un vin du Beaujolais qui, grâce à sa nature simple et fruitée, de même qu'à ses tanins discrets, s'accommodera à merveille aux saveurs sucrées et salées de ce plat.

SAUMON À LA NOIX DE COCO

 Aromatique et rond

🍾 Blanc mi-corsé : **chardonnay (CAL)** (AU) (CH)

🍷 Ce vin à la texture généreuse, aux parfums exotiques et à l'intensité boisée s'harmonisera parfaitement avec les saveurs exotiques de ce plat de saumon, de même qu'à sa texture grasse.

SAUMON AU BEURRE D'ANCHOIS ET DE CÂPRES

 Aromatique et rond

🍾 Blanc corsé : chablis premier cru, chardonnay du Trentin-Haut-Adige, **pessac-léognan**

🍷 Ce grand vin blanc sec et presque gras, à la fois fin et frais, accompagnera à merveille ce plat de saumon savoureusement rehaussé.

SAUMON AU GINGEMBRE ET AU SOYA

 Aromatique et rond

🍾 Blanc mi-corsé : pinot gris (AR), **chardonnay (CH)**, sauvignon vin de pays d'oc (FR)

🍷 Ce vin à la texture généreuse, aux parfums exotiques et au boisé bien dosé s'harmonisera parfaitement avec les saveurs exotiques de ce plat de saumon. De plus, son caractère fruité s'accommodera parfaitement au côté salin du soya.

SAUMON AUX AMANDES, SAUCE AUX POIREAUX ET AU CITRON

 Fruité et vif

🍾 Blanc mi-corsé : breganze, **langhe**, bucelas

🍷 Ce vin du Piémont, bien équilibré et frais, avec un certain moelleux et une bonne persistance aromatique, est tout indiqué pour accompagner ce plat de saumon aux saveurs de noix et d'agrumes.

SAUMON AUX RAISINS

 Aromatique et rond

🍾 Blanc mi-corsé : pinot gris (AL), **côte-de-beaune**, chardonnay (IT)

👄 Ce chardonnay français aux notes de pomme et de poire affirmées, pourvu d'une bonne acidité et d'une texture ample, accompagnera les saveurs fruitées des raisins de ce plat, tout en se mariant à la texture grasse du saumon.

SAUMON AVEC ASPERGES RÔTIES, SAUCE AU CITRON ET AUX CÂPRES

Délicat et léger

🍾 Blanc léger : trebbiano-d'abruzzo, vin de Savoie, **tocai friulano**

👄 Ce vin italien du Frioul, souple, simple et nerveux, doté d'un fruité frais avec des notes d'agrumes, est tout indiqué pour rehausser les saveurs de ce plat de saumon tout en faisant un lien avec la sauce au citron.

SAUMON AVEC BEURRE AUX PISTACHES ET AU BASILIC

Aromatique et rond

🍾 Blanc mi-corsé : **marsannay**, soave-classico superiore, chardonnay (CAL)

👄 Ce vin blanc aux exhalaisons de fruits blancs mûrs et à la bouche ample et bien tendue accompagnera harmonieusement les saveurs de beurre de ce plat de saumon.

SAUMON BRAISÉ AU MIEL AVEC NOUILLES À LA CORIANDRE

Fruité et vif

🍾 Blanc mi-corsé : chardonnay (FR), **lacryma-christi-del-vesuvio**, vin du Liban

👄 Ce célèbre vin napolitain sec et légèrement acidulé, bien structuré, avec un arôme fruité et fleuri très persistant, sera le complément idéal de ce plat de saumon aux saveurs de miel et d'herbes.

SAUMON BRAISÉ AVEC LAQUE D'AGRUMES ET DE SOYA

 Délicat et léger

🍾 Blanc léger : menetou-salon, **sauvignon (CH)**, xérès fino

👄 À la fois élancé et structuré, et d'une acidité vivifiante, le sauvignon du Chili aux subtiles notes végétales est tout indiqué pour accompagner ce saumon aux saveurs d'agrumes.

SAUMON BRAISÉ SUR LIT D'ÉPINARDS

Fruité et vif

🍾 Blanc mi-corsé : **montravel**, sauvignon du Penedès (ES), bergerac

👄 Ce vin du sud-ouest de la France, à la bouche ample et croquante, dévoile des notes d'agrumes et une touche herbacée. Il accompagnera délicieusement ce saumon ainsi que le côté végétal des épinards.

SAUMON, BROCHETTES DE, MARINÉ

 Aromatique et rond

Blanc corsé : chardonnay (CAL), **chablis premier cru**, pouilly-fuissé

Fin, souple et pourvu d'une finale minérale, le chablis premier cru accompagnera cette brochette de saumon et son fruité s'accommodera parfaitement à la marinade.

SAUMON, CARPACCIO DE

 Fruité et vif

Blanc mi-corsé : **viognier (FR)**, chablis, pinot gris (AL)

Ce vin aux notes de fruits exotiques accompagnera très bien ce plat grâce à son acidité discrète et à son intensité savoureuse.

SAUMON, CASSEROLE DE PATATES DOUCES ET DE

 Fruité et vif

Blanc mi-corsé : bourgogne, **cava brut**, chardonnay non boisé (FR)

Ce vin mousseux possède une bonne structure où dominent les fruits et saura agrémenter la douceur des patates douces et du saumon.

SAUMON, CROQUETTES DE, AVEC MAYONNAISE AUX FINES HERBES ET AU CITRON

 Fruité et généreux

Rosé mi-corsé : **coteaux-du-languedoc**, saint-chinian, côtes-de-provence

Simple, désaltérant et assez aromatique, ce vin du Languedoc saura mettre en valeur les saveurs herbacées et d'agrumes de ce plat de poisson.

SAUMON, DARNES DE, À L'AVOCAT

 Aromatique et rond

Blanc corsé : **pessac-léognan**, pinot gris (AL), chablis premier cru

Ce grand vin racé, doté d'une texture généreuse et d'une finesse aromatique, est tout indiqué pour accompagner ce saumon à l'avocat. Le mariage des textures sera sublime et son fruité escortera parfaitement les saveurs du plat.

SAUMON, DARNES DE, GRILLÉES

 Aromatique et rond

Blanc mi-corsé : chardonnay (CH) (CAN), **graves**

Ce vin de Bordeaux, pourvu d'une stature capable d'escorter les saveurs riches du saumon grillé, complètera l'harmonie aromatique grâce à ses notes boisées délicates.

SAUMON EN CROÛTE DE PACANES
AVEC SAUCE À L'OSEILLE

 Aromatique et rond

🍾 Blanc mi-corsé : **crozes-hermitage**, jurançon sec, dao

👄 Ce vin empreint d'arômes de fruits blancs, de fleurs et d'herbe fraîche accompagnera à la fois les saveurs de pacane, grâce à son boisé bien dosé, et la texture du saumon ainsi que la sauce crémeuse, grâce à sa présence veloutée en bouche.

SAUMON EN CROÛTE ET JULIENNE
DE LÉGUMES

 Aromatique et rond

🍾 Blanc mi-corsé : **marsannay**, chardonnay (Sicile) (AR)

👄 Ce vin d'une grande finesse, ample et gras, aux notes herbacées et équilibrées, s'harmonisera à merveille à la finesse du saumon et à l'aspect végétal des légumes.

SAUMON ENTIER BRAISÉ AVEC SAUCE
AU VIN ROUGE ET AU POIVRE NOIR

 Fruité et léger

🍾 Rouge léger : **côtes-du-rhône**, merlot (CAL), sangiovese

👄 Ce vin fruité, épicé et légèrement poivré est tout indiqué pour accompagner les saveurs de ce saumon poivré au vin rouge.

SAUMON FARCI AU FROMAGE DE CHÈVRE

 Fruité et vif

🍾 Blanc mi-corsé : sauvignon (AU), graves, **muscadet**

👄 Ce vin blanc léger, avec une dominante de fraîcheur, est tout indiqué pour accompagner le goût marin de ce saumon farci au chèvre.

SAUMON FARCI AUX ÉPINARDS
ET AUX ŒUFS

 Fruité et vif

🍾 Blanc léger à moyennement corsé : **pouilly-fumé**, sauvignon (CH), orvieto

👄 Un pouilly-fumé moyennement corsé, aux subtils parfums floraux de noisettes grillées avec une note de pierre à fusil est tout indiqué pour accompagner les saveurs délicates et minérales de ce saumon farci.

SAUMON, FEUILLETÉ DE, ET DE RIZ,
SAUCE À L'ANETH

Fruité et vif

🍾 Blanc mi-corsé : graves, sauvignon blanc (CAL), **crémant-de-bourgogne**

👄 Pour accompagner ce plat de saumon aux saveurs herbacées, un vin effervescent très aromatique et assez intense, comme un crémant-de-bourgogne, est tout indiqué.

SAUMON, FILETS DE, SAUCE AU CITRON ET AU THYM

 Fruité et vif

🍷 Blanc mi-corsé : **pouilly-fumé**, crozes-hermitage, vin du Québec

👄 Ce vin modéré, au corps généreux, à l'acidité tendre et aux saveurs pénétrantes d'agrumes, accompagnera parfaitement ce plat de saumon aux saveurs citronnées et herbacées.

SAUMON, FILETS DE, SAUCE AU MIEL ET AU SOYA

 Fruité et léger

🍷 Rosé léger : rosé de Provence, tavel, **rosé d'Italie**

👄 Ce rosé fin et savoureux, tout en fruits avec une toute petite note sucrée, accompagnera délicieusement ce saumon au miel.

SAUMON, FILETS DE, SUR PURÉE D'ÉPINARDS À LA NOIX DE COCO

 Délicat et léger

🍷 Blanc léger : **saumur**, sauvignon (CAL), vin du Québec

👄 Ce vin léger et fruité, aux notes aromatiques avec une légère amertume aux herbes, est tout indiqué pour rehausser les saveurs de ce saumon à la noix de coco.

SAUMON FUMÉ

 Fruité et vif

🍷 Blanc mi-corsé : **pouilly-fumé**, saint-véran, chablis

👄 Le caractère salé du saumon fumé sera atténué par l'acidité et la minéralité d'un pouilly-fumé moyennement corsé, aux subtils parfums de pamplemousse rose.

SAUMON FUMÉ AUX FINES HERBES

Fruité et vif

🍷 Blanc mi-corsé : sancerre, pinot gris (AR), **riesling (AL)**

👄 Ce vin blanc d'Alsace aux notes herbacées, à l'acidité rafraîchissante avec une certaine minéralité, accompagnera parfaitement ce saumon fumé aux fines herbes.

SAUMON FUMÉ, PÂTES AU

Délicat et léger

🍷 Blanc léger : **sauvignon (CAL)** (CH), soave-classico

👄 Vin blanc savoureux aux notes aromatiques végétales et fruitées, le sauvignon californien, sans boisé excessif, est tout indiqué pour ce plat au saumon fumé.

SAUMON FUMÉ, PÂTES AU, AVEC SAUCE À L'ANETH

 Délicat et léger

Blanc léger : sauvignon de Touraine, **sauvignon (NZ)**, picpoul-de-pinet

Pour accompagner les saveurs du saumon et de l'aneth, choisissez un vin très rafraîchissant, comme un sauvignon de Nouvelle-Zélande, aux notes herbacées et avec une bonne intensité aromatique.

SAUMON FUMÉ, RILLETTES DE

Délicat et léger

Blanc léger : **vouvray**, sancerre, sauvignon (CAL)

Vin blanc léger mais non dépourvu de caractère, vif et assez persistant, le vouvray s'accordera agréablement avec cette préparation de saumon fumé.

SAUMON FUMÉ, TAGLIATELLES AU, SAUCE AU SAFRAN

 Fruité et vif

Blanc mi-corsé : sancerre, **riesling grand cru (AL)**, sauvignon blanc (CAL)

Vin fin et complexe, aux notes fruitées et à la vivacité suffisante, le grand riesling avec sa minéralité est tout indiqué pour accompagner le saumon fumé.

SAUMON GRATINÉ

Aromatique et rond

Blanc mi-corsé : sauvignon blanc (CAL), **mercurey**, chardonnay/sémillon (AU)

Avec sa belle texture généreuse et sa saveur rafraîchissante, le mercurey est tout indiqué pour accompagner les saveurs d'un saumon gratiné sans le surclasser.

SAUMON GRILLÉ AU BEURRE D'OLIVE ET DE MOUTARDE

 Aromatique et rond

Blanc mi-corsé : **chardonnay de Toscane** (CH), rully de Bourgogne

Ce vin gorgé de soleil, aux saveurs pénétrantes et à la texture satinée, sera le complément idéal de ce savoureux plat de saumon aux saveurs ensoleillées.

SAUMON GRILLÉ AVEC OIGNONS ÉPICÉS ET GROSEILLES

 Fruité et léger

Rouge léger : beaujolais-villages, bourgogne-passetoutgrain, **pinot noir (RO)**

Ce vin de Roumanie, peu épicé, au bouquet léger de fraises cuites et de poires, s'accordera à merveille avec les saveurs fruitées aux groseilles de ce saumon grillé.

SAUMON GRILLÉ, SAUCE À LA MOUTARDE ET À L'ANETH

 Fruité et vif

🍶 Blanc mi-corsé : soave-classico, **breganze**, vin du Québec

👄 Ce vin blanc de la Vénétie, au corps assez volumineux, à l'acidité vive et à la finale persistante, est tout indiqué pour rehausser les saveurs épicées et herbacées de ce saumon grillé.

SAUMON GRILLÉ, SAUCE AU CARI THAÏLANDAIS

 Fruité et vif

🍶 Blanc mi-corsé : **gewurztraminer (AL)**, malvoisie (CAL), pinot gris (AR)

👄 Ce vin charmeur, aromatique à souhait, épicé et à la bouche soutenue, saura accompagner les saveurs asiatiques de ce saumon grillé.

SAUMON GRILLÉ, SAUCE AU MIEL

 Aromatique et rond

🍶 Blanc mi-corsé : **chardonnay (AU)**, jurançon sec, viognier (CAL)

👄 Le chardonnay australien, aux notes de fruits mûrs, à l'acidité délicate, à la texture grasse et à l'aspect sucré, est le complément idéal de ce saumon sauce au miel.

SAUMON GRILLÉ, SAUCE AUX CHILIS ET AUX MANGUES

 Fruité et généreux

🍶 Rosé corsé : **tavel**, rioja, toscane i.g.t.

👄 Ce vin riche en odeurs et en arômes, à la fois vif et fruité, est tout indiqué pour accompagner les saveurs fruitées et épicées qui rehaussent ce saumon grillé.

SAUMON GRILLÉ, SAUCE AUX MANGUES ET AU SÉSAME

 Aromatique et rond

🍶 Blanc corsé : **chardonnay (AR)** (CH) (CAL)

👄 Un vin blanc argentin riche et imposant, avec des notes de fruits exotiques persistantes, s'harmonisera agréablement aux saveurs de fruits exotiques qui accompagnent ce saumon grillé.

SAUMON GRILLÉ, SAUCE TERIYAKI

Fruité et généreux

🍶 Rouge mi-corsé : **morgon**, merlot (CAL), pinot noir (AU)

👄 Ce beaujolais au subtil boisé, aux fruits débordants, aux tannins fins et qui présente une belle fraîcheur, fera sensation avec les saveurs asiatiques de ce saumon grillé.

SAUMON, HAMBURGER DE, AVEC MAYONNAISE DE MOUTARDE AU GINGEMBRE

 Aromatique et rond

Blanc mi-corsé : **minervois**, corbières, gewurztraminer (ALL)

Sec, vif et ample avec de la simplicité et une touche épicée, le minervois est tout indiqué pour rehausser les saveurs de ce hamburger au saumon.

SAUMON LAQUÉ AU MIEL ET À LA MOUTARDE

 Fruité et vif

Blanc mi-corsé : coteaux-du-varois, vin de pays des côtes de Gascogne, **coteaux-du-languedoc**

Un vin du Languedoc, modéré et aromatique, marqué par des notes de fruits mûrs, sera fort agréable avec ce saumon aux saveurs épicées et mielleuses.

SAUMON LAQUÉ AU MIEL ET À LA SAUCE SOYA

 Fruité et doux

Blanc mi-corsé : **riesling spätlese (ALL)**, vouvray demi-sec, colombard (FR)

Ce vin allemand vif est tout indiqué pour accompagner ce plat avec sa trace de sucre résiduel contrastant avec le goût salé du soya et s'accordant bien avec le miel.

SAUMON, LINGUINES AU, ET AUX CHAMPIGNONS

 Aromatique et rond

Blanc mi-corsé : chardonnay de Sicile, **montagny**, greco-di-tufo

Ce vin racé, fin, ample et généreux, au caractère subtilement boisé, est tout indiqué pour rehausser les saveurs de ce plat de pâtes aux champignons et aux notes de sous-bois qu'ils apportent.

SAUMON MARINÉ À L'ANETH

 Fruité et vif

Blanc mi-corsé : **sauvignon (CH)**, rioja, pinot blanc (CAL)

Le sauvignon blanc du Chili, avec sa vivacité et ses subtiles notes végétales, accompagnera parfaitement ce saumon et le côté herbacé de l'aneth.

SAUMON, PAIN DE, AUX ŒUFS ET AUX HERBES

Fruité et généreux

Rosé mi-corsé : côtes-du-brulhois, **côtes-de-provence**, montepulciano-d'abruzzo

Le rosé de Provence est un vin frais subtilement épicé et herbacé, ce qui en fait le complément idéal de ce plat de saumon.

SAUMON, PÂTÉ AU

 Aromatique et rond

Blanc mi-corsé : **chardonnay (CAL)**, pouilly-vinzelles, chardonnay (AU)

Pour apprécier toute la richesse et la texture onctueuse de ce plat de saumon, choisissez un chardonnay californien aux notes délicatement boisées et vanillées.

SAUMON, PAVÉ DE, AU BASILIC

 Fruité et vif

Blanc mi-corsé : chardonnay (CAL), **sancerre**, chablis premier cru

Ce grand vin blanc, doté d'une bonne intensité aromatique, ample et fin avec une fraîcheur soutenue, est tout indiqué pour accompagner ce plat de saumon finement épicé.

SAUMON, PAVÉ DE, AUX POMMES

 Fruité et vif

Blanc mi-corsé : **vouvray sec**, mousseux, cidre du Québec

Ce vin frais et fruité, à la texture ample, accompagnera parfaitement les saveurs de poisson et de fruits de ce plat de saumon.

SAUMON, PAVÉ DE, AVEC POIREAUX

 Fruité et vif

Blanc mi-corsé : **anjou**, chardonnay (CAL), crozes-hermitage

Pourvu d'une bonne vivacité en équilibre, savoureux, simple et assez persistant en finale, ce vin d'Anjou saura rehausser les saveurs légèrement herbacées de ce plat de saumon.

SAUMON POCHÉ AUX AGRUMES

 Aromatique et rond

Blanc mi-corsé : chardonnay (CAL), **fumé blanc (ÉU)**, crozes-hermitage

Vin assez riche et généreux, avec de la fraîcheur et des notes d'agrumes, le fumé blanc américain est le complément idéal de ce plat de saumon.

SAUMON POCHÉ NATURE

 Délicat et léger

Blanc léger : **anjou**, mâcon-villages, vin du Québec

Alliant texture et finesse, ce vin ample et frais rehaussera à merveille les saveurs délicates d'un saumon poché nature sans le transcender.

SAUMON POCHÉ, SAUCE À L'ANETH

 Aromatique et rond

Blanc mi-corsé : chardonnay (CAL), **pessac-léognan**, chardonnay toscan

Ce vin aux arômes de fruits blancs, doté d'une certaine onctuosité sans être trop boisé, s'agencera savoureusement avec ce plat classique aux notes herbacées.

SAUMON POCHÉ, SAUCE À L'ESTRAGON

 Délicat et léger

🍾 Blanc léger : **menetou-salon**, sauvignon de Touraine, sauvignon (UR)

👄 Ce vin doté d'une bonne acidité, franc, ample, avec des arômes floraux et légèrement herbacés, est tout indiqué pour accompagner les saveurs herbacées qui rehaussent ce plat de saumon.

SAUMON POCHÉ, SAUCE AU CITRON ET AUX POIVRONS

 Fruité et vif

🍾 Blanc mi-corsé : **pomino**, soave-classico, saint-joseph

👄 Pourvu d'une belle ampleur en bouche avec des notes fines d'agrumes et une fraîcheur soutenue, ce vin italien accompagnera à merveille les saveurs d'agrumes et végétales qui rehaussent ce plat de saumon.

SAUMON POCHÉ, SAUCE AUX DEUX AGRUMES

 Fruité et vif

🍾 Blanc mi-corsé : sancerre, **sauvignon blanc (CAL)**, torrontes

👄 Muni d'une texture souple, aux saveurs franches d'agrumes avec une certaine nervosité, ce sauvignon de Californie est tout indiqué pour accompagner les saveurs intenses d'agrumes de ce plat de saumon.

SAUMON, QUICHE AU

Délicat et léger

🍾 Blanc léger : crémant d'Alsace, **muscadet-sèvre-et-maine**, vin du Québec

👄 Un pouilly-fumé léger, aux subtils parfums de pamplemousse rose et de noisettes grillées, sera parfait pour accompagner cette quiche au saumon aux saveurs souples.

SAUMON, QUICHE AU, ET AUX POIREAUX

Fruité et généreux

🍾 Rosé mi-corsé : **côtes-de-provence**, côtes-du-frontonnais, rosé d'Ombrie

👄 Ce rosé vif et fruité, souple et pas compliqué, est tout indiqué pour accompagner cette quiche aux saveurs délicates.

SAUMON, RIZ AU, ROSE

 Fruité et léger

🍾 Rosé léger : cabernet franc rosé, rosé sec de Toscane, **rosé de Provence**

👄 La saveur de ce riz au saumon sera rehaussée par un rosé de Provence, sec et fruité, laissant percevoir une bonne fraîcheur et une finale souple.

SAUMON RÔTI AU CARI ROUGE AVEC BOK CHOY Fruité et généreux

🍾 Rosé corsé : corbières, patrimonio, **ribera del-duro**

 Intense, épicé, savoureux et surtout doté d'une acidité mordante et désaltérante, ce vin espagnol sera le compagnon idéal pour ce saumon épicé au cari rouge.

SAUMON RÔTI AU ROMARIN Fruité et vif

🍾 Blanc mi-corsé : **furmint (HO)**, mantinia (Grèce), pacherenc-du-vic-bilh sec

 Fringant, rafraîchissant et simple de caractère, ce vin de Hongrie s'agencera agréablement avec ce plat simple et savoureux aux épices méditerranéennes.

SAUMON RÔTI AVEC BEURRE À L'ESTRAGON
ET GRAINES DE FENOUIL Aromatique et rond

🍾 Blanc corsé : **minervois**, hermitage, sauvignon (CH)

 Ce vin du Languedoc aux saveurs persistantes, épicées et aux accents légèrement boisés est tout indiqué pour rehausser les saveurs de ce saumon rôti à l'estragon.

SAUMON, SAUCE À L'OSEILLE Fruité et vif

🍾 Blanc mi-corsé : orvieto, pouilly-fumé, **sancerre**

 Vin aromatique, avec une note subtilement herbacée et une pointe minérale, doté d'une grande fraîcheur, le sancerre est le complément parfait de ce classique de la cuisine française.

SAUMON, SAUCE AUX POIVRONS
ET À LA MANGUE Fruité et doux

🍾 Blanc mi-corsé : **malvoisie (CAL)**, malvoisie de Corse, sauvignon (NZ)

 Avec ses notes de fruits exotiques, pourvu d'une pointe de sucre résiduel et débordant de fraîcheur, ce malvoisie de Californie agrémentera savoureusement ce plat aux saveurs fruitées exotiques.

SAUMON, SOUFFLÉ DE Aromatique et rond

🍾 Blanc mi-corsé : soave-classico, **saint-véran**, chardonnay (CH)

Ce vin avec sa texture souple et doté d'une certaine fraîcheur est parfait pour accompagner un soufflé de saumon à la texture souple.

SAUMON, SPAGHETTIS AVEC, MARINÉ AU CITRON

 Délicat et léger

 Blanc léger : **pinot blanc (Can)** (CAL), viognier (CAL)

 Ce vin blanc léger aux notes d'agrumes est tout indiqué pour accompagner ce plat de pâtes aux saveurs de saumon citronné.

SAUMON, STEAK DE, GRILLÉ ÉPICÉ, AU BEURRE NOIR

 Fruité et généreux

Rouge mi-corsé : **pinot noir (AL)** (NZ) (ÉU)

Ce vin d'une grande souplesse et d'une grande finesse à la fois, fruité et rafraîchissant avec une structure tannique soyeuse, rehaussera les saveurs de ce steak de saumon épicé.

SAUMON, STEAK DE, GRILLÉ ÉPICÉ AVEC SAUCE AU RAIFORT

 Aromatique et rond

Blanc mi-corsé : **pessac-léognan**, langhe, sauvignon (CAL)

Vin avec une texture qui a du gras, sans être lourd, et laissant en bouche des arômes de fruits blancs et d'épices douces, le pessac-léognan est tout indiqué pour accompagner les saveurs relevées de ce steak de saumon avec sa délicate finale amère.

SAUMON, SUPRÊME DE, AU FOUR

 Fruité et généreux

Rosé mi-corsé : côtes-de-provence, rosé (AS), **saint-chinian**

Vin sec et rafraîchissant, pourvu d'une structure intéressante et d'arômes de petits fruits rouges, le saint-chinian est le complément idéal de ce plat de saumon.

SAUMON, TAGLIATELLES AU, ET AU PAMPLEMOUSSE

 Fruité et vif

Blanc mi-corsé : **sauvignon blanc (CAL)** (NZ), chablis premier cru

Ce vin vivifiant, doté d'arômes d'agrumes, est idéal pour accompagner les parfums du pamplemousse.

SAUMON, TAGLIATELLES AU, ET HOMARD, SAUCE AU GORGONZOLA

Aromatique et rond

Blanc corsé : **meursault**, chardonnay (CAL) (AU)

Ce vin de Bourgogne est assez souple pour épouser la texture de la préparation et assez puissant pour être à la hauteur des saveurs du fromage.

SAUMON, TAGLIATELLES AU, SAUCE CRÉMEUSE AUX ÉPINARDS

 Aromatique et rond

🍷 Blanc mi-corsé : **chardonnay toscan**, soave-classico, chardonnay (CH)

👄 Vin à la texture onctueuse, ce chardonnay italien assez savoureux est tout indiqué pour accompagner l'onctuosité de la sauce et son côté légèrement herbacé.

SAUMON, TARTARE DE, ET DE THON AVEC WASABI

 Aromatique et rond

🍷 Blanc mousseux : champagne ou crémant (FR), **mousseux (CAL)**

👄 Pour accompagner un tartare de poisson, pourquoi ne pas essayer un vin mousseux au goût délicat ? La fraîcheur du vin viendra subtilement adoucir le wasabi.

SAUMON, TOURTE DE, AVEC ÉPINARDS

 Fruité et vif

🍷 Blanc mi-corsé : pouilly-fuissé, **sauvignon blanc (CAL)**, soave-classico

👄 Vin assez rond et souple, doté d'une touche herbacée qui s'accommodera aux épinards de la préparation, le sauvignon blanc de Californie est tout indiqué pour accompagner ce plat.

SAUMON, TOURTE DE, AVEC POIREAUX ET CREVETTES

 Aromatique et rond

🍷 Blanc mi-corsé : mercurey, **viognier (vin de pays d'oc)**, pinot gris (AL)

👄 Ce vin d'une certaine structure est à la hauteur des saveurs du saumon et est pourvu d'arômes fruités et herbacés qui sauront accompagner les poireaux.

SAUMON, VOL-AU-VENT AU

 Aromatique et rond

🍷 Blanc mi-corsé : **coteaux-du-languedoc**, chardonnay (CAL) (AR)

👄 Ce vin à la texture plutôt grasse et à l'acidité discrète se mariera savoureusement à la texture de la sauce de ce plat crémeux.

SAUTÉ D'AGNEAU À LA PROVENÇALE

Fruité et généreux

🍷 Rouge mi-corsé : **côtes-de-provence**, côtes-du-rhône-villages, fitou

👄 Les notes d'épices et de fines herbes de ce vin de Provence se marient bien aux saveurs intenses et épicées de ce plat d'agneau.

SAUTÉ DE BŒUF AVEC GINGEMBRE ET HARICOTS VERTS

 Aromatique et souple

🍾 Rouge mi-corsé : côtes-du-rhône, merlot (BUL), **malbec (AR)**

👄 Ce vin argentin, concentré en bouche, aux tannins charnus et au nez de mûres confites, d'épices et de réglisse rouge, accompagnera fort bien les saveurs relevées de ce plat épicé de bœuf.

SAUTÉ DE BŒUF ET DE BROCOLI

 Fruité et généreux

🍾 Rouge mi-corsé : merlot (CA), **chinon**, saint-nicolas-de-bourgueil

👄 Ce vin, aromatique aux notes de fruits rouges et à la finale légèrement végétale, saura s'harmoniser avec les saveurs de ce sauté de bœuf.

SAUTÉ DE BŒUF ET DE POIVRONS VERTS

 Fruité et généreux

🍾 Rouge mi-corsé : merlot (FR), **montepulciano-d'abruzzo**, vin de pays charentais

👄 Ce vin aux tannins souples et à la finale légèrement végétale est tout indiqué pour accompagner ce sauté de bœuf aux poivrons.

SAUTÉ DE BOK CHOY ET DE NOUILLES

 Délicat et léger

🍾 Blanc léger : **penedès**, vin du Québec, sauvignon vin de pays d'oc

👄 Pour accompagner ce plat de nouilles et de chou chinois, choisissez ce vin espagnol simple et léger à la touche herbacée.

SAUTÉ DE CAILLES AU SOYA

 Aromatique et rond

🍾 Blanc mi-corsé : **chardonnay (CAL)** (AR) (CH)

👄 Ce chardonnay californien suave et ample, légèrement boisé, s'harmonisera parfaitement avec les saveurs asiatiques et exotiques de ce plat de cailles.

SAUTÉ DE CANARD AU GINGEMBRE ET AU SOYA

 Aromatique et souple

🍾 Rouge mi-corsé : merlot (IT), cahors, **zinfandel (CAL)**

👄 Le zinfandel, avec ses arômes et ses saveurs fruitées et épicées, sa structure équilibrée et ses tannins charnus, saura accompagner les saveurs relevées de ce plat de canard.

SAUTÉ DE CREVETTES AU GINGEMBRE, AVEC POIS MANGE-TOUT ET MAÏS

 Fruité et vif

🍾 Blanc mi-corsé : **gewurztraminer (FR)** (CAL) (UR)

👄 Ce vin aromatique, à l'acidité vive et au corps généreux, est tout indiqué pour accompagner ce plat de crevettes parfumées au gingembre.

SAUTÉ DE CREVETTES AUX LÉGUMES

 Fruité et vif

Blanc mi-corsé : pinot grigio du Frioul, lacryma-christi-del-vesuvio, **pouilly-fumé**

Alliant acidité et finesse, avec une touche végétale et minérale, le pouilly-fumé accompagnera délicieusement bien ce sauté de crevettes aux légumes.

SAUTÉ DE DINDE AU CURCUMA

 Fruité et généreux

Rouge mi-corsé : pinot noir (NZ), **bourgogne**, cru du Beaujolais

Un vin de bourgogne, aux arômes expressifs et persistants, saura rehausser le goût de cette volaille épicée.

SAUTÉ DE FILETS DE PORC, SAUCE AUX POIRES ET À LA MOUTARDE

 Aromatique et rond

Blanc mi-corsé : chablis premier cru, **chardonnay de Sicile**, coteaux-du-languedoc

Vin à la fois consistant et volumineux, aux notes de fruits blancs bien mûrs et à la finale persistante, le chardonnay de Sicile est tout indiqué pour accompagner les saveurs fruitées et épicées de ce plat de porc.

SAUTÉ DE FRUITS DE MER

 Délicat et léger

Blanc léger : **torrontes (AR)**, riesling (FR), pinot blanc (FR)

Pour accompagner ce plat délicat, mais goûteux, choisissez un vin argentin vif et léger, aux notes délicates de rose et de lime.

SAUTÉ DE LAPIN AU FENOUIL

 Fruité et généreux

Rouge mi-corsé : **bourgueil**, chinon, barco-reale-di-carmignano

Un vin plutôt savoureux, aux tannins charnus et aux notes subtiles à la fois végétales et épicées, s'accordera harmonieusement avec ce sauté de lapin aux notes légèrement herbacées.

SAUTÉ DE PORC AUX LÉGUMES

 Fruité et léger

Rouge léger : merlot (FR), **valpolicella**, primitivo (IT)

Cette viande délicatement relevée s'accordera avec un vin délicat aux notes de fruits frais et à la structure tannique souple, pourvu d'une très légère amertume, comme le valpolicella.

SAUTÉ DE PORC ET DE SHIITAKES

 Aromatique et souple

🍾 Rouge mi-corsé : malbec (AR), **tempranillo**, cahors

🍷 Vin goûteux aux arômes puissants de fruits cuits et à la touche boisée, le tempranillo accompagnera parfaitement ce sauté de porc aux champignons.

SAUTÉ DE PORC ET NOIX DE CAJOU AVEC POIS MANGE-TOUT ET POIVRONS ROUGES

 Fruité et généreux

🍾 Rouge mi-corsé : **merlot (CAN)**, pinot noir (AU), merlot (NZ)

🍷 Ce vin aux tannins souples et aux fruités débordants accompagnera parfaitement ce plat savoureux avec ses notes subtiles de confitures aux fruits et herbacées.

SAUTÉ DE PORC, SAUCE À LA MANGUE

 Fruité et vif

🍾 Blanc mi-corsé : viognier (ÉU), **pinot gris (FR)**, chardonnay (AU)

🍷 Ce plat de viande aux saveurs de fruits exotiques s'accompagnera idéalement d'un pinot gris français délicatement épicé, aux notes aromatiques et généreuses de pêche et de miel, sans oublier les agrumes.

SAUTÉ DE POULET AUX POMMES ET À L'ESTRAGON

 Fruité et vif

🍾 Blanc mi-corsé : chardonnay (CAL), **côtes-de-provence**, soave-classico

🍷 Accompagnez ce sauté de poulet fruité d'un vin blanc charmeur, fin, aux effluves de fruits à chair blanche.

SAUTÉ DE POULET AUX TOMATES ITALIENNES ET AUX OLIVES

 Fruité et généreux

🍾 Rouge mi-corsé : **cannonau-di-sardegna**, primitivo (IT), merlot du Canada

🍷 Ce vin de Sardaigne charnu, aux tannins tendres avec des arômes d'épices douces et de fruits frais, est tout indiqué pour rehausser les saveurs italiennes de ce sauté de poulet.

SAUTÉ DE POULET AVEC TOMATES ET CORIANDRE

Fruité et généreux

🍾 Rouge mi-corsé : **carmenère (CH)**, cabernet-sauvignon (CH), pinotage (AS)

🍷 Ce vin souple du Chili, subtilement végétal, aux notes de fruits mûrs et de cerise, sera tout à fait délicieux avec ce sauté de poulet parfumé à la coriandre.

Répertoire des mets et des vins

337

SAUTÉ DE POULET, DE POIVRONS ROUGES ET DE HARICOTS VERTS

 Fruité et léger

 Rouge léger : malbec (AR), **coteaux-du-tricastin**, valpolicella

Ce vin souple avec une bonne présence en bouche, fruité et frais, accompagnera agréablement les saveurs de ce sauté de poulet aux notes herbacées.

SAUTÉ DE POULET ET DE BROCOLI

 Délicat et léger

Blanc léger : petit-chablis, rueda, **pinot bianco alto-adige**

Vif et d'intensité moyenne, simple de caractère avec une légère touche végétale, ce pinot blanc italien est tout indiqué pour accompagner ce plat de poulet sans prétention.

SAUTÉ DE POULET ET DE CITROUILLE

 Fruité et vif

 Blanc mi-corsé : **pinot gris (AL)** (FR), vin du Liban

Ce vin aromatique et épicé à la texture et à la structure équilibrées, accompagnera parfaitement les saveurs de ce sauté de poulet et de citrouille.

SAUTÉ DE POULET ET DE CŒURS D'ARTICHAUTS

 Délicat et léger

Blanc léger : **vin du Québec**, sauvignon (CH) (IT)

Avec son caractère vif et ses notes herbacées, un vin blanc du Québec aux notes végétales pourra très bien agrémenter ce sauté de poulet aux artichauts.

SAUTÉ DE SOLE AU VIN BLANC

 Délicat et léger

Blanc léger : penedès, **soave**, cidre du Québec

Ce vin italien simple, rafraîchissant et vif, au caractère fruité et subtilement épicé, est idéal pour accompagner ce plat classique.

SAUTÉ DE VEAU À L'OSEILLE

 Délicat et léger

 Blanc léger : sauvignon blanc (CH), **bourgogne-aligoté**, soave

Ce vin blanc léger mais savoureux, avec une bonne acidité et aux subtiles saveurs végétales, est tout indiqué pour accompagner ce veau à l'oseille.

338

SAUTÉ DE VEAU AU CITRON CONFIT ET À L'ESTRAGON

 Fruité et vif

🍾 Blanc mi-corsé : riesling (AL), **sauvignon blanc (NZ)**, bordeaux

👄 Vin aromatique, doté d'une touche d'agrumes évidente et d'un caractère herbacé qui s'agencera à l'estragon de la préparation, le sauvignon de Nouvelle-Zélande est tout indiqué pour accompagner ce sauté de veau.

SAUTÉ DE VEAU AU NAVET ET AU CUMIN

 Fruité et vif

🍾 Blanc mi-corsé : **sauvignon blanc (CAL)**, soave-classico, graves

👄 Ce vin assez savoureux, au fruité typique, pourra s'harmoniser aux notes d'amertume que peut conférer le navet. Le sauvignon de Californie est tout indiqué pour accompagner ce sauté de veau aux notes herbacées aromatisé au cumin.

SAUTÉ DE VEAU AUX AGRUMES ET AUX COURGETTES

Fruité et vif

🍾 Blanc mi-corsé : **riesling (AL)**, sauvignon blanc (NZ), bordeaux

👄 Ce vin aromatique à souhait est doté d'une touche d'agrumes qui s'agencera parfaitement à celles qu'offre le plat.

SAUTÉ DE VEAU AUX CAROTTES

Délicat et léger

🍾 Blanc léger : **sauvignon (AS)** (CAL) (CH)

👄 Ce vin d'Afrique du Sud, souple et légèrement végétal, avec une belle fraîcheur et des arômes simples de fruits et d'herbes fraîches, est tout indiqué pour accompagner les saveurs de ce sauté de veau aux carottes.

SAUTÉ DE VEAU AUX OLIVES NOIRES

 Fruité et généreux

🍾 Rouge mi-corsé : **côtes-du-roussillon**, torgiano rosso, côtes-du-rhône

👄 Ce vin souple aux tannins discrets, bien fruité et subtilement épicé, est idéal pour accompagner les saveurs de ce sauté de veau méditerranéen.

SAUTÉ DE VOLAILLE AVEC CRÈME DE POIVRONS

Aromatique et rond

🍾 Blanc mi-corsé : graves, soave-classico, chardonnay/sémillon (AU)

👄 Ce vin à la texture presque grasse, légèrement boisé et vanillé avec des arômes de fruits exotiques et muni d'une bonne acidité mais modérée, est le complément idéal de ce sauté de volaille aux poivrons.

SCAMPIS AU FROMAGE

 Fruité et vif

Blanc mi-corsé : chardonnay (CAL), **coteaux-du-languedoc**, pinot grigio (IT)

 Les notes de garrigues (odeur de terre et d'épices) et le parfum de fruits mûrs de ce vin du Languedoc-Roussillon en font le complément idéal de ce plat de scampis.

SÉBASTE GRILLÉ AVEC SAUCE
PIQUANTE AUX ARACHIDES

 Fruité et vif

Blanc mi-corsé : **pinot gris (AL)**, coteaux-du-languedoc, sauvignon (CAL)

Cette chair délicate nappée de sauce aux arachides requiert un pinot gris alsacien à la texture grasse et aux arômes de fruits blancs et de fleurs blanches.

SOLE AMANDINE

 Délicat et léger

Blanc léger : graves, **côtes-du-rhône**, chablis

Ce vin léger, parfumé, épicé et légèrement fruité à la bouche ample conviendra parfaitement aux saveurs délicates de ce plat connu à travers le monde.

SOLE, FILETS DE, AUX ÉPINARDS
ET AU FROMAGE

 Délicat et léger

Blanc léger : gaillac, **sauvignon blanc (CH) (FR)**

Ce vin léger, assez aromatique, aux notes d'agrumes acidulées et légèrement végétal, est tout indiqué pour accompagner ces filets de sole aux épinards.

SOLE, FILETS DE, AVEC BEURRE
AUX FINES HERBES

Délicat et léger

Blanc léger : **quincy**, gavi, santorini (GR)

Ce vin de la Loire, d'une bonne nervosité, simple avec une belle présence fruitée et végétale, saura accompagner les saveurs délicates de ce plat de sole aux fines herbes.

SOLE, FILETS DE, GRILLÉS, SAUCE À LA LIME

 Délicat et léger

Blanc léger : **sauvignon (CH)**, sylvaner (AL), muscadet

Le sauvignon chilien, avec sa vivacité et ses subtiles notes végétales, est tout indiqué pour rehausser le goût de la sole et se mariera très bien à celui de sa sauce à la lime.

SOLE MARGUEREY

Délicat et léger

🍷 Blanc léger : muscadet-sèvre-et-maine, bordeaux, **sauvignon blanc (CH)**

👄 Ce plat de fruits de mer et de poisson rehaussé de notes d'agrumes se mariera parfaitement à un vin blanc, sec et pourvu d'arômes d'agrumes, comme ce sauvignon blanc du Chili.

SOLE MEUNIÈRE

Délicat et léger

🍷 Blanc léger : orvieto, **entre-deux-mers**, pinot blanc (AL)

👄 Ce vin fruité et rafraîchissant, aux notes légères d'agrumes, rehaussera le goût délicat de cette sole classique et son côté citronné.

SOLE, SAUCE AU BOURSIN ET AUX FINES HERBES

Fruité et vif

🍷 Blanc mi-corsé : **fiano-di-avellino**, pouilly-fumé, penedès

👄 Ce vin de la Campanie, associant rondeur et bonne fraîcheur aux arômes intenses et fruités, accompagnera délicieusement les saveurs de la sauce de ce plat de sole au fromage.

SOLE, SAUTÉ DE, AU VIN BLANC

Délicat et léger

🍷 Blanc léger : penedès, **soave**, côtes-de-provence

👄 Ce vin italien simple, rafraîchissant et suave à la fois, au caractère fruité et subtilement épicé, est idéal pour accompagner ce plat classique légèrement épicé.

SOUFFLÉ À LA RICOTTA ET AU CITRON AVEC COULIS DE FRAMBOISES

Fruité et extra doux

🍷 Vin de dessert : **muscat-de-rivesaltes**, muscat d'Italie et du Portugal

👄 Ce dessert onctueux s'harmonisera parfaitement avec un vin liquoreux, comme le muscat, à la texture grasse et aux parfums dominants de citrons confits.

SOUFFLÉ AU CAVIAR

Aromatique et rond

🍷 Blanc mousseux : **champagne**, mousseux d'Espagne et de Californie

👄 Pour accompagner ce plat raffiné aux saveurs relevées, quoi de mieux qu'un champagne bien frais aux arômes de pêche blanche et aux notes briochées ?

SOUFFLÉ AU CRABE

Fruité et vif

Blanc mi-corsé : bourgogne, **riesling grand cru (AL)**, chardonnay (CAL)

Ce vin grand cru à l'acidité délicate, à la texture moelleuse et aux notes minérales accompagnera parfaitement les saveurs délicates de ce soufflé au crabe.

SOUFFLÉ AU FROMAGE

Délicat et léger

Blanc léger : vin de Savoie, **sylvaner (AL)**, pinot blanc (FR)

Ce vin d'Alsace léger et frais, aux caractères simples de fruit, parfois minéral et lacté, est tout indiqué pour accompagner ce soufflé au fromage.

SOUFFLÉ AU ROQUEFORT

Fruité et extra doux

Vin fortifié : **porto tawny 10 ans**, banyuls, maury

Porto moyennement corsé, muni d'une bonne puissance aromatique et gustative, sera le complément idéal de ce soufflé au roquefort. Le salé et le sucré s'affronteront avec douceur.

SOUFFLÉ AUX CHAMPIGNONS

Fruité et généreux

Rouge mi-corsé : **pinot noir (CAL)**, coteaux-du-languedoc, saint-émilion

Vin mi-corsé à la structure tendre et aux tannins assouplis avec un caractère boisé, le pinot noir de Californie est tout indiqué pour accompagner ce soufflé aux champignons.

SOUFFLÉ AUX CREVETTES

Fruité et généreux

Rosé mi-corsé : tavel, **côtes-de-provence**, rosé du Québec

Pour accompagner ce plat de fruits de mer à la touche méditerranéenne, choisissez un rosé de Provence, frais et subtilement épicé.

SOUFFLÉ AUX PRUNEAUX D'AGEN

Fruité et doux

Blanc doux : riesling (AL), moscato-d'asti, **clairette-de-die**

Grâce à son côté aérien, à ses parfums floraux et fruités intenses, de même qu'à ses bulles fines, ce mousseux du sud de la France se fondra parfaitement avec légèreté et tout en douceur à ce soufflé aux pruneaux.

SOUFFLÉ DE SAUMON

Fruité et vif

Blanc mi-corsé : **soave-classico**, saint-véran, chardonnay (CH)

Ce vin souple, suave, légèrement fruité et doté d'une certaine fraîcheur est parfait pour accompagner un soufflé de saumon.

SOUPE À L'OIGNON

Aromatique et rond

Blanc mi-corsé : **rully**, montagny, saint-véran

Ce vin ample, simple, avec une agréable fraîcheur, servi à une température assez élevée, autour de 11 °C, est tout indiqué pour accompagner une soupe consistante comme cette soupe à l'oignon.

SOUPE À L'OSEILLE

Fruité et vif

Blanc léger : **sauvignon blanc vin de pays d'oc**, soave, penedès

Le caractère herbacé et la texture de ce potage demandent un vin fin et sans agressivité, pourvu également de notes végétales, comme le sauvignon blanc en appellation vin de pays d'oc.

SOUPE AU FROMAGE DE CANTAL

Aromatique et rond

Blanc mi-corsé : soave-classico, chardonnay (FR), **coteaux-du-languedoc**

Pour accompagner le côté onctueux et salé du fromage, choisissez un vin blanc de bonne tenue, pas trop boisé, mais pourvu d'arômes de fruits et d'herbes aromatiques, comme ce vin du sud de la France.

SOUPE AUX HUÎTRES

Délicat et léger

Blanc léger : sauvignon de Touraine, **bordeaux**, picpoul-de-pinet

La saveur fine et délicate des huîtres requiert un vin léger et aromatique, comme ce bordeaux blanc, à la texture souple, aux notes d'agrumes, de fleurs et de minéraux.

SOUPE AUX MARRONS

Fruité et vif

Blanc mi-corsé : **fiano-di-avellino**, chardonnay de la Toscane, mâcon-villages

Un vin blanc riche aux délicates notes d'amande, comme ce vin italien, saura mettre en valeur les saveurs des ingrédients qui composent cette soupe.

SOUPE AUX MOULES

Délicat et léger

Blanc léger : sauvignon blanc (CH), menetou-salon, **pinot blanc (AL)**

Question de créer un équilibre au niveau des intensités savoureuses, un vin léger, frais et délicat, comme le pinot blanc d'Alsace, ne prendra pas le dessus sur les parfums de la soupe.

SOUPE DE POISSON

Délicat et léger

Blanc léger : entre-deux-mers, **graves**, saumur

Ce vin avec une très belle vivacité et à la texture riche accompagnera agréablement cette soupe de poisson.

SPAGHETTIS ALLA PUTTANESCA

Aromatique et charnu

Rouge corsé : penedès, **corbières**, cannonau-di-sardegna

Ce vin corsé aux tannins charnus et très aromatique est idéal pour soutenir la sauce relevée de ce plat de pâtes.

SPAGHETTIS AU JAMBON ET AUX PETITS POIS

Fruité et léger

Rosé léger : rosé de Provence, rosé de Californie, **côtes-du-frontonnais**

Ce vin rosé et frais sera idéal pour soutenir le côté salin du jambon et accompagner ce plat simple et convivial.

SPAGHETTIS AU THON

Fruité et vif

Blanc mi-corsé : mâcon-villages, orvieto-classico, **soave-classico**

Ce vin blanc ample et rafraîchissant, avec une simplicité aromatique et une persistance moyenne, sera le complément parfait de ce plat simple mais savoureux.

SPAGHETTIS AUX ASPERGES ET À LA CRÈME DE CITRON

Fruité et vif

Blanc léger : muscadet, orvieto, **sauvignon (CH)**

Ce plat savoureux et onctueux requiert un vin vif et désaltérant, légèrement végétal avec des notes d'agrumes, comme ce sauvignon du Chili.

SPAGHETTIS AUX PALOURDES ET À L'AIL

Fruité et vif

Blanc mi-corsé : coteaux-du-languedoc, vin de Grèce, **gavi**

Vin blanc du Piémont, vif et fruité à la texture souple, le gavi est tout indiqué pour accompagner ce plat marin de pâtes.

SPAGHETTIS AVEC BOULETTES DE DINDE AU PISTOU

Fruité et vif

Blanc mi-corsé : soave-classico, bordeaux, **torgiano bianco**

Ce vin d'Ombrie, ample et d'une grande simplicité avec beaucoup de vivacité, est tout indiqué pour accompagner les saveurs relevées de ces spaghettis.

SPAGHETTIS AVEC SAUMON MARINÉ AU CITRON

Délicat et léger

Blanc léger : **pinot blanc (FR)** (CAL), viognier (CAL)

Ce vin blanc léger aux notes d'agrumes est tout indiqué pour accompagner ce plat de pâtes aux saveurs de saumon citronné.

SPAGHETTIS, SAUCE AU CITRON

Délicat et léger

Blanc léger : coteaux-du-languedoc-picpoul-de-pinet, **sylvaner (AL)**

Ce vin clair, souple et vif, avec des arômes d'agrumes, est idéal pour accompagner ces pâtes au citron.

SPAGHETTIS, SAUCE AUX PALOURDES

Fruité et léger

Rouge léger : valpolicella, **bardolino**, rosso-di-torgiano

Ce vin italien frais, gouleyant et plein de fruit, sera le complément idéal de ce plat de pâtes aux palourdes.

SPAGHETTIS, SAUCE BOLOGNAISE

Fruité et léger

Rouge léger : chianti, **valpolicella**, côtes-du-roussillon

Ce vin de la Vénétie, simple et souple, aux arômes de fruits et d'épices, est parfait pour accompagner ce classique de la cuisine italienne.

SPAGHETTIS, SAUCE CARBONARA

Fruité et léger

Rosé léger : rosé (IT), vin de pays, **rosé du Languedoc**

Ce vin fruité, avec une bonne vivacité et une certaine ampleur en bouche, est tout indiqué pour accompagner les saveurs de ce plat de pâtes à la carbonara.

SPAGHETTIS, SAUCE NAPOLITAINE

Fruité et généreux

Rouge mi-corsé : **barbera**, montepulciano-d'abruzzo, merlot (CH)

Ce vin débordant d'arômes fruités, ample et aux tannins tendres, accompagnera parfaitement ce plat simple mais savoureux et épicé.

STEAK AU POIVRE NOIR

 Aromatique et souple

🍷 Rouge mi-corsé : syrah (CAL), **shiraz (AU)**, côtes-du-rhône

👄 Pour accompagner ce plat classique, choisissez un vin assez costaud, mais aux tannins enveloppants et à la texture tendre, souvent marqué par des odeurs d'épices.

STEAK AU POIVRE, SAUCE À LA CRÈME ET À LA MOUTARDE DE DIJON

 Aromatique et charnu

🍷 Rouge corsé : **rioja gran reserva**, châteauneuf-du-pape, barbaresco

👄 Ce vin charpenté, boisé et savoureux, doté de tannins étoffés, avec de la profondeur et de la persistance, sera le complément idéal de ce plat relevé avec sa note rustique.

STEAK AU POIVRE, SAUCE À LA MANGUE

 Aromatique et souple

🍷 Rouge mi-corsé : cahors, côtes-du-roussillon, **shiraz (AU)**

👄 La shiraz australienne, au goût riche de fruits mûrs et d'épices, accompagnera parfaitement cette viande grillée et sa sauce exotique.

STEAK BRAISÉ, SAUCE AU POIVRE VERT ET AU COGNAC

 Aromatique et charnu

🍷 Rouge corsé : malbec (AR), **saint-estèphe**, tannat (UR)

👄 Pour accompagner ce plat raffiné, choisissez un bordeaux aux arômes intenses et épicés, aux tannins présents et élégants, comme un saint-estèphe.

STEAK BRAISÉ, SAUCE AUX CHAMPIGNONS ET AU VIN ROUGE

 Aromatique et charnu

🍷 Rouge corsé : cabernet-sauvignon (CAL), **châteauneuf-du-pape**, margaux

👄 Ce plat raffiné gagne à être accompagné d'un grand vin tendre et fruité, avec des saveurs boisées et empyreumatiques, comme le châteauneuf-du-pape.

STEAK DE BŒUF LAQUÉ AU VINAIGRE BALSAMIQUE

 Aromatique et souple

🍷 Rouge mi-corsé : cahors, **zinfandel (CAL)**, chianti

👄 Ce vin charnu aux arômes de fruits cuits et aux notes animales légères saura agrémenter cette viande laquée au vinaigre balsamique.

STEAK DE JAMBON AU VIN

 Fruité et léger

 Rosé léger : **rosé du sud-ouest de la France**, de Vénétie, du Portugal

 Ce rosé simple, assez aromatique, avec une bonne acidité, est tout indiqué pour accompagner ce plat simple mais savoureux à souhait.

STEAK DE PORC AVEC POMMES CARAMÉLISÉES

 Fruité et léger

 Rouge léger : **beaujolais-villages**, cidre du Québec, merlot (CAL)

 Ce vin tendre, léger et parfumé est tout indiqué pour accompagner la délicate flaveur fruitée de ce plat de porc.

STEAK DE SAUMON GRILLÉ AVEC SAUCE AU RAIFORT

 Aromatique et rond

 Blanc mi-corsé : **pessac-léognan**, langhe, sauvignon (CAL)

 Vin charpenté et qui a du gras, sans être lourd, le pessac-léognan laisse en bouche des arômes de fruits blancs et d'épices douces. Il est tout indiqué pour accompagner les saveurs relevées de ce steak de saumon.

STEAK DE SAUMON GRILLÉ ÉPICÉ, AU BEURRE NOIR

 Fruité et généreux

 Rouge mi-corsé : **pinot noir (AL)** (NZ) (ÉU)

 Ce vin d'une grande souplesse et d'une grande finesse à la fois, fruité et rafraîchissant avec une structure tannique soyeuse, rehaussera les saveurs de ce steak de saumon.

STEAK DE SURLONGE AVEC BEURRE AU FROMAGE BLEU ET AUX NOIX DE GRENOBLE

 Aromatique et charnu

 Rouge corsé : shiraz (AU), **gigondas**, madiran

 Doté d'une grande richesse aromatique, ce vin charnu et épicé aux tannins enveloppés et à la texture dense est tout indiqué pour accompagner ce plat aux saveurs et aux textures relevées.

STEAK DE THON AU CARI

 Fruité et vif

 Blanc mi-corsé : **gros et petit manseng (FR)**, malvoisie (ÉU), pinot grigio (IT)

 Ce vin parfumé, exotique et très désaltérant est idéal pour accompagner et mettre en valeur les saveurs relevées de ce steak de thon.

STEAK GRILLÉ, SAUCE AU GINGEMBRE ET AU SOYA

 Aromatique et charnu

🍾 Rouge corsé : **cabernet/shiraz (AU)**, merlot (ÉU), malbec (AR)

🍷 Ce vin fruité, épicé, simple mais très savoureux, avec sa texture ample et ses tannins charnus, rehaussera les saveurs de ce steak grillé au gingembre.

STEAK TARTARE

 Fruité et généreux

🍾 Rouge mi-corsé : bergerac, **chinon**, cahors

🍷 Pour accompagner ce plat classique et raffiné, choisissez un vin rouge comme le chinon, de structure moyenne aux tannins charnus, frais et avec des notes végétales peu complexes telles que le poivron et les fruits légers.

SUPRÊME DE CANARD AVEC CONFIT D'OIGNONS AUX CANNEBERGES

 Fruité et généreux

🍾 Rouge mi-corsé : merlot (CH), corbières, **douro**

🍷 La tendresse des tannins et le fruité explosif de ce vin du Portugal en font le complément idéal pour rehausser les saveurs diverses de ce plat.

SUPRÊME DE CANARD SAUTÉ, SAUCE AU XÉRÈS

 Aromatique et souple

🍾 Rouge mi-corsé : syrah (CAL), bordeaux, **rioja**

🍷 Reconnu pour son intensité savoureuse et sa structure tannique assouplie, ce vin espagnol accompagnera parfaitement cette volaille en sauce.

SUPRÊME DE PINTADE AUX POIRES ET AU ROQUEFORT

 Fruité et doux

🍾 Blanc mi-corsé : **coteaux-du-layon**, vouvray, jurançon

🍷 Ce vin blanc vivifiant, dont le sucre résiduel et la finesse s'entremêlent, s'harmonisera avec merveille aux saveurs fruitées et relevées de ce plat.

SUPRÊME DE SAUMON AU FOUR

 Fruité et généreux

🍾 Rosé mi-corsé : côtes-de-provence, rosé (AS), **saint-chinian**

🍷 Vin sec et rafraîchissant, pourvu d'une structure intéressante et d'arômes de petits fruits rouges, le saint-chinian est le complément idéal de ce plat de saumon peu relevé.

SUSHIS
Délicat et léger

Blanc léger : torrontes (AR), **riesling (AL)**, muscadet

Ce vin vif et aromatique avec un soupçon d'exotisme et d'agrumes est tout indiqué pour accompagner les sushis.

TABOULÉ À LA MENTHE ET AU PERSIL
Fruité et généreux

Rosé mi-corsé : tavel, pinot blanc (CAN), **côtes-du-rhône**

Ce plat frais et citronné requiert un vin doté d'une grande fraîcheur, aux saveurs de fruits et subtilement épicé pour s'associer aux notes herbacées du plat.

TABOULÉ À LA ROQUETTE, AU POULET ET AUX NOIX DE PIN
Délicat et léger

Blanc léger : vin du Québec, muscadet, **chenin blanc (AS)**

Avec sa saveur acide dominante, ce vin aux notes typiques de fleurs mellifères saura agrémenter ce taboulé aux saveurs relevées et légèrement amères.

TABOULÉ AUX CREVETTES
Fruité et vif

Blanc mi-corsé : chablis, sancerre, **fumé blanc (CAL)**

Ce vin aux notes herbacées et minérales rehaussera les saveurs de ce plat aux crevettes.

TAGLIATELLES AU CHÈVRE ET POULET CARAMÉLISÉ
Fruité et vif

Blanc mi-corsé : vouvray, **vin de pays des côtes de Gascogne**, pinot gris (AL)

Ce vin au fruité croquant et doté d'une touche de sucre résiduel s'harmonisera parfaitement avec les flaveurs du poulet caramélisé.

TAGLIATELLES AU POULET ET AU XÉRÈS
Aromatique et rond

Blanc mi-corsé : chardonnay (CAL), **arbois (FR)**, fendant-du-valais (SU)

Ce vin du Jura, doté d'une texture assez ronde avec un boisé fondu, est tout indiqué pour accompagner les saveurs relevées de ce plat de pâtes.

TAGLIATELLES AU SAUMON ET AU PAMPLEMOUSSE

 Fruité et vif

🍾 Blanc mi-corsé : **sauvignon blanc (CAL)** (NZ), chablis premier cru

👄 Ce vin vivifiant, légèrement herbacé, doté d'arômes d'agrumes, est idéal pour accompagner les parfums du pamplemousse.

TAGLIATELLES AU SAUMON ET AU HOMARD, SAUCE AU GORGONZOLA

 Aromatique et rond

🍾 Blanc corsé : **meursault**, chardonnay (CAL) (AU)

👄 Ce vin de Bourgogne aux notes boisées, est assez souple pour épouser la texture de la préparation et assez puissant pour être à la hauteur des saveurs du fromage.

TAGLIATELLES AU SAUMON FUMÉ, SAUCE AU SAFRAN

 Fruité et vif

🍾 Blanc mi-corsé : sancerre, **riesling grand cru (AL)**, sauvignon blanc (CAL)

👄 Vin fin et complexe, aux notes fruitées, minérales et à la vivacité présente, ce grand riesling est tout indiqué pour accompagner le saumon fumé.

TAGLIATELLES AU SAUMON, SAUCE CRÉMEUSE AUX ÉPINARDS

 Aromatique et rond

🍾 Blanc mi-corsé : **chardonnay toscan**, soave-classico, chardonnay (CH)

👄 Vin à la texture onctueuse, ce chardonnay italien assez savoureux est tout indiqué pour accompagner l'onctuosité de la sauce.

TAGLIATELLES AUX AUBERGINES

 Fruité et léger

🍾 Rosé léger : **rosé de Sicile**, de Provence ou du Québec

👄 Ce vin rosé fruité, au caractère légèrement végétal, avec une bonne fraîcheur, accompagnera agréablement ce plat de pâtes aux aubergines.

TAGLIATELLES AUX CERISES ET AUX PRUNEAUX

Fruité et généreux

🍾 Rouge mi-corsé : barbera-d'asti, primitivo (IT), **dolcetto-d'alba**

👄 Ce vin rouge aux tannins discrets, mais non dépourvu de caractère, fruité et assez persistant en finale, est parfait pour rehausser les saveurs fruitées de ce plat de pâtes.

TAGLIATELLES AUX POIVRONS ET AUX CHAMPIGNONS

 Fruité et léger

Rouge léger : **chinon**, cabernet franc (CAL), valpolicella

Ce vin rouge aux tannins souples et aux arômes subtils de sous-bois et de poivron est tout indiqué pour accompagner ce plat de pâtes.

TAGLIATELLES, SAUCE AUX CHAMPIGNONS ET AU PARMESAN

 Aromatique et rond

Blanc mi-corsé : **chardonnay (IT)**, mâcon-villages, coteaux-du-languedoc

Vin assez étoffé, subtilement boisé avec une bonne longueur et de la fraîcheur, le chardonnay italien accompagnera savoureusement ce plat de pâtes.

TAGLIOLINIS AUX CHAMPIGNONS SAUVAGES

 Aromatique et rond

Blanc mi-corsé : **graves**, soave-classico, pinot blanc (CAL)

Ce vin blanc de texture ample et assez savoureux, avec une note subtilement boisée, sera le complément idéal de ces pâtes aux saveurs de sous-bois.

TAJINE D'AGNEAU AVEC FRUITS SÉCHÉS, NOIX, OLIVES VERTES ET CORIANDRE

 Fruité et généreux

Rouge mi-corsé : coteaux-du-tricastin, **primitivo (IT)**, malbec (AR)

Pour accompagner ce plat relevé aux arômes complexes, choisissez un vin souple et épicé, légèrement boisé et frais, comme ce primitivo.

TAJINE D'AGNEAU AVEC RAISINS, AMANDES ET MIEL

 Aromatique et rond

Blanc mi-corsé : pinot gris (AL), **chardonnay (AU)** (CAL)

Ce vin australien, avec sa dominante fruitée, sa touche boisée et sa texture grasse, se fond à merveille aux saveurs du miel et de l'agneau de ce tajine.

TAJINE DE BŒUF

Fruité et généreux

Rouge mi-corsé : pinot noir (FR), **cabernet franc (CAL)**, merlot (BUL)

Pour accompagner ce tajine de bœuf, un vin comme le cabernet franc, avec son intensité gustative, ses tannins charnus et ses saveurs de fruits rouges et d'épices, est tout indiqué.

TAJINE DE PERCHAUDE AUX ABRICOTS

Délicat et léger

Blanc léger : torrontes (AR), **viognier (FR)** (CAL)

Ce vin ample et aromatique, aux notes fruitées, accompagnera parfaitement les saveurs délicates et fruitées de ce tajine de perchaude.

TAJINE DE PINTADE AUX CITRONS CONFITS ET AUX FIGUES

Fruité et vif

Vin blanc mi-corsé : **gewurztraminer (AL)**, pinot gris (AL), viognier (CAL)

Ce vin aux effluves de salade de fruits, d'une enveloppante texture soyeuse, accompagnera à merveille les saveurs fruitées de ce plat de volaille.

TAJINE DE POULET AUX ARTICHAUTS

Délicat et léger

Blanc léger : **vin du Québec**, sauvignon (CH), orvieto

Un vin du Québec, plutôt léger et aux arômes de fruits, saura s'harmoniser avec les saveurs de ce tajine de poulet.

TAJINE DE POULET AUX PRUNEAUX

Délicat et léger

Blanc léger : muscadet, pinot blanc (FR), **sylvaner (AL)**

Pour accompagner ce plat de volaille aux pruneaux, choisissez un vin blanc délicat et rafraîchissant, comme le sylvaner alsacien aux arômes de fruits blancs.

TAJINE DE VEAU AUX COURGETTES ET AUX AMANDES

Aromatique et rond

Blanc mi-corsé : coteaux-du-languedoc, chardonnay (AR), **chardonnay toscan**

Ce vin souple, pourvu d'une délicate touche boisée, saura accompagner les parfums légués par les amandes dans ce tajine de veau.

TAPAS

Fruité et généreux

Rosé mi-corsé : **penedès**, minervois, côtes-du-roussillon

Pour accompagner ces bouchées, choisissez un vin espagnol frais, friand et polyvalent avec un riche fruité pour s'associer aux différentes saveurs des tapas.

TARTARE DE BŒUF AUX ÉPICES

Aromatique et charnu

Rouge corsé : **cornas**, ribera-del-duero, barolo

La syrah, avec sa structure équilibrée, ses tannins étoffés et son goût légèrement épicé, s'harmonisera à merveille avec cette viande relevée.

TARTARE DE SAUMON ET DE THON AVEC WASABI

Aromatique et rond

🍾 Blanc mousseux : champagne ou crémant (FR), **mousseux (CAL)**

👄 Pour accompagner un tartare de poisson, pourquoi ne pas essayer un vin mousseux au goût délicat qui adoucira l'effet du wasabi ?

TARTE À L'ORANGE

Fruité et extra doux

🍾 Vin doux : **moscato-di-pantelleria**, passito, muscat-de-rivesaltes

👄 La richesse du muscat et ses notes de fruits exotiques feront un accord superbe avec les agrumes.

TARTE À LA CRÈME D'AMANDES ET AUX PETITS FRUITS

Fruité et extra doux

🍾 Vin doux : jurançon, **muscat-de-lunel**, asti spumante

👄 L'onctuosité et la richesse des arômes de fruits exotiques proposées par ce muscat vous enchanteront.

TARTE À LA CRÈME D'ÉRABLE

Fruité et extra doux

🍾 Vin fortifié : **porto tawny 10 ans**, maury, pineau-des-charentes

TARTE À LA LIME

Fruité et doux

🍾 Vin doux : colombard demi-sec, jurançon, **moscato-d'asti**

TARTE À LA MARMELADE D'AGRUMES

Fruité et extra doux

🍾 Vin doux : **passito-di-pantelleria**, muscat-de-beaumes-de-venise, tokay 4-5 puttonyos (HO)

TARTE AU CHOCOLAT

Fruité et extra doux

🍾 Vin doux : banyuls hors d'âge, **maury**, porto l.b.v.

TARTE AU CHOCOLAT ET À LA NOIX DE COCO

Fruité et extra doux

🍾 Vin doux : **loupiac**, banyuls, maury

TARTE AU CHOCOLAT ET AUX NOIX DE GRENOBLE AVEC COULIS DE FRAISES

Fruité et extra doux

🍾 Vin fortifié : pineau-des-charentes ruby, **porto ruby**, banyuls

TARTE AU CITRON
Fruité et extra doux

Vin doux : muscat-de-lunel, muscat-de-saint-jean-de-minervois, **muscat-de-beaumes-de-venise**

TARTE AUX ABRICOTS
Fruité et extra doux

Vin doux : sauternes, **passito-di-pantelleria**, cidre de glace du Québec

TARTE AUX AMANDES
Fruité et extra doux

Vin fortifié : porto tawny, vieux pineau-des-charentes, **marsala**

TARTE AUX BANANES ET À LA NOIX DE COCO
Fruité et extra doux

Vin doux : **loupiac**, sainte-croix-du-mont, vendanges tardives (QC)

TARTE AUX BLEUETS
Fruité et doux

Vin doux : produits du terroir québécois aux petits fruits, moscato-d'asti, **asti spumante**

TARTE AUX FIGUES
Fruité et extra doux

Vin fortifié : **porto tawny 10 ans**, pedro ximenez, vin de glace (CAN)

TARTE AUX FIGUES ET AUX FRAMBOISES
Fruité et extra doux

Vin doux : **banyuls**, maury, cidre de glace du Québec

TARTE AUX FRAISES ET À LA RHUBARBE
Fruité et extra doux

Vin mousseux : moscato-d'asti, asti spumante, **mistelle de fraises du Québec**

TARTE AUX FRAISES ET MASCARPONE
Fruité et extra doux

Vin doux : **mistelle de fraises du Québec**, moscato-d'asti, muscat-de-lunel

TARTE AUX FRAMBOISES ET AU CHOCOLAT
Fruité et extra doux

Vin fortifié : porto ruby, pineau-des-charentes ruby, **banyuls**

TARTE AUX FRAMBOISES ET AUX TRUFFES DE CHOCOLAT BLANC
Fruité et extra doux

Vin doux : **muscat-de-saint-jean-de-minervois**, muscat-de-lunel, muscat de Patras

TARTE AUX NOIX DE GRENOBLE ET AU MIEL
Fruité et extra doux

Vin fortifié : **porto tawny 10 ans**, porto blanc lagrima, vieux pineau-des-charentes

TARTE AUX PÊCHES ET AUX FRAMBOISES
Fruité et extra doux

Vin doux : cidre de glace du Québec, muscat de Samos, **coteaux-du-layon**

TARTE AUX POIRES
Fruité et doux

Vin de vendanges tardives : **vouvray demi-sec**, vin de glace du Québec, vendanges tardives (QC)

TARTE AUX POIRES CARAMÉLISÉES
Fruité et extra doux

Vin doux : vin de glace du Québec, **bonnezeaux**, loupiac

TARTE AUX POIRES ET AUX POMMES
Fruité et extra doux

Vin de dessert : **cidre de glace (QC)**, vendanges tardives (QC) (CH)

TARTE AUX POMMES ET AUX AMANDES
Fruité et extra doux

Cidre doux ou de glace : **cidre de glace (QC)**, brandy de pomme (QC), calvados

TARTE AUX POMMES ET AUX RAISINS
Fruité et extra doux

Vin ou cidre de glace : vin de glace (QC) (ALL), **cidre de glace (QC)**

TARTE AUX PRUNEAUX DE CLAUDE
Fruité et extra doux

Rouge doux : **reciotto-della-valpolicella**, marsala ruby, porto ruby

Grâce à ses notes de fruits noirs cuits et d'épices et à sa douceur onctueuse, le recioto-della-valpolicella saura escorter admirablement les saveurs de ce dessert aux pruneaux.

TARTE DE NOISETTES AVEC CRÈME AU BEURRE DE CAFÉ
Fruité et extra doux

Vin fortifié : porto tawny 10 ans, vieux pineau-des-charentes, **oloroso (xérès)**

TARTE TATIN
Fruité et extra doux

Vin doux : cidre de glace du Québec, jurançon, **tokay 5 puttonyos (HO)**

TARTUFO

Fruité et extra doux

Vin doux : bonnezeaux, **moscato**, loupiac

Un moscato, avec sa grande onctuosité et sa richesse en fruit, est tout indiqué pour accompagner ce dessert classique italien.

TEMPURA DE COURGETTES AVEC FIGUES GRILLÉES

Fruité et vif

Blanc mi-corsé : gambellara, pouilly-fumé, **sauvignon (CAL)**

Ce vin frais aux arômes fruités, rappelant les agrumes, s'agencera délicieusement avec les saveurs de cette tempura fruitée.

TEMPURA DE CREVETTES

Délicat et léger

Blanc léger : **mâcon-villages**, bianco-di-custoza, pinot blanc (CAL)

Ce vin blanc sec d'une agréable fraîcheur et à la texture ample est tout indiqué pour accompagner une tempura de crevettes.

TEMPURA DE POISSON AVEC PIMENT MEXICAIN

Fruité et vif

Blanc mi-corsé : pinot gris (AR) (FR), **fiano-di-avellino**

Ce vin aux parfums de noisette grillée et de poire, ayant une bonne acidité, accompagnera très bien cette tempura de poisson bien relevée.

TERRINE DE CANARD

Fruité et généreux

Rouge mi-corsé : **collioure**, touraine, bordeaux supérieur

Ce vin mi-corsé aux tannins assouplis, fruité avec un caractère légèrement sauvage, est tout indiqué pour accompagner une terrine de canard.

TERRINE DE FOIE DE VOLAILLE

Fruité et léger

Rouge léger : bordeaux, **saumur**, côtes-du-rhône-villages

Ce vin savoureux, avec une bonne fraîcheur et à la structure souple, accompagnera à merveille une terrine de foie de volaille.

TERRINE DE FOIE GRAS

Fruité et extra doux

Rouge : trockenbeerenauslese Allemagne, **Vin de glace Québec**, Passito di Pantelleria

Le vin de glace est reconnu pour son côté charmeur et envoûtant. Un fruité et une fraîcheur inégalée pour soutenir cette terrine.

TERRINE DE GIBIER

Aromatique et souple

Rouge mi-corsé : fitou, **pinot noir (CA)**, saint-chinian

Ce vin de caractère, sans rudesse, avec une trame tannique charnue et aux parfums un tantinet rustiques, sera idéal pour accompagner une terrine de gibier.

TERRINE DE POISSON

Délicat et léger

Blanc léger : riesling, **graves**, chardonnay (IT)

Ce vin ample à la texture soyeuse et doté d'une grande fraîcheur est tout indiqué pour rehausser les saveurs d'une terrine de poisson.

TÊTE DE VEAU RAVIGOTE

Fruité et vif

Blanc mi-corsé : pinot gris (AL), **jurançon sec**, viognier (CAL)

Pour faire le lien entre la texture de la sauce ravigote et les saveurs que lègueront les ingrédients de cette recette, un vin blanc riche, assez savoureux, pourvu d'une texture onctueuse et d'un fruité intense, comme ce vin du sud-ouest, sera parfait.

THON AU FOUR ET BONITES DE NOIRMOUTIER

Aromatique et rond

Blanc mi-corsé : **mercurey**, chardonnay (FR), pinot gris (AR)

Pour accompagner les saveurs de ces poissons, un vin blanc sec, au boisé effacé et pourvu d'une certaine stature, comme le mercurey, accompagnera à merveille ce plat traditionnel.

THON AUX OIGNONS COMME À SAINT-JEAN-DE-LUZ

Aromatique et rond

Blanc mi-corsé : pinot gris (AL), pouilly-fuissé, **viognier (CAL)**

Pour faire le lien entre la texture assez grasse du thon, tout en enveloppant les saveurs particulières des oignons qui parfument ce plat, un vin blanc ample, pourvu d'arômes de fruits exotiques et de fleurs, comme le viognier de Californie, sera l'idéal.

THON AVEC TAPENADE DE ROMARIN ET D'AGRUMES

Fruité et vif

Blanc mi-corsé : gewurztraminer (FR), **sauvignon (NZ)**, pinot gris (AR)

Pour accompagner ce plat aux saveurs d'agrumes, choisissez un vin fruité, frais et souple, aux notes herbacées et d'agrumes comme le sauvignon de Nouvelle-Zélande.

THON BRAISÉ, SAUCE ORIENTALE AUX AGRUMES

 Aromatique et rond

🍷 Blanc corsé : viognier (CAL), **pessac-léognan**, gros manseng (FR)

👄 Ce vin de caractères typés, avec une acidité désaltérante, ample et de bonne persistance, accompagnera savoureusement les saveurs asiatiques de ce thon braisé.

THON BRAISÉ, SAUCE WASABI ET OIGNONS VERTS

 Fruité et généreux

🍷 Rouge mi-corsé : rully, **pinot noir (NZ)** (AL)

👄 Ce vin charnu aux tannins souples, frais et assez persistant, rehaussera les saveurs relevées de ce plat de thon braisé.

THON, BROCHETTE DE, ET DE TOMATES

 Fruité et léger

🍷 Rouge léger : **pinot noir (FR)**, bourgogne-passetoutgrain, gamay de Touraine

👄 Un vin d'une grande délicatesse, frais en bouche et au goût fruité enjôleur, accompagnera idéalement le goût du thon et des tomates.

THON, CARPACCIO DE, AVEC VINAIGRETTE AUX CÂPRES

 Fruité et vif

🍷 Blanc mi-corsé : sauvignon (NZ), **sancerre**, soave-classico

👄 Ce vin fruité possède une acidité équilibrée qui saura soutenir les saveurs salées de la vinaigrette.

THON, CASSEROLE DE NOUILLES AU, AVEC CHAMPIGNONS ET HERBES FRAÎCHES

Délicat et léger

🍷 Blanc léger : vin du Québec, **pinot blanc (AL)** (CAL)

👄 Le pinot blanc d'Alsace, léger, frais et aromatique, est tout indiqué pour accompagner les saveurs plus intenses d'herbes fines de ce plat de thon.

THON, COCOTTE DE, AUX LÉGUMES

 Fruité et léger

🍷 Rouge léger : **morgon**, pinot noir (NZ), valdepenas (ES)

👄 Avec ses arômes d'abricot, de pêche et de cerise, ce vin riche et charnu saura rehausser le goût du thon et accompagner celui des légumes.

THON, FRICASSÉE DE, AUX OIGNONS

Délicat et léger

🍷 Blanc léger **muscadet**, sauvignon (CH), soave

🍷 Vif et fruité, le muscadet est un vin frais et agréable, avec une touche minérale, qui accompagnera parfaitement ce plat de thon.

THON GRILLÉ

Fruité et généreux

🍷 Rouge mi-corsé : pinot noir, rosso-di-montalcino, **corbières**

🍷 Ce vin pourvu d'une belle richesse aromatique, ample et aux tannins étoffés, saura respecter la chair délicate du thon.

THON GRILLÉ AVEC ROMARIN, AIL ET POIVRONS FORTS

Fruité et généreux

🍷 Rouge mi-corsé : **cabernet franc (FR)** (CAL), malbec (AR)

🍷 Les arômes fruités et végétaux de ce vin et son goût délicatement épicé accompagneront agréablement ce thon grillé.

THON GRILLÉ, MARINÉ AU CITRON ET AU GINGEMBRE

Délicat et léger

🍷 Blanc léger : **gewurztraminer (FR)**, pinot gris (FR), pinot blanc (CAL)

🍷 Pour accompagner les saveurs du citron et du gingembre, choisissez un vin à la texture ample et aux saveurs intenses de fruits frais et d'épices, comme ce gewurztraminer.

THON GRILLÉ, SAUCE À L'ORANGE, AU GINGEMBRE ET À LA CITRONNELLE

Fruité et généreux

🍷 Rosé corsé : irouleguy, tavel, **rosé (AU)**

🍷 Fruité et généreux, rafraîchissant et exotique, avec une bonne intensité aromatique, ce rosé accompagnera parfaitement les saveurs fruitées et parfumées de ce thon grillé.

THON, PANINI AU

Fruité et léger

🍷 Rosé léger : **rosé (FR) (ES)**, cidre du Québec

🍷 Un rosé léger et surtout bien frais sera délicieux servi avec ce sandwich au thon.

THON, PÂTÉ AU

Fruité et vif

🍷 Blanc mi-corsé : fiano-di-avellino, greco-di-tufo, **vouvray**

🍷 Ce vin blanc ample et pourvu d'un bel équilibre entre la fraîcheur et la texture saura accompagner les saveurs délicates de ce pâté au thon.

THON, PAVÉ DE, EN CROÛTE D'ÉPICES, SAUCE AU PORTO

 Fruité et généreux

Rouge mi-corsé : sancerre, **pinot noir (NZ)** (AL)

Ce vin rouge d'une grande délicatesse d'expression, au fruité généreux et aux tannins souples, est tout indiqué pour accompagner ce pavé de thon.

THON, PENNE AVEC, BASILIC ET CITRON

Délicat et léger

Blanc léger : orvieto, muscadet-sèvre-et-maine, **pouilly-fumé**

Souple et désaltérant avec une note d'agrumes, ce vin blanc de la Loire accompagnera à merveille les saveurs herbacées et citronnées de ce plat de pâtes.

THON, PISSALADIÈRE DE

Fruité et léger

Rosé léger : **côtes-de-provence**, rosé (CH), rioja

Ce rosé vif et de bonne intensité, doté de caractères fruités et épicés, accompagnera à merveille ce plat provençal et ses notes épicées.

THON, ROULEAUX DE PRINTEMPS AU, ET AU SOYA

 Fruité et léger

Rosé léger : du Chili, **du Portugal** et d'Italie

Vif et fruité, et très rafraîchissant, le rosé du Portugal accompagnera bien les saveurs de poisson au soya de ce plat asiatique.

THON, SPAGHETTIS AU

Fruité et vif

Blanc mi-corsé : mâcon-villages, orvieto-classico, **soave-classico**

 Ce vin blanc ample et rafraîchissant, avec une simplicité aromatique et une persistance moyenne, sera le complément parfait de ce plat simple mais savoureux.

THON, STEAK DE, AU CARI

Fruité et vif

Blanc mi-corsé : **vin de pays des côtes de Gascogne**, malvoisie (ÉU), pinot gris (IT)

Ce vin parfumé, exotique et très désaltérant est idéal pour accompagner les saveurs relevées de ce steak de thon.

THON, TARTARE DE SAUMON ET DE, AVEC WASABI

 Aromatique et rond

Mousseux : champagne ou crémant (FR), **mousseux (CAL)**

Pour accompagner un tartare de poisson, pourquoi ne pas essayer un vin mousseux au goût délicat ? La fraîcheur adoucira l'effet du wasabi.

TIAN DE BLETTE À LA MODE DE CARPENTRAS ◯ Fruité et vif

🍾 Blanc mi-corsé : **fumé blanc (CA)**, sauvignon blanc (NZ), (AU)

👄 Pour escorter admirablement les saveurs végétales, la texture onctueuse et l'aspect salin de ce plat au gratin, choisissez un vin ample, aux notes de fruits exotiques et à la note légèrement herbacée, comme le fumé blanc californien.

TILAPIA AU BEURRE BRUN AVEC NOIX DE PIN ◯ Aromatique et rond

🍾 Blanc mi-corsé : **chardonnay (CH)** (CH) (AR)

👄 Le chardonnay du Chili, avec sa texture grasse et ses notes aromatiques de vanille, révélera la délicatesse des saveurs de ce poisson grillé aux notes légères de pin.

TIRAMISU ◯ Fruité et extra doux

🍾 Vin doux : marsala, rivesaltes ambré ou rancio, **madère malmsey**

👄 Ce vin doux portugais, aux caractères évolués d'où émanent des notes de torréfaction, et pourvu d'une texture moelleuse et intense, est le complément parfait de ce grand dessert.

TOMATES ET BOCCONCINIS AVEC BASILIC FRAIS ◯ Délicat et léger

🍾 Blanc léger : vin du Québec, sauvignon du sud de la France, **orvieto-classico**

👄 Ce vin d'Ombrie sec et léger, aux arômes discrets avec une touche de noix, possède une bonne vivacité, ce qui en fait le complément idéal de ce plat frais aux notes herbacées.

TOMATES FARCIES À LA MOZZARELLA ◯ Fruité et léger

🍾 Rouge léger : **beaujolais**, saint-amour, bardolino

👄 Pour accompagner ce plat de tomates farcies au fromage, choisissez un rouge fruité, simple, délicat, léger et aux tannins gouleyants.

TOMATES FARCIES AU JAMBON ◯ Fruité et léger

🍾 Rouge léger : **bourgogne-passetoutgrain**, gamay de Touraine, dôle-du-valais (Suisse)

👄 Ce vin rouge souple, aux arômes simples de fruits frais, est tout indiqué pour accompagner ce plat de tomates farcies.

TOMATES FARCIES AUX CHAMPIGNONS GRILLÉS ◯ Fruité et léger

🍾 Rouge léger : **côtes-du-rhône**, côtes-du-ventoux, bergerac

👄 Ce vin souple, fruité et frais, avec un caractère légèrement épicé, sera délicieux servi avec ce plat de tomates farcies aux champignons.

TOMATES FARCIES AUX ŒUFS

 Fruité et léger

Rosé léger : vin gris des sables-du-golfe-du-lion, **côtes-de-provence**, rioja rosé

Pour accompagner ce plat aux saveurs acidulées, choisissez un vin rosé assez léger, discret et frais sans être trop acide.

TOPINAMBOURS GRILLÉS AUX LARDONS ET AU ROMARIN

 Fruité et vif

Blanc mi-corsé : soave-classico, bordeaux, **sauvignon (FR)**

Ce vin rafraîchissant aux arômes légèrement herbacés et au goût relevé saura se marier à celui des lardons et aux effluves du romarin.

TORTELLINIS À LA VIANDE, SAUCE TOMATE

 Fruité et léger

Rouge léger : chianti, **valpolicella**, côtes-du-roussillon,

Ce vin délicat aux arômes dominants de fruits rouges, simple et de structure légère, est tout indiqué pour accompagner ce plat de pâtes.

TORTELLINIS AU FROMAGE, SAUCE ROSÉE

 Délicat et léger

Blanc léger : **soave**, albariño, muscadet

Ce vin blanc avec du caractère et une bonne acidité, souple et assez persistant, sera le complément idéal de ce plat de pâtes en sauce rosée.

TORTELLINIS AVEC POULET ET PISTOU

 Délicat et léger

Blanc léger : sauvignon (CH), pinot blanc (CAL), **haut-poitou**

Ce vin sec, rond, avec une touche végétale et une bonne vivacité, accompagnera agréablement ces pâtes au poulet et au pistou.

TOURNEDOS DE BŒUF AUX POIRES ET AU ROQUEFORT

 Aromatique et charnu

Rouge corsé : cahors, **côtes-du-roussillon-villages**, rioja reserva

Pour accompagner ce plat aux saveurs intenses, ce vin charpenté aux tannins étoffés et aux arômes d'épices et de fruits est tout indiqué.

TOURNEDOS DE BŒUF, SAUCE AU VIN ROUGE Fruité et généreux

🍷 Rouge mi-corsé : cahors, **coteaux-du-languedoc**, merlot (CH)

👄 Ce vin du Languedoc-Rousillon ample et généreux, aux arômes de fruits et d'épices, s'unira agréablement à ce plat de bœuf en sauce au vin.

TOURNEDOS DE BŒUF, SAUCE BÉARNAISE Aromatique et souple

🍷 Rouge mi-corsé : costières-de-nîmes, **merlot (CAL)**, pinot noir (AU)

👄 Le merlot de Californie est un vin souple à la texture ample, aux parfums de fruits et de sous-bois, qui s'accordera parfaitement à cette sauce riche et onctueuse.

TOURNEDOS DE MAGRET DE CANARD, SAUCE AU POIVRE VERT Aromatique et charnu

🍷 Rouge corsé : **barolo**, rioja, tannat d'Uruguay.

👄 Ce vin aux tannins imposants, mais d'une grande noblesse, rehaussera ce plat avec son caractère épicé et légèrement sauvage.

363

TOURNEDOS DE VEAU, SAUCE AU VIN ROUGE Aromatique et souple

🍷 Rouge mi-corsé : côtes-du-rhône-villages, **chianti-classico**, cabernet-sauvignon (AU)

👄 La richesse et la texture ample du chianti en font le complément idéal de ce plat tendre, savoureux mais peu agressif.

TOURTE DE SAUMON AVEC ÉPINARDS Fruité et vif

🍷 Blanc mi-corsé : pouilly-fuissé, **sauvignon blanc (CAL)**, soave-classico

👄 Vin assez rond et souple, doté d'une touche herbacée qui s'accommodera aux épinards de la préparation, le sauvignon blanc de Californie est tout indiqué pour accompagner ce plat.

TOURTE DE SAUMON AVEC POIREAUX ET CREVETTES Aromatique et rond

🍷 Blanc mi-corsé : mercurey, **viognier (vin de pays d'oc)**, pinot gris (AL)

👄 Ce vin d'une certaine structure est à la hauteur des saveurs du saumon et est pourvu d'arômes fruités qui sauront accompagner les poireaux.

TOURTEAU AU CHÈVRE FRAIS

 Fruité et extra doux

 Blanc doux : **côteaux-du-layon**, riesling vendanges tardives, moscato-d'asti

Pour accompagner ce dessert au fromage, un vin doux de chenin blanc, aux notes de miel, de fleur et de fruits blancs confits, comme le côteaux-du-layon, est tout indiqué.

TOURTIÈRE

 Fruité et généreux

Rouge mi-corsé : rosso-di-montalcino, chinon, **saint-chinian**

Vin savoureux, muni d'une bonne fraîcheur et aux tannins souples, le saint-chinian est tout indiqué pour accompagner ce classique de la cuisine québécoise.

TRUITE AU CITRON

 Délicat et léger

Blanc léger : muscadet-sèvre-et-maine, pouilly-fumé, **riesling (AL)** (ALL)

Ce vin blanc délicat d'une grande fraîcheur, avec de la souplesse et un caractère frais de pomme verte et d'agrumes, sera le complément idéal de ce plat savoureux.

TRUITE AUX AMANDES

 Aromatique et rond

Blanc mi-corsé : **condrieu**, chardonnay (CAL) (IT)

Pour accompagner les saveurs délicates de cette truite aux amandes, un vin blanc typé avec de la finesse, de l'ampleur, une note d'amande et pourvu d'une bonne persistance, comme le condrieu, est tout indiqué.

TRUITE, FILETS DE, SAUCE AUX ÉCHALOTES

 Délicat et léger

Blanc léger : trebbiano, **vin de pays des jardins de la France**, sauvignon (CAL)

Ce vin blanc fin et léger, avec ses notes végétales, rehaussera les saveurs délicates de ce plat de truite aux échalotes.

TRUITE GRILLÉE AUX PIGNONS

 Fruité et vif

Blanc mi-corsé : **soave-classico**, bourgogne, chardonnay (FR)

Ce vin souple, vif et distingué, légèrement fruité, saura s'associer aux saveurs de cette truite aux pignons.

TRUITE POCHÉE AU CHAMPAGNE
Délicat et léger

Blanc léger : **chablis**, fumé blanc (CAL), gambellara

Le chablis, doté d'une bonne constitution et d'une minéralité peu commune, s'exprime pleinement avec les saveurs de poisson et les notes minérales du champagne.

TRUITE, QUENELLES DE
Délicat et léger

Blanc léger : fumé blanc (CH), **picpoul-de-pinet**, penedès

Ce vin sec et rafraîchissant, moyennement aromatique et pourvu d'une belle ampleur, conviendra parfaitement à ce plat simple de truite.

VACHERIN AUX FRUITS
Aromatique et rond

Blanc mi-corsé : **viognier (FR)** (CAL), fiano-di-avellino

Ce vin ample et aromatique, aux notes fruitées, accompagnera parfaitement ce dessert aux fruits.

VEAU AVEC TOMATES ET BOCCONCINIS
Fruité et vif

Blanc mi-corsé : **gaillac**, sauvignon (CA) (CH)

Ce vin du sud-ouest de la France avec une pointe herbacée accompagnera très bien les saveurs de ce plat de veau délicat.

VEAU, BLANQUETTE DE
Aromatique et rond

Blanc mi-corsé : chardonnay (CAL), **mercurey**, coteaux-du-languedoc

Ce vin de Bourgogne aux arômes de fruits blancs et de vanille rehaussera le goût savoureux de cette blanquette.

VEAU, BLANQUETTE DE, À LA VANILLE
Aromatique et rond

Blanc corsé : **chardonnay (CAL)** (AU), rioja

Un vin aux arômes de fruits mûrs et de vanille avec une note boisée, comme le chardonnay californien, agrémentera parfaitement le goût particulier de ce plat.

VEAU, BLANQUETTE DE, AU CITRON VERT
Aromatique et rond

Blanc mi-corsé : bourgogne, pomino, **viognier (CAL)**

Ce vin frais et équilibré, aux arômes de fruits tropicaux, est tout indiqué pour accompagner le goût acidulé de cette blanquette de veau au citron.

365

VEAU, BLANQUETTE DE, AUX CHÂTAIGNES

 Aromatique et rond

🍾 Blanc mi-corsé : chardonnay (CAL) (CH), **montagny**

👄 Ce vin de Bourgogne, rafraîchissant, à la dominante boisée et légèrement vanillée, est tout indiqué pour accompagner les saveurs et les textures de cette blanquette de veau.

VEAU, BOULETTES DE, SAUCE À LA CRÈME ET À L'ANETH

 Aromatique et rond

🍾 Blanc mi-corsé : **crozes-hermitage**, chardonnay (CAL), montlouis

👄 Ce vin à la texture dense et généreuse, pourvu à la fois d'une grande fraîcheur et de saveurs persistantes, saura accompagner parfaitement ce plat de veau et les arômes de l'aneth.

VEAU BRAISÉ AUX CANNEBERGES

 Fruité et léger

🍾 Rouge léger : **chiroubles**, bardolino, navarra

👄 Ce vin gouleyant au fruité frais et savoureux et aux tannins soyeux est idéal pour ce veau aux canneberges.

VEAU, BROCHETTES DE, À LA CANNELLE

 Fruité et léger

🍾 Rouge léger : bourgogne, juliénas, **pinot noir (FR)**

👄 Un vin aromatique où le fruit domine avec de légères notes épicées, comme le pinot noir, saura rehausser la saveur de cette viande assaisonnée à la cannelle.

VEAU, BROCHETTES DE, AU BACON ET AU FROMAGE

 Fruité et généreux

🍾 Rouge mi-corsé : **minervois**, valpolicella-classico, pinot noir (CAL)

👄 Le minervois, avec sa structure équilibrée et ses notes dominantes de fruits mûrs, saura s'agencer savoureusement au goût du veau relevé de bacon.

VEAU, BROCHETTES DE, MARINÉ

 Fruité et léger

🍾 Rouge léger : **beaujolais-villages**, merlot (FR), bardolino

👄 Cette viande tendre requiert un vin souple et fruité comme ce vin de cépage gamay.

VEAU, CARRÉ DE, RÔTI AVEC SAUCE AUX CHANTERELLES, PORCINIS ET SHIITAKES

 Aromatique et rond

🍾 Blanc mi-corsé : meursault, **chardonnay (CAL)** (AUS)

👄 Ce vin californien à la texture généreuse, dont l'intensité boisée saura rehausser la saveur des champignons, est tout indiqué pour accompagner ce plat riche.

VEAU, CERVELLE DE, AU BEURRE NOIR

 Aromatique et rond

🍾 Blanc corsé : **côtes-de-beaune**, condrieu, châteauneuf-du-pape

👄 Savourez ce plat raffiné avec un bourgogne côtes-de-beaune aux notes boisées et vanillées, et à la texture ample presque grasse.

VEAU, CERVELLE DE, AUX LARDONS

 Aromatique et souple

🍾 Vin rouge mi-corsé : **pinot noir (CAL)**, morgon, valpolicella-classico

👄 Un vin choisi pour sa grande souplesse et sa délicatesse. Il est juste assez épicé pour une bonne intensité et un bon équilibre.

VEAU CORDON-BLEU

Fruité et léger

🍾 Rouge léger : pinot noir (FR), **beaujolais-villages**, valpolicella

👄 Ce vin souple aux tannins très discrets, doté d'arômes de fruits rouges, sera le complément idéal de ce plat de veau classique.

VEAU, CÔTELETTES DE, AU PARMESAN

Fruité et généreux

🍾 Rouge mi-corsé : **sangiovese-di-toscana**, barbera-d'asti, merlot (CAL)

👄 Ce vin toscan est assez savoureux pour être en accord avec la puissance du parmesan, sans être trop chargé en tannins.

VEAU, CÔTELETTES DE, AVEC FEUILLES DE VIGNE ET CITRON

 Délicat et léger

🍾 Blanc léger : **pinot blanc (AL)** (FR), pinot gris (AR)

👄 Frais et vif, sans être agressif, simple avec une subtile note d'agrumes et une pointe végétale, ce vin d'Alsace conviendra parfaitement aux saveurs de ce plat de veau.

VEAU, CÔTELETTES DE, PANÉES AU PARMESAN AVEC COULIS DE TOMATES

Fruité et léger

🍾 Rosé léger : **France, Espagne ou Italie**

👄 Un rosé sec et fruité accompagnera très bien les saveurs ensoleillées de ce plat de veau avec son coulis de tomates.

VEAU, CÔTELETTES DE, SAUTÉES

 Fruité et généreux

🍾 Rouge léger à mi-corsé : **côtes-du-rhône**, bourgogne, côtes-du-ventoux

👄 Ce vin de structure délicate, mais doté de caractères bien affirmés, est tout indiqué pour accompagner les saveurs du veau sauté.

VEAU, CÔTES DE, RÔTIES, SAUCE AU PERSIL

 Fruité et généreux

🍾 Rouge mi-corsé : **cabernet franc (CAN)**, bourgueil, chinon

👄 Pour accompagner le veau, un vin comme le cabernet franc canadien, avec son intensité gustative, ses tannins charnus et ses saveurs de fruits rouges et d'épices, est tout indiqué.

VEAU, CÔTES DE, SAUCE À LA MANGUE ET AUX ANANAS

 Fruité et doux

🍾 Blanc mi-corsé : **vouvray demi-sec**, montlouis, chardonnay (AU)

👄 Ce vin à la texture moelleuse, exotique, aux arômes intenses et doté d'une bonne fraîcheur, accompagnera délicieusement les saveurs des fruits exotiques de ce plat de veau.

VEAU, CÔTES DE, SAUTÉES AUX LÉGUMES

 Fruité et généreux

🍾 Rouge mi-corsé : coteaux-du-lyonnais, **côtes-du-vivarais**, torgiano rosso

👄 Ce vin rouge souple, aux tannins discrets, doté de saveurs fruitées et d'une agréable fraîcheur, rehaussera les saveurs de ce plat de veau aux légumes.

VEAU, ÉPAULE DE, ROULÉE AUX CERISES

 Fruité et généreux

🍾 Rouge mi-corsé : beaujolais-villages, gamay de touraine, **pinot noir (FR)**

👄 Pour rehausser la saveur de ce plat de veau aux cerises, un pinot noir délicatement boisé, aux notes de petits fruits rouges et aux effluves de vanille, est tout indiqué.

VEAU, ESCALOPES DE, AU POIVRE ROSE

 Fruité et vif

🍾 Blanc mi-corsé : **soave-classico**, pouilly-loché, roussette-de-savoie

👄 Ce vin fin avec de la souplesse, de la vivacité et des saveurs simples, mais assez persistantes, s'harmonisera à merveille avec ce plat de veau au poivre.

VEAU, ESCALOPES DE, AUX CHAMPIGNONS

 Aromatique et souple

🍾 Rouge mi-corsé : syrah (FR), malbec (AR), **merlot (CAL)**

👄 Pour accompagner délicieusement le goût du veau et des champignons, choisissez un vin à la bouche fruitée et légèrement boisée, comme un merlot californien.

VEAU, ESCALOPES DE, AUX CHÂTAIGNES ET AUX CHANTERELLES

 Aromatique et souple

Rouge mi-corsé : cabernet franc (CAL), cahors, **tempranillo** (ES)

Ce vin espagnol aux arômes légèrement boisés accompagnera fort bien ce plat de veau aux saveurs de sous-bois.

VEAU, ESCALOPES DE, AVEC CITRON ET ARTICHAUTS

 Délicat et léger

Blanc léger : chenin blanc (FR) (AS), **vinho verde**

Ce vin friand, vif et assez simple, aux saveurs insistantes d'agrumes et de fleurs, est tout indiqué pour accompagner ce plat de veau.

VEAU, ESCALOPES DE, CORDON-BLEU

 Fruité et vif

Blanc mi-corsé : givry, mercurey, **touraine**

Ce vin savoureux mi-corsé pourvu d'une grande fraîcheur, ample et assez persistant, se mariera fort délicieusement avec ce plat classique.

VEAU, ESCALOPES DE, PANÉES OU SAUTÉES, AU CITRON

 Délicat et léger

Blanc léger : sylvaner (AL), **vinho verde**, muscadet

Ce vin simple, acidulé et léger de corps aux caractères rappelant les agrumes, est tout indiqué pour accompagner ce plat citronné.

VEAU, ESCALOPES DE, SAUCE À LA CRÈME

 Délicat et léger

Blanc léger : soave, **mâcon-villages**, chardonnay (CH)

Ce vin délicat, assez parfumé et doté d'une bonne fraîcheur, muni d'une certaine ampleur, saura mettre du relief avec la crème de ce plat de veau.

VEAU, ESCALOPES DE, SAUCE AU CITRON ET AUX CÂPRES

 Fruité et vif

Blanc mi-corsé : bergerac sec, pessac-léognan, **fumé blanc (ÉU)**

Avec sa fraîcheur, sa texture généreuse, ses arômes d'agrumes et sa pointe herbacée, ce fumé blanc américain est tout indiqué pour rehausser les saveurs de ce plat avec sa sauce au citron.

VEAU, ESCALOPES DE, SAUCE AU GORGONZOLA

 Fruité et généreux

🍾 Rouge mi-corsé : **teroldego du Trentin-Haut-Adige**, côtes-du-frontonnais, barbera-d'asti

👄 Ce vin aux éclatantes saveurs de fruits rouges, aux tannins mûrs et enveloppés, accompagnera parfaitement ce veau au goût relevé par le gorgonzola.

VEAU, ESCALOPES DE, SAUCE CRÉMEUSE AUX CHANTERELLES

 Aromatique et rond

🍾 Blanc mi-corsé : **pouilly-fuissé**, chardonnay (IT), chardonnay du Nouveau Monde

👄 Ce vin à la texture souple, à l'acidité équilibrée et aux arômes légèrement boisés conviendra parfaitement à la texture et aux saveurs de sous-bois de ce plat de veau.

VEAU, ESCALOPES DE, SAUCE TOMATE

 Fruité et léger

🍾 Rouge léger : barbera-d'asti, **valpolicella**, pinot noir

👄 Vin gouleyant, mais avec du caractère, frais et dominé par les arômes de fruits et d'épices, le valpolicella est idéal pour accompagner ce plat de veau aux tomates.

VEAU, FILET DE, GRILLÉ, SAUCE AUX FRAMBOISES

 Fruité et léger

🍾 Rouge léger : côtes-du-rhône, pinot noir (NZ), **juliénas**

👄 Ce vin rouge aux saveurs intenses de fruits frais et à la structure souple rehaussera le goût fruité de ce plat de veau.

VEAU, FOIE DE, AU COGNAC

 Fruité et généreux

🍾 Rouge mi-corsé : merlot (CH), merlot vin de pays d'oc, **bardolino**, anjou-villages

👄 Ce vin rouge servi bien frais, aux tannins assouplis, assez savoureux et généreux en arômes, sera le complément idéal de ce savoureux plat classique à l'eau de vie.

VEAU, FOIE DE, AUX CAROTTES

 Fruité et léger

🍾 Rosé léger : rosé (AS), **rosé de vénétie**, côtes-du-frontonnais

👄 Ce vin rosé et désaltérant aux saveurs simples de fruits accompagnera fort agréablement ce foie de veau et les notes sucrées des carottes.

VEAU, FOIE DE, AUX PAMPLEMOUSSES POIVRÉS

 Fruité et léger

 Rouge léger : **gamay de Touraine**, beaujolais-villages, valpolicella

Vin rouge léger et friand avec une grande fraîcheur, le gamay de Touraine est tout indiqué pour accompagner ce foie de veau aux agrumes.

VEAU, FOIE DE, AUX POIRES

 Fruité et léger

 Rouge léger : **saint-amour**, gamay de Touraine, dôle-du-valais (SU)

Vin rouge léger et friand, aux arômes de fruits frais, pourvu d'une structure tannique quasi inexistante, le saint-amour conviendra tout à fait à ce foie de veau aux poires.

VEAU, FOIE DE, GRILLÉ

 Aromatique et souple

 Rouge mi-corsé : bordeaux-supérieur, chianti-classico, **pinot noir** (ÉU)

Pour s'unir de façon admirable au foie de veau grillé, un pinot noir aux notes de petits fruits rouges et aux effluves de vanille est tout indiqué.

VEAU FORESTIÈRE

 Fruité et léger

Rouge léger : merlot (AU), **pinot noir** (CAL) (NZ)

Vin à la texture tendre, doté de tannins assouplis avec une bonne intensité gustative et légèrement boisé, le pinot noir de Californie accompagnera parfaitement le veau forestière.

VEAU, FRICASSÉE DE, À LA CRÈME

 Aromatique et rond

Blanc mi-corsé : saint-véran, rueda, **chardonnay (CAL)**

Un chardonnay californien, aux riches parfums de poire caramélisée, de pamplemousse rose et de vanille, s'agencera parfaitement avec ce plat fin et savoureux.

VEAU GRILLÉ

 Aromatique et rond

 Blanc mi-corsé : **chardonnay (FR)**, soave-classico, saint-véran

Pour accompagner le veau grillé, ce vin français d'une bonne richesse d'extraction, texturé, frais, aromatique et assez simple, est tout indiqué pour s'associer à la délicatesse du veau.

VEAU, JARRET DE, AUX CERISES

 Fruité et léger

🍾 Rouge léger : côtes-du-lubéron, montepulciano-d'abruzzo, **pinot noir (FR)**

🍷 Ce vin frais et doté de tannins discrets, aux arômes fruités et subtilement épicés, accompagnera parfaitement ce veau aux cerises.

VEAU MARENGO

 Fruité et léger

🍾 Rouge léger : côtes-de-duras, bourgogne, **touraine**

🍷 Ce vin de caractère, aux tannins souples, subtilement épicé avec une bonne fraîcheur, sera le complément idéal de ce plat de veau.

VEAU, MÉDAILLONS DE, AU XÉRÈS

 Fruité et léger

🍾 Rouge léger : pinot noir (NZ), **côtes-du-lubéron**, côtes-du-ventoux

🍷 Pour accompagner ces médaillons de veau, choisissez un rouge gouleyant avec un fruité généreux, des tannins fondus et une finale savoureuse et assez persistante.

VEAU, MÉDAILLONS DE, SAUCE AU PORTO ET AUX CANNEBERGES

 Aromatique et souple

🍾 Rouge mi-corsé : côtes-de-nuits-villages, pinot noir du Penedès, **pinot noir (CAL)**

🍷 Ce vin californien parfumé à souhait, à la fois vif et gourmand, accompagnera délicieusement les saveurs fruitées de ce plat de veau.

VEAU, MÉDAILLONS DE, SAUCE AUX ÉCHALOTES

 Aromatique et rond

🍾 Blanc mi-corsé : mâcon-villages, **saint-véran**, soave-classico

🍷 Ce vin sec, rond, assez fruité, et doté d'une bonne acidité, est tout indiqué pour accompagner ce plat de veau et ses notes herbacées.

VEAU, MÉDAILLONS DE, SAUCE AUX POMMES Fruité et léger

🍾 Rouge léger : bardolino, **fleurie**, bourgogne-passetoutgrain

🍷 Ce vin rouge du Beaujolais, d'une grande finesse avec des tannins souples et une finale fraîche et fruitée, est particulièrement bien agencé aux saveurs de ce plat de veau et de sa sauce aux fruits.

372

VEAU, MIJOTÉ DE, AU MARSALA
 Fruité et généreux

🍷 Rosé mi-corsé : **tavel**, rosé du sud de l'Italie, lirac

👄 Un rosé sec des côtes du Rhône, d'une bonne intensité aromatique et à la finale persistante peut très bien accompagner ce mijoté de veau rehaussé par les arômes du marsala.

VEAU, MIJOTÉ DE, AU MIEL ET AU CUMIN
 Fruité et vif

🍷 Blanc mi-corsé : gewurztraminer (FR), **pinot gris (FR)**, viognier (CAL)

👄 Le pinot gris, avec ses saveurs intenses et soutenues et sa pointe d'arôme exotique, saura rehausser les saveurs de ce mijoté de veau.

VEAU, MIJOTÉ DE, AUX FIGUES SÉCHÉES
 Fruité et généreux

🍷 Rouge mi-corsé : coteaux-du-languedoc, côtes-du-rhône-villages, **douro**

👄 Ce vin aux arômes de fruits noirs séchés est juste assez soutenu pour accompagner un plat mijoté comme ce veau aux figues séchées.

VEAU, MIJOTÉ DE, SAUCE À L'ORANGE
 Aromatique et souple

🍷 Rouge mi-corsé : bordeaux supérieur, **rioja**, zinfandel (CAL)

👄 Vin espagnol souple et savoureux, aux arômes de fruits bien mûrs, le rioja accompagnera savoureusement ce mijoté de veau aux saveurs fruitées.

VEAU, NOIX DE, FARCIES AUX CHAMPIGNONS
 Fruité et généreux

🍷 Rouge mi-corsé : chénas, dolcetto-d'alba, **sancerre**

👄 Ce vin d'une grande finesse, subtilement boisé et pourvu de tannins soyeux, s'harmonisera parfaitement avec ce plat de veau.

VEAU, PAPILLOTES DE, AUX PETITS POIS
 Fruité et généreux

🍷 Rouge mi-corsé : bordeaux, merlot (CH), **sangiovese**

👄 Ce vin italien aux tannins assouplis et aux arômes assez intenses de fruits frais sera le complément idéal pour ce plat de veau tout en offrant l'amertume souhaitée pour accompagner les pois.

VEAU, PAUPIETTES DE
Fruité et léger

🍷 Rouge léger : **merlot (IT)**, vin de pays d'oc, cabardès

👄 Pour accompagner la viande de veau en paupiettes, les vins à base de merlot sont un excellent choix en raison de leur caractère fruité et de la souplesse de leur structure. Rarement très boisé, le merlot d'Italie sera un choix éclairé.

VEAU, PAUPIETTES DE, À LA CRÈME

 Aromatique et rond

Blanc mi-corsé : **mercurey**, veneto i.g.t., pinot gris (AL)

Vin sec à la texture grasse, d'une acidité rafraîchissante et aux saveurs fruitées, le mercurey est tout indiqué pour accompagner ce populaire plat de veau et sa sauce à la crème.

VEAU, PAUPIETTES DE, AUX FINES HERBES

 Fruité et vif

Blanc mi-corsé : pinot blanc (AL) (CAL), **pinot grigio (IT)**

Ce vin sec, souple, assez fruité et débordant de fraîcheur rehaussera les saveurs herbacées de ces paupiettes de veau aux fines herbes.

VEAU, POITRINES DE, FARCIES AUX CHAMPIGNONS

 Aromatique et souple

Rouge mi-corsé : côtes-du-roussillon, **montagne-saint-émilion**, tempranillo (ES)

Ce vin aux tannins fondus, aux arômes de sous-bois et de champignon, accompagnera à merveille ce plat de veau farci.

VEAU, POITRINES DE, ROULÉES À L'ORANGE

 Aromatique et rond

Blanc mi-corsé : **viognier (CAL)**, pinot gris (AL), crozes-hermitage

Ce vin de bonne structure, aux arômes de fruits exotiques bien mûrs, sera le complément idéal de ce veau à l'orange.

VEAU, QUENELLES DE

 Fruité et léger

Rouge léger : **beaujolais**, coteaux-du-tricastin, valpolicella

Pour sa grande fraîcheur, sa souplesse et la richesse de ses arômes fruités, le beaujolais est tout indiqué pour accompagner ce plat de veau.

VEAU, RAGOÛT DE, AUX OLIVES

 Fruité et généreux

Rouge mi-corsé : **chianti-classico**, barbera-d'alba, cabernet-sauvignon (CAL)

Vin charnu avec une bonne structure, le chianti-classico fin et racé est idéal pour accompagner les viandes en ragoût sans les transcender.

VEAU, RAGOÛT DE, ET DE TOMATES AVEC CRÈME ET CANNELLE

 Aromatique et souple

🍾 Rouge mi-corsé : **pinot noir (CAL)** (OR), volnay

🍷 Ce vin d'une grande élégance, aux tannins délicats, mais doté de caractères affirmés, rehaussera les saveurs épicées de ce mijoté de veau.

VEAU, RIS DE, AU GINGEMBRE ET AU MIEL

 Fruité et vif

🍾 Blanc mi-corsé : **gewurztraminer (AL)**, petite-arvine (Suisse), sauvignon blanc (NZ)

🍷 Les arômes particuliers du gewurztraminer lui donnent un avantage avec les mets dans lesquels le gingembre est utilisé. Son fruité bien mûr s'associera au miel de ce plat.

VEAU, RIS DE, AUX CHAMPIGNONS

 Aromatique et rond

🍾 Blanc mi-corsé : **graves**, chardonnay (IT) (CAL)

🍷 Ce plat raffiné à la saveur relevée requiert un vin doté d'une grande élégance, comme le graves, au caractère vif et à la note boisée bien intégrée.

VEAU, RIS DE, AU SAUTERNES

 Fruité et extra doux

🍾 Blanc doux : **sauternes**, pinot gris vendanges tardives, côteaux-du-layon

🍷 Grâce à sa richesse et à son sucre résiduel, de même que ses parfums de fruits confits, de miel et de champignons, le sauternes est incontestablement le meilleur accord à faire avec ce plat. La texture des ris de même que les arômes provenant des aromates ne feront qu'un.

VEAU, RIS DE, AUX TRUFFES

 Aromatique et rond

🍾 Blanc corsé : vin jaune, condrieu, **meursault**

🍷 Vin puissant, à la texture onctueuse et doté de notes boisées, le meursault est tout indiqué pour accompagner ce plat de veau et les effluves de sous-bois qu'apportent les truffes.

VEAU, ROGNONS DE, À LA MOUTARDE

 Fruité et généreux

🍾 Rouge mi-corsé : **mercurey**, saint-chinian, corbières

🍷 Avec ses tannins soyeux et sa bonne acidité, le mercurey accompagnera fort bien les saveurs de moutarde de ce plat de rognons avec sa finale de fruits frais épicés et sa petite pointe animale.

VEAU, ROGNONS DE, AU PORTO

 Aromatique et souple

🍷 Rouge mi-corsé : pomerol, auxey-duresses, **pinot noir (CAL)**

👄 Ce vin rouge assez charpenté aux tannins étoffés, sans être agressif, mais cependant assez fin et savoureux, sera délicieux avec un plat de rognons de veau et sa sauce au porto.

VEAU, ROGNONS DE, AUX CHAMPIGNONS

 Aromatique et rond

🍷 Blanc mi-corsé : chablis premier cru, chardonnay (CAL), **pessac-léognan**

👄 Vin assez savoureux, d'une texture souple et pourvu d'arômes boisés, le pessac-léognan accompagnera parfaitement ces rognons de veau aux champignons, surtout pour son onctuosité.

VEAU, ROGNONS DE, DE BORDEAUX

 Aromatique et souple

🍷 Rouge mi-corsé : **canon-fronsac**, rioja, douro

👄 La texture et les saveurs particulières des rognons de veau à la bordelaise s'accompagneront à merveille d'un vin rouge savoureux et un peu rustique, aux tannins charnus et au boisé fondu, comme ce vin de la rive droite de la Dordogne.

VEAU, ROGNONS DE, SAUTÉS À LA MOUTARDE

 Fruité et léger

🍷 Rouge léger : valpolicella, beaujolais-villages, **morgon**

👄 Ce vin souple et généreux, doté d'arômes de fruits rouges et d'une petite touche rustique, sera idéal pour accompagner la moutarde de ce plat de rognons.

VEAU, RÔTI DE, AU GINGEMBRE ET AU CITRON

Fruité et vif

🍷 Blanc mi-corsé : pinot blanc (CAL), **torrontes**, pinot gris (FR)

👄 Ce vin moyennement corsé, épicé avec une note d'agrumes, saura accompagner les saveurs citronnées et parfumées de ce rôti de veau.

VEAU, RÔTI DE, AUX FINES HERBES

 Fruité et vif

🍷 Blanc mi-corsé : sauvignon blanc (CH), **coteaux-du-languedoc**, mercurey

👄 Vin aux arômes végétales, avec de la souplesse et une assez bonne persistance, le coteaux-du-languedoc est tout indiqué pour accompagner un rôti de veau aux fines herbes.

VEAU, RÔTI DE, EN COCOTTE AUX CHAMPIGNONS

 Aromatique et souple

Rouge mi-corsé : fronsac, côtes-du-roussillon-villages, merlot (CH)

Ce vin de bonne structure, aux arômes de fruits noirs et de sous-bois, s'agencera parfaitement à la nature de ce plat de veau avec ses notes de sous-bois apportées par les champignons.

VEAU, RÔTI DE, SAUCE AUX AGRUMES ET À LA MOUTARDE

 Fruité et vif

Blanc mi-corsé : **sauvignon (CAL)**, viognier (FR), riesling (Al)

Ce vin assez soutenu pour accompagner une viande blanche rôtie est doté de notes d'agrumes et végétales qui lui donnent un avantage certain avec ce plat.

VEAU, ROULEAUX DE, AUX AUBERGINES ET AU FROMAGE

 Fruité et léger

Rouge léger : montepulciano-d'abruzzo, **merlot-del-veneto**, beaujolais-villages

Ce vin rouge tout en souplesse, aux notes de fruits rouges, accompagnera agréablement ces rouleaux de veau savoureux.

VEAU, SAUTÉ DE, À L'OSEILLE

 Délicat et léger

Blanc léger : sauvignon blanc, **bourgogne-aligoté**, soave

Ce vin blanc léger mais savoureux, avec une bonne acidité et aux subtiles saveurs végétales, est tout indiqué pour accompagner ce veau à l'oseille.

VEAU, SAUTÉ DE, AU CITRON CONFIT ET À L'ESTRAGON

Fruité et vif

Blanc mi-corsé : riesling (AL), **sauvignon blanc (NZ)**, bordeaux

Ce vin aromatique est doté d'une touche d'agrumes et d'un caractère herbacé qui s'agenceront très bien à l'estragon de la préparation. Le sauvignon de Nouvelle-Zélande est tout indiqué pour accompagner ce sauté de veau.

VEAU, SAUTÉ DE, AU NAVET ET AU CUMIN

Fruité et vif

Blanc mi-corsé : **sauvignon blanc (CAL)**, soave-classico, graves

Ce vin assez savoureux offre un fruité soutenu pour s'harmoniser aux notes d'amertume que peut conférer le navet. Le sauvignon de Californie est tout indiqué pour accompagner ce sauté de veau.

VEAU, SAUTÉ DE, AUX AGRUMES ET AUX COURGETTES

 Fruité et vif

🍷 Blanc mi-corsé : **riesling (AL)**, sauvignon blanc (NZ), bordeaux

👄 Ce vin aromatique à souhait est doté d'une touche d'agrumes qui s'agencera parfaitement à celles du plat.

VEAU, SAUTÉ DE, AUX CAROTTES

 Délicat et léger

🍷 Blanc léger : **sauvignon (AS)** (CAL) (CH)

👄 Ce vin d'Afrique du Sud, souple et légèrement végétal, avec une certaine fraîcheur et des arômes simples de fruits, est tout indiqué pour accompagner les saveurs de ce sauté de veau.

VEAU, SAUTÉ DE, AUX OLIVES NOIRES

 Fruité et généreux

🍷 Rouge mi-corsé : **côtes-du-roussillon**, torgiano rosso, dôle-du-valais

👄 Ce vin souple aux tannins discrets, bien fruité et subtilement épicé, est idéal pour accompagner les saveurs de ce sauté de veau aux olives.

VEAU, TAJINE DE, AUX COURGETTES ET AUX AMANDES

Aromatique et rond

🍷 Blanc mi-corsé : coteaux-du-languedoc, chardonnay (AR), **chardonnay toscan**

👄 Ce vin souple pourvu d'une délicate touche boisée saura accompagner les parfums légués par l'amande de ce tajine de veau.

VEAU, TÊTE DE, RAVIGOTE

Fruité et vif

🍷 Blanc mi-corsé : pinot gris (AL), **jurançon sec**, viognier (CAL)

👄 Pour faire le lien entre la texture de la sauce ravigote et les saveurs que lègueront les ingrédients de cette recette, un vin blanc riche, assez savoureux, pourvu d'une texture onctueuse et d'un fruité intense, comme ce vin du sud-ouest, sera parfait.

VEAU, TOURNEDOS DE, SAUCE AU VIN ROUGE

 Aromatique et souple

🍷 Rouge mi-corsé : côtes-du-rhône-villages, **chianti-classico**, cabernet-sauvignon (AU)

👄 La richesse et la texture ample du chianti en font le complément idéal de ce plat tendre et savoureux mais délicat.

VELOUTÉ DE POISSON

Délicat et léger

Blanc léger : côtes-du-lubéron, **côtes-du-rhône-villages**, seyval du Québec

Ce vin léger et friand, avec une pointe acidulée et rafraîchissante, accompagnera bien ce velouté de poisson s'il n'est pas servi trop froid.

VERMICELLES AUX FINES HERBES

Délicat et léger

Blanc léger : **sauvignon vin de pays d'oc** (CH), orvieto

Ce vin blanc souple et simple aux caractères légèrement herbacés conviendra parfaitement à ce plat aux fines herbes.

VIVANEAU CUIT DANS UNE CROÛTE DE SEL

Fruité et doux

Blanc léger : **vouvray demi-sec**, gros manseng du sud-ouest, chardonnay (AU)

Ce vin qui allie un fruité généreux à une fraîcheur exemplaire accompagne parfaitement ce poisson salé.

VIVANEAU POÊLÉ AU BEURRE DOUX

Fruité et vif

Blanc mi-corsé : chardonnay du Trentin-Haut-Adige, **frioul-vénétie julienne**, pouilly-fuissé

Ce vin fin et ample, légèrement lacté et muni d'une bonne fraîcheur, est tout indiqué pour accompagner les délicates saveurs de ce plat de poisson au beurre.

VOLAILLE, FOIES DE, AU CARI

Fruité et vif

Blanc mi-corsé : chardonnay (CH), **sauvignon (CAL)**, pinot gris (AL)

La fraîcheur désaltérante mais très aromatique et étoffée du sauvignon californien est idéale pour accompagner les foies de volaille relevés de cari.

VOLAILLE, FOIES DE, AUX ŒUFS

Fruité et léger

Rouge léger : vin du Roussillon, bourgogne-passetoutgrain, **saint-amour**

Ce plat requiert un vin d'une grande délicatesse, avec une trame tannique discrète et un fruité savoureux, un vin tout en finesse.

VOLAILLE, FRICASSÉE DE, AU FROMAGE

Fruité et vif

Blanc mi-corsé : **pinot gris (AL)**, chardonnay (CAL) (CH)

Aromatique, doté d'une belle fraîcheur et d'une bouche savoureuse, ce pinot gris est tout indiqué pour être servi avec cette volaille au fromage.

VOLAILLE, GÉSIERS DE, AU VIN BLANC

 Aromatique et rond

🍾 Blanc corsé : mercurey, rully, **meursault**

🍷 Pour accompagner ce plat savoureux, choisissez un meursault pour sa richesse, sa puissance aromatique accompagnée d'un boisé fin et sa grande noblesse.

VOLAILLE, MOUSSE DE FOIE DE

 Fruité et extra doux

🍾 Blanc doux : beaumes-de-venise, jurançon, **coteaux-du-layon**

🍷 L'onctuosité de cette mousse requiert un vin blanc à la texture onctueuse, comme ce vin de la Loire, avec ses parfums de tilleul, de citron confit, de miel et de noix.

VOLAILLE, PAUPIETTES DE, AU FROMAGE

 Fruité et vif

🍾 Blanc mi-corsé : chardonnay (AU), bergerac, **chenin blanc (AS)**

🍷 Ce vin blanc d'Afrique du Sud, à la texture ample, savoureux avec une belle finesse, frais et assez persistant en finale, s'harmonisera parfaitement avec ce plat de volaille au fromage.

VOLAILLE, QUENELLES DE

 Fruité et vif

🍾 Blanc mi-corsé : riesling, **premières-côtes-de-blaye**, pouilly-fumé

🍷 Ce vin vif, aromatique avec sa note végétale, est doté d'une grande délicatesse. Il est tout indiqué pour s'harmoniser avec les saveurs délicates de ce plat.

VOLAILLE, SAUTÉ DE, AVEC CRÈME DE POIVRONS

 Aromatique et rond

🍾 Blanc mi-corsé : graves, soave-classico, **chardonnay/sémillon (AU)**

🍷 Ce vin à la texture assez grasse, légèrement boisé et vanillé avec des arômes de fruits exotiques, est muni d'une acidité fraîche mais modérée. Il est le complément idéal de ce sauté de volaille aux poivrons.

VOLAILLE, TERRINE DE FOIE DE

 Fruité et léger

🍾 Rouge léger : bordeaux, **saumur**, côtes-du-rhône-villages

🍷 Ce vin savoureux, avec une bonne fraîcheur et à la structure souple, accompagnera à merveille une terrine de foie de volaille pour son côté charmeur.

VOL-AU-VENT AU POULET

 Fruité et vif

 Blanc mi-corsé : **vin de pays des côtes de Gascogne**, chardonnay (FR) (CAN)

 Ce vin souple en texture et savoureux accompagnera fort bien la texture et les saveurs de ce plat populaire et crémeux.

VOL-AU-VENT AU SAUMON

 Aromatique et rond

Blanc mi-corsé : côtes-du-rhône, **mâcon-villages**, chardonnay (CH)

 Profitez de la rondeur de ce vin blanc sec de Mâcon. Une texture souple et des arômes légèrement fruités donneront un délicieux mariage avec ce plat de saumon.

VOL-AU-VENT AUX FRUITS DE MER

 Aromatique et rond

 Blanc mi-corsé : pouilly-loché, **pouilly-fuissé**, pinot gris (AL)

Ce vin blanc à la texture enveloppante et doté d'une bonne fraîcheur est idéal pour rehausser les saveurs de fruits de mer de ce plat.

WATERZOI DE POISSONS

 Fruité et vif

Blanc mi-corsé : **chablis**, chardonnay (AR), riesling (AL)

Ce délicieux plat sera rehaussé par le chablis, un vin à la fois ample et complexe, avec ses notes de pommes vertes, de fleurs et sa finale minérale qui fait toujours bon ménage avec le poisson.

INFOS utiles

Petit lexique terminologique

ACIDITÉ

Participe à l'équilibre du vin en lui apportant de la fraîcheur. S'il y en a trop, le vin sera vert. Si l'acidité est faible, le vin sera plutôt plat ou mou. Si l'équilibre avec les autres composantes du vin est atteint, on le qualifiera de frais, vif ou nerveux. En bouche, l'acidité est perceptible sur les parois latérales de la langue et provoque une salivation fluide et abondante. Un excès d'acidité se ressent sur les gencives, près des incisives. Termes décrivant le vin en fonction de son degré (en ordre croissant) : plat, frais, vif, nerveux, vert.

AÉRIEN

Qualifie les arômes et les saveurs d'un vin qui sont fins et légers et qui donnent l'impression de flotter.

ALCOOL

Un des éléments les plus importants du vin. Contribue au développement du bouquet, procure corps et force au vin et aide à sa conservation. Les levures transforment les sucres du jus du raisin en alcool et en gaz carbonique.

AMERTUME

L'une des quatre saveurs fondamentales perçues en bouche (avec le salé, le sucré et l'acidité). L'amertume est sentie par les papilles situées au fond sur la langue. Une amertume douce et ronde est considérée comme agréable, mais elle est un défaut si elle est rude et asséchante. Plusieurs phénomènes peuvent causer un excès d'amertume, comme un trop long séjour des rafles dans le vin durant la fermentation, ou un trop long élevage en fûts neufs.

AMPLE

Se dit d'un vin qui remplit la bouche et donne l'impression qu'il se répand sur toute la surface des muqueuses, tout en étant harmonieux.

ANGULEUX

Décrit un vin dans lequel les tannins et l'acidité manquent d'harmonie et dominent le moelleux.

ANIMAL

Type d'arômes que l'on trouve généralement chez certains vins rouges après quelques années de maturation et qui rappelle le monde animal : cuir neuf, cuir chevalin, musc, venaison, viande fraîche, etc.

APPELLATION D'ORIGINE

Désignation d'un produit selon son lieu d'origine. Les facteurs qui composent les critères de l'appellation sont d'ordre géographique, climatologique et humain. Une AOC (appellation d'origine contrôlée) se définit par une délimitation en parcelles, un encépagement et des méthodes de culture et de vinification spécifiques. Presque tous les pays producteurs de vins ont leur système d'appellation. Le Portugal a l'honneur d'avoir le premier vignoble d'appellation d'origine contrôlée de l'histoire mondiale du vin, celui de Porto, attribué en 1756.

ÂPRE

Se dit d'un vin dont l'excès de tannins et d'acidité crée une sensation de rudesse sur les muqueuses de la bouche.

ARÔME

Ensemble des composés volatils d'un vin perçus par l'odorat.

ASTRINGENCE

Fait référence à un vin dont l'excès de tannins donne un caractère rude et âpre, voire asséchant. Ce terme est parfois utilisé, à tort, pour désigner un vin ayant des tannins, peu importe leur quantité et leur qualité. Ces quelques termes décrivent, en ordre croissant, un vin selon la quantité de tannins qui y est perceptible : gouleyant, coulant, tannique, rude et astringent. Les termes gouleyant, coulant, fondu et tannique sont utilisés pour exprimer la présence de tannins ou non.

ATTAQUE EN BOUCHE

Première impression que procure le vin. Elle peut être ample, ferme, dure, coulante, moelleuse, pleine, fruitée, etc.

AUSTÈRE

Se dit d'un vin ayant peu d'arômes et de goût. Généralement, l'acidité ou les tannins dominent.

BALSAMIQUE

Catégorie d'odeurs rappelant à la fois la vanille, l'encens, la résine, l'essence de bois, le bois brûlé, etc.

BARRIQUE

Tonneau, généralement en chêne, utilisé pour l'élevage des vins. Sa capacité peut varier d'une région à l'autre. Une barrique neuve coûte très cher, ce qui explique pourquoi les vins élevés en barriques sont généralement plus chers que les autres.

CÉPAGE

Variété de vigne.

CHAI

Lieu d'entreposage des vins pour leur vieillissement en barriques ou en bouteilles avant l'expédition. En général, peut représenter la cave du domaine ou du château.

CHAIR

Terme employé pour décrire le caractère d'un vin rouge dont le moelleux est légèrement dominant, mais dont la quantité d'acidité ou de tannins est suffisante.

CHAMBRÉ

Se dit d'un vin porté à une température de 16 °C avant de le servir. Il ne faut surtout pas confondre le terme chambré avec une pièce normale de la maison.

CHARNU

Se dit d'un vin rouge qui présente beaucoup de matières sans agresser.

CHARPENTÉ

Se dit d'un vin rouge d'une bonne constitution, aux tannins prédominants. On dit d'ailleurs que les tannins apportent au vin la charpente (l'ossature), l'acidité, le nerf, et l'alcool, les muscles.

CHAUD

Décrit un vin riche en alcool, qui laisse une impression de chaleur en bouche. Termes de dégustation qualifiant les vins selon leur degré d'alcool (en ordre croissant) : faible, léger, généreux, capiteux, chaud et brûlant. Les termes léger et généreux font référence à l'ensemble des perceptions. Pour les portos et autres vins doux naturels, chaud peut aussi être considéré comme un synonyme d'équilibre.

CLIMAT

Ensemble des conditions météorologiques qui ont une incidence sur les vins. Une année chaude et ensoleillée donne habituellement des vins riches en extraits, au fruité accentué et au degré d'alcool plus élevé que celui des vins d'une année plus froide. Une année nuageuse et pluvieuse donnera des vins décharnés et maigres, au caractère plutôt végétal et herbacé. La qualité du vin étant directement liée au climat, il est important de considérer le millésime au moment de faire son choix.

CLONAGE
Reproduction de la vigne par multiplication d'une souche parfaite, ce qui permet d'obtenir des plants rigoureusement identiques et résistants aux maladies.

CORSÉ
Terme utilisé pour décrire un vin rouge riche à la fois en tannins et en alcool. On dira aussi que ce vin a du corps. Un vin blanc peut être considéré comme corsé s'il a un bon degré d'alcool et beaucoup de substance.

COULANT
Se dit d'un vin rouge ayant une quantité moyenne de tannins, ce qui rend la sensation en bouche plus agréable. Selon la quantité de tannins perceptible dans un vin, celui-ci peut être (en ordre croissant) : gouleyant, coulant, tannique, rude, astringent.

COURT
Décrit un vin n'ayant qu'une faible persistance aromatique des saveurs et des flaveurs en fin de bouche, qui disparaît sitôt le vin ingurgité. La longueur d'un vin en bouche fait référence à la durée de perception des arômes. On peut parler alors de caudalies.

ÉLEVAGE
Période de traitement des vins en vue de leur vieillissement.

EMPYREUMATIQUE
Catégorie d'arômes évoquant des odeurs de brûlé ou de torréfaction (goudron, bois brûlé, pain brûlé, cacao, café, caoutchouc, cendre, suie, moka, etc.).

ENVELOPPÉ
Se dit des tannins d'un vin rouge ayant une bonne présence de gras et de moelleux.

ÉPICÉ
Catégorie d'arômes rappelant les épices (poivre, muscade, cannelle, girofle, genièvre, thym, etc.).

ÉQUILIBRÉ
Dont les composantes sont en équilibre. Pour les vins blancs, l'équilibre doit être obtenu entre l'acidité, l'alcool et l'amertume. Pour les rouges, il faut aussi tenir compte des tannins.

ÉVENTÉ
Qualifie un vin qui a perdu ses qualités olfactives à cause d'un contact prolongé avec l'oxygène.

FERME
Désigne un vin qui manque de rondeur et qui a une légère dominante tannique ou acide.

FERMÉ
Qualifie un vin dont les arômes ne s'expriment pas. Un vin fermé pendant un certain temps peut s'ouvrir soudainement. Certains grands vins se referment quelques années après leur mise en bouteilles avant de redevenir expressifs plus tard, à l'âge adulte. Le temps que durera cette phase est propre à chaque vin et difficile à quantifier.

FERMENTATION ALCOOLIQUE
Phénomène de transformation du sucre du raisin en alcool, sous l'action des levures. Lorsque cette étape est terminée, le moût devient du vin. Il faut environ 17 grammes de sucre par litre pour obtenir un degré d'alcool.

FIN DE BOUCHE

Décrit l'impression que l'on retient d'un vin à la fin de la dégustation. Parfois, de nouvelles flaveurs s'ajoutent aux arômes perçus à l'étape olfactive. De même, l'acidité, les tannins et l'alcool peuvent être perçus autrement qu'en début de bouche : par exemple, les tannins d'un vin rouge, initialement enveloppés, peuvent devenir plus fermes et plus durs en fin de bouche.

FONDU

Qualifie un vin dont la rondeur (le moelleux) domine légèrement les autres caractères (tannins, acidité, etc.). Termes désignant le caractère moelleux du vin (en ordre croissant) : dur, ferme, fondu, rond, gras, onctueux.

FRAIS

Terme désignant la fraîcheur apportée par une acidité équilibrée d'intensité moyenne. Termes associés au caractère acide du vin (en ordre croissant) : plat, frais, vif, nerveux et vert. Le mot peut aussi faire référence à des arômes comme le citron, la pomme verte ou la menthe, qui créent des sensations rafraîchissantes.

FRUITÉ

Qualifie les arômes et saveurs à caractère fruité comme la pomme, le citron, la banane, etc., que l'on trouve généralement dans des vins jeunes.

FÛT

Tonneau (ou barrique) en bois de chêne dans lequel le vin est mis en vieillissement. Son volume est variable suivant les régions.

GAZ CARBONIQUE

Gaz présent dans tous les vins, même ceux qui ne sont pas mousseux, et qui apparaît lorsque les levures transforment naturellement le sucre en alcool. Participe au déploiement des arômes du vin et apporte une certaine fraîcheur en bouche.

GÉNÉREUX

Fort en alcool, corsé. Termes faisant référence à la présence d'alcool ou de nombreux arômes dans le vin (en ordre croissant) : faible, léger, généreux, chaud, brûlant.

GOULEYANT

Terme utilisé pour définir un vin rouge peu tannique, souple et agréable à boire. Termes désignant la quantité de tannins perceptible dans un vin (en ordre croissant) : gouleyant, coulant, tannique, rude et astringent.

GRAS

Se dit d'un vin dans lequel le moelleux (la rondeur) domine toutes les autres sensations et donne une impression d'onctuosité. Termes associés à la présence plus ou moins importante de moelleux dans le vin (en ordre croissant) : dur, ferme, fondu, rond, gras et onctueux.

HERBACÉ

Caractère aromatique et gustatif qui rappelle l'odeur de l'herbe fraîche. Ce caractère pas toujours désagréable est généralement dû au manque de maturité du raisin et des rafles, ou aux méthodes de fermentation utilisées.

LARMES

Terme désignant le résultat du ruissellement du vin sur les parois intérieures du verre. Les larmes n'indiquent rien de particulier.

LEVURES

Micro-organismes unicellulaires grâce auxquels le jus de raisin devient du vin en subissant la fermentation alcoolique.

MILLÉSIME

Année de récolte du raisin.

MOELLEUX

Se dit d'un vin doux et onctueux, qui donne une sensation veloutée en bouche.

MOÛT

Jus de raisin obtenu après que les raisins ont été pressés et avant que ne débute le processus de fermentation.

MUSCATÉ

Désigne les parfums typiques du cépage muscat.

MUTAGE

Arrêt de la fermentation alcoolique du moût, effectué afin de conserver une partie des sucres naturels du raisin, généralement obtenu par un ajout d'alcool. On dit des vins qui ont subi un mutage que ce sont des vins mutés, comme les vins doux naturels et les portos.

NERVEUX

Terme utilisé pour désigner la sensation provoquée par une acidité prédominante. Termes décrivant le caractère acide du vin (en ordre croissant) : plat, frais, vif, nerveux et vert.

ŒNOLOGIE

Science du vin et de la vinification.

ŒNOLOGUE

Technicien spécialisé dans l'élaboration et la conservation des vins.

ONCTUEUX

Se dit d'un vin dont l'importante viscosité provoque une sensation d'onctuosité. Les rouges peuvent être onctueux lorsque le moelleux domine et que l'acidité et les tannins sont en retrait. Les vins liquoreux sont souvent onctueux et très sucrés.

OXYDATION

Phénomène résultant d'un trop long contact entre un vin et l'oxygène de l'air, ce qui a pour effet d'altérer le vin. Ce phénomène irréversible provoque des changements dans la couleur (brunissement), le bouquet (odeur excessive de caramel chez les vins blancs, odeur très forte de pruneau chez les vins rouges) et les saveurs (durcissement des tannins). On qualifie « d'oxydés » les vins rouges et les vins blancs ainsi altérés. On dit parfois que les vins blancs sont « madérisés ».

PÂTEUX

Qualifie un vin rouge trop gras, dont la lourdeur est augmentée par une dose massive de tannins.

PLAT

Décrit un vin qui manque de fraîcheur à cause d'une très faible acidité. Termes désignant le caractère acide du vin (en ordre croissant) : plat, frais, vif, nerveux et vert.

PLEIN

Se dit d'un vin dont la richesse des composantes emplit totalement la bouche.

POURRITURE NOBLE

Dégradation bénéfique du raisin dans certaines conditions de température et d'humidité par le champignon botrytis cinerea.

PUISSANT

Définit un vin riche en substance, soit sur le plan aromatique, soit sur le plan gustatif.

RAISIN DE CUVE

Le fruit de la vigne destiné à la production de vin.

RAISIN DE TABLE

Le fruit de la vigne destiné à être consommé frais.

RÂPEUX

Se dit d'un vin rouge marqué par une astringence exagérée, due à un excès de tannins qui peut « râper » les muqueuses de la bouche.

ROND

Qualifie un vin dominé par le moelleux, mais tout en souplesse et sans lourdeur.

RUDE

Décrit un vin dont les constituants (tannins, acidité et moelleux) manquent d'harmonie et provoquent une sensation de rudesse en bouche.

SANTAL

Arôme boisé d'une grande noblesse rappelant le bois du même nom. Se retrouve dans de très grands vins rouges et quelquefois chez certains blancs liquoreux.

SEC

Désigne habituellement un vin sans sucre résiduel perceptible. Terme qui fait aussi référence aux tannins d'un vin rouge : des tannins secs ou asséchants sont signe d'une mauvaise qualité.

SÉVÈRE

Se dit d'un vin qui possède un parfum dépourvu de finesse ou une dominante acide et tannique qui donne une impression de sévérité en bouche.

SÉVEUX

Qualifie un vin qui présente des caractères herbacés non désirés provenant d'une vendange hâtive. Fait aussi référence aux tannins concentrés. Les arômes rappellent la sève.

SILEX

Arôme qui rappelle l'odeur que dégage, par frottement, la pierre à fusil.

SOLIDE

Décrit un vin rouge bien constitué, qui a une solide charpente tannique.

SOMMELIER

Dans un hôtel ou un restaurant, le sommelier est celui qui est chargé du choix, de l'achat, de la conservation et du service des vins.

SOUPLE

Désigne un vin sans tannins marqués et dont l'acidité délicate ne provoque pas d'agressivité.

SOYEUX

Se dit d'un vin très harmonieux en bouche au niveau de la texture, remarquable par la finesse de ses éléments (tannins, acidité, etc.).

SUAVE

Terme utilisé pour décrire un vin offrant une texture suave dont le moelleux domine les autres constituants (tannins, acidité), mais sans excès, et dont l'harmonie est presque parfaite.

SUCRÉ

L'une des quatre saveurs fondamentales perçues en bouche (avec le salé, l'amertume et l'acidité). Le sucre est perçu en bouche par les papilles situées sur la pointe avant de la langue. Lorsqu'on déguste un vin sucré, la salive devient onctueuse, ce qui permet de quantifier le sucre présent dans le vin. Les termes utilisés pour désigner le vin selon la quantité plus ou moins grande de sucre résiduel contenu sont, en ordre croissant : sec, demi-sec, doux, moelleux, liquoreux. Important : Le terme doux désigne toujours un vin sucré et non pas, souple.

SUCRE RÉSIDUEL

Sucre n'ayant pas été transformé en alcool à l'étape de la fermentation alcoolique du jus de raisin, et qui est encore présent dans le vin.

TANNIN

Substance végétale provenant de la peau, des pépins ou de la rafle du raisin, ainsi que des fûts de chêne neufs utilisés pour élever le vin. Les tannins constituent un élément essentiel des vins rouges. Parfois durs dans leur jeunesse, les tannins se transforment durant la maturation du vin en bouteille et deviennent plus souples.

TANNIQUE

Qualifie un vin rouge riche en tannins, qui donnent une sensation de fermeté en bouche, mais sans dureté. Termes utilisés pour qualifier la présence de tannins en fonction de la quantité perceptible (en ordre croissant) : gouleyant, coulant, tannique, rude et astringent.

TERROIR

Ensemble de facteurs naturels et humains, comme le type de sol, le climat, la variété de vigne et le savoir-faire de l'homme.

TRANQUILLE

Se dit d'un vin non effervescent, sans gaz carbonique.

TUILÉ

Terme faisant référence à la couleur d'un vin d'un certain âge, qui rappelle la couleur des tuiles en terre cuite. Généralement, cette couleur apparaît au cours du vieillissement.

VÉGÉTAL

Caractère de certains arômes qui rappellent des odeurs du règne végétal (bois, encens, tabac, trèfle, fougère, humus, buis, etc.). À ne pas confondre avec le caractère herbacé, qui est un défaut.

VENDANGES

La récolte des raisins lorsqu'ils ont atteint leur maturité.

VERT

Qualifie un vin dont l'excès d'acidité domine le moelleux naturel. Termes utilisés pour qualifier le vin selon son degré d'acidité (en ordre croissant) : plat, frais, vif, nerveux et vert.

VIF

Se dit d'un vin dont le degré d'acidité est élevé, mais sans excès, et en équilibre, ce qui lui donne une bonne fraîcheur. Termes qualifiant le vin selon son degré d'acidité (en ordre croissant) : plat, frais, vif, nerveux et vert.

VIN D'ASSEMBLAGE

Produit à partir de plusieurs vins, généralement de cépages différents.

VIN DE GARDE

Vin auquel le vieillissement apporte des qualités supplémentaires. Issu de cuvaisons longues et d'un vieillissement en fûts de chêne. Ces vins sont souvent durs dans leur jeunesse et donc peu agréables à boire. Il faut que leurs tannins s'adoucissent avec le temps.

VIN DE PAYS

Catégorie de vin qui possède une origine géographique précise.

VIN DE TABLE

Catégorie de vin d'origine européenne ou nationale. Initialement cette expression désignait, des vins à prendre à la table.

VIN DOUX NATUREL (VDN)

Vin obtenu par l'ajout d'alcool dans le moût pour en interrompre la fermentation, ce qui permet au vin de garder une partie de ses sucres naturels et de conserver les arômes des raisins frais. Les VDN ont généralement un taux d'alcool élevé (entre 15 % et 18 %).

VIN EFFERVESCENT

Vin obtenu par une seconde fermentation qui s'effectue généralement en bouteille et donne le gaz carbonique, agent de la mousse qui se manifestera au débouchage. Pour que cette fermentation puisse se produire, le vin, au moment de sa mise en bouteilles, doit contenir du sucre résiduel ou du sucre ajouté sous forme de liqueur de tirage. Il faut faire une distinction entre les vins pétillants, qui sont légèrement effervescents, et les vins mousseux, qui contiennent une effervescence plus abondante. Les vins effervescents peuvent être blancs, rosés ou rouges, ainsi que secs, demi-secs ou doux.

VIN FORTIFIÉ

Vin auquel on a ajouté de l'alcool durant l'élaboration, d'où le mot « fortifié ». Les vins fortifiés peuvent être blancs, rosés ou rouges, ainsi que secs, demi-secs ou doux. Les vins fortifiés contiennent généralement plus de 16 % d'alcool. On trouve dans cette catégorie les vins apéritifs, les portos, les xérès, les madères, les marsalas, les pineaux des Charentes, les vins doux naturels ainsi que les vermouths.

VIN PRIMEUR OU NOUVEAU

Vin commercialisé dans les mois suivants la récolte. Il est destiné à être bu jeune.

VIN TRANQUILLE

Vin qui ne contient pas de gaz carbonique « CO_2 ». La majorité des vins qui se boivent à la table sont des vins tranquilles.

VINIFICATION

Ensemble des opérations qui permettent de transformer le jus de raisin en vin.

VITICULTURE

Culture de la vigne.

VOLATILE (ACIDITÉ)

Terme faisant référence aux acides pouvant s'évaporer, comme l'acide acétique (vinaigre). L'excès d'acidité volatile est un défaut qui apparaît au cours de la vinification ou de l'élevage et qui provoque une odeur désagréable rappelant le vinaigre.

Tableau des degrés de corps des vins

RÉGIONS OU CÉPAGES	ROUGES			BLANCS		
	léger	mi-corsé	corsé	léger	mi-corsé	corsé
Afrique du Sud	●	●	●	●	●	●
Aix-en-Provence		●	●	●	●	●
Algérie		●	●	●	●	●
Aligoté				●	●	
Alllemagne	●	●	●	●	●	●
Aloxe-Corton		●			●	
Alsace	●	●		●	●	●
Amarone (alpulicello)	●	●		●	●	
Anjou	●	●		●	●	
Arbois		●	●	●	●	●
Argentine	●	●	●	●	●	●
Aubance (coteaux de l')				●	●	
Australie	●	●	●	●	●	●
Autriche	●	●		●	●	●
Auxey-Duresses		●			●	
Bairrada		●			●	
Bandol			●			●
Banyuls		●			●	
Barbaresco		●				
Barbera (cépage)		●				
Bardolino	●					
Barolo			●			
Barsac					●	●
Bâtard-Montrachet					●	●
Baux (Coteaux des)		●	●		●	●
Beaumes de Venise					●	●
Beaujolais	●	●		●		
Beaune		●			●	
Bergerac	●	●		●	●	
Blagny			●			

RÉGIONS OU CÉPAGES	ROUGES			BLANCS		
	léger	mi-corsé	corsé	léger	mi-corsé	corsé
Blanquette de Limoux				●	●	
Blaye (Côtes de)	●	●			●	
Bonnes Mares		●				
Bonnezeaux					●	●
Bordeaux	●	●	●	●	●	●
Bourg (Côtes de)		●			●	●
Bourgogne	●	●	●	●	●	●
Bourgueil	●	●				
Bouzy	●	●				
Brouilly	●	●				
Brunello di Montalcino		●	●			
Bulelas		●		●	●	
Bulgarie	●	●	●	●	●	●
Buzet		●			●	
Cabernet-Sauvignon			●			
Cahors		●	●			
Californie	●	●	●	●	●	●
Canada	●	●	●	●	●	●
Canon-Fronsac		●				
Cérons						●
Chablis					●	●
Chalonnaise (Côtes)		●			●	
Chambertin		●	●			
Chambolle-Musigny		●	●			
Champagne	●			●	●	●
Chardonnay				●	●	●
Charmes-Chambertin		●				
Chassagne-Montrachet		●			●	
Château Châcon						●
Château Grillet						●
Châteauneuf-du-pape		●	●		●	●
Chaume (Quarts de)					●	●
Cheilly-les-Maranges		●			●	
Chenas		●				
Chenin Blanc				●	●	

RÉGIONS OU CÉPAGES	ROUGES			BLANCS		
	léger	mi-corsé	corsé	léger	mi-corsé	corsé
Chianti		●	●			
Chili	●	●	●	●	●	●
Chine				●	●	●
Chinon	●	●		●	●	
Chiroubles	●	●				
Chorey-lès-Beaune		●			●	
Clairette de Die				●	●	
Clape (la)		●			●	
Clos de Tart			●			
Clos de Vougeot		●	●			
Clos Saint-Denis			●			
Colli Albani				●		
Collioure		●	●			
Condrieu					●	●
Corbières		●	●	●	●	
Cornas		●				
Corse		●	●	●	●	
Corton		●	●		●	●
Corton-Charlemagne					●	●
Costières de Nîmes		●			●	
Côte Chalonnaise		●			●	
Côte de Beaune		●			●	
Côte de Nuits Villages		●			●	
Côtes du Roussillon-Villages caramany			●			
Coteaux d'Aix en Provence		●	●		●	●
Coteaux de l'Aubance					●	
Coteaux du Languedoc		●				
Coteaux du Layon					●	●
Coteaux du Loir		●			●	
Coteaux du Tricastin	●			●		
Côtes de Blaye		●			●	
Côtes de Bourg		●			●	
Côtes de Brouilly		●				
Côtes de Buzet		●			●	

RÉGIONS OU CÉPAGES	ROUGES			BLANCS		
	léger	mi-corsé	corsé	léger	mi-corsé	corsé
Côtes de Castillon		●				
Côtes de Duras	●				●	
Côtes de Francs		●		●	●	
Côtes de Jura	●	●	●		●	●
Côte-de-Nuits-Villages		●			●	
Côtes de Provence		●	●		●	●
Côtes du Roussillon		●	●		●	●
Côtes du Frontonnais	●	●				
Côtes du Luberon	●			●		
Côtes du Marmandais	●	●		●	●	
Côtes du Roussillon Villages			●			
Côtes du Ventoux	●	●		●	●	
Côtes-du-Rhône	●	●	●	●	●	●
Côte Rôtie			●			
Crozes-Hermitage		●	●		●	
Dao		●		●	●	
Dolcetto		●				
Dôle (Suisse)	●	●				
Duras (Côtes de)	●				●	
Échezeaux		●	●			
Entre-deux-Mers				●	●	
Espagne	●	●	●	●	●	●
États-Unis	●	●	●	●	●	●
Faugères		●				
Fendant (Suisse)				●	●	
Fitou		●	●			
Fixin		●			●	
Fleurie	●	●				
Frascati				●	●	
Fronsac		●				
Gaillac	●	●		●	●	
Gamay	●	●				
Gewurztraminer					●	●
Gevrey-Chambertin		●	●			
Gigondas		●	●			

RÉGIONS OU CÉPAGES	ROUGES			BLANCS		
	léger	mi-corsé	corsé	léger	mi-corsé	corsé
Graves		●			●	●
Graves de Vayres	●			●		
Grèce	●	●	●	●	●	
Gros plants du Pays Nantais				●	●	
Hongrie	●	●	●	●	●	●
Israël	●	●	●	●	●	●
Italie	●	●	●	●	●	●
Japon				●		
Jasnières				●	●	
Jura	●	●	●		●	●
Jurançon					●	
Ladoix		●			●	
Lalande de Pomerol		●	●			
Languedoc	●	●	●	●	●	●
Layon (Coteaux du)					●	
Liban		●	●			
Liebfraumilch				●	●	
Limoux				●	●	
Lirac		●			●	
Listrac		●	●			
Loire		●	●	●	●	●
Loupiac					●	●
Lussac-Saint-Émilion		●	●			
Mâcon	●	●	●	●	●	●
Mâcon Supérieur	●	●	●	●	●	●
Mâcon Villages					●	
Madère						●
Madiran			●			
Mancha (La)	●	●		●		
Mantinia				●		
Margaux		●	●			
Maroc	●	●	●			
Marsala					●	●
Marsannay		●			●	
Mazis-Chambertin		●	●			

RÉGIONS OU CÉPAGES	ROUGES			BLANCS		
	léger	mi-corsé	corsé	léger	mi-corsé	corsé
Mazoyères-Chambertin		●	●			
Médoc		●	●			
Menetou-Salon					●	●
Mercurey		●			●	
Merlot	●	●	●			
Meursault		●			●	●
Minervois	●	●		●	●	
Monbazillac					●	●
Montagne Saint-Émilion		●	●			
Montagny				●	●	
Montepulciano d'Abruzzo	●	●				
Monthélie		●			●	
Montlouis				●	●	
Montrachet					●	●
Morey-Saint-Denis		●			●	
Morgon	●	●				
Moselle				●	●	
Moulin-à-Vent	●	●				
Moulis		●	●			
Mousseux	●	●	●	●	●	●
Muscadet				●	●	
Muscat				●	●	●
Musigny		●	●		●	●
Neuchatel				●		
Nouvelle-Zélande	●	●	●	●	●	●
Nuits-Saint-Georges		●			●	
Orvieto				●	●	
Pacherenc de Vic Bilh				●	●	
Passe-Tout-Grain	●	●				
Pauillac		●	●			
Pays (Vin de)	●	●	●	●	●	●
Pécharmant		●				
Penedès				●		
Pernand-Vergelesse		●			●	
Pessac-Léognan		●			●	

Infos utiles

RÉGIONS OU CÉPAGES	ROUGES			BLANCS		
	léger	mi-corsé	corsé	léger	mi-corsé	corsé
Petit-Chablis				●	●	
Pinot Blanc				●	●	
Pinot Gris					●	●
Pinot Noir		●	●		●	
Pomerol		●	●			
Pommard		●	●			
Porto		●	●		●	●
Portugal	●	●	●	●	●	●
Pouilly-Fuissé					●	●
Pouilly-Fumé					●	
Pouilly-Loché					●	
Pouilly-sur-Loire				●	●	
Pouilly-Vinzelles					●	
Premières Côtes de Blaye		●			●	
Premières Côtes de Bordeaux		●			●	
Provence (Côtes de)	●	●	●	●	●	●
Puligny-Montrachet		●			●	●
Quarts de Chaume					●	●
Quatourze		●			●	
Quincy				●	●	
Régnié	●	●				
Retsina				●	●	
Reuilly	●			●	●	
Rhône (Côtes du)	●	●	●	●	●	
Richeboug			●			
Riesling				●	●	●
Rioja		●	●		●	
Rivesaltes (Muscat de)			●			●
Roumanie	●	●		●	●	
Roussillon	●	●	●	●	●	●
Rully		●			●	
Saint-Joseph		●	●		●	
Saint-Julien		●	●			
Saint-Nicolas de Bourgueil	●	●				

RÉGIONS OU CÉPAGES	ROUGES			BLANCS		
	léger	mi-corsé	corsé	léger	mi-corsé	corsé
Saint-Péray					•	
Saint-Romain		•			•	
Saint-Véran				•	•	
Salvagnin suisse	•	•				
Sancerre					•	
Sangiovese	•	•	•			
Santenay		•			•	
Saumur-Champigny	•	•				
Sauternes						•
Sauvignon				•	•	•
Savenières					•	
Savoie (vin de)	•	•		•	•	
Sémillon					•	•
Sherry					•	•
Sicile	•	•	•	•	•	•
Soave				•	•	
Suisse	•	•		•	•	
Sylvaner				•	•	
Tokay					•	•
Touraine	•	•		•	•	
Trebbiano				•	•	
Uruguay			•			
Vacqueyras		•	•			
Valpolicella	•	•				
Verdicchio				•	•	
Vinho Verde				•		
Volnay		•	•			
Vosne-Romanée		•	•			
Vougeot		•	•		•	•
Vouvray				•	•	
Xérès					•	•
Zinfandel		•	•			

Tableau aide-mémoire des accords mets et vins

ACCORDS POUR LES VINS ROUGES	VINS ROUGES LÉGERS	VINS ROUGES MI-CORSÉS / FRUITÉS	VINS ROUGES MI-CORSÉS / BOISÉS	VINS ROUGES CORSÉS / CHARNUS	VINS ROUGES CORSÉS / CHARPENTÉS
	CÉPAGE				
	• gamay et pinot noir français	• sangiovese italien ou californien • merlot chilien	• shiraz australienne • pinot noir californien	• cabernet-sauvignon • merlot • shiraz australiens ou californiens	• malbec argentin • cabernet-sauvignon chilien ou californien
	APPELLATION				
	• beaujolais, bourgogne • valpolicella • chianti	• côtes-du-rhône, • corbières minervois, coteaux-du-languedoc • bordeaux • chianti-classico	• saint-émilion, • rioja • crianza • mercurey	• châteauneuf-du-pape • pomerol • rioja reserva • amarone-della-valpolicella	• cahors • brunello-di-montalcino • rioja gran reserva • chianti-classico riserva
PÂTES					
Sauce tomate		●			
Sauce piquante	●	●			
Sauce rosée	●	●			
Sauce à la viande		●			
Sauce tomate et champignons			●		
FRUITS DE MER / POISSONS					
Poisson grillé (saumon, truite saumonée)	●				
Sauce tomate		●			
Poisson grillé (thon, espdon)		●			
Sauce au vin rouge		●			

ACCORDS POUR LES VINS ROUGES	VINS ROUGES LÉGERS	VINS ROUGES MI-CORSÉS / FRUITÉS	VINS ROUGES MI-CORSÉS / BOISÉS	VINS ROUGES CORSÉS / CHARNUS	VINS ROUGES CORSÉS / CHARPENTÉS
CÉPAGE					
	• gamay et pinot noir français	• sangiovese italien ou californien • merlot chilien	• shiraz australienne • pinot noir californien	• cabernet-sauvignon • merlot • shiraz australiens ou californiens	• malbec argentin • cabernet-sauvignon chilien ou californien
APPELLATION					
	• beaujolais, bourgogne • valpolicella • chianti	• côtes-du-rhône, • corbières minervois, coteaux-du-languedoc • bordeaux • chianti-classico	• saint-émilion, • rioja • crianza • mercurey	• châteauneuf-du-pape • pomerol • rioja reserva • amarone-della-valpo-licella	• cahors • brunello-di-montalcino • rioja gran reserva • chianti-classico riserva

VOLAILLES / VIANDES BLANCHES / GIBIER À PLUMES

	VINS ROUGES LÉGERS	VINS ROUGES MI-CORSÉS / FRUITÉS	VINS ROUGES MI-CORSÉS / BOISÉS	VINS ROUGES CORSÉS / CHARNUS	VINS ROUGES CORSÉS / CHARPENTÉS
Rôtis	●				
Sauce tomate	●				
Grillés		●			
Sauce aux fruits rouges		●			
Petit gibier (caille, perdrix)		●			
Sauce aux champignons			●		
Canard ou oie sauvage rôtis, sauce aux fruits rouges			●		
Canard ou oie sauvage en confit, ou magret grillé					●

VIANDES ROUGES / GIBIER À POIL

	VINS ROUGES LÉGERS	VINS ROUGES MI-CORSÉS / FRUITÉS	VINS ROUGES MI-CORSÉS / BOISÉS	VINS ROUGES CORSÉS / CHARNUS	VINS ROUGES CORSÉS / CHARPENTÉS
Viandes rouges bouillies	●				
Au jus, mijotées ou braisées		●			
Braisées avec sauce aux champignons			●		
Côtelettes d'agneau grillées			●		

ACCORDS POUR LES VINS ROUGES	VINS ROUGES LÉGERS	VINS ROUGES MI-CORSÉS / FRUITÉS	VINS ROUGES MI-CORSÉS / BOISÉS	VINS ROUGES CORSÉS / CHARNUS	VINS ROUGES CORSÉS / CHARPENTÉS
CÉPAGE					
	• gamay et pinot noir français	• sangiovese italien ou californien • merlot chilien	• shiraz australienne • pinot noir californien	• cabernet-sauvignon • merlot • shiraz australiens ou californiens	• malbec argentin • cabernet-sauvignon chilien ou californien
APPELLATION					
	• beaujolais, bourgogne • valpolicella • chianti	• côtes-du-rhône, • corbières minervois, coteaux-du-languedoc • bordeaux • chianti-classico	• saint-émilion, • rioja • crianza • mercurey	• châteauneuf-du-pape • pomerol • rioja reserva • amarone-della-valpo-licella	• cahors • brunello-di-montalcino • rioja gran reserva • chianti-classico riserva
VIANDES ROUGES / GIBIER À POIL (SUITE)					
En ragoût				●	
Sauce au vin rouge				●	
Sauce aux fruits rouges				●	
Rôties ou grillées					●
FROMAGES					
Pâtes pressées, jeunes (oka, migneron, mamirolle, etc.)	●				
Pâtes molles à croûte fleurie (brie, camembert, riopelle, etc.)	●				
Pâtes pressées, vieillies (cantal, cheddar, etc.)		●			
Pâtes molles à croûte lavée (kénogami, mi-carême, saint-damase, etc.)		●			

ACCORDS POUR LES VINS ROUGES	VINS ROUGES LÉGERS	VINS ROUGES MI-CORSÉS / FRUITÉS	VINS ROUGES MI-CORSÉS / BOISÉS	VINS ROUGES CORSÉS / CHARNUS	VINS ROUGES CORSÉS / CHARPENTÉS
CÉPAGE					
	• gamay et pinot noir français	• sangiovese italien ou californien • merlot chilien	• shiraz australienne • pinot noir californien	• cabernet-sauvignon • merlot • shiraz australiens ou californiens	• malbec argentin • cabernet-sauvignon chilien ou californien
APPELLATION					
	• beaujolais, bourgogne • valpolicella • chianti	• côtes-du-rhône, • corbières minervois, coteaux-du-languedoc • bordeaux • chianti-classico	• saint-émilion, • rioja • crianza • mercurey	• châteauneuf-du-pape • pomerol • rioja reserva • amarone-della-valpo-licella	• cahors • brunello-di-montalcino • rioja gran reserva • chianti-classico riserva

AUTRES					
Charcuteries	●				
Pizza	●				
Fondue chinoise	●				
Raclette	●				
Pâté chinois	●				
Jambon	●				
Quiche lorraine	●				
Saucisses		●			
Plats mexicains		●			
Couscous au poulet		●			
Paella à la viande		●			
Ragoût de boulettes		●			
Tourtière		●			
Couscous à l'agneau				●	
Cassoulet					●

	VINS BLANCS LÉGERS	VINS BLANCS MI-CORSÉS / FRUITÉS	VINS BLANCS MI-CORSÉS / BOISÉS	VINS BLANCS CORSÉS / FRUITÉS	VINS BLANCS CORSÉS / BOISÉS
CÉPAGE					
	• trebbiano italien • sauvignon chilien	• pinot grigio italien ou californien	• chardonnay californien ou australien • viognier californien	• grand riesling sec allemand	• grand chardonnay chilien, californien ou australien
APPELLATION					
	• vins de pays français et italiens, • muscadet • bourgogne • aligoté • bordeaux	• alsace (riesling ou pinot gris secs) • chablis • saint-véran • sancerre	• saint-aubin • graves • saint-joseph	• alsace grand cru (riesling ou pinot gris) • vouvray • condrieu	• meursault • puligny-montrachet • pessac-léognan

ACCORDS POUR LES VINS BLANCS

PÂTES					
Sauce blanche	●				
Alla carbonara	●				
Sauce pesto	●				
Aux épinards	●				
Sauce à la crème et aux champignons			●		
Sauce au fromage bleu				●	
FRUITS DE MER / POISSONS					
Coquillages nature (huîtres, palourdes)	●				
Petits crustacés nature (crevettes, langoustines)	●				
Poisson à chair maigre poché	●				
Moules marinières (sauce au vin blanc)		●			
Tartare de poisson		●			
Saumon fumé		●			
Poisson meunière		●			

ACCORDS POUR LES VINS BLANCS	VINS BLANCS LÉGERS	VINS BLANCS MI-CORSÉS / FRUITÉS	VINS BLANCS MI-CORSÉS / BOISÉS	VINS BLANCS CORSÉS / FRUITÉS	VINS BLANCS CORSÉS / BOISÉS
CÉPAGE					
	• trebbiano italien • sauvignon chilien	• pinot grigio italien ou californien	• chardonnay californien ou australien • viognier californien	• grand riesling sec allemand	• grand chardonnay chilien, californien ou australien
APPELLATION					
	• vins de pays français et italiens, • muscadet • bourgogne • aligoté • bordeaux	• alsace (riesling ou pinot gris secs) • chablis • saint-véran • sancerre	• saint-aubin • graves • saint-joseph	• alsace grand cru (riesling ou pinot gris) • vouvray • condrieu	• meursault • puligny-montrachet • pessac-léognan

FRUITS DE MER / POISSONS (SUITE)					
Crustacés, sauce à la crème			●		
Coquille Saint-Jacques			●		
Poisson, sauce à la crème et aux fruits (turbot, saumon, truite saumonée)				●	
Poisson grillé à chair grasse ou dense (saumon, thon, espadon)					●
VOLAILLES / VIANDES BLANCHES / GIBIER À PLUMES					
Pochés dans un bouillon	●				
Nature	●				
Sauce citronnée		●			
Cuits au jus		●			
En cocotte		●			
Sauce au vin blanc		●			
Rôtis			●		

ACCORDS POUR LES VINS BLANCS	VINS BLANCS LÉGERS	VINS BLANCS MI-CORSÉS / FRUITÉS	VINS BLANCS MI-CORSÉS / BOISÉS	VINS BLANCS CORSÉS / FRUITÉS	VINS BLANCS CORSÉS / BOISÉS
CÉPAGE					
	• trebbiano italien • sauvignon chilien	• pinot grigio italien ou californien	• chardonnay californien ou australien • viognier californien	• grand riesling sec allemand	• grand chardonnay chilien, californien ou australien
APPELLATION					
	• vins de pays français et italiens, • muscadet • bourgogne • aligoté • bordeaux	• alsace (riesling ou pinot gris secs) • chablis • saint-véran • sancerre	• saint-aubin • graves • saint-joseph	• alsace grand cru (riesling ou pinot gris) • vouvray • condrieu	• meursault • puligny-montrachet • pessac-léognan

VOLAILLES / VIANDES BLANCHES / GIBIER À PLUMES (SUITE)					
Sauce à la crème			●		
Doucement assaisonnés			●		
Avec fruits blancs ou exotiques				●	
Sauce à la crème ou aux fruits blancs				●	
Grillés					●
Sauce à la crème et aux champignons					●
Oie sauvage rôtie, sauce aux fruits blancs					●
VIANDES ROUGES / GIBIER À POIL					
Côtelettes d'agneau grillées			●		
Sauce aux fruits blancs				●	

<table>
<tr><th rowspan="2">ACCORDS POUR LES VINS BLANCS</th><th>VINS BLANCS LÉGERS</th><th>VINS BLANCS MI-CORSÉS / FRUITÉS</th><th>VINS BLANCS MI-CORSÉS / BOISÉS</th><th>VINS BLANCS CORSÉS / FRUITÉS</th><th>VINS BLANCS CORSÉS / BOISÉS</th></tr>
<tr><th colspan="5">CÉPAGE</th></tr>
<tr><td></td><td>• trebbiano italien
• sauvignon chilien</td><td>• pinot grigio italien ou californien</td><td>• chardonnay californien ou australien
• viognier californien</td><td>• grand riesling sec allemand</td><td>• grand chardonnay chilien, californien ou australien</td></tr>
<tr><td></td><td colspan="5">APPELLATION</td></tr>
<tr><td></td><td>• vins de pays français et italiens,
• muscadet
• bourgogne
• aligoté
• bordeaux</td><td>• alsace (riesling ou pinot gris secs)
• chablis
• saint-véran
• sancerre</td><td>• saint-aubin
• graves
• saint-joseph</td><td>• alsace grand cru (riesling ou pinot gris)
• vouvray
• condrieu</td><td>• meursault
• puligny-montrachet
• pessac-léognan</td></tr>
</table>

FROMAGES	VINS BLANCS LÉGERS	VINS BLANCS MI-CORSÉS / FRUITÉS	VINS BLANCS MI-CORSÉS / BOISÉS	VINS BLANCS CORSÉS / FRUITÉS	VINS BLANCS CORSÉS / BOISÉS
Chèvre (sainte-maure, chavignol, délices des cantons, etc.)	●				
Fromages frais (baron, Boursin, etc.)	●				
Pâtes pressées cuites ou non cuites (cantal, emmental, gruyère, etc.)		●			
Pâtes molles à croûte lavée (mi-carême, munster, chaumes, etc.)				●	

Le service du vin

Les informations qui suivent sont toutes orientées vers un même objectif : grouper toutes les conditions qui permettent au vin d'exprimer au maximum les qualités pour lesquelles il a été sélectionné.

L'ORDRE DU SERVICE

Quand plusieurs vins sont servis au cours d'un même repas, ils doivent l'être dans un ordre croissant de puissance. Comme les plats délicats et les plats légers précèdent les plats plus corsés et plus lourds, il doit en être de même pour le vin.

Les principes suivants devraient être retenus :

- servir un **vin blanc sec avant** un **vin rouge** ;
- servir un **vin léger avant** un **vin puissant** ;
- servir un **vin jeune avant** un **vin vieux** ;
- servir un **vin sec avant** un **vin doux** ;
- un vin servi ne doit **jamais faire regretter** le précédent ;
- garder le **meilleur vin pour la fin**.

LES TEMPÉRATURES DE SERVICE

Une température juste peut mettre en valeur les qualités d'un vin, alors qu'une température inadéquate amplifie au contraire ses défauts ou son manque d'équilibre.

Les températures trop froides peuvent rendre imperceptibles les arômes subtils et les saveurs intéressantes, alors que les températures trop élevées contribuent à faire ressortir l'alcool et les défauts, qui l'emportent alors sur les qualités.

Voici, en ordre croissant sur l'échelle des degrés de température, les températures de service idéales pour les différents types de vins :

les vins liquoreux, appuyés d'une bonne structure de sucre et d'alcool, peuvent supporter une température très fraîche, entre 4°C et 6°C ;

les vins effervescents modestes se servent assez frais, entre 4°C et 7°C ; les vins effervescents plus fins se servent moins froids, entre 7°C et 10°C ;

les vins blancs ou rosés modestes sont servis frais, autour de 6°C ou 7°C, alors que les vins de même couleur mais plus fins et plus aromatiques gagnent à être servis à une température un peu plus élevée, soit entre 8°C et 11°C ;

les vins rouges légers de corps, fruités, sans tannin, se boivent frais, entre 10°C et 14°C ;

les vins rouges corsés, fins, alcoolisés, aux arômes expansifs seront servis à une température un peu moins fraîche, entre 14°C et 17°C ;

les vins rouges corsés, fins, peu alcoolisés, tanniques et/ou bouquetés sont les seuls à s'exprimer mieux à une température plus élevée, entre 16°C et 19°C.

Aucun vin ne mérite l'affront d'être servi à une température supérieure à 19°C. L'expression « servir chambré » n'a plus le même sens qu'à son origine, il y a quelques centaines d'années. À cette époque, on montait de la cave, où il faisait entre 6°C et 10°C, le vin qu'on allait consommer au repas. On le laissait dans la chambre où il faisait entre 14°C et 18°C afin qu'il arrive lentement à la bonne température.

Aujourd'hui, si on laisse un vin prendre la température de la salle à manger ou de la cuisine, il montera assez rapidement à 22°C, voire 25°C; servir un vin à cette température, c'est le détruire.

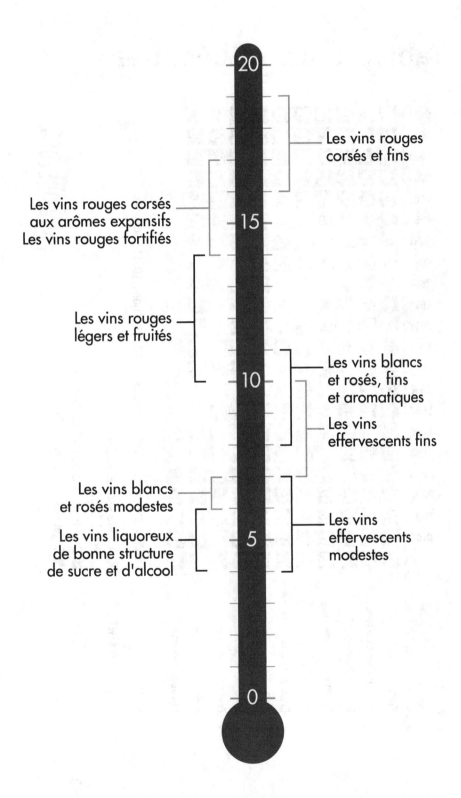

20

Les vins rouges
corsés et fins

15

Les vins rouges corsés
aux arômes expansifs
Les vins rouges fortifiés

Les vins rouges
légers et fruités

10

Les vins blancs
et rosés, fins
et aromatiques

Les vins
effervescents fins

Les vins blancs
et rosés modestes

Les vins liquoreux
de bonne structure
de sucre et d'alcool

5

Les vins
effervescents
modestes

0

Tableau des millésimes

PAYS / ANNÉES	1990	1991	1992	1993	1994	1995	1996	1997	1998	1999	2000	2001	2002	2003	2004	2005	2006	2007	2008	2009	2010	2011
France – Alsace	18	18	16	16	15	15	16	16	16	13	16	16	15	13	16	16	14	18	16	18	18	17
France – Bordeaux rouge	19	12	11	15	16	18	17	16	17	16	19	17	16	18	16	19	15	17	18	19	19	16
France – Bourgogne blanc	16	12	15	15	16	18	17	16	15	16	19	15	18	17	16	18	15	18	16	16	16	14
France – Bourgogne rouge	19	14	14	12	14	16	18	17	16	17	15	15	18	19	15	18	14	18	17	18	17	15
France – Champagne	18	11	12	13	12	16	19	15	14	15	17	12	15	15	16	13	13	14	17	15	12	12
France – Languedoc-Roussillon	17	14	14	14	17	16	14	14	18	16	17	15	14	16	16	16	15	16	15	16	17	16
France – Loire	18	11	12	14	14	18	16	15	15	15	15	15	18	16	16	18	15	17	17	18	18	17
France – Rhône	18	14	12	14	14	16	14	15	18	17	17	15	13	18	17	18	16	19	17	18	17	17
France – Sauternes	17	11	12	10	11	17	17	17	16	16	14	19	17	18	13	18	14	16	16	17	18	17
Allemagne	17	15	16	15	18	14	17	18	16	16	16	18	16	17	16	18	18	18	16	18	19	18
Nouvelle Zélande	20	15	16	15	18	14	17	17	18	16	16	15	17	16	16	17	18	18	16	18	19	18

COTE : 18-20 > excellent / 15-17 > très bon / 12-14 > bon / 10-11 > moyen

VIEILLISSEMENT :
- À boire sans attendre
- Prêt à boire
- Déjà bon, mais peut vieillir encore
- En jeunesse, laisser vieillir

PAYS \ ANNÉES	2011	2010	2009	2008	2007	2006	2005	2004	2003	2002	2001	2000	1999	1998	1997	1996	1995	1994	1993	1992	1991	1990
Californie - Cabernet-sauvignon	18	18	17	18	18	17	17	16	17	17	18	17	17	16	17	17	17	17	15	16	18	18
Californie - Chardonnay	18	18	17	18	18	15	18	16	17	17	18	17	17	16	16	14	16	15	14	16	19	16
Espagne - Rioja	16	15	16	18	16	16	18	16	14	14	18	16	16	16	15	16	17	18	14	15	15	16
Italie - Piémont	18	19	18	18	18	18	16	18	18	12	17	19	17	18	19	18	18	14	16	12	12	19
Italie - Toscane	18	19	18	18	18	16	16	19	17	12	17	17	17	17	18	14	18	17	16	12	12	19
Portugal - Porto Vintage	17	18	17	16	18	14	16	16	18	13	15	18	16	14	18	12	15	18	12	19	19	
Australie	16	18	19	18	15	15	18	17	19	19	18	18	18	19	18							
Chili	18	18	18	18	18	18	18	17	18	18	16	18	17	15	18							
Afrique du Sud	18	18	18	17	18	17	17	17	16	19	17	17	17	17	17							
Argentine	17	17	17	17	17	17	17	18	17	18	17	17	16	17	17							
Québec	19	18	17	16	15	14	15	14														

COTE : 18-20 > excellent / 15-17 > très bon / 12-14 > bon / 10-11 > moyen

VIEILLISSEMENT :
- À boire sans attendre
- Prêt à boire
- Déjà bon, mais peut vieillir encore
- En jeunesse, laisser vieillir

Les cours CONNAISSEURS SAQ

INDEX DES METS **PAR CATÉGORIE**

Champignons, feuilleté aux
Champignons, flan aux
Champignons, fricassée de
Champignons, hamburger de,
sauce au basilic et à la moutarde
Champignons portobellos farcis au prosciutto
et au parmesan
Champignons, ragoût de
Chou à la moutarde
Chou farci
Chou gratiné, sauce béchamel
Chou Parmentier
Choucroute
Chouée vendéenne
Christophines farcies
Courges farcies au riz sauvage, aux noisettes
et aux canneberges
Courgettes au gratin
Courgettes, beignets de, de Fanette
Courgettes farcies
Courgettes, tempura de, avec figues grillées
Endives au jambon
Endives au madère
Endives aux noix de Grenoble et chèvre
chaud
Endives, blanquette aux
Endives à la flamande
Endives gratinées à l'italienne
Endives sautées au miel
Épinards, feuilleté d', et de ricotta
Épinards, gratin d', nouilles aux
Escalivade
Garbure girondine
Gratin dauphinois
Légumes, cocotte de, et de lardons
Légumes, couscous aux
Légumes grillés, feuilleté de tofu
et de, de tomates séchées avec coulis
de poivrons rouges
Légumes méditerranéens, ragoût de
Lentilles aux oignons
Lentilles aux poivrons rouges et aux feuilles
de lime
Lentilles, ragoût de, de tomates et d'agneau
au cari
Marrons, soupe aux

Oignons farcis aux amandes et au parmesan
Oignon, soupe à l'
Oseille, soupe à l'
Patates douces, casserole de,
et de saumon
Patates douces, feuilleté aux, et au cari
Pissaladière
Pissaladière de thon
Poireaux, blanquette de
Poireaux, gratin de, et de pommes de terre
Poivrons rouges, flan aux
Pommes de terre, croquettes de
Pommes de terre en purée
avec gruyère
Pommes de terre, gratin de,
et de truffes
Pommes de terre, pâté de
Ratatouille niçoise
Tomates et bocconcinis avec basilic frais
Tomates farcies à la mozzarella
Tomates farcies au jambon
Tomates farcies aux champignons grillés
Tomates farcies aux œufs
Tomates, gratin de, et d'aubergines
Topinambours grillés aux lardons
et au romarin

ŒUFS
À la bénédictine
Brouillés au fromage
Brouillés aux champignons
Mimosa
Omelette au brocoli
Omelette au fromage
Omelette au fromage de chèvre
Omelette aux asperges
Omelette aux champignons
Omelette aux épinards
Omelette aux lardons
Omelette aux poivrons
Omelette aux pommes de terre
Omelette espagnole
Soufflé à la ricotta et au citron avec coulis de
framboises
Soufflé au caviar
Soufflé au crabe

Soufflé au fromage
Soufflé au roquefort
Soufflé aux champignons
Soufflé aux crevettes

PÂTES ET PIZZAS
Calzone au fromage, aux saucisses et aux poivrons rôtis
Calzone aux trois fromages
Calzone aux trois fromages et aux épinards
Cannellonis à la viande
Cannellonis aux épinards et à la ricotta
Coquilles farcies aux épinards et au fromage
Fettuccinis alla carbonara au four
Fettuccinis au pistou et aux haricots verts
Fettuccinis avec pancetta, épinards et noix de pin
Fettuccinis, sauce à la crème de tomate et aux saucisses
Fettuccinis, sauce à la crème, avec prosciutto, asperges et champignons
Fettuccinis, sauce Alfredo
Fusillis au poulet et aux crevettes
Fusillis avec fromage de chèvre, tomates et basilic
Fusillis, sauce à la crème et aux chanterelles
Fusillis, sauce puttanesca aux porcinis
Fusillis, sauce au chou, bacon et ail
Fusillis, sauce primavera
Gnocchis à la ricotta avec tomates rôties
Gnocchis alla puttanesca
Gnocchis, sauce aux champignons
Goyères de Valenciennes
Lasagne à la dinde et aux épinards, sauce tomate épicée
Lasagne à la viande
Lasagne au crabe
Lasagne au jambon
Lasagne aux champignons, pistou et noisettes
Lasagne aux champignons, sauce au parmesan
Lasagne aux courgettes
Lasagne aux épinards, au pistou et au fromage
Lasagne aux épinards, sauce béchamel

Lasagne aux légumes
Lasagne aux saucisses et aux champignons, sauce tomate et poivrons rouges
Lasagne aux tomates, aux shiitakes et au prosciutto
Lasagne d'escargots au persil
Linguines au crabe, aux poivrons rouges et aux pignons, sauce à l'ail
Linguines au pistou de tomates séchées
Linguines au poulet, aux poireaux et aux tomates
Linguines au poulet, sauce au pistou épicé
Linguines au saumon et aux champignons
Linguines aux crevettes et aux poireaux, sauce au vin blanc
Linguines aux trois fromages
Linguines aux crevettes et aux asperges
Linguines aux crevettes et aux pétoncles, sauce au cari vert
Linguines aux langoustines
Linguines aux palourdes, sauce au gingembre et au soya
Linguines avec roquette, tomates et pecorino
Linguines aux tomates et aux cœurs d'artichauts
Linguines sautés à l'huile avec tomates séchées
Linguines, sauce au poulet et aux noix de Grenoble
Linguines, sauce aux poires et au gorgonzola
Linguines, sauce épicée aux palourdes
Macaronis au fromage avec prosciutto
Macaronis aux aubergines et au fromage
Macaronis, sauce à la viande
Macaronis, sauce au fromage
Macaronis, sauce aux pignons
Nouilles au fromage
Nouilles au poulet et au piment mexicain avec noix de cajou
Nouilles, casserole de, au thon avec champignons et herbes fraîches
Nouilles gratinées aux épinards
Nouilles sautées avec poulet frit
Nouilles soba au tamari
Nouilles thaïlandaises (pad thai)
Nouilles, sauce aigre-douce et sésame

Bouillabaisse
Bouillabaisse de morue aux moules
Brandade nîmoise
Brochet grillé
Calmars aux poivrons rouges
Calmars farcis (porc et amandes)
Calmars farcis à la ricotta et aux poivrons rouges
Calmars grillés
Carpe farcie
Caviar
Ceviche
Ceviche de crevettes au basilic
Ceviche de pétoncles avec pamplemousse et avocat
Chaudrée de palourdes à la Nouvelle-Angleterre
Colombo de vivaneau
Coquille Saint-Jacques, blanquette de
Crabe des neiges
Crabe farci à la Nouvelle-Orléans
Crabe, croquettes de
Crabe, croquettes de, à la mode cajun
Crabe, croquettes de, sauce tartare au concombre
Crevettes à l'ail et au gingembre
Crevettes au cari
Crevettes au cari et aux prunes
Crevettes au chutney d'abricots
Crevettes au curcuma
Crevettes au four avec féta
Crevettes et pétoncles sautés au gingembre
Crevettes grillées aux fines herbes
Crevettes grillées avec salsa mexicaine
Crevettes grillées, sauce à l'ananas
Crevettes grillées, sauce à la coriandre et à la lime
Crevettes sautées à l'huile d'olive, avec lime et ail
Crevettes sautées au beurre d'ail et de basilic
Crevettes sautées au gingembre et à la citronnelle
Crevettes tempura
Crevettes, brochettes de, et de mangue marinées à la lime et à la goyave

Crevettes, brochettes de, marinées
Crevettes, cocktail de
Crevettes, crêpes aux
Crevettes, croquettes de, et de poivrons doux
Crevettes, feuilleté de, et de pétoncles
Crevettes, gratin de
Crevettes, ragoût de, avec ail et tomates
Crevettes, ragoût de, et de poivrons épicés avec cumin et origan
Crevettes, sauce créole épicée
Crevettes, tempura de
Daurade grillée avec noix de macadamia
Daurade panée aux graines de sésame, coulis de tomate
Daurade, sauce tomate
Doré, filets de, grillés
Éperlans au gratin
Éperlans frits
Espadon au cari rouge
Espadon grillé
Espadon grillé avec relish d'olives vertes
Espadon grillé, sauce au beurre brun et au vinaigre balsamique
Espadon laqué à la lime et au gingembre
Espadon, brochettes d', et de concombre
Filet grillé, sauce au citron et soya
Filets de poisson grillés (truite, doré, sole)
Flétan au cari
Flétan en croûte avec bouillon de volaille
Flétan grillé, sauce tomate à l'oseille
Flétan, filets de, aux amandes
Flétan, filets de, grillés avec gratin de pommes de terre, olives et tomates
Flétan, sauce à l'orange et à la menthe
Fruits de mer, crêpes aux
Fruits de mer, feuilleté aux
Fruits de mer, fondue aux
Fruits de mer, ragoût de
Fruits de mer, sauce aux poireaux
Fruits de mer, sauté de
Fruits de mer, vol-au-vent aux
Gambas à la plancha
Grenouilles, cuisses de, à la provençale

Pieuvre avec poivrons verts et lime kaffir

Poisson grillé au cumin avec purée de pois chiches à l'ail

Poisson grillé avec coulis de pacanes au cari

Poisson rôti aux câpres et au beurre de citron

Poisson, tempura de, avec piment mexicain

Poisson, terrine de

Poisson, velouté de

Pot-au-feu de la mer au bouillon de safran

Pot-au-feu de thon au beurre d'anchois

Quenelles à la thaïlandaise, sauce à la coriandre

Quenelles de foie

Seiches, ragoût de

Raie, aile de, au beurre noir

Rouget à la bonifacienne

Rouget grillé

Rouget grillé, sauce au vin blanc

Saint-Jacques, coquille

Sardines, brochettes de, de courgettes et de poivrons

Sardines fraîches, figues aux, sur la braise

Sashimi

Sashimi sur salade de nouilles au gingembre

Saumon à la noix de coco

Saumon au beurre d'anchois et de câpres

Saumon au gingembre et au soya

Saumon aux amandes, sauce aux poireaux et au citron

Saumon aux raisins

Saumon avec asperges rôties, sauce au citron et aux câpres

Saumon avec beurre aux pistaches et au basilic

Saumon braisé au miel avec nouilles à la coriandre

Saumon braisé avec laque d'agrumes et de soya

Saumon braisé sur lit d'épinards

Saumon en croûte de pacanes, sauce à l'oseille

Saumon en croûte et julienne de légumes

Saumon entier braisé, sauce au vin rouge et au poivre noir

Saumon farci au fromage de chèvre

Saumon farci aux épinards et aux œufs

Saumon fumé

Saumon fumé aux fines herbes

Saumon fumé, crêpes aux champignons et au

Saumon fumé, rillettes de

Saumon gratiné

Saumon grillé au beurre d'olives et de moutarde

Saumon grillé avec oignons épicés et groseilles

Saumon grillé, sauce à la mangue et au sésame

Saumon grillé, sauce à la moutarde et à l'aneth

Saumon grillé, sauce au cari thaïlandais

Saumon grillé, sauce au chili et à la mangue

Saumon grillé, sauce au miel

Saumon grillé, sauce teriyaki

Saumon laqué au miel et à la moutarde

Saumon laqué au miel et à la sauce soya

Saumon mariné à l'aneth

Saumon poché

Saumon poché aux agrumes

Saumon poché, sauce à l'aneth

Saumon poché, sauce à l'estragon

Saumon poché, sauce au citron et aux poivrons

Saumon rôti au cari rouge avec bok choy

Saumon rôti au romarin

Saumon rôti avec beurre à l'estragon et graines de fenouil

Saumon, brochettes de, mariné

Saumon, carpaccio de

Saumon, croquettes de, avec mayonnaise aux fines herbes et au citron

Saumon, darnes de, à l'avocat

Saumon, darnes de, grillées

Saumon, feuilleté de, et de riz, sauce à l'aneth

Saumon, filets de, sauce au citron et au thym

Saumon, filets de, sauce au miel et soya

Saumon, filets de, sur purée d'épinards à la noix de coco

Risotto aux noix de Grenoble avec asperges rôties

Risotto aux porcinis

Risotto aux saucisses épicées

Risotto aux truffes

Risotto aux truffes et au homard

Riz à la noix de coco avec bananes caramélisées

Riz à la noix de coco avec coulis de jus de lime

Riz au saumon rose

Riz aux poivrons

Riz, casserole de, fromage et légumes

Riz créole

Riz frit au bœuf ou au porc

Riz frit au cari

Riz frit au gingembre avec shiitakes

Riz frit au porc sucré

Riz frit au poulet

Riz frit au poulet, au citron et aux petits pois

Riz frit aux crevettes

Riz frit aux légumes

Riz frit épicé avec poulet et légumes

Riz pilaf

Riz sauvage aux champignons

SALADES

Artichauts en vinaigrette, salade d'

Artichauts et de carottes à l'orange, salade d'

Asperges et de poulet, salade d'

Asperges, salade d'

Aubergines grillées, salade d'

Avocat et de crabe, salade d'

Avocat et de thon, salade d'

Betteraves grillées avec tomates jaunes et vinaigrette à l'estragon, salade de

Betteraves, salade de

Bocconcini, tomates fraîches et basilic, salade de

Bœuf au poivre et aux concombres, salade de

Bok choy, sauce aux huîtres, salade de

Brocoli, salade de

Caille avec vinaigre de framboise, salade de

Calmars avec ail et petits pois,

salade de

Carottes au cumin, salade de

Céleri-rave aux lardons, salade de

César, salade

Champignons et de pommes terre, salade de

Chèvre chaud, salade de

Chou-fleur, salade de

Cœurs d'artichauts, salade de

Courgettes, de tomates et basilic, salade tiède de

Couscous au bœuf et aux oignons caramélisés, salade de

Couscous avec roquette et parmesan, salade de

Couscous et de boulettes d'agneau, salade de

Crabe, salade de

Crevettes et aux ananas, salade aux

Crevettes et de concombre, salade de

Crevettes, salade de

Dinde au cari avec noix de cajou, salade de

Émincé d'agneau au vinaigre balsamique, salade d'

Émincé d'agneau et d'arachides, salade d'

Émincé de bœuf avec vinaigrette à la noix de coco, salade d'

Endives et roquefort avec noix de Grenoble, salade d'

Épinards et de moules, salade d'

Épinards, salade d'

Fenouil grillé avec chèvre chaud, salade de

Fèves blanches et de thon, salade de

Fèves et de fenouil grillé, avec poires et noix de Grenoble, salade de

Filaments de poulet et de nouilles à la menthe, salade de

Filets de saumon et de lentilles, salade de

Foies de volaille et de pommes, salade de

Foies de volaille, salade de

Fruits de mer, salade de

Fruits frais, salade de

Fusillis, salade de, niçoise

Haricots blancs et de thon, salade de

Haricots verts et de noisettes, salade de

Homard, salade de

Jambon et aux figues, salade au

VIANDES

Agneau

Gigot d', rôti avec olives et oranges
Gigot d', rôti avec pancetta et fines herbes
Gigot d', sauce à la menthe
Grillé
Jarret d', avec lentilles rouges
Jarret d', braisés au vin avec herbes
de Provence
Jarret d', braisés avec échalotes et oignons
caramélisés
Laqué au coing
Méchoui
Navarin d'
Noisettes d', au pain d'épices
Osso bucco d', avec ail rôti et porcinis
Pâté chinois à l', braisé avec épinards
Ragoût d'
Ragoût d', avec poivrons doux rôtis
Ragoût d', et de légumes
Ragoût d', et d'épinards
Ragoût épicé d', et d'arachides
Rôti aux baies de genièvre
Rôti d', farci à la moutarde
Sauce au porto
Sauce au vin rouge
Sauté d', à la provençale
Tajine d', avec fruits séchés, noix, olives vertes
et coriandre
Tajine d', avec raisins, amandes et miel

Bœuf
À l'ail sur lit de couscous épicé
À la cantonaise
À la ficelle
À la Stroganoff
Bavette de, aux échalotes
Bavette de, avec champignons portobellos
sautés
Bavette de, déglacée au vinaigre balsamique
Bavette de, marinée
Bifteck de coquille d'aloyau, sauce béarnaise
au homard
Bifteck de faux-filet avec champignons,
brandy et fromage bleu
Boulettes de viande avec persil et parmesan
Boulettes de viande braisées,
sauce au vin rouge

Boulettes de, au riz
Bourguignon
Braisé à la française
Braisé aux anchois
Braisé aux olives
Braisé avec beurre d'échalote et
de gorgonzola
Braisé, sauce tomate à l'ail
Brochettes de, mariné
Carpaccio de
Chili con carne
Choux farcis au
Contrefilet de, au beurre d'estragon
Contrefilet de, aux échalotes confites
Contrefilet de, sauce à l'oseille et au marsala
Contrefilet de, sauce au porto
Côte de, à la moelle
Côte de, aux fines herbes
Côtes levées braisées à l'orange et
au gingembre avec abricots séchés
Côtes levées de, sauce aigre-douce
Côtes levées, laquées à l'orange et
à la sauce Worcestershire
Côtes levées, sauce à la cassonade et au
bourbon
Croquettes de
Croquettes de viande et de lentilles
Daube de, à la bordelaise
Daube de, aux raisins
Daube de Gascogne
Émincé de, sauce au maïs rôti
Entrecôte bordelaise
Faux-filet en croûte aux chanterelles
Filet de, arlésienne
Filet de, aux fines herbes, avec relish aux
poivrons rouges et jaunes
Filet de, avec échalotes rôties et bacon, sauce
au porto
Filet de, épicé, sauce à la mangue
Filet de, farci aux morilles
Filet de, sauce au fromage bleu
Filet de, sauce au poivre
Filet de, sauce aux canneberges, au porto et
au gorgonzola
Filet de, sauce aux truffes

Filet mignon braisé, sauce
au cabernet
Filet mignon laqué au porto
Foie de, grillé
Fondue bourguignonne
Fondue chinoise
Hachis de,
Hachis Parmentier
Hamburger grillé à la moutarde et à l'aneth
Hamburger maison au BBQ
Langue de, aux échalotes confites
Langue de, aux oignons
Mironton
Pain à la viande et au fromage
Pâté chinois crémeux
Poivrons verts farcis à la viande
Pot-au-feu
Pot-au-feu alsacien
Ragoût de boulettes
Ragoût de, à l'ail grillé
Ragoût de, aux tomates
Ragoût de, avec quenelles aux herbes
Ragoût de, et de champignons
Rôti de, à l'ail
Rôti de, aux fines herbes et
à la moutarde
Rôti de, avec coulis de patates douces
Rôti de, en croûte de fines herbes et d'ail
Sandwich de, grillé avec brie, poivrons rôtis et
cresson
Steak au poivre noir
Steak au poivre, sauce à la crème et à la
moutarde de Dijon
Steak braisé, sauce au poivre vert et
au cognac
Steak braisé, sauce aux champignons et vin
rouge
Steak de surlonge avec beurre au fromage
bleu et aux noix de Grenoble
Steak de, au poivre, sauce à la mangue
Steak de, laqué au vinaigre balsamique
Steak grillé, sauce au gingembre et au soya
Steak tartare
Tajine de
Tartare de, aux épices

Tournedos de, aux poires et roquefort
Tournedos de, sauce au vin rouge
Tournedos de, sauce béarnaise
Tourtière
Wellington

Porc
À l'indonésienne
Andouillettes à la moutarde
Aux olives
Bacon, crêpes farcies aux champignons et au
Boudin au chou
Boudin blanc aux pruneaux
Boudin créole
Boudin sauté aux pommes
Bouilli de, aux légumes
Braisé, sauce hoisin, avec champignons et
haricots verts
Brochettes de, et d'ananas, sauce aigre-douce
Brochettes de, mariné
Civet de, aux oignons
Côtelettes de, à l'ail et au beurre blanc
Côtelettes de, à la noix de coco
Côtelettes de, avec coulis de cidre aigre-doux
Côtelettes de, avec pommes et patates
douces épicées
Côtelettes de, gratinées
Côtelettes de, grillées
Côtelettes de, grillées, sauce à l'anis et à la
mangue
Côtelettes de, laquées au bourbon et à la
moutarde
Côtelettes de, laquées avec marmelade
d'oignons épicés
Côtelettes de, panées
Côtelettes de, panées au sésame avec purée
de patates douces au gingembre
Côtelettes de, panées avec parmesan et
sauge
Côtelettes de, sauce à la mangue et au basilic
Côtelettes de, sauce au cari doux et aux
oignons
Côtelettes de, sauce au romarin et
au vinaigre de framboise
Côtelettes de, sauce aux figues et au vinaigre
balsamique

Veau

À la forestière
À la marengo
Avec tomates et bocconcinis
Blanquette de
Blanquette de, à la vanille
Blanquette de, au citron vert
Boulettes de, sauce à la crème et à l'aneth
Braisé aux canneberges
Brochettes de, à la cannelle
Brochettes de, au bacon et au fromage
Brochettes de, mariné
Carré de, rôti, sauce aux chanterelles
Cervelle de, au beurre noir
Cervelle de, aux lardons
Cordon bleu
Côtelettes de, au parmesan
Côtelettes de, avec feuilles de vigne et citron
Côtelettes de, panées au parmesan avec
coulis de tomate
Côtelettes de, sautées
Côtes de, rôties, sauce au persil
Côtes de, sauce à la mangue et aux ananas
Côtes de, sautées aux légumes
Épaule de, roulée aux cerises
Escalope de, aux châtaignes et
aux chanterelles
Escalopes de, au poivre rose
Escalopes de, aux champignons
Escalopes de, avec citron et artichauts
Escalopes de, cordon-bleu
Escalopes de, panées ou sautées, au citron
Escalopes de, sauce à la crème
Escalopes de, sauce au citron et aux câpres
Escalopes de, sauce au gorgonzola
Escalopes de, sauce crémeuse
aux chanterelles
Escalopes de, sauce tomate
Filet de, grillé, sauce aux framboises
Foie de, au cognac
Foie de, aux carottes
Foie de, aux pamplemousses poivrés
Foie de, aux poires
Foie, grillé
Fricassée de, à la crème

Jarret de, aux cerises
Médaillons de, au xérès
Médaillons de, sauce au porto et
aux canneberges
Médaillons de, sauce aux échalotes
Médaillons de, sauce aux pommes
Mijoté de, au marsala
Mijoté de, au miel et cumin
Mijoté de, aux figues séchées
Mijoté de, sauce à l'orange
Noix de, farcies aux champignons
Osso bucco
Osso bucco aux tomates et aux champignons
Papillotes de, aux petits pois
Paupiettes de
Paupiettes de, à la crème
Paupiettes de, aux fines herbes
Poitrines de, farcies aux champignons
Poitrines de, roulées à l'orange
Poivrons farcis au
Porcinis et shiitakes
Quenelles de
Ragoût de, aux olives
Ragoût de, et de tomates, avec crème et
cannelle
Ris de, au gingembre et au miel
Ris de, aux champignons
Ris de, aux truffes
Rognons de, à la moutarde
Rognons de, au porto
Rognons de, aux champignons
Rognons de, aux châtaignes
Rognons de, sautés à la moutarde
Rôti de, au gingembre et au citron
Rôti de, aux fines herbes
Rôti de, en cocotte aux champignons
Rôti de, sauce aux agrumes et
à la moutarde
Sauté aux olives noires
Sauté de, à l'oseille
Sauté de, au citron confit et à l'estragon
Sauté, au navet et au cumin
Sauté, aux agrumes et aux courgettes
Sauté, aux carottes
Tajine de, aux courgettes et aux amandes

Tête de, ravigote

Volaille
Cailles au chou
Cailles aux cerises
Cailles aux pruneaux et au foie gras
Cailles aux raisins
Cailles confites aux mandarines
Cailles en papillotes, sauce aux pêches
Cailles farcies, sauce aux morilles
Cailles grillées avec fenouil rôti, poireaux, champignons et coulis de grenade
Cailles grillées, marinées au gingembre et au porto
Cailles rôties aux échalotes
Cailles, brochettes de, à la provençale
Cailles, cuisses de, au cari et au lait de coco
Canard, aiguillettes de, au whisky
Canard, aiguillettes de, avec coulis de pommes
Canard, aiguillettes de, sauce au safran
Canard à l'orange
Canard au cari rouge
Canard aux poivrons, sauce à la papaye
Canard avec saucisses et lentilles
Canard braisé au vin rouge
Canard braisé aux champignons
Canard, cassoulet de
Canard, cœurs de, au marsala
Canard, cœurs de, aux champignons
Canard, confit de
Canard, cuisses de, à l'estragon
Canard, cuisses de, aux pruneaux
Canard, cuisses de, sauce au miel et à la cannelle
Canard, émincé de, sauce à l'orange et à l'armagnac
Canard, fricassée de, aux pêches
Canard grillé
Canard laqué
Canard, magret de, au foie gras et au brocoli
Canard, magret de, aux épices
Canard, magret de, aux truffes
Canard, magret de, coulis de pommes
Canard, magret de, farci au foie gras et aux

champignons
Canard, magret de, rôti au cassis
Canard, magret de, rôti au chutney de melon
Canard, magret de, sauce à l'ananas
Canard, magret de, sauce au vin rouge
Canard, magret de, sauce aux canneberges
Canard, magret de, sauce aux cerises
Canard, magret de, sauce aux morilles
Canard, magret de, sauce aux pommes
Canard, magret de, sauce aux prunes
Canard, magret de, sauce grenade et vin
Canard mariné à l'érable et au whisky
Canard, poitrine de, avec poires caramélisées, sauce à l'orange
Canard rôti aux cerises
Canard rôti aux clémentines
Canard rôti, sauce à l'ail et au porto
Canard rôti, sauce aux chanterelles et aux figues
Canard rôti, sauce aux prunes et aux baies de genévrier
Canard, rôti de, farci au foie gras
Canard, sauce à la crème
Canard, suprême de, avec confit d'oignons aux canneberges
Canard, suprême de, sauté, sauce au xérès
Canard, tournedos de magret de, sauce au poivre vert
Chapon farci aux champignons et aux noix
Chapon rôti aux fines herbes
Chapon, sauce au vin blanc
Coq au vin
Coquelet grillé au cari et au citron
Coquelet rôti aux mirabelles
Croque-madame
Dinde arrosée au cidre, sauce de pommes rôties
Dinde aux marrons
Dinde, boulettes de, avec nouilles aux œufs
Dinde, cari de, à la noix de coco
Dinde en cocotte aux choux
Dinde farcie au boudin blanc
Dinde farcie au foie gras et au maïs
Dinde farcie au pain d'épices

Bibliographie

BECKETT, Fiona, **How to Match Food and Wine**, Mitchell Beazley, 2002.

CHAVANNE, Philippe, **Les accords mets et vins**, Studyrama, 2005.

DIDIOS, Tony et Amy, **Zavatto**, Renaissance Guide to Wine & Food Pairing, Alpha, 2003.

DOWEY, Mary, **Food and Wine – Pairing Made Simple**, Ryland, Peters & Small, 2002.

FISHER, John, **Wine and Food 101**, AuthorHouse, 2006.

GLUCK, Malcom et Mark Hix, **The Simple Art of Marrying Food and Wine**, Mitchell Beazley, 2005.

GOLDSTEIN, Evan, **Perfect Pairings**, University of California Press, 2006.

INAO, Institut national des appellations d'origine, ministère de l'Agriculture et de la Pêche, France.

MACNEIL, Karen, **The Wine Bible**, Workman Publishing Company, 2000.

METZELARD, Christian, **Choisir son vin pour chaque plat**, Éditions S.A.E.P., 2000.

MORGAN, Jeff, **Dean & Deluca Food and Wine Cookbook**, Chronicle Books, 2002.

OFFICE NATIONAL INTERPROFESSIONNEL des fruits, des légumes, des vins et de l'horticulture (France).

ORHON, Jacques, **Harmonisez vins et mets**, Éditions de l'Homme, 2004.

SOCIÉTÉ DES ALCOOLS DU QUÉBEC–Manuels de formation du programme **Les Connaisseurs**, édition 2005-2006.

ST. PIERRE, Brian, The Perfect Match, Chronicle Books, 2001.